MARX NAS MARGENS

Kevin B. Anderson

MARX NAS MARGENS
nacionalismo, etnia e sociedades não ocidentais

Tradução
Allan M. Hillani e Pedro Davoglio

© desta edição, 2019, Boitempo
© 2010, 2016, The University of Chicago

Título original: *Marx at the Margins: on Nationalism, Ethnicity, and Non-Western Societies*
Licenciado por The University of Chicago Press, Chicago, Illinois, EUA
Todos os direitos reservados

Direção geral Ivana Jinkings
Edição Isabella Marcatti
Assistência editorial Pedro Davoglio
Tradução Allan M. Hillani e Pedro Davoglio
Preparação Mariana Zanini
Revisão Thaís Nicoleti de Camargo
Coordenação de produção Livia Campos
Capa Heleni Andrade
sobre *Marx*, escultura de Sérgio Romagnolo, 2018
Diagramação Antonio Kehl

Equipe de apoio: Artur Renzo, Carolina Mercês, Clarissa Bongiovanni, Débora Rodrigues, Dharla Soares, Elaine Ramos, Frederico Indiani, Heleni Andrade, Higor Alves, Ivam Oliveira, Joanes Sales, Kim Doria, Luciana Capelli, Marina Valeriano, Marlene Baptista, Maurício Barbosa, Raí Alves, Talita Lima, Tulio Candiotto

CIP-BRASIL. CATALOGAÇÃO NA PUBLICAÇÃO
SINDICATO NACIONAL DOS EDITORES DE LIVROS, RJ

A561m
    Anderson, Kevin B., 1948-
    Marx nas margens : nacionalismo, etnia e sociedades não ocidentais / Kevin B. Anderson ; tradução Allan M. Hillani, Pedro Davoglio. - 1. ed. - São Paulo : Boitempo, 2019.

    Tradução de: Marx at the margins: on nationalism, ethnicity, and non-western societies
    Inclui bibliografia
    índice remissivo
    ISBN 978-85-7559-729-3

    1. Marx, Karl, 1818-1883 - Opiniões políticas e sociais. 2. Nacionalismo. 3. Filosofia marxista. I. Hillani, Allan M. II. Davoglio, Pedro. III. Título.

19-59515   CDD: 335.4
                                                                                    CDU: 330.85

Leandra Felix da Cruz - Bibliotecária - CRB-7/6135

É vedada a reprodução de qualquer parte deste livro sem a expressa autorização da editora.

1ª edição: outubro de 2019

BOITEMPO
Jinkings Editores Associados Ltda.
Rua Pereira Leite, 373
05442-000 São Paulo SP
Tel.: (11) 3875-7250 / 3875-7285
editor@boitempoeditorial.com.br | www.boitempoeditorial.com.br
www.blogdaboitempo.com.br | www.facebook.com/boitempo
www.twitter.com/editoraboitempo | www.youtube.com/tvboitempo

Sumário

Apresentação, *Guilherme Leite Gonçalves* 7
Prefácio, 2016 15
Agradecimentos 27
Lista de abreviaturas 31
Introdução 33
1. Encontros coloniais na década de 1850:
   o impacto europeu na Índia, na Indonésia e na China 43
2. Rússia e Polônia: a relação entre emancipação
   nacional e revolução 89
3. Raça, classe e escravidão: A Guerra Civil como segunda
   Revolução Americana 137
4. Irlanda: nacionalismo, classe e o movimento
   dos trabalhadores 185
5. Dos *Grundrisse* a *O capital*: temas multilineares 235
6. Escritos tardios sobre sociedades não ocidentais
   e pré-capitalistas 291
Conclusão 347
Apêndice: As vicissitudes da *Marx-Engels Gesamtausgabe* (MEGA)
   da década de 1920 até hoje 357
Referências bibliográficas 365
Índice remissivo 377

Apresentação

Guilherme Leite Gonçalves[1]

Marx era racista? Eurocêntrico? Indiferente ao colonialismo? Kevin Anderson escolheu abordar um tema não trivial. Até meados do século XX, suas perguntas raramente seriam formuladas. A solidariedade marxista com os grupos oprimidos tornava o legado do autor espaço natural das reivindicações dos povos negros, das mulheres e das nações do então chamado Terceiro Mundo. Mas cisões começaram a surgir. Descontentes com muitos partidos comunistas, movimentos políticos como Negritude, Pan-africanismo e correntes feministas começaram a questionar o grau de sensibilidade de Marx para com as chamadas opressões. Em resumo, sustentava-se que a centralidade dada à classe relegava o racismo e o machismo a meras elaborações ideológicas e, portanto, a falsas causas de hierarquias sociais.

Rapidamente, a rejeição de ordem política alcançou status de reflexão acadêmica e foi acolhida em áreas como estudos culturais e antropologia, sendo amplamente difundida em círculos influenciados pelas teorias pós-estruturalistas. Apesar da diversidade de abordagens, até hoje todas compartilham a mesma premissa: a suposição de que o sentido universalista das categorias marxistas seja homogeneizante. Segundo essa crítica, tal sentido reprimiria particularidades ao hiperdimensionar e alçar o Ocidente, suas classes e seu homem ao mais alto patamar de civilização e modernidade, ao mesmo tempo que criaria uma imagem bipartida do mundo em que o *resto* seria projetado como o outro inferior e atrasado. Essa imagem legitimaria intervenções e programas de modernização que, ao adotarem o padrão ocidental como fim, ativariam regimes de subalternização. A crítica à universalidade marxista era, assim, considerada uma reivindicação da política da diferença.

---

[1] Professor de Sociologia do Direito da Universidade do Estado do Rio de Janeiro (UERJ).

Essa crítica se dirigiu aos precursores do marxismo. Marx e Engels viraram seu objeto. Para ela, ambos estariam aprisionados ao eurocentrismo do século XIX, que, ao estereotipar sociedades não ocidentais, naturalizaria o Ocidente como progresso. Com isso, Marx e Engels aceitariam o esquema evolucionista do colonialismo. Seus textos exprimiriam visões positivas da escravidão e da política colonial e indiferença à libertação nacional. E mais: atrelado à superioridade ocidental, seu projeto universal emancipatório seria forçado a reconhecer a potência do conflito social apenas naquelas nações que supostamente moveriam o desenvolvimento histórico. Mais do que privilégio, Marx e Engels buscariam afirmar a supremacia dos trabalhadores brancos.

Não é preciso grande esforço investigativo para concluir que a crítica da política da diferença escandalizou o campo marxista. Entre diversas reações, uma premissa comum: o reposicionamento ao particular reforçaria o processo de produção do *self* capitalista. Como a crítica ao universalismo pressupõe discurso disciplinador, tal discurso, ao classificar o mundo, constituiria diferentes sujeitos de opressão, cuja capacidade emancipatória dependeria do grau de afirmação de sua identidade. Para o marxismo, tal afirmação abriria espaço para (re)posicionamentos individuais, de sorte a valorizar os bens privados. A política da diferença compreenderia, assim, os valores do mercado: autonomia e propriedade. Com isso, participaria das estruturas capitalistas de reprodução das desigualdades. Quanto a Marx e Engels, seu caráter etnocêntrico era questionado por menção às reelaborações do marxismo não ocidental, de Fanon a Mariátegui.

A controvérsia entre marxismo, de um lado, e movimentos negro, indígena, feminista, LGBTQI etc., de outro, tem mobilizado, mas também cindido, ativistas, intelectuais e movimentos políticos comprometidos com projetos emancipatórios. Nos últimos anos, essa controvérsia se acirrou sobremaneira entre nós. Infelizmente, a exemplo do embate internacional nos anos 1970 entre nacionalismo negro e esquerda, o debate brasileiro tem sido conduzido mais por acusações e tem contraposto paixões.

Dessa perspectiva, a tradução e publicação em português de *Marx nas margens* tem relevância fundamental. Kevin Anderson é um dos principais pesquisadores marxistas dos Estados Unidos. O traço marcante de sua obra é não apenas o diálogo mas o fato de levar as críticas da política da diferença a sério. Anderson opera em uma situação de risco. Propõe questões que a vulgata marxista não quer ouvir e respostas que os movimentos ditos "identitários" não gostam de ver. Em vez de abraçar projetos aceitos pelo mercado de cada uma dessas ideias, ele se dedica a uma investigação que examina quando a crítica da política da diferença faz sentido e quando a própria compreensão marxista nega seu momento ocidentalista. Uma elaboração um tanto difícil de ser apreendida nos *posts* ou *tweets*, local privilegiado desse debate entre nós.

O objeto de Anderson não é o marxismo, mas Marx. Isso faz toda a diferença. Empreendimentos similares desapontaram em sua incapacidade de apreender a integralidade da reflexão e dos textos do autor alemão – ora pela seleção aleatória e enviesada do material de pesquisa, ora pela incompreensão da divisão temporal e do quadro conjuntural dos escritos, ora pela inacessibilidade a manuscritos não publicados ou à língua alemã. Tais lacunas têm levado a conclusões apressadas sobre Marx, baseadas em textos de Engels (desconsiderando as diferenças entre os dois autores) ou em retóricas recheadas de adjetivos/ironias de natureza propagandística.

Kevin Anderson faz outro percurso. Para tanto, *Marx nas margens* é tributário da segunda *Marx-Engels-Gesamtausgabe* (MEGA^2). Publicada desde 1975 e não finalizada, ela tem realizado a edição crítica de todos os manuscritos, cartas e trabalhos redigidos por ambos os autores. Além de apresentar textos desconhecidos, a MEGA^2 despertou a atenção por constatar diferenças entre manuscritos/versões de Marx e as (re)edições de Engels disseminadas após a morte do primeiro. Dentre várias polêmicas, salta aos olhos o fato de que, após as intervenções de Engels, argumentos abertos e multilineares foram substituídos por fórmulas simples, eivadas de determinismo histórico, crença no progresso e reducionismos quanto à filosofia hegeliana. Anderson foi responsável por evidenciar que essas edições se voltaram sobretudo contra a compreensão de Marx sobre as sociedades não ocidentais.

A partir de um exame cirúrgico desse material, o autor estadunidense mostrou que Marx não é Engels. Esse esforço, somado à investigação de cartas e de trabalhos cânones e jornalísticos, bem como dos cadernos – etnológicos e de citações – de 1879 a 1882 (com textos ainda inéditos), permitiu-lhe formular sua tese: ao contrário do propagado, Marx é um pensador multilinear, que, ao longo de sua obra, superou preconceitos eurocêntricos e se tornou sensível tanto ao estudo das diferenças e da realidade concreta de sociedades não ocidentais quanto às questões nacional, étnica e racial. Isso foi possível porque ele compreendeu paulatinamente que havia outras trajetórias de desenvolvimento e revolução em contextos sociais fora da Europa ocidental. Com isso, conseguiu elaborar uma teoria da história multilateral e não determinista.

A metodologia de Kevin Anderson é complexa. Primeiro, seleciona, segundo ênfase dada pelo próprio Marx, as regiões objeto de sua investigação: Índia, China, Indonésia, Rússia, Polônia, Estados Unidos, Irlanda, Argélia e América Latina. Depois, passa a examinar a evolução das observações específicas de Marx sobre cada um desses territórios, conforme a posição no desenvolvimento social, a capacidade de ação política e os efeitos, as especificidades históricas e o grau de articulação entre classe, raça e etnia. Em tais observações, sutilezas que nos primeiros escritos negam o padrão etnocêntrico se aprofundam nas descrições sucessivas, explicitando uma tensão cada vez maior em suas caracterizações, que só é superada com a adoção de um modelo alternativo de desenvolvimento e revolução para a região em análise. À medida que revela as metamorfoses de Marx sobre um contexto singular, Anderson identifica regularidades e mudanças de perspectiva que lhe permitem construir um quadro geral das sociedades não ocidentais a partir da mesma relação dialética dos escritos particulares. Vejamos como.

Segundo Anderson, as primeiras referências de Marx sobre o tema foram escritas com Engels em 1848. No *Manifesto Comunista*, ambos fizeram menção à China e qualificaram de bárbaras nações não burguesas. Salvo a expressão irônica "a assim chamada civilização", o trecho é permeado de imagens etnocêntricas[2]. Em 1853, Marx as empregou em seus textos jornalísticos sobre a Índia no *New York Tribune* – e não apenas atribuiu elementos positivos ao colonialismo inglês como também caráter passivo à sociedade indiana. Lida à luz da tese eurocêntrica do "despotismo oriental", a propriedade comunal foi considerada retrato do atraso. Desses escritos Edward Said extraiu sua crítica de que Marx seria um orientalista[3].

Anderson, ao contrário, mostrou que os artigos de 1853 já não eram homogêneos. Continham o início da negação: o colonialismo virou sinônimo de barbárie, e sua destruição, por meio da classe trabalhadora inglesa ou do movimento de independência indiano, passou a ser reivindicada. Essa postura anticolonial foi aprofundada nos textos do *Tribune* de 1856 e 1857, quando Marx defendeu a resistência chinesa na Segunda Guerra do Ópio e a Revolta dos Cipaios na Índia. Nos *Grundrisse* (1857-1858), Marx reconheceu, ao lado da noção de "despotismo oriental", que a aldeia indiana poderia ser democrática. Nas décadas de 1860 e 1870, sobretudo em *O capital*, ela se tornou exemplo de relações não capitalistas destruídas pelo colonialismo. Nos cadernos de 1879 a 1882, a Índia apareceu sob ótica de seu desenvolvimento histórico particular (mudanças nas formas comunais) e de sua capacidade de resistência à violência capitalista.

---

[2] Cf. Karl Marx e Friedrich Engels, *Manifesto Comunista* (1. ed. rev., org. e intr. Osvaldo Coggiola, trad. Álvaro Pina e Ivana Jinkings, São Paulo, Boitempo, 2010), p. 44.
[3] Cf. Edward Said, *Orientalismo: o Oriente como invenção do Ocidente* (trad. Rosaura Eichenberg, São Paulo, Companhia das Letras, 1990), p. 215-21.

Paralelamente, Marx também se dedicou ao debate da guerra civil nos Estados Unidos (1861-1865). Foi um abolicionista radical. Em seus escritos, denunciou o racismo do trabalhador branco como entrave à luta social, indicou a força da classe trabalhadora negra ao defender a revolução dos escravos, sustentou a solidariedade dos operários europeus à causa antiescravista e previu a perpetuação da violência caso a solução da guerra não fosse a igualdade entre brancos e negros[4]. De *O capital* Anderson retirou a síntese dessas posições – "o trabalho não pode se emancipar na pele branca onde na pele negra ele é marcado a ferro"[5] – e demonstrou que, na crítica ao capitalismo, Marx apreendeu a dialética entre classe e raça.

Nesse mesmo período, em 1863, eclodiu o levante polonês. Marx se pôs em defesa da independência nacional. Como mostra Anderson, o tom de Marx sobre a Polônia já era favorável desde o *Manifesto*. O levante de Cracóvia de 1846 foi apresentado como democrático, uma contradição interna ao Império Russo. No século XIX, o tsarismo representava o freio das revoluções europeias e a restauração do *Ancien Régime*. Aliado dos movimentos revolucionários, Marx desferiu, na década de 1850, duros ataques ao pan-eslavismo, fazendo uso de linguagem eurocêntrica e da noção de "despotismo oriental". O etnocentrismo desses textos despertou críticas. Lamentavelmente descontextualizadas, pois não consideraram o sentido da contrarrevolução tsarista para a geração das revoluções liberais e, sobretudo, a relação estabelecida por Marx entre os ataques à Rússia e a defesa da Polônia. Em um discurso de 1875, pode-se ler: "A Polônia [...] é o único povo europeu que lutou e está lutando como *o soldado cosmopolita da revolução*"[6]. Anderson vai além e mostra que, em 1880, Marx reconhecia um caráter socialista no movimento polonês.

Percurso parecido pode ser visto na reflexão de Marx sobre a Irlanda. Anderson mostra que, até 1867, Marx trabalhava com uma ideia de progresso, segundo a qual, ao tomarem o poder, os trabalhadores ingleses libertariam os irlandeses. Entre 1867 e 1868, a posição de Marx se altera para uma defesa da independência da Irlanda contra o imperialismo britânico. Em 1869 e 1870, acontece uma mudança ainda mais radical: a independência irlandesa tornou-se condição para o socialismo na Inglaterra. Marx comparava o preconceito dos

---

[4] Ver, neste volume, o capítulo 3.
[5] Karl Marx, *O capital. Crítica da economia política*, Livro I: *O processo de produção do capital* (trad. Rubens Enderle, São Paulo, Boitempo, 2011), p. 372.
[6] Karl Marx e Friedrich Engels, "Für Polen", em *Marx-Engels-Werke* (MEW) (5. ed., Berlim, Dietz, 1973), v. 18, p. 572-5. Ver também, neste volume, p. 133.

trabalhadores ingleses contra o subproletariado irlandês ao racismo dos colonos brancos dos Estados Unidos e defendia a superação desses preconceitos pelo apoio irrestrito à autonomia nacional. Deixava claro, portanto, que a luta de classes deveria associar-se à luta das nações oprimidas.

Anderson deixa para o último capítulo as reflexões tardias de Marx sobre as sociedades não capitalistas. Após tratar da persistência e da luta anticolonial das comunidades na Índia, na Argélia, na Indonésia e na América Latina, a ênfase se concentra na Rússia. Na verdade, como mostra Anderson, Marx começou a mudar de opinião sobre a Rússia em 1858, quando passou a defender a revolta dos servos. Sua visão positiva sobre a Rússia vai gradativamente se ampliando. Entre 1877 e 1882, ele distinguiu a aldeia russa do feudalismo ocidental (indicando desenvolvimentos distintos) e sustentou que as comunas rurais russas poderiam ser a base de uma revolução e da transição ao socialismo sem passar pelo estágio do capitalismo. Para isso, teriam, no entanto, que se conectar a recursos e movimentos dos trabalhadores do Ocidente.

Note-se que, no lugar de teorizar, Anderson se engaja na prática dialética de Marx. Ao mesmo tempo, traça uma divisão complexa de sua obra. De 1848 a 1853, artigos do *New York Tribune* e, sobretudo, o *Manifesto* orientam-se por uma noção etnocêntrica de progresso. Essa orientação começa a ser negada mais fortemente nos textos do *Tribune* a partir de 1856 com a adoção de atitude anticolonial e rejeição a qualquer visão positiva sobre o capitalismo (como aquela do capítulo 1 do *Manifesto*). Em 1857 e 1858, o conceito de modo de produção asiático evita o evolucionismo ocidental, mas ainda aceita uma descrição dualista, em que o Oriente é retratado por oposição ao Ocidente. Durante a década de 1860, Marx se confronta com esse dualismo. Em artigos para a imprensa, cartas e discursos, ele busca estabelecer uma relação dialética entre classe e raça, luta socialista e libertação nacional, em que são apresentados caminhos multilaterais para o desenvolvimento. Segundo Anderson, índices dessa mudança são as autocorreções na edição francesa de *O capital*, com o fim de anular expressões evolucionistas que ainda persistiam na publicação alemã. Por fim, o processo de negação do eurocentrismo se conclui nos cadernos de 1879 a 1882, em que a propriedade comunal é considerada revolucionária. A partir da relação entre a potência emancipatória das comunas rurais e a luta dos trabalhadores no Ocidente, Anderson conclui que Marx propõe uma teoria universal, mas multilinear.

Se o método dialético pressupõe a elevação do abstrato ao concreto, na reflexão sobre as sociedades não ocidentais Marx não o aplicaria a si mesmo? Isto é: ele compartilha inicialmente da aparência ocidental sobre o mundo não ocidental, mas, ao se questionar, aceita gradativamente a forma em que está inserido como negação, tomando para si a obrigação de conhecer o pressuposto (a realidade concreta das sociedades não ocidentais) ao qual tal forma se opõe. A partir desse movimento autorreflexivo, em que o objeto de sua crítica é a aparência da qual ele mesmo faz parte, Marx não teria criticado sua própria consciência para superar a ideologia eurocêntrica de sua sociedade?

Kevin Anderson não nos responde, mas organiza em Marx uma concepção multidimensional de sociedade e de mudança social. Em países periféricos, não obstante o alerta da teoria da dependência, tal concepção permanece atual, sobretudo contra o imaginário da modernização, que nos impõe as condições sociais e institucionais dos ditos países avançados como objetivo a ser perseguido. Pensemos, por exemplo, nas cartilhas neoliberais ou no desenvolvimentismo. Não repetem as missões civilizatórias do (neo)colonialismo?

Nas *margens* de Marx, Anderson descobriu uma teoria dialética em que a particularidade tem seu lugar. Não se trata obviamente de tornar a diferença absoluta. A crítica ao todo – o capital – é permanente. As particularidades são momentos da totalidade que a realizam e até podem determiná-la de modo diverso. O exercício dessa dialética é fundamental. O distanciamento entre classe e raça, por exemplo, tem levado o imaginário social a oscilar entre o movimento liberal (de Clinton a Lula) por autonomia individual como meio de ascensão das minorias e a onda conservadora (de Trump a Bolsonaro) em defesa do privilégio da servidão dos brancos. Guardadas por óbvio as distinções, não há alternativa no mercado. De fato, o desenvolvimento do capitalismo tem exigido processos expropriatórios de espaços sociais não mercantilizados (comunais ou coletivos). Ao se mostrarem essenciais para a acumulação do capital, tais espaços revelam também a força crítica da desmercantilização de uma necessidade. Kevin Anderson demonstra como essa força é desenvolvida por Marx – uma força que o leitor brasileiro poderá agora conhecer pelas mãos da editora Boitempo e pela tradução rigorosa de Allan Hillani e Pedro Davoglio. Eis uma leitura não convencional, que, ao chocar a vulgata de plantão, é mais do que bem-vinda entre nós.

Prefácio, 2016

Nos seis anos desde a publicação deste livro, a forma como foi recebido em muitos lugares sugere que ele foi bem-sucedido em ao menos um de seus objetivos originais: apresentar Marx como um pensador profundamente preocupado com as sociedades não ocidentais e pré-capitalistas enquanto tais, e não como meros acessórios para sua teorização das sociedades capitalistas ocidentais modernas. Nesse sentido, o livro parece também ter solapado o argumento em voga de que Marx seria fundamentalmente um pensador eurocêntrico, preso nas molduras estreitas da metade do século XIX e, portanto, impermeável a questões contemporâneas como raça, gênero e colonialismo. Eu me refiro aqui não somente a alegações como as do célebre *Orientalismo,* de Edward Said, mas também a argumentos mais filosóficos, em sentido amplo, como os de Michel Foucault, para quem "o marxismo está no pensamento do século XIX como peixe n'água: o que quer dizer que noutra parte qualquer deixa de respirar"[1].

Ao responder a tais argumentos em *Marx nas margens,* prontamente reconheci que parte dos escritos de Marx da década de 1840 e do começo da década de 1850 exibiam contornos orientalistas e eurocêntricos, por vezes apoiando implicitamente o colonialismo britânico em nome do progresso. Também notei, contudo, que, mesmo nos escritos sobre a Índia de 1853, que costumam atrair a atenção daqueles que buscam retratar Marx desse modo, também havia contracorrentes dialéticas. Vide, por exemplo, os textos de 1853 que descrevem o colonialismo britânico na Índia como bárbaro, ou a evocação, no mesmo ano, da independência indiana

---

[1] Michel Foucault, *The Order of Things* (Nova York, Vintage, 1970 [1966]), p. 262 [ed. bras.: *As palavras e as coisas: uma arqueologia das ciências humanas,* trad. Salma Muchail, São Paulo, Martins Fontes, 1990, p. 277].

como solução para a opressão e estagnação social daquele território. Mais importante ainda, notei que Marx já havia adotado uma posição mais anticolonialista na época de seus escritos de 1856-1858 sobre a Índia e a China, mesmo período em que ele discutiu os modos de produção asiáticos nos *Grundrisse*.

Em grande medida, entretanto, esses argumentos e textos já eram conhecidos pelos especialistas em Marx – especialmente desde os anos 1980, quando todos os seus escritos para o *New York Tribune* foram reimpressos na versão original, em inglês, de forma bastante acessível, em *Marx-Engels Collected Works* (MECW). Por essa razão, muitos leitores e comentadores destacaram o fato de que *Marx nas margens* também baseia seu argumento em cadernos sobre sociedades não ocidentais e pré-capitalistas menos conhecidos, escritos por Marx em seus últimos anos de vida, entre 1879 e 1882. Esses cadernos, alguns dos quais ainda inéditos, são parte da vasta coletânea de textos de Marx que englobará 32 volumes da ainda inacabada *Marx-Engels Gesamtausgabe* (MEGA²). Em sua maior parte, eles consistem em citações de outros autores com comentários ocasionais de Marx.

Os cadernos de fichamentos de Marx já são, de certa forma, conhecidos dos estudiosos graças a alguns exemplares publicados, como as notas de 1881 sobre o livro de economia política de Adolph Wagner e as notas marginais de 1874--1875 sobre o livro de Mikhail Bakunin a respeito do Estado. Mas a maior parte do conteúdo desses cadernos não é bem conhecida, mesmo por especialistas; até o momento, foram publicados apenas 12 dos 32 volumes da MEGA dedicados às coletâneas de citações.

Alguns dos cadernos de excertos sobre sociedades não ocidentais e pré--capitalistas de 1879-1882 foram publicados antes da MEGA², e todos aparecerão no volume 27 da MEGA IV, atualmente editada por Jürgen Rojahn e da qual também participo como editor, particularmente da edição em inglês. Eles podem ser divididos em três áreas: 1) Grande parte dos cadernos sobre sociedades não ocidentais e pré-capitalistas de 1879-1882 analisa a Índia e o Sul da Ásia, o Norte da África e a América Latina colonial e pré-colonial, bem como uma variedade de sociedades pré-letradas, dos indígenas da América do Norte aos gregos da época de Homero. Todo esse material já foi publicado e compõe parte significativa das minhas discussões sobre o Marx tardio no capítulo 6; 2) Um segundo grupo de fichamentos lida com a história da Rússia e com a Indonésia, e estes ainda não foram publicados em nenhuma língua. Discorri sobre eles brevemente em *Marx nas margens*; 3) Um terceiro conjunto de notas aborda a Roma antiga e a Europa medieval; não as analisei porque fugiam do escopo do livro, mas acredito que sejam importantes para compreender o projeto geral de Marx nesse período.

Um estudo do material desses cadernos de 1879-1882 como um todo, junto com as cartas de Marx e outros escritos sobre a Rússia de seus últimos anos, sugere que ele estava, nesse ponto de sua carreira intelectual, muito interessado pelas sociedades agrárias em transição, algumas das quais poderiam estar rumando para o capitalismo. Ele era, no entanto, bastante firme em uma questão nesses escritos tardios: nem todas as sociedades não capitalistas estavam inevitavelmente rumando para o capitalismo. Como discutido no capítulo 6, em determinado ponto de uma carta de 1877 a amigos russos, Marx desloca a discussão sobre as possibilidades de uma evolução em direção ao capitalismo na Rússia no período que se aproximava para uma reflexão sobre o não desenvolvimento do capitalismo na Roma antiga. Marx nota que, em Roma, ainda que 1) os camponeses tivessem perdido sua terra e estivessem separados dos seus meios de produção, 2) grandes propriedades de terra tivessem se formado e fossem controladas por uma aristocracia escravista e 3) o capital monetário tivesse sido estabelecido em uma escala significativa, o capitalismo nunca chegou a se desenvolver naquele contexto:

> O que aconteceu? Os proletários romanos se tornaram não trabalhadores assalariados, mas uma "massa" ociosa mais abjeta do que aqueles que costumavam ser chamados de *poor whites* [brancos pobres] do Sul dos Estados Unidos; e o que se desdobrava junto a ela não era um modo de produção capitalista, mas escravista.[2]

Claro, Marx provavelmente estava menos preocupado com as transições de modos de produção em um sentido puramente socio-histórico do que com as possibilidades de revolução no seu próprio tempo, com a possibilidade de uma revolução agrária na Rússia conduzir a uma forma de desenvolvimento não capitalista, caso – como ele e Engels haviam escrito em 1882 no prefácio da nova edição do *Manifesto Comunista* – tal levante se associasse aos movimentos revolucionários dos trabalhadores na Europa ocidental.

O que temos em 1877-1882, portanto, são três conjuntos de sociedades agrárias não capitalistas em transição que foram estudadas a fundo por Marx: 1) Rússia, cujas aldeias comunais estavam sendo crescentemente penetradas pelas relações sociais capitalistas, responsáveis por minar o coletivismo agrário anterior, mas onde um novo movimento revolucionário crescia; 2) Índia, terra na qual o

---

[2] Teodor Shanin (org.), *Late Marx and the Russian Road: Marx and the "Peripheries" of Capitalism* (Nova York, Monthly Review Press, 1983), p. 136. Ver, neste volume, p. 228.

colonialismo britânico destruiu boa parte da estrutura da aldeia pré-capitalista e onde muitas formas de revolta surgiram; (3) Roma antiga, com a transição do sistema agrícola baseado no campesinato livre para um baseado no trabalho escravo, e o fracasso tanto da resistência plebeia como dos levantes de escravos.

Como somente dois desses grupos foram debatidos no capítulo 6 deste livro, eu gostaria de fazer alguns comentários a respeito das notas sobre Roma, que, até onde me consta, não foram publicadas em nenhuma língua e eventualmente aparecerão no volume 27 da MEGA IV. Acredita-se que as quase 30 mil palavras de Marx nas notas sobre Roma tenham sido escritas por volta de 1879. Elas estão intercaladas no mesmo caderno físico com as anotações sobre Kovalévski que tratam da aldeia indiana e o fichamento sobre Sewell a respeito da história da Índia, os dois últimos grupos de notas discutidos em detalhe no capítulo 6. As notas sobre Roma retomam os historiadores sociais alemães Karl Bücher, Ludwig Friedländer, Ludwig Lange e Rudolf Jhering e cobrem assuntos como classe, estamento e gênero do início dos tempos ao fim do império.

As breves notas de 2 mil palavras de Marx sobre o livro *Die Aufstände der unfreien Arbeiter, 143-129 v. Chr.* [Os levantes do trabalho não livre, 143-129 a.C.], de Bücher, escrito em 1874, as primeiras delas sobre Roma, aproximam-se dos temas da carta de 1877 a seus leitores russos. Aqui, Marx dedicou especial atenção às transformações sociais que resultaram do emergente sistema de agricultura em larga escala baseada em trabalho escravo e o surgimento concomitante de uma "oligarquia financeira" ao lado da antiga ordem patrícia. Ele observou atentamente a interação entre os vários grupos sociais – escravos, homens libertos, plebeus pobres, plebeus ricos, equestres e patrícios – e abordou especificamente a separação entre os plebeus e seus meios de produção, como fazendas e oficinas. Ele também notou a antipatia em relação aos escravos por parte dos proletários romanos, comparados por ele aos brancos pobres do Sul dos Estados Unidos. Essas notas retomam brevemente as revoltas de escravos e plebeus do final do século II a.C., especialmente os levantes na Ásia Menor.

Em seguida, Marx registrou material do livro de Ludwig Friedländer *Darstellungen aus der Sittengeschichte Roms in der Zeit v. August bis zum Ausgang der Antonine* [Representações da história dos costumes de Roma, da era de Augusto ao fim da era de Antonino], que cobre o período da *Pax Romana* (27 a.C.-192 d.C.). As notas relativamente breves de Marx, que totalizam em torno de 3 mil palavras, concentram-se no luxo romano – especialmente aquele sustentado pela escravidão –, bem como nas belas-artes e nos avanços da tecnologia romana. Surpreendentemente, Marx deu pouco espaço aqui para o proletariado e para os escravos, talvez porque tivesse tratado dessas questões em suas notas sobre Bücher. Em vez disso, focou o material sobre os libertos *noveau riche* e sobre a cada vez mais penosa e humilhante situação dos clientes, um estrato social de não escravos que era dependente da aristocracia.

Marx também fez anotações sobre o célebre estudo de Rudolf Jhering escrito em três volumes, *Geist des römischen Rechts in der verschiedenen Stadien seiner Entwicklung* [O espírito do direito romano nos vários estágios de seu desenvolvimento]. Nas notas relativamente breves, de aproximadamente 4 mil palavras, sobre o livro de Jhering, Marx se concentrou não no direito propriamente, mas nas mudanças sociais e econômicas subjacentes que a ele deram forma. Ele começa focando a *gens* ou clã e o modo como a atividade comercial rompeu esses laços primordiais. O restante das anotações de Marx sobre Jhering cobre a evolução das classes sociais e grupos estamentais de Roma, especialmente como resultado de guerras distantes, a transformação de parte da antiga aristocracia fundiária em uma nova aristocracia financeira e a expansão da relação patrono-cliente. Ainda mais do que nas notas sobre Bücher, ele se concentrou na falta de solidariedade entre proletários livres e escravos.

Marx dedicou a maior de suas notas sobre Roma – mais de 20 mil palavras – à obra *Römische Alterhünter* [Roma antiga], três volumes sobre história política, social e jurídica escritos por Ludwig Lange. Aqui, ele se aprofundou nas origens do Estado romano a partir da sociedade pré-letrada de clãs, com destaque especial às questões familiares e de gênero. Entre os tópicos estava o poder do páter-famílias sobre sua esposa, seus filhos e netos, sobre seus escravos e sobre as mulheres adultas ou menores de idade sob sua guarda. Marx notou que, com o desenvolvimento da civilização romana, o casamento foi passando progressivamente do direito tradicional dos clãs à jurisdição estatal do direito secular de base estatal, o que levou a um enfraquecimento da figura do páter-famílias e a um concomitante aumento do poder das mulheres, ao menos dentro da aristocracia. À semelhança das notas sobre *Ancient Society* [A sociedade antiga], de Lewis Morgan, discutidas em detalhe no capítulo 6, os comentários de Marx sobre Lange tendem a solapar a perspectiva de Engels de que houve uma "derrota histórica mundial do sexo feminino" com o surgimento da sociedade de classes a partir das estruturas de clãs anteriores – ao menos quando esta é vista como representativa da posição de Marx, normalmente mais matizada que a de seu amigo[3].

---

[3] Ver também Heather Brown, *Marx on Gender and the Family: A Critical Study* (Leiden, Brill, 2012), que retoma os cadernos sobre Morgan e Lange a respeito da questão de gênero.

A evidência textual dos cadernos de Marx sobre Roma, bem como seus outros escritos sobre sociedades não ocidentais e pré-capitalistas do mesmo período, sugere um interesse amplo sobre as sociedades não capitalistas do seu tempo e do passado. Concentrando-se em grande parte na Rússia, na Índia e na Roma antiga, esses comentários evidenciam uma inquietação de Marx com a transição, especialmente com uma possível transição para o capitalismo. Também mostram como mudanças radicais nas relações de classe e de propriedade abrem portas para a revolução social das classes subordinadas e, em contrapartida, para a dispersão de sua resistência em canais inofensivos às classes dominantes. Sobretudo, esses escritos tardios e as notas sobre a Rússia, a Índia e a Roma antiga evidenciam o interesse de Marx por uma análise profunda e específica de cada sociedade por si só, em vez de fórmulas gerais aplicáveis a todas as sociedades ao redor do globo sem considerar especificidades socio-históricas. Como ele explicou em suas cartas aos interlocutores russos e na própria edição francesa de *O capital* (como discutido no capítulo 5), portanto, seu esboço da acumulação primitiva do capital na Europa do início da modernidade não era um modelo geral para todas as sociedades que começavam a ser impactadas pelas relações sociais capitalistas, mas uma proposta limitada à Inglaterra e àqueles países já inseridos na rota da industrialização capitalista.

Nessa perspectiva, eu também gostaria de reiterar que meu tratamento das alterações presentes na edição francesa do Livro I de *O capital* no capítulo 5 não tem por objetivo questionar a tradução de Joseph Roy, especialmente no que diz respeito à sua qualidade literária. Meu ponto é que a edição francesa de 1872-1875 continha diversas formulações importantes adicionadas pelo próprio Marx que até hoje, infelizmente, não se encontram nas edições alemãs (exceto a da MEGA) nem nas traduções derivadas da edição supostamente definitiva de 1890, organizada por Engels – isso inclui ambas as traduções inglesas*. Algumas dessas passagens contêm formulações que limitam o escopo da análise da acumulação primitiva à Europa ocidental, deixando de lado, portanto, a Rússia, a Índia e outras sociedades não capitalistas de seu tempo. Essas passagens são fundamentais para o argumento geral de *Marx nas margens*, que sustenta uma interpretação de Marx como um pensador multilinear e não determinista que,

---

* A edição da Boitempo – Karl Marx, *O capital: crítica da economia política*, Livro I: *O processo de produção do capital*, trad. Rubens Enderle, São Paulo, Boitempo, 2011 – também tem como base a quarta edição alemã, editada por Engels e publicada em Hamburgo em 1890. O estabelecimento do texto segue a edição da MEGA². (N. E.)

com o passar do tempo, se tornou cada vez mais sensível à necessidade de deixar abertos os caminhos para o desenvolvimento e para a revolução nas sociedades fora da Europa ocidental e da América do Norte.

Eu também gostaria de dizer algo sobre a tradição teórica com a qual eu tenho trabalhado e que permeia este livro. Mesmo tendo sido fortemente influenciado todos estes anos pela Escola de Frankfurt, por György Lukács e por Lênin em termos de dialética, minha principal inspiração aqui vem de uma fonte um tanto diferente: a filósofa marxista humanista russo-americana Raia Dunaiévskaia. Da mesma forma, apesar de ter sido fortemente influenciado pelos escritos sobre raça, colonialismo e revolução de Frantz Fanon, W. E. B. Du Bois e C. L. R. James, nesse assunto eu também devo uma boa parte a Dunaiévskaia. Por ter seguido a tradição de sua versão de marxismo humanista durante toda a minha vida adulta, penso que seria importante dizer algumas palavras a mais sobre o trabalho dela no que se refere a *Marx nas margens*.

Comentarei brevemente: 1) a contribuição de Dunaiévskaia para a nossa compreensão de Hegel, de Marx e da dialética e 2) seu trabalho sobre o que hoje chamam de interseccionalidade entre raça, classe e a luta contra o capital.

Da década de 1940 em diante, Dunaiévskaia se dedicou à recuperação da dialética de Hegel enquanto tal para as futuras gerações de marxistas. Quando ela começou seu trabalho, de início ao lado do marxista afro-caribenho e teórico cultural C. L. R. James, a noção de marxismo hegeliano era, na melhor das hipóteses, a posição de uma minoria insignificante. A dialética era, para a maioria, da esquerda acadêmica (isso foi antes do macarthismo) aos partidos trotskistas nos quais Dunaiévskaia militou, apenas um slogan, e um tipo de darwinismo positivista reinava. Ideias filosóficas eram o reflexo da realidade material, diziam, e qualquer forma de idealismo corria o perigo de terminar em obscurantismo religioso – ou, pior, em fascismo.

Mas, com o fim da Segunda Guerra Mundial e as revelações sobre os campos de extermínio nazistas e campos de trabalho forçado stalinistas, bem como o desastre causado pelas armas nucleares estadunidenses em Hiroshima e Nagasaki, novos tipos de pensamento radical vieram à tona. Ao lado da contínua preocupação com a luta de classes e com o desenvolvimento econômico, cresceu o interesse dentro da esquerda pela dignidade da pessoa humana (ou, como propôs o jovem Marx, pelo indivíduo social). Os existencialistas franceses – embora de forma unilateralmente subjetivista – exaltaram um humanismo radical e atacaram o determinismo do marxismo ortodoxo. A Escola de Frankfurt apresentou uma interpretação antitecnocrática do marxismo, ainda que de uma forma que não fazia muito sentido nem para a classe trabalhadora nem para os grupos oprimidos. Dunaiévskaia, como uma incipiente marxista humanista, apresentou uma forma de marxismo hegeliano que desafiava o capitalismo de Estado tecnocrata, tanto do Ocidente como do Oriente, ao mesmo tempo que pretendia alcançar a base dos trabalhadores brancos e negros de Detroit.

Nas quatro décadas seguintes, Dunaiévskaia desenvolveu um conceito distinto de dialética. Ela fez a primeira tradução em inglês dos cadernos de 1914-1915 sobre Hegel escritos por Lênin, inicialmente para um pequeno grupo do trotskismo estadunidense, que incluía C. L. R. James e Grace Lee Boggs[4]. Mesmo com a esquerda norte-americana bloqueando a publicação nos Estados Unidos, ela usou a leitura revolucionária sobre Hegel feita por Lênin como trampolim tanto para a *Ciência da lógica* quanto para a *Fenomenologia do espírito* de Hegel. Em 1953, ela já havia redigindo suas cartas sobre os Absolutos de Hegel, às quais juntou a (ainda hoje) pouco discutida *Filosofia do espírito*. Essas cartas de 1953 desafiaram as interpretações anteriores – de Engels em diante – do Absoluto hegeliano como uma totalidade fechada com implicações conservadoras[5]. Dunaiévskaia rompeu completamente com a distinção engelsiana entre sistema e método no pensamento de Hegel, argumentando que Marx havia se apropriado criticamente da dialética hegeliana como um todo. Ela concluiu as cartas com sua apropriação crítica – aqui, diretamente contra Engels – dos parágrafos finais da *Filosofia do espírito* de Hegel, que também são o fim do seu sistema conforme elaborado nos três volumes da *Enciclopédia das ciências filosóficas*.

Hegel encerra seu sistema, no capítulo sobre espírito absoluto, com três silogismos sobre lógica, natureza e espírito, que introduzem categorias como a ideia que se pensa e a razão que se sabe. Para Dunaiévskaia, esses conceitos hegelianos se dirigiam à nova consciência social que surgira na segunda metade do século XX, quando trabalhadores de base, negros e outras minorias étnicas, jovens e mulheres passaram a não mais permitir que outros decidissem por eles os caminhos de sua própria libertação.

Ao mesmo tempo, outros aspectos dos absolutos de Hegel referiam-se a algo bem diferente, ao desenvolvimento absoluto do capitalismo durante o século XX no que Dunaiévskaia considerava uma forma de capitalismo de Estado to-

---

[4] Discuto isso de forma aprofundada em *Lenin, Hegel, and Western Marxism: A Critical Study* (Urbana, University of Illinois Press, 1995).
[5] Elas foram reimpressas em Raia Dunaiévskaia, *The Power of Negativity: Selected Writings on the Dialectic in Hegel and Marx* (Lanham, Lexington Books, 2002), que contém uma introdução minha e de Peter Hudis ao trabalho da autora.

talitário, impregnado do cheiro de morte e destruição por onde passava. Com isso, ela seguia um caminho aberto pelo conceito de absoluto usado por Marx em *O capital*, no qual ele se referira, em uma discussão sobre a "lei geral absoluta da acumulação capitalista", à polarização de classe cercada de uma exploração brutal. Mas os absolutos de Hegel, como Dunaiévskaia destacou em sua leitura da *Ciência da lógica*, também apresentavam mais contradições do que uma conclusão concreta. Tudo isso a levou a escrever na introdução original ao seu primeiro livro, *Marxism and Freedom* [Marxismo e liberdade], que "nós vivemos em uma era de absolutos – no limiar da liberdade absoluta a partir da luta contra a tirania absoluta"[6]. A passagem evocava não somente a resistência antifascista dos movimentos como também a nova consciência social que havia surgido nos Estados Unidos e em muitos outros lugares nos anos 1940.

É verdade que Dunaiévskaia, enquanto marxista, rejeitava textos hegelianos tardios mais conservadores como a *Filosofia do direito*, mas ela viu nos trabalhos anteriores, mais abstratos, a base para toda a dialética no sentido de uma dialética revolucionária. Inicialmente, ela desenvolveu algumas ideias em diálogo com Herbert Marcuse[7]. Como ela escreveu em *Philosophy and Revolution* [Filosofia e revolução], referindo-se a trabalhos como a *Ciência da lógica*, a *Fenomenologia do espírito* e a *Filosofia do espírito* de Hegel:

> Precisamente onde Hegel soa mais abstrato, onde parece fechar as cortinas contra o movimento todo da história, lá ele deixa a força vital da dialética – a negatividade absoluta – fluir. É verdade que Hegel *escreve* como se a resolução de forças vivas opostas pudesse ser superada por uma mera transcendência no pensamento. Mas, ao trazer as oposições ao seu extremo lógico, ele abriu novos caminhos, uma nova relação entre teoria e prática, a qual Marx reformulou como uma relação entre filosofia e revolução totalmente nova. Os revolucionários de hoje viram suas costas a isso por sua conta e risco.[8]

Isso, acredito eu, continua sendo um legado para nós hoje, em um tempo no qual pensadores radicais tão diferentes – de Negri a Habermas e de Foucault a

---

[6] Raia Dunaiévskaia, *Marxism and Freedom* [1958] (Amherst, Humanity Books, 2000), p. 23-4.
[7] Ver Kevin B. Anderson e Russel Rockwell (orgs.), *The Dunayevskaya-Marcuse-Fromm Correspondence, 1954-1978: Dialogues on Hegel, Marx, and Critical Theory* (Lanham, Lexington, 2012).
[8] Raia Dunaiévskaia, *Philosophy and Revolution: From Hegel to Sartre and from Marx to Mao* [1973] (Nova York, Columbia University Press, 1989), p. 31-2.

Said, isso sem falar nas correntes althusserianas mais antigas ou até mesmo nos materialistas ou positivistas mecanicistas ainda mais antigos – nos aconselham a evitar a qualquer custo a dialética revolucionária de Hegel.

Um outro aspecto do conceito de dialética de Dunaiévskaia constrói uma ponte direta com os temas de *Marx nas margens*. Diferentemente de outras versões de totalidade ou universalidade no interior do marxismo hegeliano, Dunaiévskaia insistia que o universal precisa se particularizar para se tornar um universal verdadeiramente emancipatório, e não um mero universal abstrato:

> O movimento do abstrato para o concreto, para a particularização, necessita de uma dupla negação. Hegel não deixa espaço para o esquecimento dessa criatividade absoluta, a força motriz que ela é para o desenvolvimento do todo, para seu poder criativo.[9]

Transpondo esse tipo de dialética para a esfera da política e da sociologia marxistas, ela sustentava que questões contemporâneas sobre raça, colonialismo ou gênero, ainda que relacionadas ao panorama geral do capitalismo, não poderiam ser subsumidas por uma análise do capital e da classe, pois tinham particularidade e dinâmica próprias.

Também a partir dos anos 1940, e também inicialmente ao lado de C. L. R. James, Dunaiévskaia analisou o sistema de classes específico dos Estados Unidos, que sempre funcionou com o aditivo da raça. Em seu *American Civilization on Trial: Black Masses as Vanguard* [Civilização americana sob julgamento: massas negras como vanguarda][10] e em outros trabalhos, Dunaiévskaia demonstrou como o racismo minou os movimentos progressistas de classe inúmeras vezes na história estadunidense, dos populistas de esquerda de um século atrás aos seus contemporâneos da American Federation of Labor (AFL) [Federação Americana do Trabalho]. Ao mesmo tempo, e aqui em contraposição aos estudos de branquitude e outras perspectivas acadêmicas similares, ela também apontou para conjunturas cruciais nas quais os trabalhadores brancos (*white labor*), sob o impacto da luta dos negros, começaram a superar o racismo com o qual a sociedade em geral os contaminava. Esses exemplos ocorreram durante algumas fases do movimento populista dos anos 1890 ou do posterior Congress of Industrial Organizations (CIO) [Congresso das Organizações Industriais], que surgiu

---

[9] Ibidem, p. 25.
[10] Raia Dunaiévskaia, *American Civilization on Trial: Black Masses as Vanguard* [1963] (5. ed., Chicago, News & Letters, 2003).

durante os anos 1930 como uma resposta à AFL, dominada por trabalhadores qualificados. Em todas as fases da vida de Dunaiévskaia – da juventude nos anos 1920, como funcionária do jornal semanal do Partido Comunista em Chicago, o *Negro Champion*, a 1986, ano anterior à sua morte, quando escreveu uma nova introdução para um estudo marxista humanista de Frantz Fanon –, ela destacou que, na história dos Estados Unidos, as "massas negras como vanguarda" foram uma constante em termos de progresso social. Por tal razão, dedicou-se por vezes a examinar movimentos nem sempre relacionados ao socialismo e ao marxismo, como os abolicionistas do século XIX ou o nacionalismo negro dos anos 1920. Seu interesse, contudo, pela possibilidade de união dos trabalhadores brancos e negros, tanto da fábrica como do campo, nunca supunha deixar de lado a luta contra o racismo em favor de uma forma falsa e superficial de unidade de classe.

Essa dimensão do pensamento de Dunaiévskaia também pode ser percebida em sua interpretação de Marx, Lênin, Trótski, Fanon e outros pensadores da tradição marxiana. Ela destacou inúmeras vezes a importância central dos escritos de Marx sobre a Guerra Civil Americana, nos quais ele prestava apoio crítico ao Norte, denunciando aqueles que não viam diferença entre o Norte e o Sul, ao mesmo tempo que atacava a incapacidade de Lincoln de conduzir a guerra como uma luta revolucionária contra a escravidão. Mas não apenas isso: Dunaiévskaia também escreveu sobre como a Guerra Civil nos Estados Unidos impactou a estrutura do Livro I de *O capital*, inspirando Marx a adicionar um capítulo sobre a jornada de trabalho – aquele em que escreveu, poeticamente, que "o trabalho de pele branca não pode se emancipar onde o trabalho de pele negra é marcado a ferro"[11].

Então, no fim de sua vida, Dunaiévskaia se dedicou aos *Cadernos etnológicos de Marx*, estudos, em seus anos derradeiros, sobre gênero, colonialismo e formas sociais tradicionais (ou clãs) e seu deslocamento por estruturas de classe. Esses cadernos, primeiramente publicados em 1972 por Lawrence Krader, formidável estudioso do autor alemão, constituem a maior parte das notas de Marx de 1879 a 1882 sobre sociedades não ocidentais e pré-capitalistas. Tais escritos de Marx tornaram-se o centro de *Rosa Luxemburg, Women's Liberation, and Marx's Philosophy of Revolution* [Rosa Luxemburgo, a libertação das mulheres e a filosofia da revolução de Marx], de Dunaiévskaia. A intenção da filósofa não era, com isso, criar uma espécie de divisão althusseriana entre as versões jovem e madura de

---

[11] Citado por Raia Dunaiévskaia, *Marxism and Freedom*, cit., p. 84 [ed. bras.: Karl Marx, *O capital: crítica da economia política*, Livro I: *O processo de produção do capital*, cit., p. 327].

Marx, mas jogar luz sobre as reflexões do autor, ao longo da vida, a respeito de questões de gênero e do impacto da penetração capitalista nas regiões não capitalistas e nas subsequentes formas de resistência ao capital e ao colonialismo. Sua base foram as notas de Marx sobre Morgan, que formam a maior parte do que hoje é conhecido como os *Cadernos etnológicos* do alemão. Dunaiévskaia elaborou, assim, a primeira crítica feminista à obra *A origem da família, da propriedade privada e do Estado**, de Engels, ao se basear nas diferenças de leitura de Marx e Engels sobre Morgan. Como ela afirma em seu *Rosa Luxemburg*:

> A hostilidade de Marx ao colonialismo capitalista estava se intensificando. A questão era quão total deveria ser a destruição da sociedade existente e quão nova era a relação entre teoria e prática. Os estudos permitiram a Marx (Marx, não Engels) ver a possibilidade de novas relações humanas, não uma mera "atualização" da igualdade dos sexos do comunismo primitivo, como entre os iroqueses, mas o resultado abrupto de um novo tipo de revolução, como pressentiu Marx.[12]

Os escritos tardios de Dunaiévskaia sobre o Marx maduro tiveram particular importância para o desenvolvimento do capítulo 6 de *Marx nas margens*. O trabalho dela, de fato, teve grande impacto em meu livro em dois sentidos: em um nível amplo, por sua sua dialética, e em um nível mais específico, por seu tratamento direto de algumas questões aqui discutidas.

De maneira geral, vejo *Marx nas margens* como uma contribuição aos debates atuais sobre Marx e seu legado. Em um período no qual muitos acusam o filósofo alemão de ser irremediavelmente eurocêntrico, dotado de uma dialética derivada de Hegel que agrupa aspectos como raça, gênero e colonialismo em uma grande narrativa homogeneizante de globalização, capital e classe, minha tentativa foi a de argumentar que ele é, na verdade, um pensador dos nossos tempos. Sua crítica do capital, matizada e dialética como era, baseada nos estudos socio-históricos específicos sobre as circunstâncias efetivas com as quais várias sociedades ao redor do mundo eram confrontadas, é assunto tanto de sua época como da nossa.

---

* Ed. bras.: trad. Nélio Schneider, São Paulo, Boitempo, 2019. (N. E.)

[12] Raia Dunaiévskaia, *Rosa Luxemburg, Women's Liberation, and Marx's Philosophy of Revolution* [1982] (Urbana, University of Illinois Press, 1991), p. 190.

Agradecimentos

Durante o período de mais de uma década em que trabalhei neste projeto, obtive generosa assistência, em diversas formas, de especialistas em estudos marxistas e em outras áreas. Durante esses anos, meu entendimento dos problemas abordados neste livro beneficiou-se imensamente da minha associação à MEGA, em particular das interações com Jürgen Rojahn, David Norman Smith, Charles Reitz, Lars Lih, Georgi Bagaturia, Norair Ter-Akopian e Rolf Hecker, bem como Jürgen Herres, Malcolm Sylvers, Gerald Hubmann, Gerd Callesen, Regina Roth e Carl-Erich Vollgraf. Também me beneficiei do financiamento da American Council of Learned Societies Fellowship (1996-1997), do subsídio de viagem da American Philosophical Society (1996) e de financiamento do Center for Humanistic Studies Fellowship da Universidade Purdue (2004). Agradeço também a Bert Rockman, do Departamento de Ciência Política da Universidade Purdue, e a Verta Taylor, do Departamento de Sociologia da Universidade da Califórnia – Santa Bárbara, que me dispensaram de lecionar em 2007 e 2009, respectivamente.

Douglas Kellner, Bertell Ollman e Frieda Afary leram o manuscrito na íntegra e fizeram importantes comentários. Também o fez minha companheira, Janet Afary, que me deu imenso apoio e incentivo, tanto pessoal quanto intelectual, em todas as etapas deste projeto. Ao longo de anos, também discuti este projeto com frequência – e sempre muito produtivamente – com Peter Hudis. Louis Dupré, Donald N. Levine e William McBride me ofereceram incentivo e sugestões em situações críticas. As pessoas a seguir leram o manuscrito e acrescentaram comentários significativos: David Black, Paresh Chattopadhyay, Richard Hogan, Lars Lih, Albert Resis, Arthur Rolston, Jack Rhoads, David Roediger, Jürgen

Rojahn e Eamon Slater. Outros ofereceram sugestões em resposta aos artigos apresentados em diversas conferências e em outras ocasiões, em especial Robert Antonio, Colin Barker, Franklin Bell, Roslyn Bologh, Jordan Camp, Norman Fischer, Chris Ford, Andrew Kliman, Lauren Langman, David Mayer, Ted McGlone, David McNally, Hal Orbach, Michael Perelman, Annete Rubinstein, Lawrence Scaff e Suzi Weissman. Eu também gostaria de agradecer a Heather Brown, Alexander Hanna, Lisa Lubow, C. J. Pereira di Salvo, Michelle Sierzega, Rebekah Sterling e Mir Yarfitz pela assistência na pesquisa. Michelle Conwell, da Universidade Purdue, providenciou importante apoio técnico e administrativo.

Ao longo destes anos, trabalhei nas bibliotecas das seguintes instituições, onde recebi ajuda especial de diversas pessoas: Universidade de Northern Illinois (Robert Ridinger), Universidade de Chicago (Frank Conaway) e o International Institute of Social History [Instituto Internacional de História Social], de Amsterdã (Mieke Ijzermans). Vinay Bahl, David Black, Sebastian Budgen, Paul Buhle, Paresh Chattopadhyay, Rolf Dlubek, Calr Estabrook, Eric Fonder, Urszula Frydman, Rolf Hecker, Robert Hill, William McBride, Jim Obst, David Roediger, Jürgen Rojahn, David Norman Smith e Danga Vileisis me auxiliaram com materiais de referência.

Versões anteriores e partes deste livro foram apresentadas em encontros de diversas associações acadêmicas, incluindo a American Sociological Association, as conferências Historical Materialism [Materialismo histórico] (Londres e Toronto), Socialist Scholars [Estudiosos socialistas] (Nova York), Left Forum [Fórum de esquerda] (Nova York) e Rethinking Marxism [Repensando o marxismo] (Amherst), e os eventos da Midwest Sociological Association. Gostaria, ainda, de mencionar quatro ocasiões particularmente importantes para o processo de reflexão deste livro: um colóquio no Departamento de Sociologia da Universidade de Illinois a convite de John Lie, em 1996; uma palestra no Brecht Forum, em Nova York, a convite de Liz Mestres e Eli Messinger, em 2000; o período como pesquisador visitante no Centro de Teoria Social e História Comparada na Universidade da Califórnia – Los Angeles, a convite de Robert Brenner e Thomas Mertes, no inverno e na primavera de 2007; e o período como pesquisador visitante na Universidade de Wuhan, a convite de He Ping, no outono de 2007.

Também gostaria de agradecer a John Tryneski e Rodney Powell, bem como a Mary Gehl e Kristi McGuire, da University of Chicago Press, pelo trabalho árduo e o apoio no processo de publicação.

Por fim, gostaria de dedicar este livro à memória de dois pensadores excepcionais que me abriram caminho: minha mentora intelectual Raia Dunaiévskaia

(1910-1987), filósofa marxista humanista que desenvolveu valiosos *insights* a respeito dos escritos de Marx sobre sociedades não ocidentais e pré-capitalistas em seu livro *Rosa Luxemburg, Women's Liberation, and Marx's Philosophy of Revolution*, de 1982; e Lawrence Krader (1919-1998), o incansável estudioso de Marx que trouxe à luz, em 1972, os *Cadernos etnológicos* de Marx.

Lista de abreviaturas

Capital I – Karl Marx, *Capital*, v. I [1884] (trad. Ben Fowkes, intr. Ernest Mandel, Londres, Penguin, 1976) [ed. bras.: *O capital:* crítica da economia política. Livro I: *O processo de produção do capital* (1867). Trad. Rubens Enderle. São Paulo, Boitempo, 2013].

Capital III – Idem, *Capital*, v. III [1894] (rad. David Fernbach, intr. Ernest Mandel, Londres, Penguin, 1981) [ed. bras.: *O capital:* crítica da economia política. Livro III: *O processo global da produção capitalista* (1894), trad. Rubens Enderle, São Paulo, Boitempo, 2017].

Grundrisse – Idem, *Grundrisse: Foundations of the Critique of Political Economy (Rough Draft)* [1857-1858] (trad. Martin Nicolaus, com notas e índice de Ben Fowkes, Nova York, Penguin, 1973) [ed. bras.: *Grundrisse*: *manuscritos econômicos de 1857-1858 – esboços da crítica da economia* política, trad. Mario Duayer e Nélio Schneider, São Paulo, Boitempo, 2015].

KML 1 – Saul K. Padover (org.), *Karl Marx Library*, v. 1 (Nova York, McGraw-Hill, 1971-1977).

MECW 12 – Karl Marx e Friedrich Engels, *Collected Works*, v. 12, 1853-1854 (Moscou, Progress, 1979).

MEGA² II/10 – *Marx-Engels Gesamtausgabe*, seção II, v. 10 (Berlim, Dietz/Akademie/ De Gruyter, 1975-).

MEW 1 – Karl Marx e Friedrich Engels, *Marx-Engels Werke*, v. 1 (Berlim, Dietz, 1956).

Œu*vres* 4 – Karl Marx, *Œuvres*, t. 4: *Politique, 1* (org. e notas Maximilian Rubel, Paris, Gallimard, 1994).

Introdução

Em 1849 Marx foi forçado a se mudar para Londres, onde viveu como exilado político até sua morte, em 1883. Tendo testemunhado a derrota das revoluções de 1848 no continente europeu, ele sentia que um período de retrocesso estava a caminho – o que foi confirmado pelo golpe bonapartista em dezembro de 1851, na França, um ponto-final à onda revolucionária de 1848-1849. Se esses contratempos políticos de algum modo reduziram os horizontes de Marx, seu deslocamento para Londres os ampliou de outras maneiras: Marx estava então no centro da única economia capitalista verdadeiramente industrializada do mundo, na época em que trabalhava no British Museum [Museu Britânico] no que se tornaria sua obra-prima, *O capital*. A mudança para Londres também o colocou no núcleo do maior império do mundo, o que intensificou seu interesse por sociedades não ocidentais e pelo colonialismo.

O filósofo desconstrucionista Jacques Derrida captura bem a marginalidade de Marx como um refugiado político na Londres vitoriana, ligando-a à sua posição igualmente marginal em relação à tradição intelectual do Ocidente: "Marx continua sendo entre nós (*chez nous*) um imigrado, um imigrado glorioso, sagrado, maldito, mas ainda clandestino, como o foi toda a sua vida"[1]. Na Inglaterra, uma de suas principais fontes de renda era seu trabalho como correspondente-chefe europeu do *New York Tribune*. Outra fonte era o apoio financeiro que recebia de seu amigo Friedrich Engels, também um veterano de 1848, que se tornou sócio da bem-sucedida empresa de manufatura de sua família em Manchester.

---

[1] Jacques Derrida, *Specters of Marx* (Nova York, Routledge, 1994), p. 174 [ed. bras.: *Espectros de Marx*, trad. Anamaria Skinner, Rio de Janeiro, Relume Dumará, 1994. p. 232].

Escrevendo frequentemente em inglês e em francês, bem como em sua língua materna, o alemão, Marx era um intelectual cosmopolita trilíngue.

Este livro reúne dois conjuntos de escritos da vasta obra de Marx, quase todos redigidos em Londres. 1) A obra examina a teorização do filósofo sobre algumas sociedades não ocidentais de sua época – da Índia à Rússia e da Argélia à China – e sua relação com o capitalismo e o colonialismo. 2) O livro também retoma os escritos de Marx sobre os movimentos de emancipação nacional, especialmente na Polônia e na Irlanda, e sua relação com os movimentos democráticos e socialistas de seu tempo. Conectada a essa questão está a análise sobre raça e etnia e a relação dessas questões com a classe, tanto no caso dos trabalhadores negros nos Estados Unidos durante a Guerra Civil como no dos trabalhadores irlandeses na Inglaterra.

O presente estudo se concentra nos escritos de Marx sobre sociedades que eram, em sua maior parte, periféricas ao capitalismo no tempo em que ele viveu. Retomarei especialmente textos menos conhecidos de Marx, como sua contribuição jornalística para o *New York Tribune*. Também examinarei seus longos, mas pouco conhecidos, cadernos de 1879-1882 sobre sociedades não ocidentais e pré-capitalistas, alguns ainda inéditos em qualquer língua, mas que serão disponibilizados nos próximos anos pela *Marx-Engels Gesamtausgabe* (doravante indicada pela sigla MEGA^2 e discutida no Apêndice). Algumas dessas sociedades não ocidentais e pré-capitalistas estudadas por Marx, como a Índia, a Indonésia e a Argélia, foram parcialmente incorporadas à modernidade capitalista por meio da colonização. Outras, como a Polônia, a Rússia e a China, ainda estavam em boa parte fora do sistema capitalista global. Outras, ainda, como os Estados Unidos e a Irlanda, situavam-se nos limites do capitalismo global, com a Irlanda relegada majoritariamente à agricultura. Seja no extremo limite do capitalismo globalizado do século XIX (Irlanda e Estados Unidos), seja parcialmente incorporadas ao capitalismo global (Índia, Argélia e Indonésia), seja simplesmente além dele (Rússia, China e Polônia), todas essas sociedades estavam, de um modo ou de outro, em suas margens – por isso o título *Marx nas margens*.

Os dois temas principais mencionados acima se destacam nos escritos de Marx sobre tais sociedades. 1) Ele enfatizou que a Rússia, a Índia, a China, a Argélia e a Indonésia possuíam estruturas sociais marcadamente diferentes em relação às da Europa ocidental. Ao longo de seus textos, ele lidou com a questão do futuro desenvolvimento dessas sociedades não ocidentais; mais especificamente, examinou suas perspectivas em relação à revolução e como locais de resistência ao capital. Meu argumento é o de que, ao longo dos anos, sua perspectiva sobre essas sociedades evoluiu[2]. Nos anos 1840, ele tinha uma perspectiva implicitamente unilinear, às vezes tingida de etnocentrismo, segundo a qual as sociedades não ocidentais seriam necessariamente absorvidas pelo capitalismo e então modernizadas por meio do colonialismo e do mercado mundial. Com o passar do tempo, no entanto, sua perspectiva evoluiu para uma mais multilinear, deixando em aberto o desenvolvimento futuro dessas sociedades. Em 1881-1882, ele vislumbrava a possibilidade de que a Rússia se modernizasse de maneira progressista, e não capitalista, caso seu movimento revolucionário de base camponesa fosse capaz de se conectar com os movimentos da classe trabalhadora da Europa ocidental. Eu abordo a evolução do seu pensamento a respeito desse tema principalmente nos capítulos 1, 6 e em partes do 5: com um panorama parcialmente cronológico, retomo a unilinearidade implícita do *Manifesto Comunista* (1848) e dos escritos para o *Tribune* no começo dos anos 1850, a teoria multilinear da história construída nos *Grundrisse* (1857-1858) e na edição francesa do *Capital* (1872-1875), e, finalmente, os escritos tardios multilineares de 1879-1882 sobre sociedades não ocidentais, entre elas a Rússia, a Índia e a América Latina.

2) Os escritos de Marx sobre nacionalidades e grupos étnicos oprimidos – Polônia, Irlanda, trabalhadores irlandeses na Inglaterra e negros nos Estados Unidos, e sua relação com os movimentos democráticos e dos trabalhadores nos países capitalistas centrais – são o segundo principal foco de atenção deste livro. Marx discutiu essas questões no *Tribune* e em outros jornais, nos debates

---

[2] É verdade que tal abordagem histórica do pensamento de Marx corre o risco de revelar mudanças de perspectiva onde só havia ênfases diferentes. Esse problema foi articulado com mais força pelo teórico político Bertell Ollman, que nos alerta, em *Dialectical Investigations* (Nova York, Routledge, 1993) de que muitas discrepâncias aparentes e inconsistências nas formulações de Marx são resultado de diferentes níveis de generalidade (um foco específico nas sociedades russa ou britânica, um no capitalismo global, um na história da humanidade como um todo etc.) ou da projeção de diferentes públicos (ele mesmo, nos rascunhos e notas; o movimento socialista como um todo, a exemplo de seus escritos polêmicos; a comunidade acadêmica e os socialistas, com *O capital* etc.). Tendo esse alerta em mente, tentei ser cauteloso ao me referir a mudanças ou evoluções no pensamento de Marx. Não obstante, acredito que haja evidências de importantes evoluções no pensamento do autor a respeito de algumas sociedades, especialmente a Índia, a Rússia e a Irlanda. Também procurei tomar cuidado ao atribuir mudanças de posição a Marx por outra razão: para mim, os conceitos mais fundamentais dele – sua noção de dialética, sua teoria da alienação e do fetichismo, seu conceito de capital e de exploração do trabalho – aparecem de maneira razoavelmente consistente na obra marxiana como um todo, dos anos 1840 aos anos 1880. Nesse sentido, minha discussão sobre mudança e desenvolvimento no trabalho de Marx tem pouco a ver com as tentativas de localizar "cortes epistemológicos" em seu pensamento, a exemplo do que acontece no marxismo estruturalista de Louis Althusser.

na Associação Internacional dos Trabalhadores dos anos 1860 e em *O capital*. Da década de 1840 em diante, ele apoiou consistentemente os movimentos de independência da Polônia e da Irlanda, bem como a causa abolicionista nos Estados Unidos. Na década de 1860, entretanto, com a eclosão da Guerra Civil nos Estados Unidos, o levante polonês de 1863 e o Movimento Feniano na Irlanda, o tratamento que ele dava a essas questões assumiu uma nova urgência e passou por algumas alterações – elas são o tema dos capítulos 2, 3 e 4 e de parte do 5. Durante a década de 1860, tais assuntos se tornaram centrais para a análise de Marx sobre os movimentos da classe trabalhadora das duas sociedades capitalistas mais poderosas à época, a Inglaterra e os Estados Unidos. Ele concluiu que movimentos de trabalhadores nos países capitalistas centrais que não apoiavam adequadamente grupos nacionalistas progressistas em defesa dos afetados por seus governos, ou que não combatiam o racismo contra minorias étnicas em suas próprias sociedades, corriam o risco de retardar ou até mesmo interromper seu próprio desenvolvimento.

Argumentarei mais adiante que esses dois temas, centrais para este estudo, não eram incidentais na teoria de Marx sobre o capitalismo, mas parte de uma análise complexa da ordem social global de seu tempo. O proletariado de Marx não era apenas branco e europeu: também englobava os trabalhadores negros nos Estados Unidos, bem como os irlandeses, que, na época, não eram considerados "brancos" pelas culturas dominantes na Inglaterra e na América do Norte. Ao passo que a modernidade capitalista penetrava na Rússia e na Ásia, minando as ordens sociais pré-capitalistas dessas sociedades, novas possibilidades de mudança revolucionária, acreditava ele, poderiam surgir desses novos locais. Aqui, suas esperanças se centravam nas formas sociais comunais das aldeias da Índia e da Rússia, que ele via como possíveis novos *loci* de resistência ao capital. Seja o camponês indiano ou o aldeão russo, um rendeiro irlandês, um trabalhador imigrante na Inglaterra ou o escravo liberto no sul dos Estados Unidos, Marx nunca deixou de buscar novos aliados para a classe trabalhadora ocidental em sua luta contra o capital.

A posição de Marx assume importância a respeito de mais uma questão. Mesmo sendo, em certo sentido, marginalizado na Inglaterra, desde o início ele recusou-se a se isolar na comunidade de exilados alemães. Marx se tornou, ao contrário, parte da sociedade britânica; mantinha contato com cartistas e outros trabalhadores militantes. Ele não apenas escreveu em inglês para o *Tribune* como também foi autor de diversos manifestos e discursos para a Internacional nos anos 1860. A vida de Marx exemplificou seu ideal de internacionalismo: no fim, ele não era um intelectual alemão nem britânico, mas europeu, ou até mesmo global. Foi da Londres cosmopolita, o centro da indústria e do império, que ele forjou sua crítica madura ao capital. É verdade que o projeto intelectual desenvolvido ao longo da vida de Marx se concentrou na crítica à economia política – na elaboração de um modelo da estrutura da sociedade capitalista moderna e do potencial para a sua transformação positiva por meio do movimento de autoemancipação da classe trabalhadora moderna. Neste livro, contudo, argumentarei que seus escritos sobre nacionalismo, etnicidade e sociedades não ocidentais constituem uma parte importante, ainda que negligenciada, desse esforço.

Nota sobre a relação de Marx com Engels

Já de início eu gostaria de caracterizar brevemente a relação entre Marx e Engels. Neste livro, ocasionalmente farei críticas a Engels e apontarei suas diferenças em relação a Marx; entretanto, não concordo com críticos desdenhosos de Engels, como Jean-Paul Sartre, que lamenta em seu famoso ensaio "Materialismo e revolução" o "infeliz encontro"[3] de Engels e Marx em 1844. Aqui, o excesso verbal de Sartre anula algumas críticas válidas a Engels no que concerne à relação entre idealismo e materialismo, bem como a outras questões importantes para a dialética. Eu considero boa parte dos escritos mais empíricos de Engels contribuições bastante significativas, especialmente *A situação da classe trabalhadora na Inglaterra** (1845), um texto frequentemente citado e elogiado por Marx que foi redigido no mesmo ano em que eles formaram sua amizade intelectual, e *A guerra camponesa na Alemanha* (1850)[4]. A edição que Engels realizou dos livros II e III de *O capital* também constitui tarefa extremamente importante.

Engels, todavia, não era Marx, e infelizmente, em diversas áreas, ele impôs sérios obstáculos à compreensão da abrangência e da originalidade de Marx. Isso ocorre na sua popularização cientificista da dialética em trabalhos como *Ludwig Feuerbach e o fim da filosofia clássica alemã* (1886). Eu critiquei a leitura

---

[3] Jean-Paul Sartre, "Materialism and Revolution", em *Literary and Philosophical Essays* [1949] (Nova York, Collier, 1962), p. 248.

* Trad. B. A. Schumann, São Paulo, Boitempo, 2008. (N. E.)

[4] Tais escritos ganham destaque em um dos mais incisivos contra-ataques aos críticos de Engels, no livro de Alvin W. Gouldner, *The Two Marxisms* (Nova York, Oxford University Press, 1980).

de Engels sobre a dialética em meu livro sobre Lênin e Hegel[5], na mesma linha que muitos outros, como o filósofo marxista húngaro György Lukács[6] e o teórico crítico alemão Iring Fetscher[7], seguiram antes de mim.

Isso também ocorre na criação, por parte de Engels, de uma versão supostamente definitiva do Livro I de *O capital*, a quarta edição (1890), publicada após a morte de Marx. Como será discutido no capítulo 5, ele muitas vezes ignorou a edição francesa de 1872-1875, algo apontado anteriormente – ainda que, algumas vezes, de forma unilateral – pelo pesquisador francês Maximilien Rubel, especialista em Marx. Recentemente, a MEGA publicou os esboços originais de Marx para os livros II e III de *O capital*, o que suscitou novas críticas a Engels como editor da obra.

Finalmente, isso também ocorre em *A origem da família, da propriedade privada e do Estado* (1884), de Engels, no qual ele apresenta um forte comprometimento com a igualdade de gênero – tomando por base descobertas antropológicas da época –, mas incomparável à sutileza dos cadernos de Marx do mesmo período. Essa questão foi levantada pela primeira vez por Raia Dunaiévskaia[8].

Nota sobre as fontes

Muito deste estudo fez uso de textos jornalísticos, manifestos para a Internacional, cartas e cadernos inéditos de Marx[9]. Suas contribuições para o *Tribune* e outros

---

[5] Kevin B. Anderson, *Lenin, Hegel, and Western Marxism: A Critical Study*, cit.
[6] György Lukács, *History and Class Consciousness* [1923] (Cambridge, MIT Press, 1971) [ed. bras.: *História e consciência de classe*, trad. Rodnei Nascimento, São Paulo, Martins Fontes, 2003].
[7] Iring Fetscher, *Marx and Marxism* (Nova York, Herder and Herder, 1971).
[8] Raia Dunaiévskaia, *Rosa Luxemburg, Women's Liberation, and Marx's Philosophy of Revolution*, cit.
[9] Até o momento, nenhuma biografia intelectual abrangente de Marx foi publicada em qualquer língua – tal estudo, obviamente, precisaria de vários volumes para fazer justiça ao tópico. [Esta obra é anterior ao trabalho de Michael Heinrich, *Karl Marx e o nascimento da sociedade moderna: biografia e o desenvolvimento de sua obra*, cujo primeiro volume, *1818-1841*, foi publicado contemporaneamente na Alemanha e no Brasil (trad. Claudio Cardinali, São Paulo, Boitempo, 2018), enquanto os demais estão em fase de redação. – N. E.] Na elaboração deste livro, recorri às úteis biografias de volume único escritas por Maximilien Rubel e Margaret Manale, *Marx without Myth: A Chronological Study of His Life and Work* (Nova York, Harper & Row, 1975), David Riazanov, *Karl Marx and Friedrich Engels: An Introduction to Their Lives and Work* [1927] (Nova York, Monthly Review, 1973), David McLellan, *Karl Marx: His Life and Thought* (Nova York, Harper & Row, 1973), Jerrold Seigel, *Marx's Fate: The Shape of a Life* (Princeton, Princeton University Press, 1978), Saul Padover, *Karl Marx: An Intimate Biography* (Nova York, McGraw-Hill, 1978), Franz Mehring, *Karl Marx: The Story of His Life* [1918] (trad. Edward Fitzgerald,

jornais foram muitas vezes menosprezadas como um trabalho encomendado e sem criatividade; como argumentarei a seguir, porém, elas contêm uma análise teórica significativa sobre sociedades não ocidentais, etnia, raça e nacionalismo, geralmente com mais detalhes e profundidade do que *O capital* e outros escritos de Marx sobre economia política – principalmente quando se consideram os textos jornalísticos sobre a Índia, a Rússia e a China, ou sobre raça e escravidão nos Estados Unidos. Os mais extensos desses artigos de jornal, os do *Tribune*, só se tornaram disponíveis integralmente em sua versão original em inglês no fim dos anos 1980, quando apareceram em *Marx-Engels Collected Works* (doravante indicada pela sigla MECW e discutida no Apêndice). Os manifestos para a Internacional abordam os temas da raça e da escravidão e, de forma ainda mais aprofundada, perspectivas sobre a Irlanda e a Polônia. As cartas de Marx refletiam sobre todas as questões aqui mencionadas. As fontes acima são a base para os capítulos 1 a 4, e no capítulo 5 eu retorno aos *Grundrisse* e a *O capital*, nos quais examino até que ponto as questões de raça, etnia e sociedades não ocidentais entraram nas críticas centrais à economia política feitas por Marx. No capítulo 5, argumento que os temas deste estudo têm mais relação do que geralmente se percebe – ainda que de forma subjacente – com o que muitos reconheceriam como os textos maduros mais importantes de Marx. Seus cadernos de citações de 1879-1882, muitos ainda inéditos em qualquer língua, formam uma parte importante deste livro, especialmente do capítulo 6, que examina os cadernos de

---

Ann Arbor, University of Michigan Press, 1962) e Francis Wheen, *Karl Marx: A Life* (Nova York, Norton, 2000). Também considerei bastante úteis, de Hal Draper, *The Marx-Engels Cyclopedia*, v. 1: *The Marx-Engels Chronicle* (Nova York, Schocken, 1985) e v. 3: *The Marx-Engels Glossary* (Nova York, Schocken, 1986); as duas bibliografias de Marx realizadas por Maximilien Rubel, *Bibliographie des Œuvres de Karl Marx. Avec en appendice un répertoire des oeuvres de Friedrich Engels* (Paris, Marcel Rivière, 1956) e *Supplément à la Bibliographie des Œuvres de Karl Marx* (Paris, Marcel Rivière, 1960), a organizada por Hal Draper, *The Marx-Engels Cyclopedia*, v. 2: *The Marx-Engels Register* (Nova York, Schocken, 1985), além da bibliografia anotada comentada em Maurice Barbier, *La pensée politique de Karl Marx* (Paris, Éditions L'Harmattan, 1992). As notas de referência frequentemente anônimas e os glossários em MECW editados em Moscou também têm grande relevância, apesar do caráter extremamente ideológico. Nos anos 1920, antes de Stálin chegar ao poder, os russos produziram edições de alta qualidade do trabalho de Marx sob a edição de David Riazanov, que foi executado nos anos 1930. Edições soviéticas posteriores de Marx por vezes ocultavam questões controversas para a ortodoxia stalinista, como as diferenças entre Marx e Engels, a relação de Marx com Hegel ou as críticas severas de Marx à Rússia. Esses problemas perduraram até muito depois da morte de Stálin; na verdade, até o colapso da União Soviética, em 1991. Para uma discussão mais abrangente das várias edições das obras completas de Marx, ver o Apêndice deste volume.

1879-1882 sobre a Índia, a Argélia, a América Latina e a Indonésia. Tais escritos ocuparam Marx em uma época na qual muitos, inclusive Engels, esperavam que ele estivesse se concentrando no que se tornariam os livros II e III de *O capital* – editado e publicado por Engels após a morte de Marx, em 1883. Argumentarei que os cadernos de 1879-1882 mostram uma nova direção no pensamento do filósofo alemão, com uma ênfase maior nas sociedades não ocidentais.

Por que decidi enfocar escritos relativamente obscuros de Marx em vez de me dedicar aos "principais"? Isso merece algumas considerações. É difícil pensar em outros teóricos modernos cuja porcentagem de escritos publicados em vida seja tão baixa em relação ao que foi efetivamente produzido. Isso se deve em parte à pobreza e à saúde frágil de Marx durante os anos de sua maturidade, em parte à sua marginalização como exilado político e, em parte, à revisão e à reescrita às quais constantemente submetia os textos. Trabalhos hoje considerados centrais para o cânone marxiano, como os *Manuscritos econômico-filosóficos de 1844*, *A ideologia alemã*, os *Grundrisse* e os livros II e III de *O capital*, não foram publicados durante a vida de Marx. É importante notar, portanto, que o fato de Marx não ter escrito determinados textos para publicação não quer dizer que eles não possam ter relevância. É verdade que a noção de "cânone marxiano" mudou ao longo dos anos. No começo do século XX, Marx era visto como um economista político e um defensor do trabalhador industrial. Desde então, estudiosos como Louis Dupré (1983) assumiram uma visão mais abrangente de Marx, vendo-o como um crítico da modernidade capitalista como um todo, como um filósofo dialético e humanista, como um sociólogo da alienação e como um crítico cultural. Ao trazer à tona os cadernos de citações de 1879--1882 e seus artigos anteriores para o *Tribune* sobre sociedades não ocidentais, sua discussão sobre as sociedades pré-capitalistas nos *Grundrisse* e na edição francesa de *O capital*, bem como outros escritos negligenciados de Marx, este livro busca mudar ainda mais o cânone marxiano. Defendo uma noção de Marx que seja adequada ao século XXI, que o veja como um teórico global cuja crítica social incluía conceitualizações sobre capital e classe que eram abertas e amplas o suficiente para abranger as particularidades do nacionalismo, das questões étnicas e raciais, bem como as variedades do desenvolvimento humano social e histórico, da Europa à Ásia e das Américas à África. Assim sendo, apresentarei Marx como um teórico da história e da sociedade muito mais multilinear do que geralmente se supõe, alguém imerso no estudo da realidade social concreta tanto das sociedades asiáticas como das sociedades ocidentais capitalistas, um teórico que levou em consideração o nacionalismo e a etnia tanto quanto a classe. Mais adiante, argumentarei que Marx foi um teórico cujo conceito de capitalismo como sistema social não era um universal abstrato; era, antes, imbuído de uma visão social rica e concreta, na qual a universalidade e a particularidade interagiam em uma totalidade dialética.

I
Encontros coloniais na década de 1850: o impacto europeu na Índia, na Indonésia e na China

Em 1848, Marx e Engels[1] se referem brevemente ao colonialismo no *Manifesto Comunista*, apontando para o surgimento do mercado mundial capitalista que "arrasta para a torrente da civilização todas as nações, até mesmo as mais bárbaras":

> Com o rápido aperfeiçoamento dos instrumentos de produção e o constante progresso dos meios de comunicação, a burguesia arrasta para a torrente da civilização todas as nações, até mesmo as mais bárbaras[2]. Os baixos preços de seus produtos são a artilharia pesada que destrói todas as muralhas da China e obriga à capitulação os bárbaros mais tenazmente hostis aos estrangeiros. Sob pena de ruína total, ela obriga todas as nações a adotarem o modo burguês de produção, constrange-as a abraçar a chamada civilização, isto é, a se tornarem burguesas. Em uma palavra, cria um mundo à sua imagem e semelhança.[3]

Exceto pelo qualificador "chamada" antes da palavra "civilização", a discussão acima (a referência ao Oriente antes de retornar aos desenvolvimentos europeus)

---

[1] Embora seja verdade que Marx e Engels estejam ambos listados como autores, o próprio Engels reconhece no prefácio de 1888 que, apesar de o *Manifesto Comunista* ser "nossa obra comum [...] a proposição fundamental pertence a Marx", MECW, v. 6, p. 517 [ed. bras.: Karl Marx e Friedrich Engels, *Manifesto Comunista*, trad. Álvaro Pina e Ivana Jinkings, São Paulo, Boitempo, 1998, p. 77].

[2] Claramente desconfortável com o termo etnocêntrico "bárbaro", o especialista em Marx Terrell Carver suaviza de forma injustificada a tradução da frase de Marx e Engels, trocando "mais bárbaras" [*barbarischsten*] por "mais primitivas", na (apesar disso) valiosa nova tradução inglesa do *Manifesto*, em *Later Political Writings* (Nova York/Cambridge, Cambridge University Press,1996), p. 5.

[3] MECW, v. 6, p. 488 [ed. bras.: ibidem, p. 44].

parece (1) ver as incursões coloniais na Ásia, incluindo a Primeira Guerra do Ópio de 1839-1842, da Inglaterra contra a China, como progressistas e benéficas, no geral; e (2) assumir que o resto do mundo seguiria, cedo ou tarde, os passos das nações europeias ocidentais mais avançadas industrialmente[4].

É crucial, contudo, interpretar essa passagem em seu contexto adequado, por mais problemático que seja seu etnocentrismo e sua unilinearidade implícita. Ela aparece em meio às páginas iniciais do *Manifesto*, que pintam um retrato estonteante das proezas da modernização capitalista na Europa sem nada dizer sobre os trabalhadores europeus ou sua revolta. O economista decididamente não marxista Joseph Schumpeter chamou com razão essas páginas iniciais de "um panegírico das conquistas da burguesia sem igual na literatura econômica"[5]. A burguesia, escrevem Marx e Engels, destruiu as absurdas estruturas sociais tradicionais. Ela "impiedosamente rasgou todos os complexos e variados laços feudais que prendiam as pessoas aos seus 'superiores naturais'", ela "rasgou o véu do sentimentalismo que envolvia as relações de família" e expôs a "ociosidade mais completa" da "Idade Média"[6]. A burguesia não apenas destruiu a ordem

---

[4] Em janeiro de 1848, na mesma época em que Marx estava dando os últimos retoques no texto final do *Manifesto*, Engels publicou um artigo no jornal cartista *Northern Star* no qual ele declara que a "conquista da Argélia [pelos franceses] é um fato afortunado e importante para o progresso da civilização" (MECW, v. 6, p. 471). Apesar de eu citar com frequência as páginas de MECW, também consultei duas coletâneas de volume único dos escritos de Marx sobre as sociedades não europeias que se mostraram bastante úteis: uma editada com introdução acadêmica do teórico político israelense Shlomo Avineri (*Karl Marx on Colonialism and Modernization*, Nova York, Doubleday, 1968) e outra que contém notas de rodapé abrangentes, mas nenhuma introdução, organizada por editores anônimos de Moscou (Karl Marx e Friedrich Engels, *On Colonialism: Articles from the* New York Tribune *and Other Writings*, Nova York, International Publishers, 1972). Enquanto Avineri tendenciosamente coloca o artigo citado de Engels sobre a Argélia no começo de seu volume, a edição de Moscou nem sequer o inclui.

[5] Joseph A. Schumpeter, "The *Communist Manifesto* in Sociology and Economics", *Journal of Political Economy*, v. 47, n. 3, 1949, p. 209.

[6] MECW, v. 6, 486-7 [ed. bras.: Karl Marx e Friedrich Engels, *Manifesto Comunista*, cit., p. 42. Para respeitar a opção do autor explicada a seguir, em vez de utilizarmos a tradução da Boitempo aqui indicada, traduzimos este trecho a partir do inglês – N. E.]. A tradução dessa passagem foi ligeiramente alterada. Marx e Engels escrevem "*den Menschen an seinen natürlichen Vorgesetzten knüpften*", que as edições existentes em inglês traduzem como "prendiam o homem feudal a seus 'superiores naturais'" [conforme à tradução da Boitempo – N. E.], mas procurei, aqui e em outras partes deste livro, traduzir a palavra alemã *Menschen* como "seres humanos" ou "pessoas", em vez do termo associado ao gênero masculino "homem". Felizmente, a língua alemã permite essa modernização da tradução de Marx sem violar o espírito do texto. Na verdade, "seres humanos" é a tradução mais literal de "*Menschen*" em comparação a "homem" ou

pré-moderna, contudo. Ela também construiu uma nova sociedade em seu lugar: "foi a primeira a provar o que a atividade humana era capaz de realizar: criou maravilhas maiores que as pirâmides do Egito, os aquedutos romanos, as catedrais góticas"[7]. Além disso, ela "criou forças produtivas mais numerosas e mais colossais do que todas as gerações passadas em seu conjunto"[8]. Como é sabido, esses parágrafos iniciais do *Manifesto* são sucedidos por um retrato bem menos elogioso do capitalismo, no qual suas contradições internas o esgarçam: primeiro, por conta das crises econômicas, que Marx e Engels viam como endêmicas a esse sistema social em particular; segundo, por conta da revolta dos trabalhadores contra as condições de alienação e exploração da produção moderna.

Portanto, o elogio de Marx e Engels no *Manifesto* às conquistas do colonialismo ocidental sobre a Ásia pode ser visto como parte do esboço geral das proezas do capitalismo na Europa ocidental e na América do Norte, esboço sucedido por uma crítica devastadora. Contudo, enquanto os autores retomam os feitos do capitalismo na Europa ocidental e na América do Norte, expondo suas contradições, não fazem o mesmo em relação ao colonialismo ocidental na Ásia. Isso sugere que, à época, Marx acreditava em um modelo de desenvolvimento implicitamente unilinear, segundo o qual sociedades não ocidentais[9], conforme eram abarcadas pelo sistema capitalista mundial, logo desenvolveriam contradições similares às dos países já em processo de industrialização. Esse modelo estava apenas implícito, já que ele deu pouca atenção específica às sociedades não ocidentais no período[10].

"homens", já que o alemão também tem as palavras *Männer* e *Mann*. Em outras partes deste livro, eu algumas vezes alterei silenciosamente traduções de Marx depois de consultar a versão alemã (ou francesa) original, apesar de citar a melhor ou mais acessível tradução inglesa. Eu geralmente não citarei a versão original se ela estiver em alemão e tiver sido publicada em MEW (*Marx-Engels Werke*), mas citarei em alguns casos quando ela estiver em francês.

[7] Karl Marx e Friedrich Engels, *Manifesto Comunista*, cit., p. 42-3.
[8] Ibidem, p. 44.
[9] Ao longo deste livro eu uso o termo "não ocidental" em um sentido amplo para designar não apenas sociedades não europeias economicamente subdesenvolvidas da época (América Latina, África, Oriente Médio e Ásia) mas também algumas áreas economicamente subdesenvolvidas da Europa (Polônia e Rússia).
[10] Como será discutido no capítulo 5, outro elemento a ser considerado aqui é *A ideologia alemã* (trad. Luciano Cavini Martorano, Nélio Schneider e Rubens Enderle, São Paulo, Boitempo, 2007), obra na qual Marx e Engels esboçam quatro estágios universais de desenvolvimento que vão das sociedades tribais sem Estado, passando pelas economias escravistas do mundo greco-romano e pelo feudalismo europeu até chegar à sociedade capitalista moderna – tudo isso sem levar em conta o que Marx depois consideraria como um modo de produção "asiático" à parte.

Depois que Marx se mudou para Londres, em 1849, essa lacuna em sua visão de mundo começaria a desaparecer, e de 1853 em diante ele dedicaria boa parte de seus esforços intelectuais ao estudo de algumas das principais sociedades não ocidentais, como a Índia, a Indonésia, a China e a Rússia, enquanto também tratava do nacionalismo revolucionário na Irlanda e na Polônia, bem como da dialética entre raça e classe nos Estados Unidos. Neste capítulo, examinarei seus escritos da década de 1850 sobre a Índia, a Indonésia e a China. Aqui e em outras oportunidades, apontarei mudanças e desenvolvimentos no pensamento de Marx. Ao fazer isso, contesto interpretações como a de Shlomo Avineri, que escreve na introdução à sua edição dos escritos de Marx sobre o colonialismo que "o tom geral das visões de Marx sobre o mundo não europeu é estabelecido no *Manifesto Comunista*"[11].

Os escritos de 1853 sobre a Índia: apoio qualificado ao colonialismo

Os escritos de Marx de 1853 sobre a Índia têm sido fonte de uma gigantesca controvérsia, com críticos de Marx se referindo a eles como prova do eurocentrismo do alemão. Esses textos são parte de seu trabalho como correspondente do *New York Tribune* – um esforço com o qual Engels também contribuiu, com a publicação ocasional de artigos assinados com o nome de Marx e a intensa troca de cartas com o colega durante a elaboração dos escritos. Com uma circulação de 200 mil exemplares, o *Tribune* foi, sem dúvida, o jornal estadunidense mais importante do século XIX. Com editorial progressista, ele assumiu uma forte postura contra a escravidão, com inclinação eclética tanto na direção do socialismo utópico quanto na dos interesses manufatureiros do Norte. Em uma discussão sobre as origens do socialismo nos Estados Unidos, o líder do Partido Socialista Eugene Debs faz a seguinte análise sobre o fundador do *Tribune*, Horace Greeley:

> A influência de Greeley no começo da história do movimento socialista nos Estados Unidos, quando o ódio e a perseguição eram despertados pela mera menção a ele, nunca foi plenamente reconhecida. [...] Horace Greeley era um líder trabalhista em sentido pleno. Ele foi o primeiro presidente do Sindicato dos Tipógrafos n. 6 da cidade de Nova York e assumiu uma postura avançada em todas as questões que afetavam a classe trabalhadora.[12]

---

[11] Karl Marx, *Karl Marx on Colonialism and Modernization*, cit., p. 1.
[12] Eugene V. Debs, "The American Movement", em *Debs: His Life, Writings and Speeches* (Girard, The Appeal to Reason, 1908, p. 100); ver também Charles Reitz, "Horace Greeley, Karl Marx,

Isso, contudo, não impediu que Greeley sentisse certo desconforto em publicar Marx. Em certo momento de 1853, os editores do *Tribune* informaram a seus leitores que "o sr. Marx tem opiniões próprias bastante definidas, algumas com as quais estamos longe de concordar", ao mesmo tempo que o elogiaram como "uma das mais instrutivas fontes de informação sobre as grandes questões atuais da política europeia"[13].

Marx trabalhou como correspondente-chefe europeu do *Tribune* por mais de uma década, de 1851 a 1862, o mais longo e bem remunerado emprego de sua vida. Seus artigos para o *Tribune* constituem uma tarefa muito mais séria e consistente do que se costuma considerar: ocupam a maior parte do conteúdo dos volumes 12 ao 17 de MECW, cada qual com mais de quinhentas páginas. Neste estudo, eu me concentrarei nos escritos de Marx (e, ocasionalmente, de Engels[14]) para o *Tribune* sobre a Índia, a China, a Rússia e outras sociedades não ocidentais, bem como nos textos sobre a Irlanda e a Polônia. É preciso notar, contudo, que os escritos de Marx para o jornal são, em sua maior parte, dedicados à Inglaterra, à França, à Alemanha, à Itália, à Áustria e a outros países europeus ocidentais. Eles lidam com parlamentos e reis, com guerras e revoluções, com crises econômicas e com o movimento dos trabalhadores. Muitos deles foram reimpressos no jornal cartista *People's Paper* e em outros órgãos da esquerda. Até o momento, ainda não houve uma análise exaustiva dos escritos de Marx para o *Tribune*, sendo que a totalidade deles permaneceu indisponível em inglês (sua língua original) até terem sido publicados em MECW, na década de 1980.

Os artigos do *Tribune* costumam ser desdenhados como textos meramente ocasionais que distraíam Marx de seu trabalho sobre economia política[15]. Em

---

 and German 48ers: Anti-Racism in the Kansas Free State Struggle, 1854-64", *Marx-Engels Jahrbuch 2008* (Berlim, Akademie, 2008).

[13] Citado em James Ledbetter, "Introduction", em Karl Marx, *Dispatches for the New York Tribune: Selected Journalism of Karl Marx* (org. James Ledbetter, Londres, Penguin, 2007, p. xxi).

[14] Engels também escreveu para o *Tribune*, mas seus artigos apareciam ou com o nome de Marx ou anonimamente, forma na qual também eram publicados muitos artigos escritos por Marx. No decorrer dos anos, os editores dos textos de Marx e Engels em geral foram capazes de apontar quais eram da autoria de um ou de outro.

[15] Uma tentativa recente de superar essa visão equivocada apareceu em Karl Marx, *Dispatches for the New York Tribune: Selected Journalism of Karl Marx*, uma coletânea de volume único de escritos do *Tribune*. O editor James Ledbetter nota que "há uma considerável e importante sobreposição" entre os artigos de Marx para o *Tribune* e seus escritos "sérios" (Karl Marx, *Dispatches for the New York Tribune*, cit., p. xxii; ver também Miles Taylor, "The English Face of Karl Marx", *Journal of Victorian Culture*, v. 1, n. 2, 1996, p. 227-53). A primeira coletânea

parte, isso se dá em razão de algumas afirmações de Marx, em suas cartas, nas quais deprecia seus textos jornalísticos: por exemplo, em uma carta de 15 de setembro de 1853 a um colega dos Estados Unidos, o emigrado alemão Adolph Cluss, ele afirma que considera "cansativo rabiscar incessantemente para o jornal" e expressa o desejo "de [se] recolher em solidão por alguns meses e trabalhar na [sua] Economia"[16]. Tais ressalvas particulares durante os primeiros anos de Marx no *Tribune* não devem ser ignoradas, e seus escritos para o jornal não devem ser ranqueados em importância ao lado de textos teóricos determinantes, como os *Manuscritos de 1844*, os *Grundrisse* ou *O capital*. Não obstante, Marx dedicou um considerável esforço acadêmico e intelectual a seus artigos para o *Tribune* e, em diversas ocasiões, expressou publicamente orgulho deles. Por exemplo, aproximadamente uma década depois de começar a escrever para o jornal, Marx publicou como um apêndice do seu *Herr Vogt* (1860) uma carta do editor-executivo do *Tribune*, Charles Dana, que o conhecera na Alemanha durante a revolução de 1848. A carta de Dana, de 8 de março de 1860, afirma que

> há quase nove anos eu o convenci a escrever para o *New York Tribune*, e esse convencimento durou desde então. Você escreveu para nós constantemente, sem a interrupção de uma semana sequer até onde consigo me lembrar; e você não é apenas um dos mais estimados, mas um dos mais bem pagos colaboradores ligados ao jornal.[17]

A julgar por sua correspondência, contudo, Marx teria contestado a afirmação de que ele era bem pago!

Apesar de essa carta ter também sido citada, após a morte de Marx, por ninguém menos que Eleanor Marx no prefácio a um volume que republicava alguns dos escritos do *Tribune* sobre a Rússia e a Turquia[18], os textos de Marx para o jornal continuaram a ser minimizados ou mesmo ignorados. Isso pode ter ocorrido porque os acadêmicos europeus continentais que dominaram os estudos marxistas tenderam a reduzir a importância dos textos que Marx redigiu

---

robusta dos escritos de Marx e Engels para o *Tribune* que dava destaque para os seus artigos sobre sociedades não ocidentais apareceu em um volume editado pelo jornalista liberal Henry Christman, com uma introdução acadêmica de Charles Blitzer (Karl Marx e Friedrich Engels, *The American Journalism of Marx and Engels*, Nova York, New American Library, 1966).

[16] MECW, v. 39, p. 367.
[17] MECW, v. 17, p. 323.
[18] Karl Marx, *The Eastern Question* [1897] (Nova York, Augustus Kelley, 1969).

em inglês, não em alemão. Sendo esse o caso ou não, o menosprezo pelos artigos do *Tribune* contribuiu para uma falta de atenção em relação aos escritos de Marx sobre sociedades não ocidentais, o que inclui suas notas de citações sobre os livros a respeito dessas sociedades, muitas das quais também escritas originalmente em inglês. Uma inclinação em favor dos textos que Marx escreveu em alemão pode até mesmo ter distorcido a forma pela qual o Livro I de *O capital* foi lido, com um curioso privilégio dado à edição de 1890, editada por Engels, em relação à última versão que Marx preparou pessoalmente para a publicação, a edição francesa de 1872-1875[19].

Apesar de Marx ter começado a publicar no *Tribune* em 1851, nesse primeiro ano todos os artigos publicados com o seu nome foram, na verdade, escritos por Engels. Posteriormente, Engels continuou a assinar com o nome de Marx e, por um tempo, alguns dos rascunhos de Marx em alemão foram traduzidos pelo amigo para o inglês, dado o seu ainda relativamente limitado domínio da língua. Nos dois primeiros anos, seus artigos tiveram como foco exclusivo os principais países da Europa ocidental, como a França, a Alemanha, a Áustria e a Inglaterra[20]. Em 1853, no entanto, o conflito russo-turco nos Bálcãs e no

---

[19] Eu discuto a edição francesa de *O capital* no capítulo 5. De modo mais amplo, gostaria de questionar a noção de Marx como um pensador alemão em vez de um pensador europeu ocidental. Marx, na verdade, passou mais tempo de sua vida na Inglaterra (1849-1883) do que na Alemanha (1818-1843, 1848-1849). Levando em conta os escritos em vida de Marx e Engels, o estudioso de Marx Gerd Callesen estima que "sessenta por cento são em alemão, trinta por cento são em inglês, cinco por cento são em francês" ("A Scholarly MEGA Enterprise", *Tijdschrift voor de Geschiednis van Soziale Bewegingen*, v. 4, 2002, p. 79). Um texto proeminente de Marx escrito e publicado em inglês foi sua análise da Comuna de Paris, "A guerra civil na França" (1871). Além da última versão do Livro I de *O capital*, outros importantes textos cujas versões francesas são as originais incluem *A miséria da filosofia* (1847) [ed. bras.: trad. José Paulo Netto, São Paulo, Boitempo, 2017] e a carta para Vera Zasulitch e seus esboços (1881). [Tanto a carta quanto seus esboços foram publicados no Brasil; ver: Karl Marx e Friedrich Engels, *Lutas de classes na Rússia*, org. Michael Löwy, trad. Nélio Schneider, São Paulo, Boitempo, 2013. – N. T.]

[20] Marx discute ocasionalmente o colonialismo em seus artigos iniciais para o *Tribune*, contudo. Em "Os cartistas", um texto notável publicado em 1852, ele reconta em detalhes um discurso de seu amigo e líder cartista Ernest Jones proferido para uma multidão entusiasmada de 20 mil trabalhadores em Halifax. Enquanto Jones dedicou a maior parte de sua munição à exploração do trabalho na Inglaterra, sua denúncia do que Marx chamou de "*whiggery*" [em referência aos *whigs*, membros do partido conservador inglês da época – N. T.] e "domínio de classe" também incluía ataques ao colonialismo britânico, como Marx cuidadosamente relata: "*Quem votou a favor da coerção irlandesa, da lei da mordaça, de manipular a imprensa irlandesa? O whig! Lá senta ele! Expulsem-no!* […] *Quem votou contra a investigação dos abusos coloniais e a favor de Ward e Torrington, os tiranos da Jônia e do Ceilão?* […] Quem votou contra reduzir

leste do Mediterrâneo ameaçou colocar a chamada "Questão Oriental" no centro da política europeia. Marx apontou para a crescente importância da Questão Oriental, mas admitiu em particular sua falta de conhecimento sobre o assunto[21], escrevendo a Engels em 10 de março de 1853:

> mas essa questão é primeiramente militar e geográfica[22], fora do meu *département* [departamento], portanto. É preciso você éxecuter [executar] uma vez mais. Não faço ideia do que há de se tornar o Império Turco. Não posso, assim, apresentar uma perspectiva geral.[23]

Marx rapidamente começou a remediar essa lacuna em seus artigos para o *Tribune* sobre a Índia, todos eles oferecendo um retrato geral da sociedade indiana e do domínio britânico em vez de respostas aos eventos imediatos. Seus artigos de 1853 sobre a Índia foram ocasionados pelos debates parlamentares sobre a renovação do estatuto privado da Companhia Britânica das Índias Orientais. O inventário dos cadernos de citações ainda não publicados, em posse do International Institute of Social History, de Amsterdã, contém notas a respeito de dezenas de obras sobre a Índia, Java, a Turquia e a Rússia no ano de 1853, entre as quais os escritos de François Bernier sobre a Índia e os de Thomas Stamford Raffles sobre a Indonésia. Em uma longa carta para Engels, datada de 2 de junho de 1853[24],

---

o trabalho noturno dos padeiros, contra a investigação das condições dos tecelões, contra inspetores médicos nas casas de trabalho [*workhouses*], contra impedir que crianças pequenas trabalhem antes das seis da manhã, contra a assistência a mulheres pobres grávidas, e contra a Lei das Dez Horas? O Whig – lá senta ele; expulsem-no!", MECW, v. 11, p. 340; grifos meus. Para uma discussão recente da relação de Marx com o cartismo, ver Dave Black, *Helen Macfarlane: A Feminist, Revolutionary Journalist, and Philosopher in Mid-Nineteenth Century England* (Lanham, Lexington Books, 2004).

[21] Marx havia começado a estudar a estrutura social das sociedades não ocidentais na década de 1840, como pode ser percebido no gigantesco caderno de notas de 1846-1847 sobre a história do comércio e da agricultura escrita em cinco volumes por Gustav von Gülich. Os fichamentos de Marx, publicados pela primeira vez na MEGA² IV/6 em 1983, compreendem mais de novecentas páginas impressas e cobrem a maioria das áreas do globo, contendo, inclusive, um tratamento denso dado ao Oriente Médio, à África, à Ásia e à América Latina. Para uma descrição da MEGA², ver o Apêndice deste volume.

[22] Engels, que treinou como oficial da artilharia prussiana e participou da resistência armada ao Exército prussiano durante a Revolução de 1848-1849 na Alemanha, geralmente escrevia artigos sobre assuntos militares e geográficos que Marx submetia ao *Tribune* como sendo seus.

[23] MECW, v. 39, p. 288.

[24] Essa carta é uma resposta, em parte, a uma carta de Engels que discutia as estruturas sociais tribais dos judeus e árabes antigos.

Marx dá algumas indicações de seus estudos sobre a Índia. Ele cita longamente "o velho François Bernier"[25] sobre a organização militar e social do Império Mongol na Índia, e então conclui: "Bernier vê corretamente todas as manifestações do Oriente – ele menciona a Turquia, a Pérsia e o Hindustão – como tendo uma base comum, nomeadamente a ausência de propriedade privada de terra. Essa é a verdadeira chave, mesmo para o paraíso oriental"[26].

Além de Bernier e Raffles, Hegel, especialmente sua *Filosofia da história*, claramente influenciou os artigos de Marx de 1853 sobre a Índia. Entre outros, o sociólogo franco-brasileiro Michael Löwy defende que tal influência hegeliana levou Marx a uma noção "teleológica e eurocêntrica"[27] de progresso nesses escritos, visão da qual ele posteriormente se afastou[28]. Na *Filosofia da história*, Hegel sujeita a cultura indiana a uma crítica contundente[29]: ele designa o sistema de castas como "a mais degradante servidão espiritual"[30], denunciando também o geralmente involuntário ritual de suicídio das viúvas (*sati*). Além disso, e de forma mais problemática, Hegel desdenha a Índia como uma sociedade que "permaneceu estagnada e paralisada"[31]. Graças a uma dominação brâmane supostamente atemporal, "todas as revoluções políticas, portanto, são indiferentes para o hindu, afinal, sua parte permanece inalterada"[32]. Portanto, sendo uma sociedade na qual nenhuma mudança real ou desenvolvimento havia acontecido, a Índia não tinha uma história de fato. Mesmo onde religiões indianas, como o budismo, se expandiram amplamente, Hegel acrescenta, "a difusão da cultura indiana é somente uma expansão burra e sem valor; isto é, não apresenta nenhuma ação

---

[25] MECW, v. 39, p. 332.
[26] Ibidem, p. 333-4.
[27] Michael Löwy, "La dialetique du progrès el l'enjeu actuel des mouvements sociaux", *Congrès Marx International. Cent ans de marxisme, Bilan critique et perspectives*, Paris, Presses Universitaires de France, 1996, p. 199; ver também Michael Curtis, *Orientalism and Islam* (Nova York, Cambridge University Press, 2009).
[28] Ian Cummins também ataca a "abordagem fundamentalmente eurocêntrica" de Marx, novamente atribuindo-a à influência hegeliana.
[29] Como nota o especialista em Hegel Peter Hodgson, a "abordagem geral do hinduísmo" feita pelo filósofo alemão "tinha a intenção de deliberadamente corrigir o que ele considerava um entusiasmo acrítico nos círculos intelectuais alemães", particularmente nos escritos de Friedrich Schlegel. Ver: Peter Hodgson, "Editorial Introduction", em G. W. F. Hegel, *Lectures on the Philosophy of Religion* (Berkeley, University of California Press, 1988), p. 46.
[30] G. W. F. Hegel, *Philosophy of History* (Nova York, Dover, 1956), p. 144.
[31] Ibidem, p. 142.
[32] Ibidem, p. 154.

política"³³. Consequentemente, os intelectuais indianos, mesmo tendo realizado importantes descobertas gramaticais e em "geometria, astronomia e álgebra"³⁴, não possuem consciência de si e "autoconsciência" individual, o que os torna "incapazes de escrever a História"³⁵. A sociedade indiana era, para Hegel, essencialmente passiva, uma vez que não havia "alcançado conquistas estrangeiras" e era continuamente "subjugada"³⁶. Endossando o colonialismo ocidental como produto da necessidade histórica, Hegel conclui de maneira teleológica que era "o destino necessário dos Impérios Asiáticos serem submetidos aos europeus"³⁷. Essa passividade também reforçava o despotismo interno; em outros países, "a tirania desperta nos homens o ressentimento [...], mas na Índia ele é normal; pois lá não há senso de independência pessoal com o qual um estado de despotismo possa ser comparado"³⁸. Hegel também ataca o misticismo hindu como uma forma de "pura autorrenúncia ao Idealismo"³⁹ que criou um "mundo dos sonhos", onde "paixões malignas possuem toda a força"⁴⁰. Esse misticismo, para Hegel, tem o efeito adicional de perpetuar o despotismo e a opressão de castas. Como aponta o antropólogo americano e editor das obras de Marx Lawrence Krader, entretanto, apesar de todas as limitações da perspectiva de Hegel, ela tinha alguma vantagem sobre teorizações ocidentais anteriores acerca da Índia e da Ásia; era mais concreta e mais histórica: "a ordem econômica, contudo, não foi omitida, como foi em Montesquieu; o disparate geográfico de Montesquieu desaparece em Hegel"⁴¹.

Apesar de os artigos de Marx de 1853 sobre a Índia exibirem uma forte influência hegeliana, eles não eram mera recapitulação de Hegel. Como o renomado historiador indiano Irfan Habib nota na mais cuidadosa análise realizada até hoje dos escritos de Marx sobre a Índia da década de 1850, já em 1853 sua "concepção sobre a Índia não era de forma alguma uma reformulação ajustada

---

[33] Ibidem, p. 142.
[34] Ibidem, p. 161. Mesmo esse reconhecimento das proezas indianas era uma faca de dois gumes para Hegel, que considerava a razão matemática como inferior à razão filosófica.
[35] Ibidem, p. 162.
[36] Ibidem, p. 142.
[37] Idem.
[38] Ibidem, p. 161.
[39] Ibidem, p. 159.
[40] Ibidem, p. 148.
[41] Lawrence Krader, *The Asiatic Mode of Production: Sources, Development and Critique in the Writings of Karl Marx* (Assen, Van Gorcum, 1975), p. 45.

de Hegel"⁴². Habib argumenta que isso se dava porque, em oposição ao foco de Hegel na religião como aspecto determinante, para Marx "as peculiaridades da cultura indiana eram elas mesmas consequência da organização social indiana, particularmente a aldeia comunal"⁴³. Embora correta até certo ponto, tal compreensão ignora outro elemento-chave ausente em Hegel, mas proeminente na análise de Marx sobre a Índia: o que Marx percebia como o anti-humanismo profundo do hinduísmo, o engrandecimento, em sua visão, da natureza sobre os seres humanos simbolizado pelos animais sagrados.

A primeira publicação robusta de Marx sobre uma sociedade não ocidental, "O domínio britânico na Índia" ["The British Rule in India"], apareceu no *Tribune* em 25 de junho de 1853⁴⁴. Nela, Marx compara as divisões em linhas geográficas da Índia às divisões da Itália, e as conquistas britânicas das quais a Índia foi vítima às sofridas pela Irlanda. Ao se referir às diversas invasões da Índia, ele conclui:

> não pode, contudo, restar nenhuma dúvida de que a miséria infligida pelos britânicos ao Hindustão é de um tipo essencialmente diferente e infinitamente mais intenso do que todas as outras anteriormente sofridas pelo Hindustão.⁴⁵

Citando Raffles sobre Java, Marx argumenta que sua descrição devastadora da ganância e da exploração abusiva da Companhia Holandesa das Índias Orientais também se aplica ao que aconteceu na Índia sob a Companhia Britânica das Índias Orientais.

Ao contrário dos conquistadores anteriores, que rapidamente eram absorvidos pela civilização indiana, Marx escreve que os britânicos foram os primeiros a ir

---

[42] Alguns estudiosos enfatizaram exageradamente a similaridade entre as visões de Hegel sobre a Índia e os escritos de Marx de 1853. O sociólogo Daniel Thorner, por exemplo, atribui a Hegel a noção de que as "aldeias indianas eram fixas e imutáveis", mesmo Hegel não tendo analisado as aldeias indianas (Daniel Thorner, "Marx on India and the Asiatic Mode of Production", em Bob Jessop e Charlie Malcolm-Brown (orgs.), *Karl Marx's Social and Political Thought: Critical Assessments* [1966], Nova York, Routledge, 1990, v. 3, p. 444; ver também Ephraim Nimni, *Marxism and Nationalism: Theoretical Origins of a Political Crisis*, Londres, Pluto, 1994). Marx tirou essas ideias de outra fonte.

[43] Irfan Habib, "Introduction: Marx's Perception of India", em Iqbal Husain (org.), *Karl Marx on India* (Nova Délhi, Tulika Books, 2006), p. xii.

[44] Marx enviou esse artigo para Nova York de navio, uma viagem que levou aproximadamente duas semanas. Ele havia sido previsto para 10 de junho, mas aqui e nos casos seguintes eu citei a data efetiva de publicação.

[45] MECW, v. 12, p. 126.

além da "superfície", pois "a Inglaterra quebrou toda a estrutura da sociedade indiana"[46]. Antes da conquista britânica, diz Marx, a estrutura social geral da Índia "permanecia inalterada desde a mais remota antiguidade"[47]. A Inglaterra destruiu a economia e a estrutura social tradicional indiana principalmente "por meio da obra do vapor inglês e do livre comércio inglês"[48], que deslocaram a indústria têxtil tradicional e "inundaram a terra natal do algodão com algodões"[49]. Os britânicos "produziram, desse modo, a maior – e, para dizer a verdade, a única – revolução social já vista na Ásia"[50]. O historiador indiano Bipan Chandra sugere que, em 1853, Marx estava trabalhando com "a suposição teórica de que o capitalismo criaria uma imagem espelhada na colônia", uma posição que ele posteriormente abandonou[51].

É nesse artigo que Marx também começa a esboçar um conceito de "despotismo oriental", que ele aplica a uma ampla gama de sociedades, entre as quais a China, o Egito antigo, a Pérsia e a Mesopotâmia: "houve na Ásia, genericamente, desde tempos imemoriais, nada mais que três departamentos de governo: o das Finanças, ou o da pilhagem do interior; o da Guerra, ou o da pilhagem do

---

[46] Idem.

[47] Ibidem, p. 128. Intelectuais ocidentais da década de 1850 viam a sociedade indiana, em muitos aspectos, como uma forma primitiva da sociedade europeia, que havia sido preservada por conta de um tradicionalismo extremo. Thorner aponta que a relação entre o sânscrito e a maioria das línguas europeias havia sido recentemente descoberta e "considerava-se amplamente que as origens indianas poderiam ser encontradas, em muitos aspectos, na história social, nas formas familiares, na comuna etc. europeias", Daniel Thorner, "Marx on India and the Asiatic Mode of Production", cit., p. 450. Isso influenciou as percepções de Marx sobre a Índia e a Indonésia.

[48] MECW, v. 12, p. 131.

[49] Ibidem, p. 128.

[50] Ibidem, p. 132. O uso do termo "revolução" por Marx para descrever os efeitos do domínio colonial, tão dissonante hoje, mas já estranho em 1853, foi intencional. Como Marx escreveu a Engels em 14 de junho de 1853, essa frase, que, segundo ele, os editores do *Tribune* iriam "considerar bastante chocante", era parte de uma "campanha clandestina" contra o economista americano de centro-esquerda Henry Charles Carey, cujas visões protecionistas vinham sendo promovidas no jornal. Marx escreve que esse viés protecionista, que se articulava ao da capital mais ao norte, "também é a chave para o mistério de por que o *Tribune*, apesar de todos os seus 'ismos' e floreios socialistas, consegue ser o 'principal jornal' dos Estados Unidos", MECW, v. 39, p. 346. Ver também Michael Perelman, "Political Economy and the Press: Karl Marx and Henry Carey at the *New York Tribune*", em *Marx's Crises Theory: Scarcity, Labor, and Finance* (Nova York, Praeger, 1987).

[51] Bipan Chandra, "Karl Marx, His Theories of Asian Societies and Colonial Rule", em *Sociological Theories: Race and Colonialism* (Paris, Unesco, 1980), p. 402.

exterior; e, finalmente, o departamento das Obras Públicas"[52]. A base econômica desse despotismo era a necessidade das obras de irrigação em larga escala:

> Condições climáticas e territoriais, especialmente os vastos traços de deserto que se estendem do Saara, passando pela Arábia, Pérsia, Índia e pela Tartária, até chegar às mais elevadas montanhas asiáticas, fizeram da irrigação artificial por meio de canais e sistemas hídricos a base da agricultura oriental. [...] Essa necessidade primordial de um uso comum e econômico da água, que no Ocidente levou o empreendimento privado à associação voluntária, como em Flandres e na Itália; no Oriente, onde a civilização era muito pequena e a extensão territorial muito vasta para dar vida à associação voluntária, precisou da interferência de um poder centralizador de governo. Portanto, uma função econômica foi delegada a todos os governos asiáticos: a função de prover obras públicas.[53]

Ele acrescenta que os britânicos, contudo, diferentemente dos conquistadores anteriores da Índia, "negligenciaram completamente" sua responsabilidade de construir "obras públicas", resultando na "deterioração de uma agricultura que não é capaz de ser conduzida sob o princípio britânico da livre concorrência"[54].

Além das obras públicas, o segundo fundamento desse "despotismo oriental" pré-britânico, com seu Estado forte e centralizado, podia ser encontrado na estrutura social da aldeia indiana: "não devemos nos esquecer de que essas idílicas aldeias comunais, por mais inofensivas que possam parecer, sempre foram a sólida fundação do despotismo oriental"[55]. Novamente usando o material fornecido por Raffles, Marx argumenta que o autossuficiente "sistema de aldeias" indiano continuou, desde os "tempos mais remotos"[56], praticamente inalterado em face das numerosas conquistas e mudanças de governo[57], o que teria resultado em

---

[52] MECW, v. 12, p. 127.
[53] Idem.
[54] Idem.
[55] Ibidem, p. 132.
[56] Ibidem, p. 128.
[57] De acordo com os historiadores da Índia contemporâneos, incluindo Irfan Habib, "Introduction: Marx's Perception of India", cit. – ver também Perry Anderson, *Lineages of the Absolutist State* (Londres, New Left Books, 1974) [ed. bras.: *Linhagens do Estado absolutista*, trad. Renato Prelorentzou, São Paulo, Editora Unesp, 2016] –, tal afirmação é, na melhor das hipóteses, uma generalização. A aldeia indiana não era nem isolada nem livre de propriedade privada, como Marx sugere. Não obstante, ela era uma instituição mais coletivista do que a aldeia medieval europeia, sem contar a introdução do capitalismo moderno. Gostaria de agradecer ao economista e estudioso de Marx Paresh Chattopadhyay por discutir tais questões comigo.

uma "vida vegetativa, estagnada"[58]. Como nota Avineri, "'estagnação' nesse contexto é, para Marx, não apenas uma designação econômica e tecnológica, mas uma determinação antropológica: se a habilidade criativa do homem é seu trato distintivo, então estagnação é o pior atributo que pode ser dado a qualquer sociedade"[59]. Apesar de seus diversos aspectos positivos, acrescenta Marx, "essas pequenas comunidades estavam contaminadas por distinções de casta e pela escravidão"[60].

Marx escreve que, no sistema de aldeias indiano tradicional, em vez de "elevar o homem" e desenvolver uma perspectiva humanista,

> eles transformaram um estado social de autodesenvolvimento em um destino natural inalterável, e com isso promoveram uma adoração brutalizante da natureza, exibindo sua degradação no fato de que o homem, o soberano da natureza, caiu de joelhos em adoração a Hanuman, o macaco, e a Sabala, a vaca.[61]

Marx conclui seu artigo citando uma estrofe do "Divã ocidental-oriental", um longo poema de Goethe sobre o conquistador turco Timur, que havia levado a cabo um massacre abominável sobre a população de Délhi, em 1398:

> Deve essa tortura então nos atormentar
> Se ela nos traz satisfação tão elevada?
> Não éramos nós sob domínio de Timur
> Almas sem medida devoradas?[62]

Procedamos, então, a uma análise detalhada do uso que Marx faz dessa estrofe.

Marx, Goethe e a crítica de Edward Said ao eurocentrismo

O artigo de Marx "O domínio britânico na Índia", especialmente a ideia sugerida pela estrofe final de Goethe sobre o sofrimento na Índia trazendo "satisfação tão elevada", isto é, progresso, despertou críticas mordazes, em especial a de Edward

---

[58] MECW, v. 12, p. 132.
[59] Shlomo Avineri, *The Social and Political Thought of Karl Marx* (Cambridge, Cambridge University Press, 1968), p. 169.
[60] MECW, v. 12, p. 132.
[61] Idem.
[62] MECW, v. 12, p. 133. [No original, em inglês: *Should this torture then torment us/ Since it brings us greater pleasure?/ Were not through the rule of Timur/ Souls devoured without measure?* – N. T.]

Said em seu clássico *Orientalismo*: "mesmo que a humanidade de Marx, e a sua solidariedade pela miséria do povo, estejam claramente envolvidas" na sua descrição da destrutividade do colonialismo britânico, Said sustenta, "no final, porém, é a visão orientalista romântica que vence"[63]. Ainda, escreve Said, Marx leva adiante "a ideia de regenerar uma Ásia fundamentalmente sem vida" por meio do colonialismo britânico[64]. No começo, Said continua, embora "Marx ainda tenha sido capaz de experimentar alguma solidariedade, de identificar-se ao menos um pouco com a pobre Ásia", depois de ser "remetido para Goethe como uma fonte de sabedoria sobre o Oriente", os rótulos orientalistas "tomam conta" e, assim, "uma onda de sentimento desaparecia, então, ao encontrar as inabaláveis definições construídas pela ciência orientalista, apoiadas pelo saber 'oriental' (por exemplo, o *Diwan* [de Goethe])"[65]. Said declara que "em um artigo atrás do outro ele voltava *com crescente convicção* à ideia de que, mesmo destruindo a Ásia, a Inglaterra estava tornando possível uma verdadeira revolução social"[66]. Semelhantemente a Avineri, Said argumenta que a perspectiva de Marx a respeito das sociedades não ocidentais permaneceu inalterada após esse período inicial.

Definitivamente, Said está correto em apontar elementos de eurocentrismo em "O domínio britânico na Índia"[67], de Marx. O renomado crítico literário equivoca-se, contudo, ao afirmar que Marx se baseou em um poeta, mesmo alguém tão brilhante quanto Goethe, como sua "fonte de sabedoria sobre o Oriente"[68]. O fato de Said não discutir, nem ao menos mencionar, o contexto novecentista da estrofe do poeta alemão é surpreendente. Em primeiro lugar, no "Divã ocidental-oriental" de Goethe, um poema do tamanho de um livro publicado inicialmente em 1815, a figura de Timur é quase explicitamente uma

---

[63] Edward Said, *Orientalism* (Nova York, Vintage, 1978), p. 154 [ed. bras.: *Orientalismo: o Oriente como invenção do Ocidente*, trad. Rosaura Eichenberg. São Paulo, Companhia das Letras, 2007, p. 162].
[64] Idem.
[65] Ibidem, p. 155 [ed. bras.: p. 163].
[66] Ibidem, p. 153 (grifos meus) [ed. bras.: p. 161].
[67] Este é o mais problemático dos escritos de Marx sobre a Índia e o mais comumente citado e antologizado. É o único artigo sobre a Índia incluído na famosa antologia de escritos de Marx organizada pelo teórico político liberal Robert Tucker, *The Marx-Engels Reader* (2. ed., Nova York, Norton, 1978).
[68] O erro de Said aqui revela um problema mais geral do seu *Orientalismo*. Nele, expressões literárias e culturais são vistas como constitutivas das estruturas sociais baseadas na economia, como o imperialismo.

referência a Napoleão, com o paralelo entre os dois construído, em parte, sobre o fato de ambos terem sido derrotados em ambiciosas campanhas militares no inverno – Timur sobre a China, Napoleão sobre a Rússia[69]. A ligação com Napoleão também sugere uma referência à Revolução Francesa, cuja combinação de criatividade e destruição tanto inspirou intelectuais da geração de Goethe[70].

Em segundo lugar, e mais importante, Marx voltou a citar a estrofe de Goethe em diversas ocasiões, mas em um contexto diferente do da Índia: o da desumanização do trabalhador industrial. Em seu estudo definitivo, *Karl Marx and World Literature* [Karl Marx e a literatura mundial] (1976), uma fonte que Said não menciona, S. S. Prawer se refere a uma dessas ocasiões: o artigo de Marx de janeiro de 1855 publicado na *Neue Oder-Zeitung* sobre a crise econômica na Inglaterra. Marx escreve que, se o poder do capital não fosse restringido,

> uma geração inteira de trabalhadores perderia cinquenta por cento de sua força física, desenvolvimento mental e habilidade de viver. A mesma escola de Manchester [...] responderá nossas apreensões com as palavras: "deve essa tortura então nos atormentar se ela nos traz satisfação tão elevada?".[71]

Aqui, Marx não parece concordar com os sentimentos expressos pelos versos de Goethe, nem parece faltar a ele solidariedade aos que sofrem sob a "tortura" capitalista. Talvez, então, Marx tenha usado a estrofe de Goethe no artigo sobre a Índia para caracterizar a perspectiva do colonialismo britânico, e não a sua própria.

---

[69] Nesse ponto, ver as notas de edição de Enrich Trunz à edição alemã dos escritos de Goethe (Johann Wolfgang von Goethe, *West-Eastern Divan*, trad. Edward Dowden, Londres, J. M. Dent & Sons, 1914), bem como as notas de Edward Dowden em uma das primeiras traduções do *Divã* disponíveis na época do texto de Said – tradução um tanto livre demais, infelizmente.

[70] Nada disso significa que o poema não tenha a ver com Timur – na verdade, ele segue uma tendência nas atitudes europeias em relação a Timur que começa no seu tempo, quando a França e os poderes europeus buscaram se aliar a ele porque ele havia desafiado os tão temidos otomanos no Oriente, impedindo assim o avanço destes à Europa central. Ver Karl Marx, *Œuvres* (org. Maximilien Rubel, Paris, Gallimard, 1963-1994), v. 4.

[71] Citado em Siegbert Salomon Prawer, *Karl Marx and World Literature* (Londres, Oxford University Press, 1976), p. 248; ver também MECW, v. 13, p. 576. Ainda que Marx deixe claro que está citando um poema, ele não menciona o nome de Goethe, provavelmente porque seus leitores alemães já estariam familiarizados com esses versos. Uma referência implícita anterior à estrofe de Goethe pode ser encontrada no texto de Marx "Trabalho estranhado e propriedade privada", dos *Manuscritos econômico-filosóficos* (Karl Marx, *Economic and Philosophical Manuscripts* [1844] (Nova York, Ungar, 1961), p. 104 [ed. bras.: *Manuscritos econômico-filosóficos*, trad. Jesus Ranieri, São Paulo, Boitempo, 2004, p. 79]; ver também MECW, v. 3, p. 278.

O teórico crítico alemão Iring Fetscher menciona outra ocasião em que Marx citou a estrofe de Goethe, novamente se referindo ao sofrimento dos trabalhadores fabris. Fetscher afirma que esse texto solapa a ideia de que Marx estaria "justificando" o tipo de "revolução social" que a Inglaterra levava a cabo na Índia[72]. Esse uso posterior da estrofe mencionado por Fetscher aparece nos manuscritos econômicos de 1861-1863[73], da seguinte forma:

> [Quinze] homens, em média, são mortos a cada semana nas minas de carvão inglesas. No período de dez anos concluindo em 1861, elas mataram aproximadamente 10 mil pessoas. Em grande parte pela sórdida avareza dos proprietários das minas de carvão. Isso geralmente deve ser observado. A produção capitalista é – até certo ponto, quando abstraímos do processo total de circulação e das imensas complicações nas transações comerciais e monetárias originadas na base, o valor em troca – é econômica apenas em *trabalho realizado*, trabalho realizado nas mercadorias. É mais esbanjadora que qualquer outro modo de produção quando se trata de pessoas, de trabalho vivo, esbanjadora não apenas de carne e sangue e músculos, mas de cérebro e nervos. De fato, é apenas às custas do desenvolvimento individual que o desenvolvimento do homem em geral é assegurado nessas épocas da história de prelúdio à constituição socialista da humanidade.

> "Deve essa tortura então nos atormentar
> Se ela nos traz satisfação tão elevada?
> Não somos nós sob domínio de Timur
> Almas sem medida devoradas?"[74]

A destruição dos corpos e das mentes dos trabalhadores causada pelo capitalismo e a restrição do "desenvolvimento individual" deles são centrais para o argumento de Marx acima exposto. Com o tempo, contudo, esse processo cria o "homem genérico"[75] que constitui o sujeito revolucionário. A recriação desses

---

[72] Iring Fetscher, *Marx and Marxism*, cit., p. 113.
[73] Apesar de parte dos manuscritos de 1861-1863 ter sido publicada como *Teorias do mais-valor*, a passagem em questão é de uma parte anterior do texto que não foi publicada em inglês antes de 1988, quando apareceu em MECW, v. 30.
[74] MECW, v. 30, p. 168 (grifos no original).
[75] O uso que Marx faz dos termos *individual development* [desenvolvimento individual] e *general men* [homem genérico] sugere fortemente que os temas humanistas da década de 1840 ainda eram centrais para o seu pensamento. Nenhuma outra tradução para o inglês é possível, já que, como notam os editores de MECW, boa parte dessa longa passagem, incluindo esses parágrafos, estão em inglês no manuscrito de Marx. Engels incorporou uma versão abreviada

seres humanos como proletários revolucionários é um "prelúdio" à superação do capitalismo e à "constituição socialista da humanidade". O "aumento da nossa satisfação" que isso acarreta tem um alto preço, e as "almas" são "sem medida devoradas", como no massacre de Timur sobre Délhi em 1398. Também, como em 1855, não é sugerido que o aumento da satisfação afetaria apenas o capitalista. Obviamente, não há nada de especificamente orientalista na discussão de Marx sobre os trabalhadores ingleses, na qual ele não menciona nenhuma sociedade fora da Inglaterra capitalista. Ademais, ao contrário dos parágrafos iniciais do *Manifesto Comunista*, não há uma evocação entusiasmada do progresso capitalista[76].

Finalmente, Marx alude implicitamente à estrofe de Goethe no capítulo sobre a jornada de trabalho de *O capital*:

> O capital não tem, por isso, a mínima consideração pela saúde e duração da vida do trabalhador, a menos que seja forçado pela sociedade a ter essa consideração. Às queixas sobre a degradação física e mental, a morte prematura, a tortura do sobretrabalho, ele responde: *deveria esse martírio nos martirizar, ele que aumenta nosso gozo (o lucro)?*[77]

Aqui também há pouca indicação de um progressismo capitalista.

Ao contrário do que diz Said, portanto, o uso que Marx faz da estrofe de Goethe sobre Timur em "O domínio britânico na Índia" e em outros momentos está longe de ser transparente. Seria o alemão, nos termos de Said, "incapaz de se identificar" com o sofrimento dos trabalhadores ingleses também? Dificilmente. Eu argumentaria que o que estava em questão em 1853, no *Manifesto Comunista* de 1848, na década de 1860 e depois disso, era a mudança de perspectiva de Marx sobre o progressismo do capitalismo, sobre seus benefícios de curto e longo prazo à emancipação humana. No *Manifesto*, Marx saudava com entusiasmo a modernização capitalista. Em "O domínio britânico na Índia", seu primeiro grande artigo sobre o país, ele viu mais de perto os efeitos do capitalismo sobre

---

dessa passagem no Livro III de *O capital*, mas sem a estrofe de Goethe. O rascunho de Marx para o Livro III, que contém essas passagens, pode ser encontrado na MEGA² II/4.2, p. 124-5, como discutido recentemente por Paresh Chattopadhyay, "Passage to Socialism: The Dialetic of Progress in Marx", *Historical Materialism*, v. 14, n. 3, 2006, p. 45-84.

[76] Para uma visão contrária, ver Paresh Chattopadhyay, "Passage to Socialism: The Dialetic of Progress in Marx", cit., que sustenta que Marx manteve a mesma dialética do progresso no decorrer dos seus escritos.

[77] Karl Marx, *Capital*, v. 1 [1890] (Londres, Penguin, 1976), p. 154 (grifos meus) [ed. bras.: *O capital*, Livro I, cit., p. 342].

a Índia. Naquele tempo, Marx ainda sustentava que a "revolução social" que os britânicos estavam conduzindo no país asiático era necessária e um dia seria benéfica, apesar de sua horrenda destrutividade. Mesmo assim, ao citar a estrofe de Goethe ele parece destacar em vez de esconder a devastação causada pelo colonialismo britânico, já que foi em Délhi que aconteceu o notório massacre liderado por Timur. De modo algum isso implica falta de solidariedade com os seres humanos em sofrimento. Tal argumento, contudo, não invalida a crítica mais ampla de Said à perspectiva modernista e acrítica de Marx em 1853, com a saudação ao imperialismo britânico na Índia.

As observações de Said geraram uma discussão considerável. O sociólogo marxista indiano Aijaz Ahmad escreveu uma resposta espirituosa que destacou o "tipo pós-moderno de anticolonialismo" do autor de *Orientalismo*[78]. Ahmad sustenta que esse tipo de anticolonialismo ignora questões como a opressão de casta e as necessárias "transformações [...] nas sociedades asiáticas" que Marx e indianos progressistas apoiaram e ainda apoiam[79]. Apesar de não responder diretamente a Said, a teórica política Erica Benner apontou para a ausência de um movimento nacionalista não tradicionalista e progressista na Índia em 1853. Já que Marx tinha pouco apreço por uma "política separatista de identidade"[80], ela conclui que isso limitou as opções políticas do autor nos escritos iniciais sobre a Índia.

Restam, contudo, duas noções problematicamente eurocêntricas presentes nos artigos sobre a Índia de 1853. Primeiro, Marx sugere que todas as sociedades, inclusive a Índia, estão destinadas a seguir o mesmo caminho que o Ocidente, o do desenvolvimento capitalista – o que constitui praticamente uma metanarrativa nesse estágio da obra de Marx. Segundo, ele exalta com frequência os efeitos benéficos da civilização "superior" da Inglaterra sobre a civilização "inferior" da Índia. Ainda que tais problemas precisem, de fato, ser reconhecidos, demonstrarei a seguir que esses dois elementos do pensamento de Marx, em vez de persistirem e se intensificarem – como afirma Said (ou Avineri) –, na verdade se desenvolvem de outra forma com a evolução de suas perspectivas sobre a Índia.

---

[78] Aijaz Ahmad, "Marx on India: A Clarification", em *In Theory: Classes, Nations, Literature* (Londres, Verso, 1992), p. 222. Para defesas da crítica de Said a Marx, ver Ron Inden, *Imagining India* (Bloomington, Indiana University Press, 2000) e Olivier Le Cour Grandmaison, "F. Engels et K. Marx: le colonialisme au service de l'Histoire", *Contretemps*, v. 8, 2003.
[79] Aijaz Ahmad, "Marx on India: A Clarification", cit., p. 225.
[80] Erica Benner, *Really Existing Nationalisms: A Post-Communist View of Marx and Engels* (Nova York, Oxford University Press, 1995), p. 179.

Resistência e regeneração nos escritos de 1853 sobre a Índia

Uma semana depois de escrever "O domínio britânico na Índia", Marx retoma diversos períodos da história da invasão britânica na Índia em outro denso artigo intitulado "A Companhia das Índias Orientais: sua história e seus resultados" ["The East India Company – Its History and Results"]. Ele concluiu que, por volta de 1853, a crescente predominância da classe manufatureira na metrópole resultou em uma pressão favorável ao domínio direto da Inglaterra sobre a Índia. Isso sinalizaria "o eclipse final da Companhia das Índias Orientais", que empobreceu tanto o povo indiano que "o poder de consumir bens [manufaturados pela Inglaterra] se contraiu ao mínimo possível na Índia"[81]. Em outro artigo escrito nessa época, Marx se refere brevemente à "proibição jurídica do *satī*", a antiga prática hindu de coagir viúvas a cometer suicídio quando seus maridos morriam, bem como à "emancipação da imprensa da Índia ocidental". Apesar de apoiar abertamente essas reformas, Marx deixa claro que elas, na verdade, quase foram impedidas pela cúpula da administração colonial, tendo sido executadas por "governadores individuais que agiram por sua própria responsabilidade"[82].

Em outra ocasião, ainda no verão de 1853, Marx tocou na questão da superexploração dos camponeses indianos, os *ryot*, pelo sistema de arrendamento e propriedade de terras criado pelos ingleses e imposto sobre o sistema ancestral dos *zamindares* e *ryots*. Anteriormente, os *zamindares*, uma classe semi-hereditária de oficiais locais, apenas coletavam impostos dos *ryots* para o Estado e ficavam com uma porção para si. Durante a "ocupação final" de 1793, executada pelo lorde Charles Cornwallis em Bengala sob o comando do primeiro-ministro britânico William Pitt, os *zamindares* receberam propriedades particulares nos moldes ocidentais, inclusive com o direito de despejar os *ryots* das terras que os ancestrais destes haviam cultivado por séculos e sobre as quais eles tinham direitos possessórios. A partir de então, não havia limite para o abuso dos *ryots* por seus superiores, já que todo o sistema de direitos e deveres recíprocos havia sido destruído de uma vez só. Marx descreve as condições dos *ryots*:

> O *ryot*, como o camponês francês, está submetido à extorsão do usurário privado; mas ele não tem título permanente e hereditário sobre sua terra como o camponês francês. Como o servo ele é forçado a cultivar, mas ele não tem suas necessidades garantidas como o servo. Como o *métayer* [meeiro] ele tem que dividir seu produto

---

[81] MECW, v. 12, p. 155.
[82] Ibidem, p. 181.

com o Estado, mas o Estado não é obrigado a adiantar fundos e estoque para ele como é em relação ao *métayer* [...]. Os *ryots* – e eles formam mais de um décimo de toda a população indiana – foram miseravelmente pauperizados.[83]

Nesse artigo, Marx também se refere à epidemia de cólera na Índia, que ele vê como resultado da pauperização extrema. Ele caracteriza a expansão da doença para o exterior como a "vingança da Índia sobre o mundo ocidental"[84], e, sendo o revolucionário humanista de sempre, acrescenta que esse resultado é "um exemplo notável e severo da solidariedade dos males e injustiças da humanidade"[85].

O último artigo significativo de Marx sobre a Índia desse período, "Os futuros resultados do domínio britânico na Índia" ["The Future Results of British Rule in India"], foi publicado em 8 de agosto de 1853. Ele começa argumentando que a Índia era "a presa predestinada a ser conquistada", dada a desunião do país. A Índia era "não apenas dividida entre maometanos e hindus, mas entre tribo e tribo, entre casta e casta"; a história da Índia, portanto, "é a história das sucessivas conquistas que ela sofreu". Então, com um tom fortemente eurocêntrico, Marx acrescenta que "a sociedade indiana não possui história alguma, ao menos nenhuma história conhecida", chamando-a de uma "sociedade sem resistência e sem mudança"[86]. Essa frase talvez seja uma das chaves para entender a condescendência de Marx em relação à Índia nesse período. Como ele via em 1853, os indianos, ao contrário dos chineses, permitiram que sua grandiosa e milenar civilização fosse conquistada pelos britânicos "sem resistência"[87].

Nos parágrafos seguintes, Marx discute em termos elogiosos o que ele considera os efeitos modernizantes do colonialismo britânico sobre a sociedade indiana: "A Inglaterra precisa cumprir uma missão dupla na Índia: uma destrutiva e outra regenerativa – a aniquilação da antiga sociedade asiática e o estabelecimento das fundações materiais da sociedade ocidental na Ásia"[88]. Recaindo novamente no eurocentrismo, o alemão escreve que, à diferença dos conquistadores anteriores da Índia, que eram eles próprios "conquistados pela civilização superior de seus súditos", os britânicos "eram os primeiros conquistadores superiores e, portanto,

---

[83] Ibidem, p. 215.
[84] Em uma carta de 18 de outubro de 1853, Marx reclama de que os editores do *Tribune* "diluíram" essa passagem ao trocar a palavra "vingança" por "estrago" (MECW, v. 39, p. 390).
[85] MECW, v. 12, p. 216.
[86] Ibidem, p. 217.
[87] Devo esse argumento a uma conversa com Raia Dunaiévskaia.
[88] MECW, v. 12, p. 217-8.

inacessíveis à civilização hindu". Isso se daria, segundo Marx, por causa de "uma lei eterna da história"[89].

Os britânicos trouxeram o telégrafo, a "imprensa livre, introduziram pela primeira vez na sociedade asiática [...] a propriedade privada da terra", a educação científica moderna, a energia a vapor, a comunicação rápida e direta com o Ocidente, e as estradas de ferro[90]. Marx prevê que a estrada de ferro se tornará "a precursora da indústria moderna"[91], o que "dissolveria as divisões hereditárias do trabalho, nas quais se baseiam as castas indianas, impedimentos decisivos para o progresso indiano e para o poder indiano"[92]. Marx também cita um funcionário da Companhia das Índias Orientais, que reconhece que o povo indiano era "notável por sua clareza matemática e pelo talento com números e ciências exatas"[93].

Então, da mesma forma que empregou a estrofe de Goethe sobre Timur em seu artigo anterior, e levando em consideração os elementos devastadores da conquista britânica, Marx pergunta: "[A burguesia] alguma vez realizou progresso sem arrastar indivíduos e povos por sangue e lama, por miséria e degradação?"[94].

Até esse momento, o artigo de Marx apresenta uma estrutura conceitual semelhante à de "O domínio britânico na Índia", em que argumenta em favor do caráter progressivo, no geral, do colonialismo britânico. Como observei no início deste capítulo, esse raciocínio é semelhante àquele das páginas de abertura do *Manifesto Comunista* sobre as conquistas do capitalismo na Europa ocidental e na América do Norte, sem apontar, entretanto, como fez em sua discussão sobre o mundo industrializado, as profundas contradições que emergem dessa modernização capitalista quando chega à Índia.

Em "Os futuros resultados do domínio britânico na Índia", que conclui a série de artigos de 1853 sobre o país, a estrutura e o tom do argumento de Marx mudam subitamente e tornam-se mais dialéticos. Pela primeira vez o autor começa a se referir à necessidade de uma revolução social na Inglaterra que provoque

---

[89] Ibidem, p. 218. Krader contextualiza essa afirmação: "A 'lei invariável da história' a que Marx alude havia sido recentemente assimilada à teoria da etnologia, segundo a qual a cultura mais altamente desenvolvida é a conquistadora em última instância, independentemente de ter obtido a vitória militar inicial. Assim a China conquistou seus conquistadores, os manchus" (Lawrence Krader, *The Asiatic Mode of Production*, cit., p. 81).
[90] MECW, v. 12, p. 218.
[91] Ibidem, p. 220.
[92] Ibidem, p. 221.
[93] Ibidem, p. 220.
[94] Ibidem, p. 221.

mudanças em sua política colonial. Ainda mais surpreendentemente, ele aponta para a possibilidade de um movimento indiano de libertação nacional:

> Os indianos não colherão os frutos dos novos elementos de civilização esparramados ao seu redor pela burguesia britânica até que na própria Grã-Bretanha as atuais classes dominantes tenham sido suplantadas pelo proletariado industrial, ou até que os próprios hindus tenham se fortalecido o suficiente para se libertarem completamente do jugo inglês. Em todo caso, nós seguramente podemos esperar ver, em um período mais ou menos remoto, a regeneração daquele grande e interessante país, cujos nativos gentis [...] chocaram os oficiais britânicos com sua bravura, cujo país foi a fonte de nossas línguas, nossas religiões, e que representa o tipo do alemão antigo no *jate*, e o tipo do grego antigo no brâmane.[95]

Em seguida ele se refere ao "barbarismo inerente à civilização burguesa"[96], quase que invertendo a distinção etnocêntrica entre civilizações superiores e inferiores com a qual começa o artigo. Esse é o primeiro sinal de uma mudança de postura em relação ao *Manifesto Comunista*.

Segundo o historiador britânico Victor Kiernan, a longa passagem citada acima mostra que, "se Marx nutria pouco respeito pela sociedade indiana, ele não tinha desprezo pelos indianos, considerando-os plenamente capazes de aprender a governar seu próprio país"[97]. Habib vai ainda mais longe:

> em 1853, colocar a emancipação colonial, e não somente uma reforma colonial, como um objetivo do movimento socialista europeu; e, ainda mais, vislumbrar um movimento de libertação nacional ("se libertar completamente do jugo inglês"), a ser conquistada por meio da luta do povo indiano, como um evento que pudesse preceder a emancipação da classe trabalhadora europeia – uma percepção como essa só poderia pertencer a Marx.[98]

Há um paralelo entre a estrutura dialética de "Os futuros resultados do domínio britânico na Índia" e a do *Manifesto Comunista*. Assim como no *Manifesto*, Marx celebra efusivamente os aspectos modernizantes do domínio

---

[95] Idem. Os *jates* são uma casta majoritariamente camponesa com tradição marcial que opôs resistência ao império mongol.
[96] Idem.
[97] Victor G. Kiernan, "Marx and India", em Ralph Miliband e John Saville (orgs.), *The Socialist Register* (Nova York, Monthly Review Press, 1967), p. 163.
[98] Irfan Habib, "Introduction: Marx's Perception of India", cit., p. liv.

burguês – nesse caso, do colonialismo britânico – apontando para a destruição das castas, do *sati* e do localismo e para a introdução da ciência e da tecnologia modernas, bem como alguns aspectos dos direitos políticos modernos. Então, empregando a crítica devastadora da razão dialética, ele passa a analisar o caráter contraditório desse progresso[99]. No *Manifesto*, ele e Engels notaram duas contradições internas principais do capitalismo europeu: as crises endêmicas e periódicas e o surgimento de uma classe trabalhadora opositora. Nos artigos de 1853 sobre a Índia, Marx previu que o capitalismo britânico enfrentaria um duplo desafio: o surgimento de classes trabalhadoras (a crise interna) e o surgimento de um movimento indiano de libertação nacional (a crise externa). Se a estrutura do argumento é semelhante à do *Manifesto* a respeito da relação entre capital e trabalho, o conteúdo é um tanto diferente. Em 1853, Marx começou a superar a unilateralidade do tratamento dado às sociedades não ocidentais no *Manifesto*. Ainda que os muros chineses (e indianos) continuassem a ser derrubados pelo que Marx ainda considerava serem efeitos progressistas do comércio mundial e até mesmo da conquista colonial, povos de sociedades não ocidentais agora eram vistos como capazes de "se libertar completamente do jugo inglês" e começar por conta própria a "regeneração" de suas sociedades e culturas. Essa regeneração, contudo, assim como a das classes trabalhadoras ocidentais, não se daria pelo retorno a um passado pré-capitalista: ela manteria as conquistas da modernidade capitalista.

As notas de 1853 sobre a Indonésia

Os cadernos de citações de Marx redigidos em 1853 iluminam melhor seu pensamento sobre a Índia. Em 1853, Marx escreveu à mão em torno de cinquenta páginas sobre a Índia e mais cinco páginas sobre a Indonésia, um material que eventualmente será publicado na MEGA² IV/11. Dada a letra minúscula de Marx – ele geralmente espremia novecentas palavras ou mais em uma única folha –, esses cadernos, nenhum deles publicado ainda, ocupariam em torno de cem páginas impressas. As cinco páginas de anotações sobre a Indonésia contêm trechos e resumos ocasionais, em alemão, do clássico estudo de Thomas Stamford Raffles, *The History of Java* [A história de Java], originalmente publicado em

---

[99] O proceder lembra a estrutura dialética da *Fenomenologia do espírito* de Hegel, na qual cada estágio da consciência é introduzido como superior ao anterior, mas é esgarçado por suas contradições internas, que o levam ao próximo estágio etc.

dois volumes em 1817. Essas notas são de especial interesse por várias razões. Primeiro, é preciso mencionar a alta qualidade e a duradoura reputação do estudo pioneiro de Raffles. Ele foi considerado "um dos clássicos da historiografia sobre o Sudeste Asiático" pelo historiador John Bastin, na introdução de 1965 para a reimpressão do livro, e "um trabalho brilhante" pelo historiador javanês-holandês e especialista em Marx Fritjof Tichelman[100]. Raffles, governador colonial durante o breve domínio britânico sobre a Indonésia no período das Guerras Napoleônicas – depois das quais ela retornou ao domínio holandês –, era um homem de imensa curiosidade intelectual e, ao mesmo tempo, simpático à população nativa. Sua posição de estrangeiro o deixava livre para criticar o que ele via como alguns aspectos extremamente opressivos do domínio holandês. Segundo, as notas de Marx sobre Raffles destacam as partes do trabalho que apresentavam comparações com a Índia; assim, sua análise aprofundará nosso entendimento de seus escritos sobre aquele país. Terceiro, as notas de 1853 constituem o estudo mais dedicado ao que hoje é a Indonésia, assunto que Marx abordará novamente apenas no fim da vida.

Diferentemente de outros de seus cadernos de citações, que contêm não apenas simples excertos das obras que estava estudando, mas resumos em suas próprias palavras, críticas e outros comentários, as notas de 1853 de Marx sobre a Indonésia são compostas quase que inteiramente de trechos do estudo clássico de Raffles. Não obstante, uma análise da seleção, da ordem e do conteúdo do material incorporado por Marx em suas notas revela algo importante: sua perspectiva é evidentemente diferente da do governador Raffles, cuja análise, resumida por Tichelman, se deu

> abrangendo dois períodos: o final do século XVIII – influências rousseaunianas, a campanha contra a escravidão de Wilberforce, a ideia do "nobre selvagem", toda a humanidade como merecedora dos benefícios da civilização ocidental – e o começo do século XIX, com a ideia de que o Ocidente tinha a missão de civilizar os países estrangeiros bárbaros.[101]

Essa missão incluía planos de introduzir uma liberalização econômica de estilo inglês, algo nunca implementado graças à devolução da Indonésia aos holandeses por parte da Inglaterra depois da guerra.

---

[100] Fritjof Tichelman, "Marx and Indonesia: Preliminary Notes", em *Marx on Indonesia and India* (Trier, Schriften aus dem Karl-Marx-Haus, 1983), p. 14.
[101] Ibidem, p. 14-5.

Marx começa suas notas com o texto principal do livro de Raffles, que é dedicado à ilha mais populosa da Indonésia, Java, mas possui um anexo sobre a ilha de Bali, menos desenvolvida econômica e politicamente. Como Tichelman sugere, aos olhos de Marx as condições da Indonésia "pareciam corresponder à da relação entre os *ryots* (camponeses proprietários que pagavam impostos) e os *zamindares* em Bengala antes da introdução do sistema de impostos sobre a terra estabelecido pela ocupação de Cornwallis" na década de 1790[102]. Marx começa suas notas com o material que aponta o isolamento de Bali do comércio marítimo em larga escala decorrente da falta de bons portos na ilha. Na página seguinte de seu caderno, ele descreve os habitantes de Bali, que, apesar de aderirem a uma forma de hinduísmo e sofrerem com o "despotismo" do chefe da aldeia, "mantinham a ousadia e a coragem obstinada originais ao estado selvagem"[103]. Marx a seguir incorpora uma passagem em que descreve as mulheres de Bali: "suas mulheres [...] em perfeita igualdade com os homens, e não são obrigadas a executar nenhum trabalho duro e degradante como os impostos sobre as mulheres em Java"[104]. Ele também registra a sugestão de que, enquanto as pessoas reverenciavam seu governante, "suas mentes não eram quebradas com numerosas exigências de submissão"[105]. Apesar de a ênfase de Marx nos escritos de 1853 sobre a Índia ter sido, como visto, no fato de que a aldeia comunal autônoma funcionava como fundamento do "despotismo oriental", aqui as notas parecem enfatizar um período anterior, antes de o governo despótico ter sido imposto sobre a estrutura social e, até mesmo, sobre as "mentes" dos aldeões. Marx não se refere mais a esse argumento sobre um lado mais livre da aldeia comunal tradicional em seus escritos de 1853, mas esse ponto ressurge em seus escritos de 1879-1882 como uma base a partir da qual se pode desenvolver uma resistência progressista ao capital.

Depois de pular algumas partes sobre cultura e religião, Marx enfoca a questão da terra e as relações de propriedade. Ele transcreve uma afirmação de Raffles

---

[102] Ibidem, p. 16.
[103] Thomas Stamford Raffles, *The History of Java* [1817] (Kuala Lumpur, Oxford University Press, 1965), v. 2, p. cxxxi. Apesar de eu estar referenciando as páginas nas margens do texto de Raffles, para me referir efetivamente às glosas de Marx estou usando as notas escritas à mão disponíveis nos arquivos do International Institute of Social History, de Amsterdã (Karl Marx, *Excerpt notes on Thomas Stamford Raffles,* The History of Java, Marx papers, Box 65 (Heft LXVI), p. 3-7. Amsterdã: International Institute for Social History, 1853). Gostaria de agradecer a Rolf Hecker pela assistência para a obtenção das transcrições dos rascunhos.
[104] Thomas Stamford Raffles, *The History of Java*, v. 2, cit., p. cxxxi. A elipse está nas notas de Marx.
[105] Ibidem, p. cxxxii.

segundo a qual, opostamente à situação de Java, em Bali "o soberano não é [...] considerado como o proprietário universal; ao contrário, o solo é quase que invariavelmente considerado propriedade privada do súdito". Ainda, por conta das paredes de terra das casas, "dizem que os principais vilarejos lembram os vilarejos hindus no continente indiano"[106]. Marx também é cuidadoso ao registrar o material sobre os aspectos opressivos da vida em Bali, incluindo o vício em ópio, a escravidão, o *sati* e o sistema de castas, sendo que este estabelecia um grupo proscrito que "não tinha permissão de residir em uma aldeia"[107]. Aqui o padrão do que Marx transcreve sugere que ele tinha uma visão menos idílica de Bali do que Raffles, com sua influência rousseauniana.

A seguir, Marx se debruça sobre a parte do livro que trata especificamente sobre Java. Ele ignora os capítulos sobre geografia e "raça", focando novamente a posse da terra. Marx começa anotando uma passagem que compara Java à Índia, particularmente Bengala: "a situação relativa, o nível e o privilégio do aldeão camponês e do chefe local de Java correspondem em muitos aspectos ao *ryot* e ao *zamindar* de Bengala"[108]. A comparação de Raffles, contudo, não se refere à Índia de 1853, mas à situação antes de a "ocupação permanente" de Cornwallis elevar o *zamindar* à condição de proprietário de terra. Em Java, parecia haver um arranjo tripartite em vez da propriedade exclusiva sobre a terra de tipo ocidental. Primeiro, o *ryot* tinha o direito "de reter a terra que ele cultivava" se o imposto em dinheiro ou o correspondente fosse pago. Isso, de acordo com Raffles, "parecia colocá-lo em uma posição acima da do possuidor ordinário, que podia ser removido arbitrariamente ou ao final do prazo estipulado"[109]. O segundo era o *zamindar*, o coletor de imposto com alguns (mas não todos) direitos equivalentes aos de um proprietário de terra ocidental. Na terceira posição, estava o "soberano", que tinha o poder de remover "tanto o *zamindar* [como] o *ryot* em caso de negligência ou desobediência"[110]. Portanto, os *zamindares* de Java não possuíam direitos exclusivos de propriedade. Em vez disso, os direitos sobre a terra resultavam de um arranjo recíproco entre soberano, intermediário e camponês: o soberano, por tradição, não despejaria os *zamindares* e os *ryots* leais.

Tichelman resume de maneira precisa as variações desse arranjo, que Marx segue rigorosamente nessa parte de suas glosas:

---

[106] Ibidem, p. cxxxiv.
[107] Ibidem, p. cxxxviii.
[108] Ibidem, v. 1, p. 135.
[109] Ibidem, p. 136.
[110] Idem.

A atenção de Marx primeiramente se voltou à posse da terra e às relações sociais na aldeia javanesa, incluindo as diferenças entre três regiões: 1. As terras montanhosas de Priangan no oeste (uma zona relativamente próspera e não muito populosa com aspectos de fronteira), com a forte autonomia da aldeia, propriedade de terra mais ou menos privada e a reivindicação coletiva da aldeia sobre terras não cultivadas; 2. Cirebon, a área litorânea ao norte de Priangan, onde os chefes locais reivindicavam direitos de propriedade sobre a terra e onde boa parte da terra foi cedida aos empreendedores chineses (em particular para o cultivo de açúcar); [3.] A costa do nordeste (também uma área comercializada com um passado pré-colonial de comércio e navegação interasiática), sem reivindicações diretas sobre propriedade ou terra em detrimento dos agricultores.[111]

Portanto, exceto nas terras mais isoladas de Piringan, as formas mais antigas e comunais de propriedade foram destruídas pelo comércio exterior e pelas formas capitalistas introduzidas pelos holandeses.

A Companhia Holandesa das Índias Orientais continuava a ter o domínio total dos territórios, e Raffles se sentia livre para condená-la. No parágrafo seguinte, anotado por Marx, o autor condena a opressão geral sofrida pelo povo de Java como pior que a escravidão:

> A Companhia Holandesa, atuando unicamente com o espírito do lucro e tratando seus súditos javaneses com menos atenção ou consideração do que o produtor escravocrata do oeste da Índia tratava anteriormente os grupos em sua propriedade (já que este ao menos pagava o preço de mercado da propriedade humana, coisa que o outro não fez), empregou toda a máquina preexistente do despotismo para espremer das pessoas até a última gota de contribuição, o último fiapo de seu trabalho, assim agravando os males de um governo semibárbaro caprichoso por meio da ingenuidade praticada pelos políticos e do egoísmo monopolista dos comerciantes.[112]

Ao contrário de Raffles, contudo, Marx liga essas práticas diretamente às dos ingleses na Índia. Na verdade, ele cita o parágrafo acima na íntegra no artigo "O domínio britânico na Índia", no qual se refere ao "domínio colonial britânico" como sendo "apenas uma imitação do holandês". Marx acrescenta que, "para caracterizar as ações da Companhia Britânica das Índias Orientais, basta repetir

---

[111] Fritjof Tichelman, "Marx and Indonesia: Preliminary Notes", cit., p. 16.
[112] Thomas Stamford Raffles, *The History of Java*, cit., v. 1, p. 151.

literalmente o que Sir Stamford Raffles, governador inglês de Java, disse sobre a Companhia Holandesa das Índias Orientais"[113].

A terceira parte do livro de Raffles da qual Marx coleta material trata da estrutura política da aldeia javanesa, como a noção de que, em algumas partes de Java, os agricultores tinham o direito de eleger o chefe da aldeia, algo que Raffles sugere ser uma prática generalizada na ilha. Marx termina essas anotações transcrevendo uma das notas de rodapé de Raffles. Trata-se de uma citação do conhecido *Quinto relatório* [*Fifth Report*] (1812) da Câmara dos Comuns do Parlamento inglês, que realizou um estudo significativo sobre a estrutura social da Índia. Marx anota uma afirmação introdutória de Raffles segundo a qual, "com a exceção, talvez, do direito de eleição, que eu não encontrei em nenhuma das análises da Índia continental, a constituição da aldeia javanesa tem uma impressionante semelhança com a dos hindus"[114]. A descrição extremamente detalhada do *Quinto relatório* sobre a Índia enfoca vários oficiais das aldeias tradicionais e suas respectivas obrigações, em que se incluem o "*potail*, ou o chefe", o "*tallier* e o *totie*", que puniam crimes e aplicavam a lei, o "homem da fronteira, que preserva as fronteiras da aldeia", o regulador do fornecimento de água, o brâmane que realiza ritos religiosos, o "brâmane responsável pelo calendário, ou astrólogo", e o educador. O *Quinto relatório*, como citado por Raffles (e, posteriormente, por Marx), sugere ainda que essa é a forma como "os habitantes do país viveram desde tempos imemoriais". Mesmo as guerras e as invasões produziram poucas mudanças: "os habitantes não criavam empecilhos para as rupturas e divisões do reino: enquanto a aldeia permanecesse intacta, eles não se importavam com quem estava no poder, ou a qual soberano ela se submetia; sua economia interna permanecia inalterada"[115].

As notas de Marx sobre a Indonésia nos permitem perceber o árduo trabalho intelectual que Marx dedicou aos seus artigos sobre a Índia no *Tribune*, que claramente não são jornalismo de fachada – a despeito do que ele possa ter sugerido em momentos desesperados em suas correspondências privadas. A posse de terra, o autogoverno das aldeias e as relações de gênero foram o foco das notas sobre Raffles. Marx procurou em Java e em Bali dados sobre as formas sociais subjacentes que também existiam na Índia. Ele acreditava que elas ainda preservavam uma forma semelhante à sua versão original em Java e, especialmente, em Bali no período em que Raffles realizou seus estudos.

---

[113] MECW, v. 12, p. 126.
[114] Thomas Stamford Raffles, *The History of Java*, cit., v. 1, p. 285.
[115] Idem; MECW, v. 12, p. 131.

Sobre a China: a Rebelião Taiping e as guerras do ópio

A primeira referência significativa à China feita por Marx ocorreu em 1850, em uma breve discussão sobre a Rebelião Taiping, que compunha parte de uma pesquisa sobre eventos mundiais realizada em parceria com Engels[116]. A Rebelião Taiping, um movimento anti-imperial de base camponesa que durou de 1850 a 1864, teve um alcance gigantesco e a repressão, a guerra civil e a fome que dela decorreram foram responsáveis por mais de 20 milhões de mortes[117]. Os rebeldes propunham ideias de igualdade (inclusive igualdade de gênero), mas sua visão de mundo também tinha dimensões místicas e extremamente autoritárias.

No artigo de 1850, Marx e Engels descrevem a crise da velha ordem social na China causada pela importação de bens manufaturados baratos da Europa, algo que eles já haviam enfatizado no *Manifesto Comunista*. Agora, contudo, tendo ciência do alcance e da intensidade da Rebelião Taiping, Marx e Engels também discutem o desafio dos rebeldes imposto ao imperador e aos mandarins e destacam as inclinações comunistas daqueles:

> Entre as massas rebeladas apareceram indivíduos que apontaram para a pobreza de alguns e a riqueza de outros, e que exigiram, e ainda estão exigindo, uma distribuição diferente da propriedade, e até mesmo a completa abolição da propriedade privada.[118]

A dupla de autores se referia aos relatórios do missionário alemão Karl Gützlaff, um dos europeus mais bem informados na época sobre a China[119] e provável fonte dos filósofos a respeito da rebelião. Eles ironizavam o fato de que o missionário religioso, ao voltar para casa depois de duas décadas na China, ficou horrorizado ao descobrir tendências comunistas também na Europa.

---

[116] Muitos dos escritos de Marx sobre a China reapareceram em inglês em uma coletânea de volume único editado por Dana Torr (Karl Marx, *Marx on China, 1853-1860*, Londres, Lawrence and Wishart, 1951), com comentários acadêmicos. Uma coletânea mais completa desses escritos, também com bons comentários especializados, foi publicada posteriormente no México sob edição de Lothar Knauth (Karl Marx, *China. Fósil viviente o transmisor revolucionario?*, Cidade do México, Universidad Nacional Autonoma de México, 1975). Ver também a discussão inicial de David Riazanov, "Karl Marx on China", *Labor Monthly*, v. 8, 1926.

[117] Jonathan Spence, *God's Chinese Son: The Taiping Heavenly Kingdom of Hong Xiuquan* (Nova York, Norton, 1996).

[118] MECW, v. 10, p. 266.

[119] Jonathan Spence, *God's Chinese Son: The Taiping Heavenly Kingdom of Hong Xiuquan*, cit.

Marx e Engels viam a inclinação comunista dos rebeldes Taiping com alguma cautela, ao escrever que "o socialismo chinês pode assumidamente ter a mesma relação com o socialismo europeu que a filosofia chinesa tem com a filosofia hegeliana". Mantendo a linguagem do *Manifesto Comunista*, eles destacaram como as importações inglesas "deixaram o reino menos perturbável da terra à beira de um levante social". Acrescentam, então, que os "reacionários europeus" que fugiam para o leste a fim de escapar da revolução iriam, um dia, ao se deparar com a Grande Muralha da China, "ler a seguinte inscrição" no portão: "République Chinoise. Liberté, Egalité, Fraternité" [República chinesa. Liberdade, Igualdade, Fraternidade][120]. Como no *Manifesto*, Marx e Engels insinuavam que o capitalismo e o colonialismo traziam progresso à Ásia e que ali haveria um desenvolvimento similar ao ocorrido na Europa, incluindo a revolução democrática. Houve, contudo, uma mudança de perspectiva em relação ao *Manifesto* em uma questão: os autores notavam que o progresso social na China era produto não somente da intervenção externa mas também de uma força amplamente local, a Rebelião Taiping. Apesar disso, como no *Manifesto*, não havia crítica, ainda que implícita, ao colonialismo.

Pouco antes dos já discutidos artigos sobre a Índia de 1853, foi publicado no *Tribune* em 14 de junho do mesmo ano o artigo de Marx "Revolução na China e na Europa" ["Revolution in China and Europe"], com ênfase nos efeitos do comércio de ópio e na Rebelião Taiping. Marx começa com uma referência velada à filosofia especulativa de Hegel, em uma tentativa de mostrar que os eventos na China não estavam totalmente deslocados do que acontecia na Europa, apesar das diferenças de geografia, cultura e sistema social:

> Um profundo mas fantástico especulador sobre os princípios que governam os movimentos da Humanidade costumava exaltar como um dos segredos que governam a natureza o que ele chamava de lei de contato dos extremos. O provérbio familiar de que "os opostos se atraem" era, de acordo com ele, uma grande e potente verdade em todas as esferas da vida. [...] Sendo o "contato dos extremos" tal princípio universal ou não, um curioso exemplo dele pode ser visto no efeito que a Revolução Chinesa parece exercer sobre o mundo civilizado. Parece ser uma afirmação bastante estranha e bastante paradoxal a de que o próximo levante popular da Europa, e seu próximo movimento em favor da liberdade republicana e da economia de governo, provavelmente dependa mais do que

---

[120] MECW, v. 10, p. 267.

agora está acontecendo no Império Celestial – o verdadeiro oposto da Europa –, do que de qualquer outra causa política existente no momento.[121]

Marx aponta mais uma vez para o alcance da Rebelião Taiping, referindo-se às "rebeliões crônicas que ocorreram na China nos últimos dez anos, agora reunidas em uma formidável revolução"[122]. Ele também discutiu as consequências devastadoras da invasão do capitalismo ocidental nos sistemas político e social chinês, especialmente por meio do comércio de ópio.

Tais entraves, originados tanto dentro quanto fora da China, argumentava ele, logo afundariam a economia chinesa em uma crise que resultaria no colapso do mercado chinês de ópio. Os britânicos estabeleceram uma lucrativa rota comercial de três pontas: exportavam ópio da Índia para a China, compravam chá a preço baixo na China e então o revendiam a um alto preço na Inglaterra. Como resultado disso, a China se tornou tão ligada à economia mundial que uma crise econômica lá poderia desencadear uma depressão na Europa. Isso seria, de acordo com Marx:

> a explosão da longamente preparada crise geral, que, ao se espalhar para o exterior, seria logo acompanhada por revoluções no continente [europeu]. Seria um curioso espetáculo este da China espalhando desordem para o mundo ocidental enquanto os poderes ocidentais, com navios de guerra ingleses, franceses e americanos, dão "ordens" para Xangai, Nanquim e para a foz do Grande Canal.[123]

Marx agora se refere aos colonizadores ocidentais como "poderes disseminadores da ordem"[124], uma leve mudança de tom em relação ao *Manifesto Comunista*. Não obstante, ele ainda enfatiza os efeitos progressistas do imperialismo ocidental, ainda que de modo mais sóbrio em relação aos escritos de 1853 sobre a Índia.

Mesmo ao analisar a Rebelião Taiping como um despertar interno, ainda há, em Marx, certo ar de condescendência etnocêntrica. Referindo-se às perturbações da ordem social tradicional causadas pelo comércio de ópio, ele escreve: "parece que a história teve que embebedar todo o povo antes que ele pudesse despertar dessa estupidez hereditária"[125]. O teórico político Ephraim Nimni caracteriza a

---

[121] MECW, v. 12, p. 93.
[122] Idem.
[123] Ibidem, p. 98.
[124] Idem.
[125] Ibidem, p. 94.

expressão "estupidez hereditária" como um exemplo da "linguagem abusiva" e da "hostilidade intensa" de Marx em relação às diversas "comunidades nacionais" não ocidentais[126]. O verdadeiro alvo de Marx nesse artigo, contudo, era o imperialismo britânico e o seu comércio de ópio, que ele considerava inconcebível. Nessa perspectiva, como sustenta James Ledbetter, o editor de Marx, "possivelmente, com exceção da escravidão humana, nenhum assunto despertava mais profundamente a ira de Marx do que o comércio de ópio com a China"[127]. O linguajar de Marx sobre a "estupidez hereditária", ainda que problemático, não é capaz de mascarar esse fato, nem o fato de que o foco dessa passagem não é o atraso chinês, mas o despertar da nação chinesa.

Ainda que Marx se refira, em 1854, à possibilidade de que os rebeldes Taiping tivessem "sucesso em expulsar a dinastia manchu da China"[128], foi apenas em 1856, com a deflagração da Segunda Guerra do Ópio, que ele passou a dar mais atenção à China. Em relação ao *Manifesto*, o tom havia mudado completamente, com os britânicos figurando como "bárbaros" mais vezes do que os chineses. Em 3 de janeiro de 1857, o *Tribune* publicou um artigo detalhado de Marx sobre a ação extremamente agressiva da Inglaterra no porto de Cantão (Guangzhou) depois que as autoridades chinesas ousaram prender, em outubro de 1856, diversos cidadãos chineses que contrabandeavam ópio para os britânicos. Em resposta às prisões, os chineses supostamente arrancaram uma bandeira britânica de uma pequena embarcação dos contrabandistas. Levando em conta o bombardeio britânico à cidade para vingar o suposto insulto à sua bandeira, Marx declara que "os ingleses agiram injustamente durante todo o processo"[129]. Depois de citar a refutação do relato britânico do incidente de outubro feita pelo governador cantonês Yeh Ming-Chu, Marx escreve que a "dialética" do argumento de Yeh "dispõe de forma efetiva sobre toda a questão"[130]. Ele considera as ações britânicas tão condenáveis quanto as do notório invasor norte-americano da Nicarágua na mesma época, William Walker. O relatório de Marx usa um linguajar como o seguinte:

> Sem paciência para argumentação, o almirante britânico então força sua entrada na cidade de Cantão até a residência do governador, destruindo no meio-tempo

---

[126] Ephraim Nimni, *Marxism and Nationalism: Theoretical Origins of a Political Crisis*, cit., p. 29.
[127] Karl Marx, *Dispatches for the New York Tribune*, cit., p. 1.
[128] MECW, v. 13, p. 41.
[129] MECW, v. 15, p. 158.
[130] Ibidem, p. 161.

a frota imperial [chinesa] no rio. [...] É, talvez, uma questão de ver se as nações civilizadas do mundo aprovarão esse modo de invasão de um país pacífico, sem declaração prévia de guerra, com base em uma suposta infração do pomposo código de etiqueta diplomática.[131]

Ao mesmo tempo, Marx justifica parcialmente a Primeira Guerra do Ópio de 1838-1842, "apesar de seu pretexto infame", pois ela criou a "possibilidade de abrir o comércio com a China". Já a Segunda Guerra do Ópio, escreve ele, apenas "obstrui esse comércio"[132]. Embora retorne à posição do *Manifesto* a respeito da Primeira Guerra do Ópio, o tom geral do artigo de 1857 de Marx é decididamente anticolonialista. Em um dos diversos textos que se seguiram, ele sugere que seu alvo frequente, o primeiro-ministro britânico lorde Henry Palmerston[133], havia "planejado" toda a intervenção com o objetivo de melhorar sua decadente popularidade ao apelar para o sentimento jingoísta* na Inglaterra[134].

Em um artigo do *Tribune* publicado em 22 de março de 1857, Marx novamente tenta refutar "as publicações do governo da Inglaterra e de uma parte da imprensa americana", que "têm acumulado diversas denúncias contra os chineses"[135]:

> Os cidadãos inofensivos e os comerciantes pacíficos de Cantão foram massacrados, suas habitações demolidas e as reivindicações humanitárias violadas com base na frágil desculpa de que "a vida e a propriedade inglesas estavam ameaçadas pelos atos agressivos dos chineses!". O governo britânico e o povo britânico – ao menos aqueles que decidiram examinar essas questões – sabem quão falsas e vazias são essas acusações. [...] Essas declarações genéricas não têm fundamento. Os chineses podem reclamar de pelo menos 99 agressões para cada uma sofrida pelos ingleses. Quão silente é a imprensa da Inglaterra quando se trata das ultrajantes violações ao tratado diariamente praticadas pelos estrangeiros vivendo na China

---

[131] Ibidem, p. 162-3.
[132] Ibidem, p. 163.
[133] Os ataques frequentes de Marx contra Palmerston serão discutidos nos capítulos 2 e 3.
* Jingoísmo é um nacionalismo exacerbado na forma de uma política externa agressiva. O termo surge na Inglaterra vitoriana, em 1870, para designar a posição que defendia a beligerância, especialmente em relação à Rússia, e um nacionalismo expansionista que buscava enaltecer a Grã-Bretanha como a "maior nação do mundo". Essa percepção também implicava uma missão civilizatória por parte dos britânicos em relação aos povos tidos como "inferiores". O termo se inspira na expressão *by jingo*, presente no refrão de uma popular música de guerra composta na época da Guerra Russo-Turca de 1877-1878. (N. T.)
[134] MECW, v. 15, p. 218.
[135] Ibidem, p. 233.

sob proteção britânica! Nós não ouvimos nada sobre o comércio ilegal de ópio, que anualmente alimenta o tesouro britânico às custas da moralidade e de vidas humanas. Nós não ouvimos nada sobre as propinas constantes aos suboficiais, graças às quais o governo chinês é inibido de exercer seu direito de cobrar impostos sobre a importação e exportação de mercadorias. Nós não ouvimos nada sobre as injustiças impostas "até a morte" a emigrantes desorientados e submetidos a condições piores que as da escravidão na costa do Peru e da servidão cubana. Nós não ouvimos nada sobre o espírito assediador geralmente imposto sobre a natureza tímida dos chineses, ou sobre o vício introduzido pelos estrangeiros nos portos abertos para o comércio.[136]

Ao mesmo tempo, como se pode perceber no linguajar sobre a "natureza tímida" dos chineses na última frase citada, Marx continua expressando um certo grau de condescendência.

Marx escreve ainda que o público britânico, "o povo inglês em casa, que não vê além das mercearias onde compra seu chá", se recusa a encarar esses fatos. Mas a verdade, ele conclui, era que os britânicos estavam colhendo uma raiva sem precedentes: "enquanto isso, na China, as chamas de ódio contra os ingleses sufocadas se acenderam durante a Guerra do Ópio e se tornaram labaredas de animosidade que proposta alguma de paz ou amizade terá chances de saciar"[137].

Engels seguiu esse argumento em uma análise militar para o *Tribune* publicada em junho de 1857. Ele escreve que os britânicos podem estar se deparando com uma nova situação na China, na qual "uma guerra nacional" pode ser declarada "contra eles". Tal guerra tomaria a forma de uma guerrilha:

Há evidentemente um espírito diferente entre os chineses agora em relação ao que eles demonstraram na guerra, de 1840 a 1842. Naquele momento, o povo estava quieto; eles deixaram os soldados do Imperador enfrentarem os invasores e se submeteram ao poder do inimigo depois da derrota com um fatalismo oriental. Mas agora – ao menos nas províncias do sul, às quais até o momento se restringiu o conflito –, a massa do povo assumiu um papel ativo, ou melhor, fanático na luta contra os estrangeiros. Eles envenenam o pão da comunidade europeia. [...] Eles sequestram e assassinam qualquer estrangeiro ao seu alcance. [...] Propagadores da civilização que atiram bombas em uma cidade indefesa e somam estupros a assassinatos podem considerar esse sistema [de combate] covarde, bárbaro, atroz; mas o que isso importa para os chineses

---

[136] Ibidem, p. 234-5.
[137] Ibidem, p. 235.

se ele for bem-sucedido? Já que os britânicos os tratam como bárbaros, não podem negar a eles os benefícios do barbarismo. Se seus sequestros, surpresas, massacres noturnos são o que nós chamamos de covardia, os propagadores da civilização não devem esquecer que, de acordo com suas próprias demonstrações, eles não tinham chance contra os meios de destruição europeus usando seus meios de combate ordinários.[138]

Essa luta nacional combinada com a Rebelião Taiping, escreve Engels, sugere "que a hora da morte da Velha China está se aproximando rapidamente"[139], algo que pode trazer "uma nova era para toda a Ásia"[140].

Alguns meses depois, Marx, que nessa época também escrevia sobre a Revolta dos Cipaios ocorrida em 1857 na Índia, volta atrás – ainda que implicitamente – no que havia dito sobre a Primeira Guerra do Ópio de 1839-42 em um artigo para o *Tribune* publicado em setembro de 1857. Ele contextualiza relatos de atrocidades praticadas pelos rebeldes indianos ao se referir a exemplos de brutalidade europeia, incluindo a seguinte passagem sobre a Primeira Guerra do Ópio:

> Para encontrar paralelos com as atrocidades dos cipaios, nós não precisamos, como pretendem alguns jornais londrinos, voltar à Idade Média, nem ir além da história da Inglaterra contemporânea. Tudo o que precisamos é estudar a Primeira Guerra Chinesa, um evento acontecido ontem, por assim dizer. Os soldados ingleses naquele momento cometeram abominações por mera diversão; com suas paixões não sendo nem santificadas por fanatismo religioso nem exacerbadas pelo ódio a uma raça arrogante e conquistadora, nem provocadas pela dura resistência de um inimigo heroico. Violar as mulheres, cuspir nas crianças, queimar aldeias inteiras eram como um esporte, como registrado não pelos mandarins, mas pelos próprios oficiais britânicos.[141]

Os artigos de Marx desse período tanto sobre a China como sobre a Índia são cheios de relatos de brutalidade britânica, com pouca referência ao lado positivo do colonialismo.

Um ano mais tarde, em setembro de 1858, com a guerra na China chegando a uma trégua temporária, Marx publicou no *Tribune* dois artigos intitulados "História do comércio de ópio" ["History of Opium Trade"]. Em um deles, o

---

[138] Ibidem, p. 281.
[139] Ibidem, p. 282.
[140] Ibidem, p. 283.
[141] Ibidem, p. 353-4.

autor conclui com uma poética evocação do caráter contraditório do tipo de modernização imposto à China pela Inglaterra nas guerras do ópio:

> Que um império gigante, contendo quase um terço da raça humana, resistindo ao curso do tempo, isolado pela exclusão forçada do intercâmbio[142] geral, e que assim tentava se enganar com os delírios da perfeição celestial – que tal império fosse derrotado pelo destino por ocasião de um duelo mortal, no qual o representante do mundo antiquado parece ser movido por motivos éticos enquanto o representante da irresistível sociedade moderna luta pelo privilégio de comprar pelo menor e vender pelo melhor preço – isso, de fato, é uma espécie de encontro trágico, mais estranho do que qualquer poeta já tenha ousado fantasiar.[143]

Aqui, a discussão de Marx lembra o tratamento dado por Hegel na *Fenomenologia do espírito* ao destino de Antígona na peça de Sófocles, algo que György Lukács retoma em uma análise do que ele chama de "tragédia no domínio da ética":

> Exatamente a unidade no conhecimento da necessidade de que a sociedade gentílica, em muitos aspectos, é superior em termos morais e humanos às sociedades de classes que tomam seu lugar, de que a dissolução da sociedade gentílica foi resultado da liberação de impulsos muito ruins e baixos no homem, de que, todavia, ao mesmo tempo e inseparavelmente disso, essa dissolução foi absolutamente necessária e significa um progresso histórico real – o estado de espírito dessa necessidade histórica profundamente contraditória paira como intuição sobre a análise hegeliana de *Antígona*.[144]

A China, obviamente, não era mais uma sociedade tribal ou de clãs já fazia alguns milênios, mas o eco do argumento de Hegel em Marx lembra o que Lukács chama de "caráter contraditório do progresso"[145], segundo o qual algo bastante importante se perde em cada estágio de "progresso" da humanidade – um fato tão necessário quanto parece ser o próprio progresso.

---

[142] "Intercâmbio", um paralelo da palavra alemã *Verkehr*, aqui no sentido novecentista de relações econômicas ou comunicação entre culturas. [O termo inglês usado no original é *intercourse*. – N. T.]
[143] MECW, v. 16, p. 16.
[144] György Lukács, *The Young Hegel* [1948] (trad. Rodney Livingstone, Cambridge, MIT Press, 1975), p. 412 [ed. bras.: *O jovem Hegel*, trad. Nélio Schneider, São Paulo, Boitempo, 2018, p. 543].
[145] Idem.

Em setembro de 1859, quando a Segunda Guerra do Ópio voltava à tona – com os ingleses, agora com o apoio dos franceses, se preparando para saquear Pequim –, Marx publicou mais uma série de artigos sobre a China no *Tribune*. Ele relata com entusiasmo que os "agressores" britânicos e franceses haviam sofrido quase quinhentas baixas, perdendo também três navios na entrada do rio Pei Ho quando eles tentavam navegar para Pequim. A "imprensa palmerstoniana" jingoísta proclamava essas "notícias desagradáveis" enquanto "unanimemente demandava vingança absoluta". Marx ridiculariza os editorialistas britânicos por se declararem "superiores" aos chineses e por afirmarem que os britânicos "deveriam ser seus mestres"[146] e considera tais expressões nada mais do que "delírios dos escribas de Palmerston"[147]. Palmerston, como Bonaparte, escreve Marx, deseja "uma outra guerra chinesa" para salvar sua naufragante popularidade[148].

Nos artigos sobre a China publicados entre 1857 e 1859, o pensamento de Marx começa a se afastar, em dois pontos principais, das perspectivas sobre a Índia e a China apresentadas no *Manifesto* e em seus artigos de 1853. De modo mais evidente, ele não louva mais os efeitos supostamente progressistas do colonialismo: na verdade, ele condena severamente o colonialismo britânico e francês. O que poderia ter causado tal mudança? Um fator é a crescente desilusão de Marx com o capitalismo, no sentido de que não acreditava mais nos seus efeitos progressistas. Isso pode ser percebido no "Discurso no aniversário do *The People's Paper*" ["Speech at the Anniversary of *The People's Paper*"], realizado em 14 de abril de 1856 e publicado alguns dias depois nesse órgão cartista. Embora Marx ainda proclame que "a máquina a vapor, a eletricidade e a máquina de fiar automática foram revolucionárias", o tom em 1856 é mais grave e muito menos otimista quanto ao progresso do capitalismo:

> De um lado, ganharam vida forças industriais e científicas que nenhuma época anterior da história humana algum dia podia suspeitar. De outro, há sintomas de decadência muito mais horrorizantes do que os relatados nos tempos finais do Império Romano. Em nossos dias, tudo parece prenhe de seu contrário. Testemunhamos a maquinaria, dotada do maravilhoso poder de amenizar e frutificar o trabalho humano, esfomear e sobrecarregar esse mesmo trabalho. As fontes de riqueza ultramodernas, por algum estranho feitiço, se tornam fontes de necessidade. As vitórias da arte parecem ter sido compradas com a perda do

---

[146] MECW, v. 16, p. 509.
[147] Ibidem, p. 510.
[148] Ibidem, p. 512.

caráter. Ao mesmo passo que a humanidade domina a natureza, o homem parece ser escravizado por outros homens ou por sua própria infâmia. Até mesmo a pura luz da ciência parece incapaz de brilhar, exceto no fundo escuro da ignorância. Todas as nossas invenções e progressos parecem dotar de vida intelectual as forças materiais e reduzir a vida humana a uma força material.[149]

No *Manifesto Comunista*, páginas inteiras celebravam o progresso capitalista antes de Marx e Engels começarem a falar de contradições. Oito anos depois, a noção da destrutividade do capitalismo, de sua alienação e exploração, entrelaçaram-se com as discussões sobre progresso científico e tecnológico. Segundo, e talvez mais importante, é preciso notar que, por volta de 1859, Marx havia terminado os *Grundrisse*, onde (como será discutido no capítulo 5) ele elaborou pela primeira vez uma filosofia da história mais multilinear, segundo a qual as sociedades asiáticas não seguiram os mesmos estágios de modos de produção escravocrata e feudal pelos quais passou a Europa ocidental.

Em 1861 o *Tribune* reduziu drasticamente sua cobertura internacional e, no ano seguinte, parou de publicar textos de Marx. Ele começou a escrever para o jornal *Die Presse* de Viena, e foi nele, em julho de 1862, que seu último artigo significativo sobre a China foi publicado. Intitulado "Situação chinesa", o texto focava não a intervenção colonial, mas a Rebelião Taiping, que estava em declínio. Marx começa o artigo com uma referência às sessões espíritas (nas quais mesas supostamente levitavam), populares durante a conservadora década de 1850 na Europa, em especial na Alemanha: "pouco antes de as mesas começarem a dançar, a China, aquele fóssil vivo, começou a revolucionar"[150]. Assim, ao aludir ao conservadorismo da sociedade chinesa, ele também se referia à quietude política pós-1848 na Europa, em contraste com os rompantes revolucionários chineses. Mais tarde, Marx escreve algo semelhante sobre a China e "mesas dançantes" na seção sobre o fetichismo da mercadoria no capítulo 1 do Livro I de *O capital*. Em ambos os casos, parte da ironia é que a Europa "racionalista" dos anos 1850 havia perdido seu ímpeto revolucionário e afundado em misticismo, enquanto a "mística" China estava mais ocupada com a revolução social do que com o sobrenatural.

Em contraposição ao entusiasmo de discussões anteriores sobre os rebeldes Taiping, o tom agora é sombrio. Os rebeldes chineses, escreve Marx, "produzem destruição em formas grotescamente detestáveis, destruição sem nenhum núcleo

---

[149] MECW, v. 14, p. 655-6.
[150] MECW, v. 19, p. 216.

de construção nova"¹⁵¹. Ao tomar uma vila, a liderança rebelde permitiu que suas tropas "perpetuassem qualquer ato de violência concebível contra as mulheres e as meninas". Além disso, não pagavam suas tropas, o que encorajava a pilhagem. Como resultado, execuções se tornaram tão comuns nas áreas dominadas pelos rebeldes que "uma cabeça humana significava tanto quanto uma cabeça de couve para um Taiping"¹⁵².

Aqui, Marx está claramente aludindo à discussão sobre o terror jacobino na *Fenomenologia* de Hegel, onde, em uma famosa discussão sobre "liberdade absoluta e terror", Hegel escreve que a Revolução Francesa havia se tornado "somente o *agir negativo* [...] apenas a *fúria* do desvanecer" sem um elemento positivo, e, por conta disso, a morte era imposta "sem mais significação do que cortar uma cabeça de couve"¹⁵³. Embora Hegel e Marx discordassem em alguns pontos a respeito da Revolução Francesa, ambos a consideravam – incluindo o Grande Terror – uma fonte de progresso histórico, a despeito de sua destrutividade. Ao analisar a Rebelião Taiping em 1862, entretanto, Marx menciona não o progresso, mas o "nada". Isso se deu porque, como ele escreve, em vez de encontrar uma base para novas ideias emancipatórias, a filosofia dos rebeldes Taiping "é o produto de uma vida social fossilizada", a expressão do que era, em última instância, um movimento reacionário¹⁵⁴. Os escritos de Marx sobre a China terminam, portanto, com um tom sombrio: tanto o imperialismo ocidental como a Rebelião Taiping local abalaram profundamente a antiga ordem, mas nenhuma alternativa positiva, emancipatória, parecia surgir no horizonte.

"A Índia agora é nosso maior aliado": o Levante dos Cipaios de 1857

Algumas evidências para a virada de Marx em direção a uma posição anticolonialista também podem ser encontradas em seus artigos sobre a grande Revolta Indiana de 1857-1858, que eclodiu durante a Segunda Guerra do Ópio contra a China. O crítico literário Pranav Jani sustenta que, nesses escritos tardios sobre a Índia, Marx passou a "teorizar a atividade autônoma e a luta dos indianos co-

---

¹⁵¹ Idem.
¹⁵² Ibidem, p. 217.
¹⁵³ G. W. F. Hegel, *Phenomenology of Spirit* [1807] (Nova York, Oxford University Press, 1977), p. 359-60, grifo no original [ed. bras.: *Fenomenologia do espírito*, parte II, trad. Paulo Meneses, Petrópolis, Vozes, 1992, p. 96-7].
¹⁵⁴ MECW, v. 19, p. 218.

lonizados"[155]. Em 10 de maio de 1857, um grupo de soldados coloniais indianos conhecidos como cipaios[156] se revoltaram e mataram seus oficiais britânicos. A causa imediata era o boato de que o óleo dos cartuchos dos rifles usados por eles continha gordura de carne bovina (um anátema para os hindus) e de carne suína (um anátema para os muçulmanos). A rebelião ganhou contornos mais políticos com a tomada de Délhi e outras grandes cidades pelos soldados rebeldes e com a volta ao poder de um descendente dos imperadores mongóis, Bahadur Shah. A revolta, contudo, não desenvolveu objetivos coerentes ou até mesmo uma forma unificada. Foi em muitos aspectos um rompante basicamente tradicionalista e descentralizado contra a hostilidade colonial. Os britânicos levaram dois anos inteiros para suprimi-la, mesmo com sua superioridade em termos de organização e armamento. Casos de massacre, tortura e estupro contra civis e soldados britânicos, exagerados de forma sensacionalista pela imprensa ocidental, tornaram-se uma desculpa para represálias ainda mais terríveis por parte do Exército britânico.

Com a chegada em Londres de notícias sobre a revolta, Marx deu início a uma extensa série de artigos sobre o assunto no *Tribune*. Esses textos, publicados durante os anos de 1857 e 1858 (sendo 21 deles escritos por Marx e 10 escritos por Engels a convite seu), englobam 150 páginas impressas do volume 15 da edição inglesa de MECW[157]. Embora constituam um dos tratamentos mais duradouros dados a uma sociedade não ocidental por Marx em todos os seus escritos, não costumam receber tanta atenção quanto os artigos de 1853 sobre a Índia[158]. Tais artigos, contudo, apresentam uma mudança teórica significativa, afastando-se do apoio ao colonialismo britânico presente nos textos de 1853.

---

[155] Pranav Jani, "Karl Marx, Eurocentrism, and the 1857 Revolt in British India", em Crystal Bartolovich e Neil Lazarus (orgs.), *Marxism, Modernity, and Postcolonial Studies* (Nova York, Cambridge University Press, 2002), p. 82.

[156] Cipaio (também sipai, sipaio, *shipahi*) é um termo turco-persa para soldado. [No original, em inglês, o termo utilizado foi *Sepoy*. – N. T.]

[157] A maioria desses escritos foram reunidos com uma breve introdução e notas dos editores de Marx em Moscou sob o título *A primeira guerra de independência indiana* (Karl Marx e Friedrich Engels, *The First Indian War of Independence 1857-1859*, Moscou, Progress, 1959).

[158] Isso pode estar mudando. Apesar de duas edições mais antigas que reúnem os escritos de Marx incluírem apenas os artigos de 1853 sobre a Índia (Robert Tucker, *The Marx-Engels Reader*, cit.; David McLellan (org.), *Karl Marx: Selected Writings* [1977], 2. ed., Nova York, Oxford University Press, 2000), o livro de Robert J. Antonio *Marx and Modernity: Key Readings and Commentary* (Malden/Oxford, Blackwell, 2003) contém dois dos artigos de 1857. Além dessas publicações, a seleção dos artigos do *Tribune* em um volume único, organizado por Ledbetter em 2007, contém todos os artigos sobre a Índia, de 1853 a 1859. Outra coletânea publicada em 2006 na Índia compreende a totalidade dos artigos do *Tribune* sobre o país (Iqbal Husain,

Em "A revolta no Exército indiano" ["The Revolt in the Indian Army"], publicado em 15 de julho de 1857, Marx começa mostrando que os britânicos, como os antigos romanos, adotaram na Índia uma forma de dominação baseada no princípio de "dividir para conquistar", que se utilizava do "antagonismo das várias raças, tribos, castas, credos e soberanias" como "o princípio vital da supremacia britânica"[159]. Para governar uma população de 200 milhões de pessoas, segundo ele, os britânicos criaram um Exército colonial de 200 mil indianos, comandado por oficiais britânicos, que se somava à força militar britânica de aproximadamente 40 mil homens. Lançando mão da dialética, Marx aponta, então, novas contradições e antagonismos criados pelo domínio britânico. Com o Exército colonial de cipaios, os ingleses acabaram por criar, acidentalmente, a organização e a consciência nacional de uma Índia unificada: "O domínio britânico [...] organizou o primeiro centro geral de resistência que os indianos já tiveram sob seu controle. Quanto esse Exército local é confiável é claramente demonstrado pelos motins recentes"[160]. Em uma carta para Engels de 6 de julho do mesmo ano, Marx dá vazão maior aos seus sentimentos ao escrever que "a situação indiana é deliciosa"[161].

Em um segundo artigo, "A revolta na Índia" ["The Revolt in India"], publicado em 4 de agosto de 1857, Marx destaca a desorganização dos rebeldes ao ocupar Délhi, prevendo que eles não seriam capazes de aguentar por muito tempo. O mais importante, segundo o autor, é que a rebelião lançou raízes profundas, e que "não havia erro maior do que supor que a queda de Délhi, ainda que ela pudesse trazer consternação às fileiras dos cipaios, fosse suficiente para suprimir a rebelião, impedir seu progresso ou reestabelecer o domínio britânico"[162]. O ódio à dominação britânica havia se aprofundado tanto que os britânicos agora "comandam apenas os pedaços de território controlados pelas suas próprias tropas"[163]. Em um artigo subsequente publicado em 14 de agosto, Marx relata que os rebeldes estavam mantendo o controle sobre Délhi por mais tempo do

---

Karl Marx on India, cit.). Um comentarista no *Hindu*, um jornal de grande circulação, considerou os artigos de Marx para o *Tribune* "surpreendentemente relevantes para os tempos atuais como uma crítica do neoliberalismo de hoje" (Venkatesh Athreya, "Marx on India under the British", *Hindu*, 13 de dezembro de 2006).

[159] MECW, v. 15, p. 297.
[160] Ibidem, p. 297-8.
[161] MECW, v. 40, p. 142.
[162] MECW, v. 15, p. 306.
[163] Ibidem, p. 307.

que o esperado; tal fato, mais a extensão da revolta por toda a Índia, escreve ele, não se deviam a fatores militares, pois o que a Inglaterra "considera um motim militar é na verdade uma revolta nacional"[164].

O artigo de Marx "A revolta indiana" ["The Indian Revolt"], publicado em 16 de setembro, discute as atrocidades cometidas pelos rebeldes, que, escreve ele, eram "meros reflexos, em uma forma concentrada, da própria conduta da Inglaterra na Índia". Esses atos de crueldade são "chocantes, hediondos", acrescenta ele, mas são comuns em "guerras de insurreição, de nacionalidades, de raças, e acima de tudo de religião"[165]. A imprensa britânica forneceu poucos detalhes sobre as atrocidades de suas próprias forças militares, mas elas escorriam, ainda assim, de frases grosseiramente racistas como as seguintes, que Marx cita de uma reportagem do *London Times*: "nós traremos cortes marciais a galope e cada preto que encontrarmos nós ou enforcaremos ou atiraremos nele"[166]. Marx contextualiza as atrocidades dos cipaios contra os civis ingleses ao apontar exemplos similares na história europeia e nas ações europeias na Ásia:

> Cortar narizes, seios etc., em suma, as horrendas mutilações cometidas pelos cipaios são, é claro, mais revoltantes para os sentimentos europeus do que o Secretário da Sociedade da Paz de Manchester[167] arremessar bombas incandescentes nos lares de Cantão, ou um marechal francês[168] torrar árabes amontoados em

---

[164] Ibidem, p. 316.
[165] Ibidem, p. 353.
[166] Ibidem, p. 355.
[167] Referência ao benthamiano John Bowring, diplomata britânico que exerceu importante papel na decisão de bombardear Cantão em 1856, no começo da Segunda Guerra do Ópio.
[168] Referência ao sufocamento de milhares de combatentes árabes da resistência na Argélia, executado em 1845 pelo general Aimable Pélissier – ação que rendeu a ele uma promoção. Essa passagem sugere uma visão sobre a conquista francesa da Argélia diferente da expressa por Engels em 1848. Em 1857, ele também havia alterado consideravelmente sua posição, como pode ser visto em seu artigo "*Algeria*", para a *New American Cyclopaedia* [Nova Enciclopédia Americana]. Marx havia sido convidado pelo editor do *Tribune*, Charles Dana, a contribuir para sua enciclopédia, em parte para compensar o prejuízo financeiro causado pelos cortes do *Tribune* em sua cobertura internacional graças à depressão econômica de 1857. Como acontecia com os artigos para o *Tribune*, muitos dos verbetes dessa enciclopédia foram escritos por Engels (especialmente os relativos a assuntos militares), mas assinados com o nome de Marx. Apesar de o artigo da enciclopédia sobre a Argélia, escrito por Engels no outono de 1857, conter algumas afirmações extremamente etnocêntricas, seu enfoque geral é anticolonial. Ele escreve que "as tribos árabes e cabilas, para quem a independência é preciosa e o ódio à dominação estrangeira é um princípio tão caro quanto a própria vida, foram esmagadas e despedaçadas pelas invasões nas quais moradias e propriedades eram queimadas e destruídas, plantações

uma caverna, ou soldados britânicos serem esfolados vivos com um chicote de forma sumária[169], ou qualquer aparelho filantrópico usado nas colônias penais britânicas. A crueldade, como qualquer outra coisa, tem sua moda, mudando de acordo com o tempo e o lugar. César, o estudioso bem-sucedido, candidamente narra como ele ordenou que alguns milhares de guerreiros gauleses tivessem a mão direita decepada. Napoleão teria vergonha de fazer isso. Ele preferiria despachar seus próprios regimentos franceses, suspeitos de republicanismo, para morrer na mão da praga e dos negros[170] em Santo Domingo. As mutilações infames comandadas pelos cipaios lembram uma das práticas do Império bizantino cristão, ou as prescrições das leis penais de Carlos V[171], ou as punições inglesas por alta traição, ainda emitidas pelo juiz Blackstone[172]. Para os hindus, cuja religião apresenta virtuosismo na arte do autossacrifício, essas torturas infligidas aos inimigos de sua raça e credo parecem um tanto naturais, e devem parecer ainda mais naturais para os ingleses, que até pouco tempo atrás ainda coletavam impostos dos festivais de Jagrená[173], protegendo e auxiliando os ritos sangrentos de uma religião de crueldade.[174]

Outro artigo, publicado no dia seguinte, detalha formas comuns de tortura usadas ou aceitas por muito tempo pelos britânicos na Índia, e então pergunta "se um povo não tem justificativa para tentar expulsar o conquistador estrangeiro que tanto abusou de seus súditos"[175].

---

eram postas abaixo, e os pobres miseráveis que sobreviviam eram massacrados ou submetidos a todos os tipos de atrocidade envolvendo luxúria e brutalidade" (MECW, v. 18, p. 67). Engels também expressa admiração pelo líder da resistência Abd-el-Kaber, referindo-se a ele como o "incansável e intrépido chefe tribal" (ibidem, p. 68).

[169] De forma característica, Marx quer aproximar (em vez de distinguir) as experiências dos grupos oprimidos ao longo das divisões internacionais. Ver também "A punição nas fileiras" ["The Punishment in the Ranks"], um artigo para o *Tribune* de 1855 escrito por Marx e Engels atacando a prática comum de flagelar severamente homens alistados no Exército britânico, em uma época na qual a maioria dos outros Exércitos ocidentais tinham abandonado a prática (MECW, v. 14, p. 501-3).

[170] Referência à Revolução Haitiana.

[171] Referência ao duro código penal do século XVI imposto pelo sacro imperador romano Carlos V, com o objetivo de suprimir a Reforma.

[172] Referência ao livro *Commentaries on the laws of England* [Comentários sobre as leis da Inglaterra], de Blackstone.

[173] Uma referência ao festival hindu em homenagem a Jagrená, uma encarnação de Vishnu, no qual uma estátua sua era carregada em uma carruagem. Por vezes, adoradores fervorosos cometiam suicídio ao se jogar sob as rodas do carro gigante.

[174] MECW, v. 15, p. 356.

[175] Ibidem, p. 341.

Em "A revolta indiana", de 16 de setembro de 1857, Marx apresenta uma posição dialética importante a respeito da natureza da resistência indiana. Ele nota que ela surgiu de uma parte da sociedade que os próprios britânicos criaram, de uma contradição profunda interna ao próprio aparato colonial:

> Há algo de retribuição na história humana; e é uma regra da retribuição histórica que seus instrumentos sejam forjados não pelos ofendidos, mas pelo próprio ofensor. O primeiro golpe contra o monarca francês veio da nobreza, e não dos camponeses. A revolta indiana não começa com os *ryots*, torturados, desonrados e despidos pelos britânicos, mas com os cipaios, vestidos, alimentados, cuidados, engordados e mimados por eles.[176]

Em alguns aspectos, isso ecoa a linguagem do *Manifesto Comunista*:

> As armas que a burguesia utilizou para abater o feudalismo voltam-se hoje contra a própria burguesia. A burguesia, porém, não se limitou a forjar as armas que lhe trarão a morte; produziu também os homens que empunharão essas armas – os operários modernos, os *proletários*. Com o desenvolvimento da burguesia, isto é, do capital, desenvolve-se também o proletariado, a classe dos operários modernos.[177]

No Levante dos Cipaios, Marx estava descobrindo na Índia colonial algo similar à emergência da classe trabalhadora no capitalismo. O próprio progresso do colonialismo produzia, assim, seus coveiros. Tal giro dialético havia se perdido a respeito da Ásia no *Manifesto* e em boa parte dos escritos de 1853 sobre a Índia.

Depois que Délhi finalmente cedeu, em setembro de 1857, Marx escreve em um artigo de 14 de novembro que a vitória da Inglaterra foi auxiliada pelas "discórdias internas" entre hindus e muçulmanos e entre soldados rebeldes e as classes altas de Délhi[178]. Em uma análise militar da retomada de Délhi, Engels ridiculariza as atribuições de heroísmo argumentando que "nenhum povo, nem mesmo os franceses, consegue se equiparar aos ingleses em termos de autoglorificação, especialmente quando a bravura é o ponto em questão"[179].

Em uma carta a Engels de 16 de janeiro de 1858, Marx faz uma declaração reveladora a respeito do Levante dos Cipaios: "A Índia agora é nosso maior

---

[176] Ibidem, p. 353.
[177] MECW, v. 6, p. 490 [ed. bras.: Karl Marx e Friedrich Engels, *Manifesto Comunista*, cit., p. 45-6].
[178] MECW, v. 15, p. 375.
[179] Ibidem, p. 392.

aliado"[180]. Essa carta memorável, da época em que eram escritos os *Grundrisse*, publicada na íntegra pela primeira vez em 1983 em MECW, é a mesma na qual Marx faz uma afirmação mais conhecida sobre a relação entre sua teoria econômica e a dialética hegeliana:

> Eu demoli completamente a teoria do lucro como até agora é proposta. O que me foi muito útil no que concerne ao método de tratamento foi a *Lógica* de Hegel, na qual eu dei uma nova olhada por puro acidente, já que Freilgrath[181] encontrou e me deu de presente diversos volumes de Hegel que eram propriedade de Bakunin originalmente. Se, porventura, chegar a época em que tal trabalho seja novamente possível, eu gostaria muito de escrever duas ou três folhas tornando acessível ao leitor comum o aspecto racional do método que Hegel não apenas descobriu como também mistificou.[182]

Essa carta também lida com a virada à direita do líder cartista Ernest Jones. Nesse sentido, para Marx, a revolta na Índia não estava tão distante das lutas dos trabalhadores europeus ou de seu trabalho nos *Grundrisse*, ou, nesse caso, da dialética hegeliana. Portanto, durante a conservadora década de 1850, ele considerou os lutadores cipaios os "maiores aliados" do movimento revolucionário no Ocidente, um momento no qual este, como o caso de Jones ilustra, não estava indo para a frente[183].

---

[180] MECW, v. 40, p. 249.
[181] Ferdinand Freiligrath, amigo próximo de Marx e poeta bastante ativo na Liga Comunista.
[182] MECW, v. 40, p. 249.
[183] Infelizmente, as partes dessa famosa carta sobre Hegel, teoria econômica e Jones foram publicadas pela primeira vez em inglês em um volume geral de correspondências entre Marx e Engels (*Selected Correspondence* [1934], 2. ed., Moscou, Progress, 1965), mas sem a frase sobre a Índia. Esta foi publicada separadamente em Karl Marx e Friedrich Engels, *The First Indian War of Independence 1857-1859*, cit. Esse "picotamento" de Marx em diferentes assuntos oculta a multidimensionalidade de sua visão de mundo.

2
Rússia e Polônia: a relação entre emancipação nacional e revolução

Dentre as várias sociedades não ocidentais abordadas por Marx em seus escritos, nenhuma recebeu mais atenção do que a Rússia – nem mesmo a Índia. Durante grande parte do século XX, a Rússia esteve identificada com a revolução e o marxismo, e também com o regime totalitário surgido sob Stálin. No século XIX, contudo, a Rússia passou a ser vista por praticamente todos os progressistas, fossem socialistas, anarquistas ou liberais, como a potência mais conservadora da Europa. Enquanto a Inglaterra tinha desenvolvido uma monarquia constitucional com um parlamento forte e enquanto as outras grandes potências – a França, sobretudo, mas também a Prússia e a Áustria – haviam passado por revoluções democráticas em 1848-1849, a Rússia parecia imune à revolução – ou pelo menos era essa a visão que Marx e outros tinham do país em 1848. Para eles, até mesmo o programa de modernização iniciado sob o tsar Pedro, o Grande, no início do século XVIII serviria apenas para fortalecer o que já era um regime extremamente autoritário, que desde então se tornou um importante ator na política europeia. Em 1795, durante a primeira Revolução Francesa, a Rússia tinha cooperado com a Áustria e a Prússia em uma partilha final da Polônia, minando as chances de um movimento democrático ali. Duas décadas depois, as tropas russas foram decisivas para derrotar Napoleão e preparar o caminho para a Santa Aliança do príncipe austríaco Metternich. Esse pacto uniu a Áustria, a Prússia e a Rússia por mais de três décadas, de 1815 a 1848, com o propósito de evitar novos levantes revolucionários. Então, em 1848, o tsar Nicolau I enviou 200 mil soldados à Europa central para ajudar o imperador austro-húngaro Franz Josef, ameaçado pela revolução em Viena e na Hungria, a retomar seu trono.

Para Marx, a Grã-Bretanha era o país onde a Revolução Industrial tinha ido mais longe na eliminação das reminiscências feudais; a França era onde as revoltas democráticas e, depois de 1848, as revoltas da classe trabalhadora, tinham sido mais profundas; a Alemanha era o país onde a forma moderna da filosofia revolucionária havia nascido a partir de uma apropriação crítica do idealismo hegeliano. A Rússia, por sua vez, era o lugar onde uma autocracia inconteste permanecia no poder e parecia ganhar tração como uma força contrarrevolucionária em toda a Europa. Em maio de 1849, referindo-se ao confronto ocorrido em Viena e na Hungria, onde a revolução democrática enfrentava a intervenção militar do tsar Nicolau I, bem como o exército do próprio Império Austro-Húngaro, Marx escreve: "e no Oriente, um exército revolucionário composto de combatentes de todas as nacionalidades já enfrenta a aliança da velha Europa representada pelo Exército russo, enquanto de Paris vem a ameaça de uma 'república vermelha'"[1].

Marx publicou essa declaração em 19 de maio de 1849, na última edição da *Neue Rheinische Zeitung* [*Nova Gazeta Renana*] feita por ele e por Engels, pouco antes de sua supressão pelo governo prussiano. Ele e Engels consideravam a Rússia a potência contrarrevolucionária por excelência. No início da década de 1850, Engels escreveu sobre a fraqueza da reação da Europa ocidental, afirmando que "dois terços dos prussianos e dos austríacos estão infectados com a doença democrática". Esse não era o caso, contudo, dos 350 mil soldados russos estacionados bem na fronteira entre a Polônia e a Alemanha, "prontos para marchar a qualquer momento", declarou ele ameaçadoramente[2]. Ainda que um movimento revolucionário do campo tivesse aparecido na Rússia na década de 1860, a filha de Marx, Eleanor Marx, e Edward Aveling resumiram bem a atitude dos revolucionários europeus em 1897 em relação ao regime tsarista, afirmando na introdução de uma coletânea de escritos de Marx da década de 1850 sobre a Rússia e a Turquia que "hoje o governo russo, que já não é mais completamente sinônimo de Rússia, é, como era nos 'anos cinquenta', o maior inimigo de todos os avanços, o maior reduto da reação"[3]. A polícia secreta russa, expandida e rebatizada de Okhrana em 1881, já era uma organização bastante temida na década de 1850: ela não apenas amordaçou a oposição doméstica mas também monitorou democratas e revolucionários no

---

[1] MECW, v. 9, p. 454.
[2] MECW, v. 10, p. 15.
[3] Karl Marx, *The Eastern Question*, cit., p. viii-ix.

exterior, tanto russos como não russos. Marx e sua geração a viam como uma força onipresente e malévola, de maneira similar à forma como a CIA era vista pela esquerda no século XX⁴.

A Rússia como uma ameaça contrarrevolucionária

Na década de 1850, Marx se concentrou na Rússia como uma potência pronta para intervir novamente caso o movimento revolucionário europeu se reafirmasse e na ausência de um movimento revolucionário russo. Nessa fase, Marx argumentou que a forma comunal da aldeia sustentava um sistema social e político despótico, como em outras formas de despotismo oriental. Em "Eleições; Nuvens financeiras; A duquesa de Sutherland e a escravidão" ["Elections. – Financial Clouds. – The Duchess of Sutherland and Slavery"], um artigo do *Tribune* publicado em 8 de fevereiro de 1853 que tratava do antigo sistema de clãs escocês e de seu enfraquecimento pela agricultura capitalista, ele via esse sistema pré-moderno como bastante similar à aldeia comunal russa:

> O "grande homem", o chefe do clã, é por um lado tão arbitrário, e por outro tão confinado em seu poder, pela consanguinidade etc., quanto qualquer pai de uma família. O distrito onde uma família ou clã tinha se estabelecido pertencia a ela, exatamente como, na Rússia, a terra ocupada por uma comunidade de camponeses pertence não aos camponeses individuais, mas à comunidade. Assim, o distrito era propriedade comum da família. Não poderia haver mais dúvida, sob esse sistema, a respeito da propriedade privada, no sentido moderno da palavra, do que poderia haver ao se comparar a existência social dos membros do clã com a dos indivíduos vivendo em meio à nossa sociedade moderna. [...] Vê-se, assim, que o *clã* não é mais que uma família organizada de maneira militar, tão pouco definida por leis, tão intimamente cercada por tradições, quanto qualquer família. Mas a terra é propriedade da família, na qual predominam diferenças hierárquicas, apesar da consanguinidade, bem como em todas as antigas comunidades familiares asiáticas.⁵

---

4   Essa atitude persistiria no início do século XX, como pode ser visto em *O agente secreto* (1907), de Joseph Conrad, uma conhecida obra literária. Conrad, que era descendente de revolucionários poloneses, retrata o diplomata russo Vladimir como o manipulador de uma trama terrorista espetacular de anarquistas, por meio da qual a Rússia pretende chocar o Ocidente em uma ofensiva contra o movimento revolucionário.

5   MECW, v. 11, p. 488.

Esse parece ser o primeiro tratamento dado por Marx às nítidas diferenças entre a estrutura social das aldeias na Rússia "despótica" e as da maior parte da Europa ocidental moderna. Como será discutido no capítulo 6, Marx mudou sua posição na década de 1870, quando começou a ver a aldeia comunal russa como um possível centro da revolução. Mas, em seus escritos sobre a Rússia do início da década de 1850, como em seus textos de 1853 sobre a Índia, o foco estava no que ele percebia ser o caráter quase unidimensional dessas formas comunais.

Engels, que nutria particular hostilidade em relação aos eslavos meridionais, rejeitava explicitamente a noção da comuna russa como uma base para a revolução, opinião defendida por muitos democratas russos exilados, como o futuro anarquista Mikhail Bakunin. Tal posição pode ser vista em uma carta a Marx de 18 de março de 1852:

> Na verdade, Bakunin só se tornou relevante porque ninguém sabia russo. E muito ainda se ouvirá sobre a velha manobra pan-eslavista de transformar magicamente o velho sistema eslavo de propriedade comunal em comunismo e de retratar os camponeses russos como comunistas de nascença.[6]

Para Marx e Engels, Bakunin e outros, como Alexander Herzen, estavam sob influência de um nacionalismo russo confuso, enquanto outros exilados russos eram, na verdade, agentes tsaristas[7].

Após o início da Guerra da Crimeia, em julho de 1853, Marx tomou abertamente partido do Império Otomano e de seus aliados, Inglaterra e França, contra a Rússia. Como mencionado acima, Marx considerava Engels mais conhecedor da Questão Oriental. A convite de Marx, Engels escreveu um artigo para o *Tribune*, publicado em 12 de abril de 1853, na véspera da guerra, que concluía com a seguinte visão da Rússia:

---

[6] MECW, v. 39, p. 67.
[7] Henry Eaton, "Marx and the Russians", *Journal of the History of Ideas*, v. 41, n. 1, 1980. Ver adiante mais sobre Engels e o pan-eslavismo. Apesar de haver divergências entre Marx e Bakunin, especialmente a partir da década de 1840, isso não impediu Marx de defender publicamente Bakunin em cartas aos jornais ingleses em 1853, em resposta às acusações de que ele seria um agente russo (MECW, v. 12, p. 284-6 e 290-1). Essas acusações foram levantadas por seguidores de David Urquhart, um virulento aristocrata e ex-diplomata britânico anti-Rússia. O grupo de Urquhart, que controlava vários pequenos jornais e outras publicações, publicou vários escritos de Marx sobre a Rússia nos anos 1850.

A Rússia é decididamente uma nação conquistadora, e o foi por um século, até que o grande movimento de 1789 forjou um antagonista de natureza formidável. Estamos falando da Revolução Europeia, a força explosiva das ideias democráticas e a sede inata do homem por liberdade. Desde aquela época houve de fato apenas dois poderes no continente europeu – a Rússia e o Absolutismo, a Revolução e a Democracia. No momento a Revolução parece estar suprimida, mas ela vive e é tão temida quanto antes. Testemunho disso é o terror da reação em face das notícias do recente levante em Milão[8]. Mas deixe a Rússia se apossar da Turquia, sua força ser aumentada em quase a metade, e ela se tornará superior a todo o resto da Europa junto. Tal evento seria uma calamidade indescritível para a causa revolucionária. [...] Neste caso, os interesses da Democracia revolucionária e da Inglaterra andam de mãos dadas. Nenhuma das duas pode permitir que o tsar transforme Constantinopla numa de suas capitais.[9]

Durante a Guerra da Crimeia, Marx e Engels publicaram dezenas de artigos como esse, frequentemente repreendendo a Inglaterra e a França pelo que eles consideravam ser um esforço militar hesitante contra a Rússia.

Escrevendo anos depois, após a morte de Marx, Engels chamou a Guerra da Crimeia de uma "guerra farsesca"[10]. O principal alvo desses ataques contra a hesitação inglesa era o lorde Henry Palmerston, um político que Marx julgava ser totalmente reacionário, seja por seu apoio à Rússia, seja por suas invasões à China, seja pela oposição aos trabalhadores, seja, mais tarde, por sua inclinação em favor do Sul durante a Guerra Civil nos Estados Unidos. Em um único artigo, publicado no *Tribune* em 12 de agosto de 1853, Marx atacou, de um lado, um jornal pró-Palmerston, o *Morning Post*, que publicou um editorial pedindo o "açoite" de trabalhadores ingleses em greve, e, de outro, as ambições "demoníacas" da Rússia[11]. Embora o Império Otomano dificilmente pudesse ser considerado democrático, para Marx ele não representava um perigo real ao movimento revolucionário; na verdade, o fraco regime otomano "mantém Constantinopla pronta para a Revolução", o autor conclui[12]. Em outro artigo, publicado no

---

[8] Uma referência ao levante de fevereiro de 1853 em Milão, então ainda sob o domínio austríaco, por seguidores do democrata italiano Giuseppe Mazzini. A rebelião, sobre a qual Marx também escreveu para o *Tribune*, atraiu forte apoio de trabalhadores italianos e refugiados húngaros, mas foi esmagada pelo exército austríaco.
[9] MECW, v. 12, p. 17.
[10] MECW, v. 26, p. 461.
[11] MECW, v. 12, p. 225 e 231.
[12] Ibidem, p. 231.

Tribune em 2 de setembro de 1853, Marx ataca fortemente o racismo contra turcos e muçulmanos, que, em sua opinião, estava levando à complacência em relação às movimentações agressivas da Rússia: "nos últimos vinte anos, houve uma crescente convicção de que os turcos eram intrusos na Europa; de que eles não estavam domiciliados lá; de que seu lar era a Ásia; de que o maometismo não poderia existir em Estados civilizados"[13].

No outono de 1853, Marx publicou no *Chartist People's Paper*, e depois em forma de panfleto, uma série de artigos intitulada "Lorde Palmerston"[14], um texto que soma aproximadamente sessenta páginas na edição inglesa das obras reunidas de Marx e Engels[15]. Em 2 de novembro do mesmo ano, ele escreve a Engels dizendo ter chegado à conclusão de que, "por várias décadas, Palmerston tem sido pago pela Rússia"[16]. Em "Lorde Palmerston", Marx relata muitas atividades do político como agente duplo, entre as quais o fato de que ele denunciava publicamente as atrocidades russas na Polônia durante a repressão da revolta de 1830, ao mesmo tempo que impedia a chegada de ajuda concreta aos poloneses; Palmerston teria agido de forma semelhante durante a Revolta Polonesa de 1846. Em vez de ser um agente pago dos russos, Palmerston na verdade era um aristocrata conservador britânico que, embora ocasionalmente recebesse presentes e favores da Rússia, estava mais motivado pela visão de que a Inglaterra e a Rússia tinham interesses comuns como as duas potências conservadoras mais importantes da Europa[17].

Ao analisar as manobras das cinco grandes potências – Inglaterra, França, Rússia, Áustria e Prússia –, Engels escreve num artigo do *Tribune* de 2 de fevereiro de 1854 sobre uma "sexta potência", a revolução democrática[18]:

---

[13] Ibidem, p. 274. Aqui Marx resume de forma positiva um discurso parlamentar de Richard Cobden, um liberal da Escola de Manchester.
[14] O texto, originalmente escrito para o *Tribune*, foi publicado nessa oportunidade apenas de forma abreviada.
[15] MECW, v. 12, p. 345-406.
[16] MECW, v. 39, p. 395.
[17] David Riazanov, o notável editor russo de Marx da década de 1920 (posteriormente executado por Stálin), escreveu que era, por parte de Marx, "um erro [...] fazer de Palmerston um amigo de princípios da Rússia [...]. Seu maior 'princípio' eram os interesses da oligarquia inglesa", Riazanov em Karl Marx e Friedrich Engels, *Gesammelte Schriften 1852 bis 1862*, v. 1 (Stuttgart, Dietz, 1920), p. 499.
[18] August H. Nimtz, *Marx and Engels: Their Contribution to the Democratic Breakthrough* (Albany, State University of New York Press, 2000), e Terrell Carver, "Engels and Democracy",

Mas não podemos esquecer que há uma sexta potência na Europa, que em determinados momentos afirma sua supremacia sobre o conjunto das chamadas cinco "Grandes" Potências e as faz tremer, a cada uma delas. Essa potência é a Revolução. Por muito tempo silenciosa e aposentada, ela agora é novamente acionada pela crise comercial e pela escassez de alimentos. De Manchester a Roma, de Paris a Varsóvia e Peste[19], é onipresente, levantando a cabeça e despertando de seu sono. Múltiplos são os sintomas de seu retorno à vida, em toda parte visíveis na agitação e na inquietação que tomaram a classe proletária. Basta um sinal e a sexta e mais grandiosa potência europeia se apresentará, com armadura brilhante e espada na mão, como Minerva saindo da cabeça do Olimpiano. O sinal virá da iminente guerra europeia, e então todos os cálculos quanto ao equilíbrio de poder serão perturbados pela adição de um novo elemento, que, sempre flutuante e novo, desconcertará os planos das antigas Potências Europeias e seus Generais, assim como fez de 1792 a 1800.[20]

A guerra, portanto, poderia gerar a revolução[21].

Quando a Guerra da Crimeia terminou, as *Revelações da história diplomática secreta do século XVIII* [*Revelations of the Secret Diplomatic History of the Eighteenth Century*] (1856-1857), uma série de artigos de Marx sobre a Rússia, foram publicadas na *Free Press* de David Urquhart, um semanário conservador que costumava atacar Palmerston e a Rússia. Essa foi provavelmente a obra mais anti-Rússia de Marx, o que também a tornou muito controversa para o marxismo do século XX. Mesmo tendo sido republicada em 1899 por Eleanor Marx e traduzida para o francês, a *História diplomática secreta* foi deixada de fora das edições russa e da Alemanha Oriental das obras escolhidas de Marx[22] e só foi publicada com atraso como parte do volume 15 da edição

---

em Christopher J. Arthur (org.), *Engels Today: A Centenary Appreciation* (Londres, Macmillan, 1996), destacaram o envolvimento de Marx e Engels nos movimentos democráticos.
[19] Junto com Buda, Peste é uma das cidades gêmeas que formaram Budapeste.
[20] MECW, v. 12, p. 557-8.
[21] Hal Draper argumenta de forma pouco convincente, com base em passagens como essas, que Marx e Engels nunca apoiaram, nem mesmo criticamente, a guerra britânica e francesa contra a Rússia, mas estavam interessados apenas em como a guerra poderia desencadear uma revolução europeia geral (Hal Draper, *War and Revolution. Lenin and the Myth of Revolutionary Defeatism*, Atlantic Highlands, Humanities Press, 1996). Isso ofusca a profundidade da visão deles sobre a Rússia como arqui-inimigo de todas as formas de democracia e revolução, e sua disposição de apoiar, ainda que criticamente, seus inimigos.
[22] Idem, *The Marx-Engels Cyclopedia*, v. 2: *The Marx-Engels Register* (Nova York, Schocken, 1985).

inglesa das obras reunidas de Marx e Engels[23]. Em seu prefácio ao volume 15, os editores, em uma atitude muito incomum, dedicam nada menos que cinco páginas a criticar a "análise e julgamento unilaterais" de Marx sobre a história da Rússia[24]. Nos primórdios da Guerra Fria, os estudiosos estadunidenses Paul Blackstock e Bert Hoselitz publicaram muitos dos escritos anti-Rússia de Marx e Engels sob o provocativo título *The Russian Menace to Europe* [A ameaça russa à Europa], citando em sua introdução a *História diplomática secreta*. Nessa introdução, eles sugerem anistoricamente que "os métodos da política externa da Rússia soviética permaneceram semelhantes àqueles" dos tsares e que os ataques de Marx à "barbárie e à tirania" russa o deixam mais próximo do liberalismo do que do comunismo russo[25].

Grande parte da *História diplomática secreta* trata do período do tsar Pedro, o Grande (1682-1725), durante o qual, afirmou Marx, a Inglaterra traíra secretamente seus aliados suecos de longa data para facilitar a abertura ao Báltico para o tsar. Marx acrescenta que os benefícios econômicos colhidos pela Inglaterra desses novos laços com a Rússia foram grosseiramente exagerados pelas autoridades britânicas desde então. Isso porque a aristocracia inglesa, cada vez mais sitiada após a

---

[23] Os volumes 16-21 de MECW, que cobrem o período de 1858 a 1870, foram todos publicados entre 1980 e 1985, enquanto o volume 15, que abrange os anos de 1856 a 1858, não saiu até 1986. Curiosamente, uma edição anterior da *História diplomática secreta* havia aparecido na Inglaterra e nos Estados Unidos sob os auspícios do Partido Comunista: Karl Marx, *Secret Diplomatic History of the Eighteenth Century and The Story of the Life of Lord Palmerston* (Nova York, International Publishers, 1969).

[24] MECW, v. 15, p. xxi.

[25] Paul W. Blackstock e Bert F. Hoselitz em Karl Marx, *The Russian Menace to Europe* (org. Paul W. Blackstock e Bert F. Hoselitz Glencoe, The Free Press, 1952), p. 11 e 13. Não apenas sua introdução é prejudicada por expressões como "barbárie" russa mas eles também editam fortemente um texto-chave, os quatro rascunhos de Marx de uma carta a Vera Zasulitch de 1881, que sintetizam em um único texto em vez de deixar que Marx fale por si mesmo. Apesar dessas falhas, no entanto, a edição de Blackstock e Hoselitz disponibilizou muitos textos de Marx e Engels no mundo de língua inglesa, textos que haviam sido omitidos das edições mais amplamente divulgadas do Partido Comunista. Ver também Joseph Baylen, que descreve, em termos da Guerra Fria, os artigos de Marx sobre a Rússia no *Tribune* "como uma lição para o Ocidente sobre como lidar com a ameaça do Oriente que tem muita validade hoje", Joseph O. Baylen, "Marx's Dispatches to Americans about Russia and the West, 1853-1856", *South Atlantic Quarterly*, v. 56, n. 1, 1957, p. 23. Por sua vez, Maximilien Rubel e Margaret Manale veem a *História diplomática secreta* de maneira surpreendentemente acrítica, como um "estudo bem documentado" no qual Marx "expôs os planos expansionistas do tsar russo", bem como a cumplicidade dos líderes britânicos com a Rússia (*Marx without Myth: A Chronological Study of His Life and Work*, Nova York, Harper & Row, 1975, p. 129).

revolução de 1688, procurava "alianças" no exterior e, por fim, as encontrou tanto nos tsares quanto entre os imperialistas da Companhia das Índias Orientais[26].

No que diz respeito ao desenvolvimento interno da Rússia, Marx vê a conquista mongol como o principal evento que separa a Rússia do resto da Europa:

> O atoleiro de sangue da escravidão mongol [...] forma o berço da Moscóvia, e a Rússia moderna é apenas uma metamorfose da Moscóvia. O jugo tártaro durou de 1237 a 1462 – mais de dois séculos; um jugo que não apenas esmagou mas também desonrou e fez definhar a própria alma das pessoas que caíram em suas presas.[27]

Embora, como visto acima, Marx se compadecesse com o sofrimento do povo russo, ele caracterizou os governos russos que o sucederam como produtos do domínio mongol. Como resultado, ele escreve, tanto os governantes quanto o povo russo mantiveram as atitudes da escravidão, nas figuras da astúcia do escravo e da devastadora arrogância do senhor:

> Foi na terrível e abjeta escola da escravidão mongol que a Moscóvia foi amamentada e cresceu. Ela ganhou força apenas ao se tornar um *virtuoso* no ofício da servidão. Mesmo após a emancipação, a Moscóvia continuou a desempenhar seu papel tradicional do escravo como senhor.[28]

Marx conclui que a modernização russa sob Pedro, o Grande, não produziu nada que se assemelhasse às realizações progressistas da Europa ocidental, como as repúblicas urbanas, a Reforma ou a Renascença. As cidades russas mais cultas e cosmopolitas, como Novgorod, quando tomadas pela Moscóvia durante o final do século XV e início do século XVI, sofreram grande retrocesso: "ainda é digno de nota que tanto a Moscóvia quanto a Rússia moderna sofram requintadas dores para executar repúblicas. Novgorod e suas colônias puxam a dança; a república dos cossacos segue; a Polônia a encerra". Os tsares "pareciam ter arrebatado a corrente com a qual os mongóis esmagavam a Moscóvia apenas para unir as repúblicas russas"[29].

---

[26] MECW, v. 15, p. 61.
[27] Ibidem, p. 77.
[28] Ibidem, p. 87. Poderíamos comparar aqui o retrato que Marx faz do ex-escravo "abjeto", que mantém muitas atitudes de escravo mesmo enquanto mestre, aos conceitos de moralidade do escravo e de ressentimento (*ressentiment*) de Friedrich Nietzsche, à noção de personalidade autoritária da Escola de Frankfurt ou aos escritos de Julia Kristeva sobre o "abjeto".
[29] MECW, v. 15, p. 84.

O longo reinado de Pedro, o Grande, era uma novidade, já que, em seus movimentos de larga escala em direção aos Países Bálticos e a outros territórios, ele alcançou o que Marx chama de uma "ousada síntese que, misturando o método invasor do escravo mongol com as tendências de conquista do mundo do senhor mongol, forma a fonte vital da moderna diplomacia russa"[30]. Ao situar sua nova capital no mar Báltico, no extremo noroeste do domínio russo (onde hoje fica São Petersburgo), Pedro não tinha em mente apenas manter contato com o Ocidente: Marx sustenta que São Petersburgo estaria no centro geográfico do território que a Rússia pretendia conquistar! Em meados do século XIX, a Rússia tinha tomado a Finlândia, a maior parte da Polônia e a Lituânia. As fortalezas na Polônia governada pela Rússia nos anos 1850, escreve ele, eram dirigidas contra a Alemanha e outros países do Ocidente. Eles "representam a mesma ameaça ao oeste que Petersburgo, em sua atitude imediata, representou ao norte cem anos atrás"[31]. Pedro tentou "civilizar a Rússia", comenta Marx, mas apenas superficialmente. Os alemães bálticos das terras recém-conquistadas forneceram ao tsar "uma safra de burocratas, professores escolares e sargentos, que deveriam revestir os russos com aquele verniz de civilização que os prepara para operar os aparatos técnicos dos povos ocidentais, sem lhes incutir suas ideias"[32].

Em certo ponto da *História diplomática secreta*, Marx recorre a uma explicação racial, escrevendo que era "característico da raça eslava" se manter longe do litoral, algo que Pedro, o Grande, alterou[33]. Esse uso problemático da raça como uma explicação para o comportamento humano é muito raro nos escritos de Marx sobre a Rússia e os eslavos meridionais, mas é muito mais comum, infelizmente, nos textos de Engels, como pode ser visto em seus agora infames artigos sobre o pan-eslavismo. Em abril de 1855, durante a Guerra da Crimeia, Engels publicou "A Alemanha e o pan-eslavismo" na *Neue Oder-Zeitung*. No artigo, ele expressa o temor de que, por meio do apoio ao pan-eslavismo, o tsar Nicolau I possa ganhar a simpatia dos eslavos do leste e do sul da Europa, muitos dos quais cristãos ortodoxos, e usar esses novos aliados para dominar toda a Europa. Engels, contudo, não para por aí, nem no fato de que, em 1848-1849, muitos eslavos apoiaram a Rússia ou a Áustria contra os revolucionários: ao contrário,

---

[30] Ibidem, p. 89.
[31] Ibidem, p. 90.
[32] Ibidem, p. 91.
[33] Ibidem, p. 88.

ele classifica os eslavos meridionais no geral como contrarrevolucionários[34]. Engels continua a pintar todo o conflito na Europa desde 1848 como uma disputa entre o "pan-eslavismo" e as "raças romano-célticas e germânicas que até então dominavam a Europa"[35]. Esses artigos parecem ter contado com uma aprovação genérica de Marx[36], embora isso não assegure a concordância dele com tudo o que é dito pelo amigo.

Aqui, Engels deu continuidade a temas de uma série anterior que ele havia publicado na *Nova Gazeta Renana*. Em "A luta magiar", publicado em 13 de janeiro de 1849, Engels detalha como a Áustria tinha sido capaz de conquistar o apoio dos eslavos para lutar contra as forças na Hungria e vai ainda mais longe do que em 1855 em suas caracterizações pejorativas dos eslavos. Na Europa central e meridional, ele escreve, com exceção dos alemães, dos poloneses e dos magiares (húngaros), "todas as outras grandes e pequenas nacionalidades e povos estão destinados a perecer em breve na tempestade revolucionária mundial. Por essa razão eles são contrarrevolucionários"[37]. Engels conclui o artigo chegando a ponto de prever "o desaparecimento da face da terra não apenas das classes e dinastias reacionárias mas também de povos reacionários inteiros. E isso também é um passo adiante"[38]. Em seguida, em "O pan-eslavismo democrático" ["Democratic Pan-Slavism"], uma polêmica anti-Bakunin publicada em 15-16 de fevereiro de 1849, Engels escreve que "o ódio aos russos era e ainda é a *principal*

---

[34] Roman Rosdolsky, em *Engels and the "Nonhistoric" Peoples: The National Question in the Revolution of 1848* (Glasgow, Critique Books, 1986), oferece uma discussão detalhada desse estranho episódio.

[35] MECW, v. 14, p. 156.

[36] Ver a carta de Marx de 17 de abril de 1855 ao editor da *Neue Oder-Zeitung*, Moritz Elsner, submetendo os artigos de Engels sobre o pan-eslavismo à publicação (MECW, v. 39, p. 534-5), também sua carta a Engels de 18 de maio, queixando-se amargamente de que o *Tribune* não os tinha publicado por completo (ibidem, p. 536), e a correspondência a Engels de 25 de junho, relatando os esforços para encontrar um editor alemão para um panfleto de Engels sobre o pan-eslavismo (ibidem, p. 538-9). Em 1852, Marx permitiu que uma série de artigos de Engels, mais tarde compilados no livro *Revolução e contrarrevolução na Alemanha*, aparecesse no *Tribune* em seu próprio nome. Essa série também incluía um ataque etnocêntrico ao pan-eslavismo. Ao criticar Marx a esse respeito, Nimni deixa de perceber que *Revolução e contrarrevolução na Alemanha* era de autoria de Engels, e não de Marx (Ephraim Nimni, *Marxism and Nationalism: Theoretical Origins of a Political Crisis*, cit., p. 31 e 200). Para uma resposta à crítica de Nimni a Marx, ver Michael Löwy, *Fatherland or Mother Earth? Essays on the National Question* (Londres, Pluto Press, 1998).

[37] MECW, v. 8, p. 230.

[38] Ibidem, p. 238.

paixão revolucionária entre os alemães" e que "nós sabemos onde os inimigos da revolução estão concentrados, isto é, na Rússia e nas regiões eslavas da Áustria"[39]. Ele também afirma, nesse artigo, ter fornecido "provas de que os estados eslavos austríacos nunca tiveram uma história própria"[40] e que todo o desenvolvimento histórico real na região veio do influxo de alemães, húngaros ou italianos[41].

É verdade que Marx em nenhum momento se inclinou ao tipo de etnocentrismo que se encontra nesses escritos de Engels, mas também é verdade que ele tendia a retratar a Rússia e seu povo de maneira unidimensional e condescendente em seus textos de meados da década de 1850[42]. Sua visão da Rússia começou a mudar em 1858, quando o país passou a sentir os tremores da contestação revolucionária. Antes de continuar com essa história, entretanto, examinemos brevemente alguns dos escritos de Marx sobre os tchetchenos e sobre a "Questão judaica", muitos deles do mesmo período.

Sobre os tchetchenos e a "Questão judaica"

Em seus textos sobre a Guerra da Crimeia, Marx não percebia nenhum sentimento revolucionário na população étnica russa, mas observou com frequência a determinação e a persistência dos tchetchenos e de outros povos muçulmanos do Cáucaso, que, sob o comando do grande líder rebelde Shamil, desde a década de 1830 opunham forte resistência à conquista russa. A relevância atual dos escritos de Marx sobre os rebeldes tchetchenos é revelada por Marie Bennigsen Broxup, editora do periódico acadêmico *Central Asian Survey*:

> Karl Marx não está na moda. Isso é muito ruim, porque suas análises sobre a guerra no Cáucaso no século XIX continuam sendo uma fonte excelente, que pode fornecer referências históricas úteis para aqueles que, no Ocidente, ficam

---

[39] Ibidem, p. 378 (grifo do original).
[40] Ibidem, p. 371.
[41] Na década de 1870, Engels tinha mudado sua posição sobre os povos eslavos do sudeste da Europa. Em "Os trabalhadores da Europa em 1877" ["The Workingmen of Europe in 1877"], ele refere-se ao "despertar das nacionalidades eslavas menores na Europa oriental dos sonhos pan-eslavistas fomentados entre eles pelo atual governo russo" (MECW, v. 24, p. 229).
[42] Essa atitude era comum entre os intelectuais ocidentais do século XIX, que, segundo o historiador Ronald Suny, insistiam no que consideravam "a paciência, a submissão, a falta de individualidade e o fatalismo dos russos" (Ronald Suny, "Reading Russia and the Soviet Union in the Twentieth Century", *The Cambridge History of Russia*, Nova York, Cambridge University Press, 2006, p. 7).

ansiosos por endossar a alegação de Moscou de que "a Tchetchênia é parte integrante da Rússia".[43]

Com o início da Guerra da Crimeia, Marx escreve em um artigo do *Tribune* publicado em 8 de julho de 1853 que, enquanto dois navios turcos haviam sido capturados pelos russos, "por outro lado, as tribos caucasianas abriram uma campanha geral contra os russos na qual Shamil alcançou uma vitória muito brilhante, tomando nada menos que 23 canhões"[44]. Marx termina seu panfleto "Lorde Palmerston", escrito no outono de 1853, afirmando que, embora Palmerston (político secretamente pró-Rússia) tivesse novamente triunfado em uma votação apertada no Parlamento,

> esses dezesseis votos jamais apagarão a história ou silenciarão os povos das montanhas, cujas armas provam ao mundo que o Cáucaso não "pertence à Rússia", como afirmado pelo [ministro das Relações Exteriores russo] conde Nesselrode e ecoado por lorde Palmerston.[45]

Marx refere-se novamente ao fato de Shamil ter "trucidado os russos" na carta a Engels de 2 de novembro de 1853[46]. Em uma análise militar da guerra publicada no *Tribune* em 25 de novembro, Engels escreve que a aparente vitória dos tchetchenos ao tomarem "a passagem principal do Cáucaso, conectando Tíflis e Geórgia com a Rússia" abria oportunidades para os otomanos se ligarem a Shamil[47]. Em um artigo imediatamente posterior publicado em 7 de dezembro, no qual deixa de estabelecer qualquer distinção fundamental entre o governo russo e seu povo, Engels comenta, à luz dessas vitórias tchetchenas: "esperamos que [...] o governo e o povo russo possam ter aprendido com isso a conter sua ambição e arrogância, e a cuidar de seus próprios negócios daqui em diante"[48]. Em mais de uma dúzia de artigos escritos durante a Guerra da Crimeia, Marx e Engels discutem

---

[43] Marie Bennigsen Broxup, "Un peuple indomptable", *Le Monde*, janeiro de 1995. Embora Shamil tenha sido considerado um herói antitsarista nos primeiros anos da União Soviética, essa posição foi posteriormente confrontada por Paul B. Henze, "The Shamil Problem", em Walter Z. Laquer (org.), *The Middle East in Translation: Studies in Contemporary History*, Nova York, Praeger, 1958.
[44] MECW, v. 12, p. 146.
[45] Ibidem, p. 406.
[46] MECW, v. 39, p. 395.
[47] MECW, v. 12, p. 455.
[48] Ibidem, p. 476.

Shamil e seus combatentes, bem como o fracasso dos otomanos – e, mais tarde, dos ingleses e franceses – em auxiliá-los ou em juntar-se a eles de maneira séria.

Durante esse período, Marx também abordou em um artigo para o *Tribune* publicado em 15 de abril de 1854 as relações entre muçulmanos, cristãos e judeus na Jerusalém dominada pelos otomanos. A Rússia começava a se projetar internacionalmente como a protetora dos cristãos, principalmente dos ortodoxos orientais, dentro do Império Otomano, tanto nos Bálcãs quanto na Síria, no Líbano e na Palestina. Marx aponta para o status subordinado, ainda que protegido, das várias denominações cristãs em Jerusalém e para como os otomanos, tomando "julgamentos por vezes favoráveis aos latinos, gregos e armênios", os jogaram uns contra os outros, especialmente no que diz respeito aos direitos relativos aos locais de culto cristãos[49]. Os judeus, escreve ele, eram os mais oprimidos: "nada iguala a miséria e os sofrimentos dos judeus em Jerusalém, habitantes do bairro mais imundo da cidade [...] alvos constantes da opressão e intolerância muçulmana"[50]. Do lado cristão, os judeus estavam sendo "insultados pelos gregos" e "perseguidos pelos latinos". A opressão era causada não apenas pelos cristãos ortodoxos orientais e pelos muçulmanos mas também pelos europeus ocidentais: "para fazê-los mais miseráveis, a Inglaterra e a Prússia nomearam, em 1840, um bispo anglicano em Jerusalém, cujo objetivo declarado era convertê-los. Ele foi terrivelmente espancado em 1845 e escarnecido igualmente por judeus, cristãos e turcos"[51].

Infelizmente, nem todas as discussões de Marx sobre os judeus demonstram tanta simpatia. Um número considerável de caracterizações antissemitas surge em seus escritos. Por exemplo, na importante "primeira tese" sobre o idealismo e o materialismo nas Teses sobre Feuerbach (1845), Marx ataca Feuerbach não apenas em termos filosóficos, como um materialista vulgar, mas também por ter desenvolvido uma noção de práxis "fixada apenas em sua forma de manifestação judaica, suja [*schmutzige jüdischen*]"[52]. Esse texto não foi destinado à publicação, e, em outros lugares do material não publicado, como as cartas de Marx e Engels, podem ser encontradas referências ainda mais truculentas aos judeus. Entretanto, mesmo em partes da obra publicada de Marx é possível encontrar comentários extremamente problemáticos sobre os judeus[53]. Tais referências mancharam sua crí-

---

[49] MECW, v. 13, p. 105.
[50] Ibidem, p. 107-8.
[51] Ibidem, p. 108.
[52] MECW, v. 5, p. 6 [ed. bras.: Karl Marx e Friedrich Engels, *A ideologia alemã*, cit., p. 533].
[53] Padover criou um resumo conveniente das discussões problemáticas de Marx sobre o judaísmo e os judeus (KML, v. 5, p. 169-225). Ele se equivoca, no entanto, ao atribuir a Marx "O em-

tica penetrante à democracia liberal no ensaio de 1843 "Sobre a questão judaica"[54] e também podem ser encontradas em alguns de seus trabalhos posteriores, especialmente *Herr Vogt* (1860)[55]. Diversos estudiosos de Marx argumentaram, com alguma razão, que referências semelhantes abundam nos escritos de intelectuais seculares radicais do século XIX, incluindo outros de origem judaica, como o poeta Heinrich Heine[56]. Outros apontaram para as limitações da perspectiva secular e assimilacionista compartilhada por Marx e muitos outros escritores anteriores ao século XX, tanto judeus quanto não judeus, que, apesar de apoiarem os direitos políticos e civis dos judeus, continuaram a fazer comentários pejorativos sobre a vida e a cultura judaicas[57]. Nem mesmo os mais resolutos defensores de Marx nessa questão, contudo, sugerem que Marx tenha dado uma contribuição positiva significativa sobre a questão dos judeus e do antissemitismo[58].

As referências de Marx ao judaísmo e aos judeus eram certamente problemáticas. Elas mostravam o lado negativo de uma perspectiva secular universalista que, ao condenar toda a religião, às vezes falhava em distinguir entre o impacto de tais ataques sobre uma religião dominante e o impacto sobre uma minoria perseguida. Essas observações, por problemáticas que fossem, foram ocasionais e incomuns nas discussões gerais de Marx sobre nacionalismo e etnias (deixo de

---

préstimo russo" ["The Russian Loan"], um artigo particularmente nocivo sobre os banqueiros judeus publicado no *Tribune* em 4 de janeiro de 1856 (ibidem, p. 221-5). Em "Die Mitarbeit von Marx und Engels an der 'New York Tribune'", um ensaio esclarecedor que faz parte do aparato para a MEGA I/14, os editores do volume (Hans-Jürgen Bochinski e Martin Hundt, junto com Ute Emmrich e Manfred Neuhaus) escrevem que as atribuições anteriores de "O empréstimo russo" a Marx podem "definitivamente ser descartadas", isto com base em uma cuidadosa análise textual (p. 903).

[54] Karl Marx, *On the Jewish Question. Early Political Writings* [1843] (Nova York/Cambridge, Cambridge University Press, 1994) [ed. bras.: *Sobre a questão judaica*, trad. Nélio Schneider e Wanda Nogueira Caldeira Brant, São Paulo, Boitempo, 2010]; ver também MECW v. 3, p. 146-74.

[55] A respeito de *Sobre a questão judaica*, de Marx, e o vasto debate em torno dele, ver especialmente David Ingram, "Rights and Privileges: Marx and the Jewish Question", *Studies in Soviet Thought*, v. 35, 1988, e Allan Megill, *Karl Marx: The Burden of Reason (Why Marx Rejected Politics and the Market)* (Lanham, Rowman & Littlefield, 2002).

[56] Rubel em Karl Marx, *Œuvres*, cit., v. 3; ver também Hal Draper, *Karl Marx's Theory of Revolution*, v. 2: *The Politics of Social Classes* (Nova York, Monthly Review, 1978).

[57] Enzo Traverso, *The Marxists and the Jewish Question: History of a Debate, 1843-1943* (Atlantic Highlands, Humanities Press, 1994); Jack Jacobs, "Friedrich Engels and the Jewish Question Reconsidered", em *MEGA-Studien*, 1998.

[58] Enzo Traverso, *The Marxists and the Jewish Question: History of a Debate, 1843-1943*, cit., e outros argumentam persuasivamente que os teóricos posteriores da tradição marxista, como Leon Trótski e Walter Benjamin, o fizeram sob o impacto do nazismo.

lado a questão psicológica da possível ambivalência pessoal de Marx em relação às suas próprias origens judaicas).

O ponto de inflexão de 1858-1860: "na Rússia o movimento está progredindo melhor do que em qualquer outro lugar"

Marx começou a mudar sua atitude em relação à Rússia em 1858, numa época em que o novo tsar, Alexandre II, discutia a emancipação dos servos e quando a sociedade russa se recuperava dos tremendos prejuízos humanos e financeiros causados pela Guerra da Crimeia. Em uma carta a Engels de 29 de abril de 1858, Marx escreve: "o movimento pela emancipação dos servos na Rússia me parece importante, na medida em que indica o início de um desenvolvimento interno que poderia contrariar a política externa tradicional do país"[59]. Essa é a primeira referência substancial de Marx à possibilidade de haver grandes conflitos revolucionários ou de classe dentro da Rússia[60].

Dois meses depois, Marx tornou pública sua nova perspectiva sobre a Rússia. Em um artigo no *Tribune*, examinando o cenário europeu de 24 de junho de 1858, ele evoca a possibilidade de uma "guerra servil" – uma revolta dos servos – na Rússia:

> Há outra grande potência [além da Inglaterra] que, dez anos atrás, conteve a corrente revolucionária de forma poderosa. Falamos da Rússia. Desta vez, o combustível se acumulou sob seus próprios pés a tal ponto que uma forte explosão vinda do Ocidente pode subitamente pôr em chamas. Os sintomas de uma guerra servil são tão visíveis no interior da Rússia que os Governadores de Província se sentem incapazes de explicar a fermentação inusitada a não ser acusando a Áustria de propagá-la por meio de emissários secretos de doutrinas socialistas e revolucionárias espalhados por todo o território. Imagine só a Áustria sendo não apenas suspeita mas acusada publicamente de agir como emissário da revolução![61]

Em continuidade parcial com suas posições anteriores sobre a Rússia, no entanto, Marx sugere que o país não poderia gerar uma revolução apenas com base em seus recursos internos e que seria necessária a influência do movimento

---

[59] MECW, v. 40, p. 310.
[60] Qualificando imediatamente o que pode ter sido um choque para Engels, Marx acrescenta ironicamente que "Herzen, é claro, descobriu de novo que a 'liberdade' emigrou de Paris para Moscou" (idem).
[61] MECW, v. 15, p. 568.

revolucionário no Ocidente (não a monarquia austríaca) para empurrar a Rússia nessa direção. Assim, ele conclui o artigo escrevendo que "tudo [...] depende da França"[62]. Ainda assim, impressiona a novidade de que ele finalmente reconhece ao menos a possibilidade de revolução na Rússia.

Marx analisou os debates sobre a abolição da servidão na Rússia em um artigo no *Tribune* de 19 de outubro de 1858. Ele observou que a aristocracia fundiária não estava entusiasmada com as propostas abolicionistas de Alexandre II. Ele lembra que, na Prússia, a abolição da servidão veio apenas durante as Guerras Napoleônicas, escrevendo que "mesmo assim o acordo era tal que a questão teve que ser tratada novamente em 1848 e, embora de forma modificada, permanece ainda uma questão a ser enfrentada por uma revolução vindoura"[63]. Ele também relembra como, durante os reinados dos tsares Alexandre I (1801-1825) e Nicolau I (1825-1855), a questão da emancipação foi colocada "não por quaisquer motivos de humanidade, mas por simples razão de Estado". Marx observa, ainda, que, em 1848-1849, Nicolau I ficou tão assustado com a revolução europeia que "deu as costas aos seus próprios esquemas anteriores de emancipação e tornou-se um ansioso adepto do conservadorismo"[64].

No final da década de 1850, no entanto, o novo tsar, Alexandre II, enfrentou uma situação muito diferente:

> Com Alexandre II, dificilmente seria uma questão de escolha despertar ou não os elementos adormecidos. A guerra, legada a ele por seu pai, impunha imensos sacrifícios ao povo russo. [...] A guerra, além disso, levou à humilhação e à derrota, pelo menos aos olhos dos servos, que não podem ser considerados adeptos dos mistérios da diplomacia[65]. Iniciar seu novo reinado com uma aparente derrota e humilhação, ambas seguidas por uma violação aberta das promessas feitas em tempo de guerra aos rústicos, era uma operação muito perigosa mesmo para um tsar se aventurar.[66]

---

[62] Idem.
[63] Dois anos antes desses artigos com foco no campesinato russo, numa carta a Engels de 16 de abril de 1856, Marx mostrara renovado interesse pelo potencial revolucionário do campesinato alemão: "A coisa toda na Alemanha dependerá de ser possível apoiar a revolução proletária com uma segunda edição da guerra camponesa", uma alusão ao livro de Engels sobre as revoltas camponesas do século XVI (MECW, v. 40, p. 41).
[64] MECW, v. 16, p. 52.
[65] Uma alusão ao caráter "farsesco" da Guerra da Crimeia, como discutido acima.
[66] MECW, v. 16, p. 52-3.

Enquanto os nobres ousaram, mesmo em um país tão autocrático como a Rússia, não demonstrar entusiasmo,

> o campesinato, com noções exageradas até mesmo sobre o que o tsar pretendia fazer por eles, ficou impaciente com a lentidão de seus senhores. Os fogos incendiários surgindo em várias províncias são sinais de penúria que não devem ser subestimados. Sabe-se ainda que, na Grande Rússia, assim como nas províncias anteriormente pertencentes à Polônia, ocorreram tumultos, acompanhados de cenas terríveis, em consequência dos quais a nobreza emigrou do campo para as cidades, onde, sob a proteção de muralhas e guarnições, pode desafiar seus escravos indignados. Sob tais circunstâncias, Alexandre II considerou apropriado nesse estado de coisas convocar algo como uma assembleia de notáveis. E se sua convocação pudesse formar um novo ponto de partida na história da Rússia? E se os nobres insistissem em sua própria emancipação política como condição prévia para qualquer concessão a ser feita ao tsar com respeito à emancipação de seus servos?[67]

Aqui Marx aponta para nada menos que a possibilidade de uma crise revolucionária na Rússia, com base em vários novos elementos: (1) a perda de legitimidade do regime devido à guerra; (2) a agitação vinda de baixo; e (3) uma cisão entre as classes dominantes. Todos esses elementos lembravam 1789. Nessas semanas do outono de 1858, Engels reconhece um pouco tardiamente a nova ênfase de Marx na revolta iminente na Rússia, escrevendo ao amigo em 21 de outubro: "a questão russa está se desdobrando muito bem. Agora há agitação também no sul"[68].

Então, em um longo artigo, "A questão da emancipação" ["The Emancipation Question"], publicado no *Tribune* em 17 de janeiro de 1859, Marx analisa mais detalhadamente tanto o conteúdo das propostas de emancipação do tsar quanto a situação geral na Rússia. Ele parece surpreso com que o autocrata Alexandre II tenha se referido a "direitos que pertencem ao campesinato por natureza", algo que o autor compara à linguagem dos "direitos do homem" de 1789[69]. Marx prevê que as propostas do tsar resultarão em "uma perda material pungente para a aristocracia", bem como em novos direitos para os servos, como a possibilidade de levar aristocratas ao tribunal[70]. A resposta dos proprietários de terras a isso foi "procrastinação", além da exigência de que se formasse um "parlamento dos

---

[67] Ibidem, p. 53.
[68] MECW, v. 40, p. 349.
[69] MECW, v. 16, p. 141.
[70] Ibidem, p. 142.

nobres"[71]. Em seu texto, Marx aponta também para a ebulição intelectual da Rússia, com a fundação de mais de cem novas revistas literárias anunciadas para 1859, e relembra tsares que não honraram suas promessas de libertação dos servos, em especial Nicolau I após 1848.

Apesar de Alexandre II ver-se "obrigado a prosseguir seriamente" rumo à emancipação, Marx se pergunta como os camponeses reagiriam a condições atreladas ao processo de libertação, como "doze anos probatórios" e corveia; além disso, não havia detalhes a respeito da forma que a emancipação assumiria[72]. Ele também se refere às partes do plano que acabariam com a *mir* ou *obshchina*, a comuna tradicional das aldeias russas, por meio de uma forma ainda não especificada de "governo comunal":

> O que dirão a uma organização de governo, jurisdição e polícia comunal, que retira todos os seus poderes do autogoverno democrático, até então pertencentes a toda comunidade rural russa, de modo a criar um sistema de governo patrimonial, investido nas mãos do proprietário de terras, e estabelecido sob o modelo da legislação rural prussiana de 1808 e 1809? – um sistema totalmente repugnante para o camponês russo, cuja vida toda é governada pela associação da aldeia, que não faz ideia sobre a propriedade individual da terra, mas considera a associação como proprietária do solo em que vive.[73]

Ele observa "que desde 1842 as insurreições de servos contra seus senhores e capatazes se tornaram endêmicas" e que, durante a Guerra da Crimeia, essas "insurreições aumentaram enormemente"[74]. Essa é também a primeira referência de Marx às revoltas camponesas russas na década de 1840 e meados da década de 1850, pois ele não as menciona em textos como a *História diplomática secreta* – na qual ele sugere que a Rússia estava imune ao conflito de classes. Mais importante, a passagem acima contém sua primeira referência ao *mir*, não como um suporte ao despotismo russo, mas como um possível ponto de resistência revolucionária.

O tsar, escreve Marx, "certamente vacilará" entre as pressões dos camponeses e dos proprietários de terras. Mas, com as "altas expectativas [dos servos]", eles estarão ainda mais propensos a se levantar. Ele faz uma analogia com a fase mais radical da Revolução Francesa, escrevendo que, se os servos se erguerem de forma massiva,

---

[71] Ibidem, p. 144.
[72] Ibidem, p. 146.
[73] Ibidem, p. 147.
[74] Idem.

o 1793 russo estará à mão, o reino do terror desses servos semiasiáticos será algo inigualável na história; mas será o segundo ponto de inflexão da história russa e, finalmente, colocará a civilização real e geral no lugar da farsa introduzida por Pedro, o Grande.[75]

Seria, então, através da revolução, agora uma possibilidade real, que a Rússia finalmente se desenvolveria, tornando-se "civilizada" – o que ainda não havia ocorrido, na visão de Marx, após a modernização autoritária de Pedro, o Grande.

Marx vai ainda mais longe em uma carta a Engels de 13 de dezembro de 1859, sugerindo que a agitação na Rússia "contrabalançou" o novo poder conquistado pelos tsares desde 1848:

> Na Rússia, o movimento está progredindo melhor do que em qualquer outro lugar na Europa. De um lado, o constitucionalismo da aristocracia *versus* o tsar, de outro, os camponeses *versus* a aristocracia. Além disso, tendo finalmente percebido que os poloneses não tinham a menor inclinação para serem dissolvidos na nacionalidade eslavo-russa, Alexandre vociferou assustado. Assim, os sucessos extraordinários da diplomacia russa nos últimos quinze anos, principalmente desde 1849, estão mais do que equilibrados. Assim que a próxima revolução chegar, a Rússia será obrigada a aderir.[76]

Nada disso, no entanto, significava que Marx abrandava sua vigilância em relação ao governo russo como a força mais reacionária da política mundial. Isso pode ser visto em *Herr Vogt*, sua longa e polêmica obra publicada em 1860: na discussão de vinte páginas sobre a Rússia, ele escreve que o tsar Alexandre II poderia recorrer a "guerras de conquista" no exterior "como a única maneira de adiar a revolução interna"[77]. Marx conclui que a Rússia continuava a ameaçar os portões da Alemanha, pronta para se expandir para o oeste e suprimir qualquer levante revolucionário sério.

A Polônia como "termômetro 'externo'" da revolução europeia

Muito antes de começar a distinguir os contornos de uma revolução social no interior da Rússia, Marx destacava constantemente uma contradição interna

---

[75] Idem.
[76] MECW, v. 40, p. 552.
[77] MECW, v. 17, p. 141.

específica dos impérios russo, prussiano e austríaco: a luta do povo polonês para restaurar sua independência nacional, eliminada por esses três Estados na infame partição de 1795. O apoio à causa polonesa foi uma das grandes paixões políticas de sua vida. O apoio à Polônia, como oposição à Rússia, era para Marx – e grande parte de sua geração – um teste decisivo que separava a causa democrática e revolucionária de seus opositores conservadores.

Dois exemplos ilustram a profundidade dessa paixão pela Polônia. O primeiro, indicativo das opiniões particulares de Marx, é encontrado em uma carta de 2 de dezembro de 1856 a Engels: "a intensidade e a viabilidade de todas as revoluções desde 1789 podem ser avaliadas com precisão considerável a partir de sua atitude em relação à Polônia. A Polônia é seu termômetro 'externo'"[78]. O segundo exemplo ilustra até que ponto os adversários de Marx o viam como partidário da causa polonesa. Em fevereiro de 1867, quando ele se preparava para visitar a Alemanha para negociar o contrato de *O capital* com seu editor, um jornal alemão relatou que "Dr. Marx, que mora em Londres [...] parece ter sido o escolhido para visitar o continente e fazer propaganda da [...] próxima insurreição" polonesa. Marx respondeu que tal reportagem "deve ser uma invenção da polícia" e exigiu que o jornal publicasse uma retratação[79].

Se as visões de Marx sobre a Polônia como um "termômetro 'externo'" da revolução parecem surpreendentes para os leitores de hoje, isso ocorre geralmente por causa da tendência generalizada de presumir que Marx estivesse interessado apenas em movimentos da classe trabalhadora, ainda inexistentes na Polônia agrária. Outra fonte de confusão a respeito das visões de Marx decorre do fato de os marxistas pós-Marx terem opiniões divergentes sobre a Polônia. Rosa Luxemburgo desenvolveu uma oposição direta à independência polonesa e uma crítica explícita às visões de Marx; alguns anos antes, Karl Kautsky, já a caminho de ser reconhecido como o principal teórico marxista do mundo, também se distanciara de Marx, ainda que não tão radicalmente. Em uma carta ao seu colega Viktor Adler, de 12 de novembro de 1896, Kautsky escreve: "sobre a questão polonesa, sou da opinião de que a velha posição de Marx se tornou insustentável"[80]. Pelo menos em um nível teórico, Lênin tentou reverter isso, retornando à antiga posição de Marx[81].

---

[78] MECW, v. 40, p. 85.
[79] MECW, v. 20, p. 202.
[80] Victor Adler, *Briefwechsel mit August Bebel und Karl Kautsky* (Viena, Wiener Volksbuchhandlung, 1954), p. 221.
[81] Alguns dos escritos de Luxemburgo contra a independência nacional polonesa podem ser encontrados em Peter Hudis e Kevin B. Anderson (orgs.), *The Rosa Luxemburg Reader* (Nova

Sob Stálin, que novamente dividiu a Polônia durante o pacto de 1939-1941 com Hitler, qualquer coisa associada ao nacionalismo polonês passou a ser rotulada como um desvio contrarrevolucionário, ao passo que muitos dos escritos de Marx sobre a Rússia e a Polônia foram expurgados das edições oficiais.

Marx fez sua primeira declaração substancial sobre a Polônia em um discurso de novembro de 1847, no aniversário da Revolta Polonesa de 1830. Ele o fez em uma reunião em Londres patrocinada pelos Fraternal Democrats [Democratas Fraternos], uma organização internacional criada por cartistas de esquerda. O encontro também contou com discursos dos líderes cartistas Julian Harney e Ernest Jones, além de outros militantes trabalhistas e revolucionários britânicos, alemães, belgas e poloneses, entre os quais Engels. Em seu breve discurso, Marx, usando uma linguagem próxima à do *Manifesto Comunista* (que estava em fase de conclusão), falou da ascensão da burguesia e da revolução proletária que estava em curso. Como a Polônia era agora parte do sistema capitalista mundial, sua luta deveria ser vista nesse contexto:

> De todos os países, a Inglaterra é aquele em que a contradição entre o proletariado e a burguesia está mais desenvolvida. A vitória dos proletários ingleses sobre a burguesia inglesa é, portanto, decisiva para a vitória de todos os oprimidos sobre seus opressores. Portanto, a Polônia deve ser libertada não na Polônia, mas na Inglaterra.[82]

Desde que as revoltas de 1794, 1830 e 1846 na Polônia foram esmagadas por seus poderosos vizinhos da Rússia, da Prússia e da Áustria, a visão de Marx parecia ser, como Engels resumiu em uma reportagem jornalística do encontro, "que a Inglaterra daria o sinal para a libertação da Polônia" e que, portanto, a Polônia seria libertada apenas quando as "nações da Europa ocidental tivessem conquistado a democracia"[83]. Marx, Engels e seus colegas viam a luta dos trabalhadores e a luta democrática como intimamente relacionadas. Como Jürgen Rojahn[84] argumenta,

---

York, Monthly Review Press, 2004); eu já discuti anteriormente sobre Lênin e a "libertação nacional" em *Lenin, Hegel, and Western Marxism: A Critical Study*, cit., e em "The Rediscovery and Persistence of the Dialectic: In Philosophy and in World Politics", em Sebastian Budgen, Stathis Kouvelakis e Slavoj Žižek (orgs.), *Lenin Reloaded: Toward a Politics of Truth* (Durham, Duke University Press, 2007).

[82] MECW, v. 6, p. 389.
[83] Ibidem, p. 391.
[84] Jürgen Rojahn, "Parlamentarismus-Kritik und demokratisches Ideal: Wies Rosa Luxemburg einen 'dritten Weg'?", em Theodor Bergmann, Jürgen Rojahn e Fritz Weber, *Die Freiheit der Andersdenkenden: Rosa Luxemburg und das Problem der Demokratie* (Hamburgo, VSA, 1995).

até o século XX o termo "democracia" na Europa estava mais associado à esquerda e aos movimentos de trabalhadores e das classes mais pobres. Em seu discurso na mesma reunião, Engels ecoa as opiniões de Marx, mas também aponta para a responsabilidade especial dos revolucionários alemães com relação à Polônia: "uma nação não pode ser livre e ao mesmo tempo continuar a oprimir outras nações. A libertação da Alemanha não pode, portanto, acontecer sem a libertação da Polônia da opressão alemã"[85].

Em fevereiro de 1848, o *Manifesto Comunista* foi publicado. Suas célebres declarações de que "os operários não têm pátria" e de que "os isolamentos e os antagonismos nacionais entre os povos desaparecem cada vez mais"[86] foram interpretadas, erroneamente, como uma rejeição de todas as reivindicações nacionais ou mesmo do próprio conceito de nacionalidade. No entanto, depois de escrever que os trabalhadores não têm pátria, Marx e Engels acrescentam algumas palavras que sinalizam a importância das questões de nacionalidade: "não se lhes pode tirar aquilo que não possuem [...] o proletariado tem por objetivo conquistar o poder político e elevar-se a classe dirigente da nação, tornar-se ele próprio nação"[87]. Além disso, com a "supremacia do proletariado", tem fim não somente a exploração de classe mas também "a exploração de uma nação por outra"[88]. Especificamente sobre a Polônia, também se encontra no final do *Manifesto* a seguinte afirmação programática, a única em todo o texto referente a um movimento nacional específico: "Na Polônia os comunistas apoiam o partido que vê numa revolução agrária a condição da libertação nacional, o partido que desencadeou a insurreição de Cracóvia em 1846"[89]. Certamente, tal afirmação implica uma crítica ao nacionalismo conservador baseado nos grandes proprietários de terras e advoga uma "revolução agrária", mas é também uma declaração muito clara de apoio ao tipo de luta travado durante a insurreição *nacional* polonesa de 1846[90].

---

[85] MECW, v. 6, p. 389.
[86] MECW, v. 6, 502-3 [ed. bras.: Karl Marx e Friedrich Engels, *Manifesto Comunista*, cit., p. 56].
[87] Idem [ed. bras.: idem].
[88] Idem [ed. bras.: idem].
[89] Ibidem, p. 518 [ed. bras.: ibidem, p. 69].
[90] Apesar dos esclarecimentos sobre essa questão em respeitados estudos acadêmicos tão antigos como *The World of Nations* [O mundo das nações], de Solomon Bloom (*The World of Nations: A Study of the National Implications of the Work of Marx*, Nova York, Columbia University Press, 1941; ver também George Lichtheim, *Marxism: An Historical and Critical Study*, Nova York, Praeger, 1961), o historiador Andrzej Walicki lamentou a "vitalidade obstinada" de uma "má interpretação clássica" de Marx sobre o nacionalismo. De acordo com essa má interpretação,

No mesmo mês em que o *Manifesto* foi publicado, Marx e Engels discursaram em Bruxelas, em outra comemoração polonesa, desta vez relativa à insurreição de 1846[91]. Eles compartilharam a tribuna com o renomado revolucionário polonês Joachim Lelewel, um dos principais membros da Sociedade Democrática Polonesa. Em seu discurso, Marx observa ironicamente que, assim como os democratas constitucionalistas poloneses da década de 1790 foram rotulados de jacobinos pela Rússia, pela Prússia e pela Áustria, em 1846 sua revolta foi acusada de tendências comunistas: "foi comunista querer restaurar a nacionalidade polonesa? [...] Ou a Revolução da Cracóvia era comunista porque queria estabelecer um governo democrático?"[92]. Num nível mais sério, observa ele, "os revolucionários da Cracóvia queriam apenas abolir as distinções políticas entre as classes sociais; eles queriam dar direitos iguais às classes diferentes"[93]. Já o comunismo, sustenta Marx, "nega a inevitabilidade [*nécessité de l'existence*] das classes; ele propõe [*veut*] abolir todas as classes, e todas as distinções baseadas nelas"[94]. Resumindo tal movimento democrático radical, ele declara:

> Os homens à frente do movimento revolucionário da Cracóvia compartilhavam a profunda convicção de que somente uma Polônia democrática poderia ser independente, e uma Polônia democrática era impossível sem a abolição dos direitos feudais, sem a revolução agrária que transformaria o campesinato dependente em proprietários livres, proprietários modernos. [...] A Revolução da Cracóvia deu um exemplo glorioso a toda a Europa, identificando a causa nacional com a causa democrática e a emancipação da classe oprimida.

---

predominante até hoje, escreve Walicki, Marx tinha "um ponto de vista de indiferença total em relação aos problemas nacionais como tendo, supostamente, nenhuma relevância para a situação real ou interesses de classe da classe trabalhadora industrial da Europa" (Andrzej Walicki, "Marx, Engels, and the Polish Question", em *Philosophy and Romantic Nationalism: The Case of Poland*, Oxford, Oxford University Press, 1982, p. 358). A resposta desdenhosa do historiador de Harvard Roman Szporluk ("Review of *Really Existing Nationalisms*, of Erica Benner", *American Journal of Sociology*, v. 102, n. 4, 1997) ao cuidadoso tratamento acadêmico sobre a relação de Marx com o nacionalismo realizado por Erica Benner (*Really Existing Nationalisms: A Post-Communist View of Marx and Engels*, cit.) ilustra a persistência desse problema.

[91] Embora eu cite MECW como de costume, alterei a tradução de MECW com base nos originais franceses de seus discursos, conforme publicado em Œuvres, cit., v. 4, p. 999-1.004, de Marx, editado por Rubel.
[92] MECW, v. 6, p. 545.
[93] Idem.
[94] Ibidem, p. 546.

Ele conclui que a liberdade polonesa "se tornou uma questão de honra para todos os democratas da Europa"[95].

Em seu discurso, Engels contrapõe a liderança aristocrática da insurreição de 1830 à de 1846 – sendo a primeira "uma revolução conservadora"[96]. Mesmo a respeito de 1830, elogiando Lelewel, ele acrescenta:

> Houve um homem que atacou vigorosamente as visões estreitas da classe dominante. Ele propôs medidas realmente revolucionárias diante de cuja ousadia os aristocratas da Assembleia recuaram. Chamando toda a antiga Polônia às armas, tornando assim a guerra pela independência polonesa uma guerra europeia, emancipando os judeus e os camponeses, tornando as propriedades destes propriedade fundiária, reconstruindo a Polônia com base na democracia e na igualdade, ele queria fazer da causa nacional a causa da liberdade. [...] Em 1830, essas propostas foram continuamente rejeitadas pelo interesse cego da maioria aristocrata. Mas esses princípios, amadurecidos e desenvolvidos pela experiência de quinze anos de servidão, vimos inscritos na bandeira da insurreição da Cracóvia. [...] as três potências estrangeiras foram atacadas ao mesmo tempo; a libertação dos camponeses, a reforma agrária e a emancipação dos judeus foram proclamadas, sem se importar por nenhum momento se isso ofendia certos interesses aristocráticos.[97]

Engels conclui que, ao se oporem à Rússia, os poloneses também estavam minando o principal apoio externo da monarquia prussiana, portanto "daqui em diante o povo alemão e o povo polonês são irrevogavelmente aliados"[98].

No verão de 1848, logo depois que retornaram à Alemanha para participar da revolução, Marx e Engels protestaram fortemente contra o voto da assembleia nacional alemã de ratificar as anexações prussianas na Polônia. Essas anexações ocorreram depois que os poloneses se levantaram e foram esmagados pelos militares prussianos em abril de 1848. Em agosto, em uma reunião da Sociedade Democrática de Colônia presidida por Marx, seu colega Wilhelm Wolff – a quem mais tarde dedicou o primeiro volume de *O capital* – leu e aprovou uma resolução contundente. Ela concluía que "a parte saudável do povo alemão não tomará parte na opressão da nação polonesa"[99].

---

[95] Ibidem, p. 549.
[96] Ibidem, p. 550.
[97] Ibidem, p. 550-1.
[98] Ibidem, p. 552.
[99] MECW, v. 7, p. 565.

Nas semanas seguintes, Engels publicou uma série de artigos sobre a Polônia na *Nova Gazeta Renana*, que compreendem cerca de cinquenta páginas impressas em MECW. Muitos deles continham polêmicas contra parlamentares liberais, que se mostravam condescendentes em relação à Polônia embora declarassem apoio ao país. Entre os ridicularizados por Engels estava Arnold Ruge, que havia trabalhado em estreita colaboração com Marx em 1843-1844, parceria que terminou em uma amarga ruptura. Engels sustenta que a divisão da Polônia uniu a Alemanha à Rússia, fortalecendo os latifundiários prussianos conservadores que procuravam dominar toda a Alemanha enquanto enfraqueciam o movimento democrático:

> A partir do momento em que o primeiro assalto ao território polonês foi cometido, a Alemanha tornou-se dependente da Rússia. A Rússia ordenou que a Prússia e a Áustria permanecessem monarquias absolutas, e a Prússia e a Áustria tiveram que obedecer. Os esforços por parte da burguesia prussiana para ganhar o controle [...] fracassaram completamente graças [...] ao apoio que a Rússia ofereceu à classe absolutista-feudal na Prússia.[100]

A atitude tomada pelos poloneses, contudo, foi muito diferente.

Já em 1791, argumenta Engels, a questão da revolução agrária estava na agenda da Polônia, com implicações para toda a Europa oriental:

> A Constituição de 1791 mostra que desde então os poloneses entendiam claramente que sua independência nas relações exteriores era inseparável da derrubada da aristocracia e da reforma agrária no país. Os grandes países agrários entre os mares Báltico e Negro só podem se libertar da barbárie patriarcal feudal por meio de uma revolução agrária, que transforma os camponeses que são servos ou obrigados a trabalhar compulsoriamente em proprietários livres, uma revolução que seria semelhante à Revolução Francesa de 1789 no campo. É crédito da nação polonesa ter sido a primeira de todos os seus vizinhos agrícolas a proclamar isso. [...] A luta pela independência da Polônia, particularmente desde o levante da Cracóvia em 1846, é ao mesmo tempo uma luta da democracia agrária – a única forma de democracia possível na Europa oriental – contra o absolutismo feudal patriarcal.[101]

Em vez de manterem a aliança da Alemanha com a Rússia, os democratas alemães precisavam declarar guerra à Rússia e se aliar à Polônia, escreve Engels.

---

[100] Ibidem, p. 350.
[101] Ibidem, p. 351.

Ele se identifica fortemente com o discurso de Jan Janiszewski, um deputado polonês que "refuta todos os ataques anteriores contra os poloneses, corrige os erros dos partidários dos poloneses, conduz o debate de volta à única base real e justa"[102]. Para concluir sua série, Engels cita Rousseau em uma peça de 1772: "Vocês engoliram os poloneses, mas, por Deus, vocês não os digerirão"[103].

Um ano depois, na primavera de 1849, Marx escreveu um dossiê sobre a monarquia prussiana para a *Nova Gazeta Renana*, um de seus últimos artigos antes de o jornal ser dissolvido. Fundamentalmente, sugere Marx, até mesmo o tão admirado Frederico, o Grande, não era diferente dos outros. Frederico foi o

> inventor do despotismo patriarcal, o amigo do Esclarecimento com auxílio de açoites; [...] é bem sabido que ele se aliou à Rússia e à Áustria para levar adiante o estupro da Polônia, um ato que ainda hoje, após a revolução de 1848, continua sendo uma mancha permanente na história alemã.[104]

Em 1852, depois de terem fugido para Londres, Engels escreveu em seu *Revolução e contrarrevolução na Alemanha* que a traição dos liberais alemães aos poloneses nos primeiros dias da revolução não apenas fortaleceu a Rússia mas também "foi o primeiro meio de reorganizar e fortalecer aquele mesmo Exército prussiano, que depois expulsou o partido liberal e esmagou o movimento"[105].

Nesse mesmo período, talvez deprimido pelo conservadorismo então predominante na Europa, Engels sugere, numa carta a Marx de 23 de maio de 1851, que eles talvez estivessem superestimando a importância da luta polonesa:

> Quanto mais penso nisso, mais óbvio se torna para mim que os poloneses são *une nation foutue* [uma nação acabada], que só pode continuar a servir a um propósito até a Rússia ser ela própria apanhada por uma revolução agrária. A partir de então, a Polônia não terá mais nenhuma razão de ser. A única contribuição dos poloneses para a história foi entregar-se a brincadeiras tolas e, ao mesmo tempo, valentes e provocativas.[106]

Depois de se lançar a uma análise militar da próxima revolução, ele acrescenta:

---

[102] Ibidem, p. 366.
[103] Ibidem, p. 381.
[104] MECW, v. 9, p. 418-9.
[105] MECW, v. 11, p. 45.
[106] MECW, v. 38, p. 363.

Felizmente, na *Nova Gazeta Renana* não assumimos nenhuma obrigação positiva em relação aos poloneses, salvo o inevitável compromisso da Restauração combinada com uma fronteira adequada – e, mesmo esse, apenas com a condição de haver uma revolução agrária. [...] Conclusão: tirar o máximo possível dos poloneses no Ocidente, abastecer suas fortalezas, especialmente Posen [Posnânia], com alemães a pretexto de defesa, para fazê-los cozinhar em seu próprio suco [...] e, se possível, pôr os russos em movimento [em uma revolução], aliando-se a eles e obrigando os poloneses a ceder. [...] Uma nação que pode reunir de 20 mil a 30 mil homens, no máximo, não tem direito a voz. E a Polônia não poderia reunir muito mais do que isso.[107]

Nenhuma resposta de Marx a essa explosão parece ter sobrevivido, e em nenhum lugar de seus escritos Marx expressa sentimentos semelhantes. Rubel, em um aceno à predileção de Engels pelo lado militar das coisas, chama isso de "uma diatribe digna do 'General' proletário"[108]. "O General" era, na verdade, o apelido jocoso dado a Engels pela família Marx, que provavelmente começou com as crianças. Engels, no entanto, retornou em seus escritos subsequentes sobre a Polônia à posição de forte apoio à emancipação nacional[109].

Durante os anos 1850, Marx concentrou-se menos nos assuntos poloneses, mas dedicou parte de seu panfleto "Lorde Palmerston" (1853) ao oportunismo deste em relação à Polônia. Marx escreve que, apesar de sua pose de "protetor cavalheiresco dos poloneses"[110], Palmerston não moveu um dedo para ajudá-los em 1830. Então, acrescenta Marx, "quando as atrocidades cometidas pelos russos, após a queda de Varsóvia, são denunciadas, ele recomenda à Câmara [dos Comuns] grande sensibilidade para com o imperador da Rússia"[111]. Marx também afirma que Palmerston ajudou financeiramente a Rússia com os custos da intervenção militar de 1830 e argumenta, ainda, que em 1846 Palmerston

---

[107] Ibidem, p. 364-5.
[108] *Œuvres*, cit., v. 4, p. 1.352.
[109] Mesmo as análises de Marx e Engels sobre a Polônia que evitam a armadilha do reducionismo de classe às vezes superestimam esse lapso momentâneo de Engels para chegar à conclusão de que seu apoio à emancipação nacional polonesa em 1848-1849 seria um expediente meramente tático para assegurar aliados para o movimento comunista contra a Rússia conservadora. Ver Malcolm H. MacDonald, "Marx, Engels, and the Polish National Movement", *Journal of Modern History*, v. 13, n. 3, 1941; Oscar Hammen, *The Red '48ers. Karl Marx and Friedrich Engels* (Nova York, Scribner's, 1969).
[110] MECW, v. 12, p. 358.
[111] Ibidem, p. 360.

voltou a expressar em público sua simpatia pela Polônia, enquanto barrava esforços concretos de ajuda à luta polonesa.

O artigo de 1855 de Marx para a *Neue Order-Zeitung*, "O encontro sobre a Polônia", ilustra o ambiente de trabalhadores exilados no qual ele foi politicamente ativo durante a década de 1850. Tal artigo descreve uma controvérsia surgida em uma reunião em Londres para apoiar a causa polonesa, um evento convocado pela Associação Literária de Amigos da Polônia. Marx retrata a Associação Literária como composta de "apoiadores" do emigrado polonês conservador "[Adam] Czartoryski de um lado e aristocratas ingleses simpáticos à Polônia de outro". A Associação Literária era, ele sustenta, "um instrumento cego nas mãos de Palmerston", que o ajudava a manter viva "sua reputação 'anti-Rússia'"[112]. Na comunidade polonesa do exílio, a Associação Literária conseguiu reivindicar um status quase oficial devido ao acesso ocasional a Palmerston e a outros proeminentes políticos britânicos, mas sofria oposição feroz da esquerdista Associação Democrática Polonesa, com a qual Marx tinha mantido contato de 1847 em diante. Para sua surpresa, os organizadores da reunião encontraram o salão cheio de cartistas, urquhartistas* anti-Rússia e membros da Associação Democrática Polonesa. O urquhartista David Collet tentou ler uma emenda à resolução de apoio do encontro à Polônia, apontando para "a pérfida conduta de lorde Palmerston de 1830 a 1846". A emenda argumentava que o apoio de Palmerston à Polônia era "uma farsa e uma ilusão" e também o acusava de conduzir a Guerra da Crimeia "de maneira a evitar, na medida do possível, ferir a Rússia"[113]. Marx também menciona a eloquente intervenção do plenário "de um jovem plebeu desconhecido". Ele conclui que a discussão na audiência fez da reunião "uma derrota para Palmerston" e "ainda mais para a classe que ele representa"[114]. Marx também reclamou de que a imprensa inglesa pró-governo publicou relatos distorcidos do encontro, retratando a dissensão como trabalho dos agentes russos.

---

[112] MECW, v. 14, p. 477.

* O termo refere-se a seguidores de David Urquhart (1805-1877), diplomata, editor de jornais e político escocês que deteve mandato no parlamento do Reino Unido entre 1847 e 1852. Notável adversário da política externa de Palmerston, opunha-se à intervenção da Rússia nos assuntos nacionais da Turquia e de outros países do leste europeu. Era defensor do livre comércio. Fundou e liderou centenas de "Comitês de Política Internacional". Foi descrito por Marx como "um completo monomaníaco" em relação a sua "russofobia" e a sua defesa da causa turca. (N. T.)

[113] Ibidem, p. 478.

[114] Ibidem, p. 480.

Foi nesse período que Marx, como discutido acima, também caracterizou o apoio à Polônia como o "termômetro 'externo'" pelo qual se poderia medir "a intensidade e a viabilidade de todas as revoluções desde 1789". Em carta a Engels de 2 de dezembro de 1856, Marx acrescenta: "posso demonstrar isso em detalhe a partir da história da França. É facilmente perceptível em nosso breve período revolucionário alemão, como também no húngaro". A única "exceção" que Marx faz é aos jacobinos de 1794, que censuraram Tadeusz Kosciuszko por não realizar uma revolução agrária na Polônia e por tolerar "traidores aristocratas no país"[115]. Várias cartas de Marx do final de 1856 indicam que ele estava estudando intensamente a história polonesa, especialmente as obras de Ludwik Mierosławski e Lelewel – ele chegou a enviar algumas anotações de citações de Mierosławski para Engels.

Marx e Engels foram coautores de um artigo elogioso, publicado em 1858 na *New American Cyclopaedia* de Dana, sobre o lendário líder militar polonês Jozef Bem (1795-1850). O fervoroso apoio deles à Polônia é evidente mesmo no formato enciclopédico. Observando que "a paixão de sua vida era o ódio à Rússia", eles relataram o início do treinamento de Bem no Exército de Napoleão. Eles mencionam sua importante liderança durante a Revolta Polonesa de 1830, mas observam também alguns erros de julgamento do general que custaram caro durante o ataque russo a Varsóvia. Depois de fugir para o exílio, escrevem eles, Bem voltou a ter destaque em 1848, quando, "ao aparecerem os primeiros sintomas revolucionários na Polônia Austríaca"[116], ele foi para Viena e passou a comandar forças revolucionárias. Mais tarde, enviado para defender a revolução na Hungria em 1848-1849, o general criou e treinou um exército e demonstrou ser um mestre da "guerra de guerrilha e de montanha"[117]. Jozef Bem também exibiu grande sensibilidade política à questão nacional, e os autores sustentam que sua "política de conciliação entre nacionalidades antagônicas o ajudou a aumentar suas forças, em poucos meses, para 40 mil ou 50 mil homens". Finalmente superado por forças russas e austríacas maiores e mais bem equipadas, Bem evitou a captura na Hungria, refugiando-se no Império Otomano. Lá ele se converteu ao islamismo e recebeu um comando militar do sultão, embora as potências ocidentais pressionassem os otomanos a mantê-lo longe da fronteira russa. Um dos últimos atos do general, pouco antes de morrer de febre, foi "reprimir alguns

---

[115] MECW, v. 40, p. 85-6.
[116] MECW, v. 18, p. 131.
[117] Ibidem, p. 132.

excessos sanguinários cometidos durante novembro de 1850 contra os habitantes cristãos por parte da população muçulmana" de Aleppo, na Síria[118].

A Revolta Polonesa de 1863: "a era da revolução está aberta na Europa mais uma vez"

No final de 1861, tumultos em massa irromperam novamente em Varsóvia, resultando em dura repressão por parte das Forças Armadas russas. Marx seguiu a situação de perto, comentando-a várias vezes em cartas para Engels; em uma delas, datada de 19 de dezembro de 1861, num momento em que a opinião pública britânica pressionava o governo para apoiar ativamente os poloneses, Marx sugere que o verdadeiro objetivo de Palmerston ao criar uma crise diplomática com o governo de Abraham Lincoln foi "desviar a atenção da Polônia"[119].

Em janeiro de 1863, uma revolta de grande escala irrompeu na Polônia. Marx, que a via como o arauto de uma revolução europeia mais ampla, escreve a Engels em 13 de fevereiro: "O que você acha dos assuntos poloneses? Isso é certo; a era da revolução abriu-se mais uma vez na Europa [...] Desta vez, esperamos que a lava flua do leste para o oeste"[120]. Antes de esperar pela resposta de Engels, e com a Prússia tendo ajudado a Rússia a reprimir a insurreição, Marx propõe, em uma carta de 17 de fevereiro, que ele e Engels sejam coautores de um "manifesto" sobre a Polônia:

> Os negócios poloneses e a intervenção da Prússia de fato representam uma combinação que nos impele a falar. [...] A Sociedade dos Trabalhadores [alemães] aqui serviria bem para o propósito. Um manifesto deve ser publicado em seu nome, e publicado imediatamente. Você deve escrever a parte militar – ou seja, sobre o interesse militar e político da Alemanha na restauração da Polônia. Eu escreverei a parte diplomática.[121]

Marx também propõe que eles redijam um panfleto maior e o enviem para uma editora na Alemanha. Engels aceita ambas as propostas, mas, em uma carta

---

[118] Ibidem, p. 133. O nome de Bem permaneceu importante na Polônia e na Hungria. Em novembro de 1956, os revolucionários húngaros fizeram sua primeira reunião ao redor de uma estátua de Bem em Budapeste.

[119] MECW, v. 41, p. 336. As visões de Marx sobre Palmerston e a atitude britânica em relação à Guerra Civil nos Estados Unidos serão discutidas no próximo capítulo.

[120] Ibidem, p. 453.

[121] Ibidem, p. 455.

de 24 de março, Marx sugere atrasar o processo para "ver os eventos quando eles tiverem alcançado um estágio um pouco mais avançado". Ele também comenta o papel da Prússia: "a visão a que cheguei é esta: [...] que o 'Estado' da Prússia (uma criatura muito diferente da Alemanha) não pode existir sem a Rússia como ela é, ou com uma Polônia independente. [...] O estado da Prússia deve ser apagado do mapa"[122]. Durante a primavera de 1863 Marx fez extensas anotações de citações, bem como um rascunho parcial do panfleto sobre a Polônia; segundo Rubel e Manale, entretanto, "repetidas doenças o impediram de terminar"[123]. Marx também desconfiava do papel de destaque do relativamente conservador Mierosławski na revolta, em especial por causa dos laços deste com o regime bonapartista. Como os eventos militares pareciam ir contra os poloneses, Engels em várias ocasiões expressou grave pessimismo sobre as chances de insurreição. No entanto, até o outono de 1863, Marx parecia mais otimista quanto à situação, chegando a escrever ao amigo, em 12 de setembro, sobre a ideia de ajudar a formar em Londres uma legião alemã para ir à Polônia lutar contra a Rússia e a Prússia[124].

Também no outono de 1863, Marx enfim redigiu a curta declaração pública (sem assinatura) sobre a Polônia que havia proposto no início do ano. Ela foi publicada em novembro pela Sociedade Educacional dos Trabalhadores Alemães em Londres, um grupo que incluía pessoas ativas na antiga Liga Comunista da década de 1840. Com vistas a levantar fundos para a Polônia entre trabalhadores alemães no exterior, o panfleto em língua inglesa criticava os políticos liberais alemães por seu fracasso em apoiar a Polônia e também estabeleceu conexões com a Guerra Civil nos Estados Unidos.

> Nesse momento fatídico, a classe trabalhadora alemã deve aos poloneses, aos países estrangeiros e à sua própria honra, a organização de um forte protesto contra a traição alemã da Polônia, que é ao mesmo tempo uma traição à Alemanha e à Europa. Deve inscrever a Restauração da Polônia em letras de fogo em seu estandarte, uma vez que o liberalismo burguês apagou esse lema glorioso de sua

---

[122] Ibidem, p. 461-2.
[123] Maximilien Rubel e Margaret Manale, *Marx without Myth: A Chronological Study of His Life and Work*, cit., p. 184. Os fichamentos e rascunhos de Marx sobre o assunto têm mais de cem páginas; eles foram publicados em seus idiomas originais (alemão, inglês e francês) com uma tradução para o polonês (Karl Marx, *Przyczynki do historii kwestii polskiej [Rekopisy z lat 1863--1864]*, Varsóvia, Ksiazka i Wiedza, 1971).
[124] MECW, v. 41, p. 491-3.

própria bandeira. A classe trabalhadora inglesa conquistou honra histórica imortal por si mesma ao frustrar as repetidas tentativas das classes dominantes de intervir em nome dos senhores de escravos americanos por meio de seus entusiasmantes protestos populares. [...] Se as restrições policiais impedem a classe trabalhadora na Alemanha de realizar manifestações em tal escala pela Polônia, elas não obrigam, de forma alguma, a se declarar aos olhos do mundo como cúmplices da traição, por meio de apatia e silêncio.[125]

Depois que a insurreição foi finalmente contida, Marx, em uma carta a Engels de 7 de junho de 1864, comenta que ela foi um grande ponto de virada histórica, referindo-se também à vitória final da Rússia sobre os montanheses tchetchenos na região do Cáucaso.

O escandaloso passo que os russos deram agora no Cáucaso, observado pelo resto da Europa com idiótica indiferença, praticamente os compele – e de fato facilita para eles – a fechar os olhos ao que está acontecendo em outros lugares. Esses dois assuntos, a supressão da insurreição polonesa e a anexação do Cáucaso, considero os dois eventos mais importantes ocorridos na Europa desde 1815.[126]

Aqui, o destaque que Marx dá à Polônia e à Rússia em suas reflexões sobre a política europeia é ilustrado com um floreio dramático capaz de surpreender os leitores imbuídos da noção de que Marx reduziu toda a política a questões econômicas e de classe.

Apesar dessas derrotas amargas, Marx escreve, uma nova era surgia para o movimento socialista. Como observa Riazanov[127], uma vez que o Estado policial bonapartista alegava apoiar a Polônia, ele permitiu que as reuniões públicas na França apoiassem a insurreição de 1863. Algumas delas foram organizadas por trabalhadores, o que permitiu o intercâmbio com trabalhadores britânicos com a mesma mentalidade, tendo estes últimos organizado reuniões pró-poloneses ainda maiores. Em julho de 1863, uma delegação internacional de trabalhadores franceses recebeu autorização para viajar a Londres para uma reunião conjunta sobre a Polônia. Durante esses mesmos dias, líderes sindicais de Londres – como George Odger, uma figura proeminente nas reuniões

---

[125] MECW, v. 19, p. 297.
[126] MECW, p. 41, p. 538.
[127] David Riazanov, *Karl Marx and Friedrich Engels: An Introduction to Their Lives and Work* [1927] (Nova York, Monthly Review, 1973).

sobre a Polônia – decidiram estreitar laços com os trabalhadores do continente europeu. O resultado foi a fundação, em setembro de 1864, da Associação Internacional dos Trabalhadores, ou Primeira Internacional, na qual outros trabalhadores e intelectuais envolvidos na causa polonesa, entre os quais Marx, desempenharam papéis de destaque.

Algumas semanas mais tarde, em uma carta de 29 de novembro ao seu tio Lion Philips, Marx resumiu brevemente a relação da Polônia e da Guerra Civil Americana com o nascimento da Primeira Internacional:

> Em setembro, os trabalhadores parisienses enviaram uma delegação a Londres, para demonstrar aos trabalhadores de lá seu apoio à Polônia. Naquela ocasião, um comitê internacional de trabalhadores foi formado. O assunto não é sem importância porque [...] em Londres, as mesmas pessoas estão na frente que organizou a gigantesca recepção para [o revolucionário italiano Giuseppe] Garibaldi e o encontro monstruoso com [o líder liberal britânico John] Bright no St. James Hall, que impediu a guerra com o Estados Unidos.[128]

O "Discurso Inaugural" de Marx à Internacional de novembro de 1864 – discurso que se tornou, de fato, o programa da Associação – teve como foco o capital e o trabalho. Ele, no entanto, aludiu à Irlanda no início e no final do discurso, também esboçando uma política externa para a classe trabalhadora, ao mencionar especificamente a Guerra Civil Americana, a Polônia, a Rússia e o Cáucaso:

> Não foi a sabedoria das classes dominantes, mas a resistência heroica à sua loucura criminosa por parte das classes trabalhadoras da Inglaterra que salvou o Ocidente da Europa de mergulhar de cabeça em uma infame cruzada pela perpetuação e propagação da escravidão do outro lado do Atlântico. A aprovação desavergonhada, a simpatia simulada ou a indiferença idiótica, com a qual as classes altas da Europa testemunharam a fortaleza do Cáucaso ser apresada, e a heroica Polônia ser assassinada pela Rússia; as imensas invasões sem resistência daquele poder bárbaro, cuja cabeça está em São Petersburgo e cujas mãos estão em todos os gabinetes da Europa, ensinaram às classes trabalhadoras o dever de dominarem os mistérios da política internacional. [...] A luta por tal política externa faz parte da luta geral pela emancipação das classes trabalhadoras.[129]

---

[128] MECW, v. 42, p. 47.
[129] MECW, v. 20, p. 13.

Debates sobre a Polônia e a França na Internacional

A questão polonesa logo levou a uma série de debates e conflitos dentro da Internacional, refletidos nas deliberações de seu Conselho Geral sediado em Londres. No inverno de 1864-1865, Peter Fox, um intelectual e proeminente ativista pró--Polônia que havia se juntado à Internacional, apresentou um rascunho para uma declaração da Internacional sobre a Polônia que, na opinião de Marx, exagerava o apoio dado pela França à Polônia durante o século anterior[130]. Em uma carta a Engels datada de 10 de dezembro de 1864, Marx atribuiu esse equívoco ao "'amor' fanático pela França" comum entre os democratas radicais britânicos[131]. Em dezembro de 1864 e janeiro de 1865, Marx preparou anotações e fez longas exposições à Internacional sobre a França e a Polônia como parte de um esforço para revisar o rascunho de Fox. No mais extenso dos textos que sobreviveram, Marx traça com muitos detalhes a política francesa em relação à Rússia e à Polônia. Ele constata que o apoio da França à Polônia contra a Rússia durante o século XVIII foi, na melhor das hipóteses, hesitante. Falando da Guerra dos Sete Anos (1756-1763), na qual França e a Rússia se aliaram contra a Inglaterra e a Prússia, Marx caracteriza seus resultados da seguinte forma: "que os recursos materiais da Polônia estavam esgotados, que a Rússia fundou sua supremacia na Alemanha, que a Prússia se tornou sua escrava, que Catarina II [da Rússia] se tornou a soberana mais poderosa da Europa, e que ocorreu a *primeira divisão da Polônia*"[132].

Durante as guerras que se seguiram à Revolução Francesa, escreve ele, a Revolta Polonesa de 1794 forçou a Prússia e a Áustria a restringirem sua participação no que Marx chama de "Guerra Antijacobina"[133]:

Na primavera de 1794, o levante revolucionário de Kosciusko. A Prússia pôs imediatamente suas tropas em marcha contra a Polônia. Derrotado. *Em setembro de*

---

[130] Fox foi um líder da British National League for the Independence of Poland [Liga Nacional Britânica pela Independência da Polônia], um grupo formado durante a revolta de 1863. Filosoficamente, ele era um defensor do ateísmo e seguidor do positivista francês Auguste Comte. Durante a década de 1860, um comtiano mais proeminente, o professor Edward Spencer Beesly, amigo de Fox e conhecido apoiador da Polônia, também estava próximo de Marx, mas, embora ele pareça ter trabalhado junto, nunca se filiou formalmente à Primeira Internacional. Dada a hostilidade de Marx ao positivismo, isso talvez seja surpreendente, a menos que se perceba a Internacional como uma organização bastante heterogênea.
[131] MECW, v. 42, p. 55.
[132] MECW, v. 20, p. 314 (grifo do original).
[133] O termo de Marx para as guerras que se seguiram à Revolução Francesa, de 1792 a 1815.

1794, forçada a recuar em Varsóvia, ao mesmo tempo se insurgindo na Posnânia. Então o rei da Prússia declarou sua intenção de se retirar da disputa realizada contra a França. A Áustria também, no outono de 1794, destacou um corpo de tropas para a Polônia, circunstância pela qual o sucesso das tropas francesas do Reno em diante foi assegurado. [...] Nos meses de outubro, *novembro (1794)*, em todos os lugares a França é bem-sucedida quando Kosciuszko sucumbe, Praga foi tomada por [general russo Alexander] Suvorov etc., assassinatos imensos etc.[134]

Embora as ações polonesas tenham beneficiado o regime revolucionário francês, ele acrescenta que "a Polônia foi apagada sob a capa da Revolução Francesa e da Guerra Antijacobina" pelos poderes conservadores da Rússia, da Prússia e da Áustria[135]. Marx, então, cita várias fontes francesas e polonesas que sugerem que a Polônia foi traída pelos jacobinos.

Então, sob Napoleão, legiões de exilados poloneses foram formadas. Mas algumas delas, escreveu Marx, foram forçadas em 1802 a lutar não na Polônia, mas contra a Revolução Haitiana: "ameaçadas pelo fogo da artilharia, elas embarcaram em Gênova e Livorno para encontrar seus túmulos em Santo Domingo"[136]. Outras legiões polonesas, no entanto, desempenharam um grande papel na tentativa da França de avançar rumo ao leste até Varsóvia, em 1806. Marx critica a criação, por parte de Napoleão, de um Ducado de Varsóvia fora do território prussiano em vez de uma restauração completa da Polônia, algo que permitiu que a maior parte das terras polonesas divididas em 1795 permanecesse em mãos russas:

> Muitos generais franceses foram presenteados por Napoleão com *muitos latifúndios* do novo ducado. Lelewel chama isso justamente de *a Quarta Divisão da Polônia*. Depois de derrotar os prussianos e os russos com a ajuda dos poloneses, Napoleão rifou a Polônia, como se ela fosse um país conquistado e propriedade privada dele, e a rifou em benefício da Rússia.[137]

Em 1809, quando os poloneses se tornaram irredutíveis quanto à restauração de seu país, escreve Marx:

> Os *poloneses* agora exigiam a restauração do nome Polônia para o ducado. O tsar se opôs. Em *20 de outubro de 1809*, [Jean-Baptiste] Champagny, ministro

---

[134] MECW, v. 20, p. 318-9 (grifo do original).
[135] Ibidem, p. 319.
[136] Ibidem, p. 323.
[137] Ibidem, p. 324 (grifos do original).

[francês] das Relações Exteriores, dirigiu uma nota, por ordem de Napoleão, ao governo russo, na qual afirmava que ele aprovava o apagamento [do] *nome dos poloneses e da Polônia*, não só de *todo ato público, mas até mesmo da história*. O objetivo era preparar sua proposta – depois de divorciar-se de Joséphine – de pedir a mão da irmã do tsar.[138]

Marx conclui que, em 1812, quando Napoleão finalmente atacou a Rússia, isso "não ocorreu graças a qualquer consideração pela Polônia", mas porque "ele foi forçado a isso pela Rússia". E, mesmo então, quando Napoleão por fim permitiu que uma confederação polonesa fosse formada, ele ainda se opunha à ideia de uma "guerra nacional da Polônia contra a Rússia"[139].

O manuscrito é interrompido nesse ponto, mas as anotações de Marx sugerem que seu discurso para a Internacional levou a história até a Revolução de 1830 e suas consequências[140]. Continuando seus ataques a Napoleão, ele escreve que as últimas traições à Polônia tiveram sérias consequências para a guerra de 1812 contra a Rússia: "Não foi, portanto, *o desastre de Napoleão* que o levou a abandonar a Polônia, mas foi sua *renovada traição* à Polônia *que causou seu desastre*" na campanha russa. Marx detalha como Napoleão impediu a criação de um Exército polonês independente ao dispersar os 80 mil soldados poloneses no interior de sua Grande Armée durante a guerra contra a Rússia, recusando-se, assim, a permitir uma guerra nacional contra a Rússia. Isso foi semelhante à conduta de Napoleão à época de seu retorno, em 1815, e da derrota em Waterloo, argumenta Marx, quando seu maior temor (maior que a própria derrota) era uma renovação revolucionária na França: "Aquele déspota, em vez de deflagrar uma guerra verdadeiramente *nacional* e *revolucionária* na França depois de sua derrota em Waterloo, preferiu sucumbir à Coalizão"[141].

Com relação à Revolução Francesa de 1830, que, após os duros anos da Restauração, levou o "monarca burguês" Luís Filipe ao poder, Marx argumenta que a "insurreição polonesa salvou a França de uma nova Guerra Antijacobina". "Os russos, com as notícias da revolução, das barricadas de Paris, estavam

---

[138] Ibidem, p. 326 (grifos do original).
[139] Ibidem, p. 327.
[140] As notas, principalmente em inglês – mas com algumas passagens em francês e alemão –, foram publicadas em Marx 1971. Um excerto bastante substancial foi incluído em uma nota de rodapé à MECW, v. 20, p. 490-4, que é a versão citada aqui, com a tradução ocasionalmente alterada.
[141] Ibidem, p. 490 (grifos do original).

determinados a marchar sobre a França", usando um Exército polonês formado por russos para esse propósito[142]. Mas a eclosão da revolução na Polônia, que começou entre essas tropas, impediu qualquer tentativa de intervenção russa na França. Marx, contudo, argumenta que, no rescaldo desse acontecimento, Luís Filipe quebrou sua promessa de ajudar a Polônia. Para reforçar seu ponto de vista, Marx cita os debates parlamentares franceses de 1831:

> A nação polonesa (isto é, a *elite diplomática*) confiava nos "elogios" franceses. Uma advertência foi dada aos generais poloneses, de que, se eles adiassem o ataque ao Exército russo por dois meses, sua segurança estaria garantida. Os generais poloneses atrasaram – um atraso fatal, e a Polônia foi arruinada, não pelas armas da Rússia, mas pelas promessas da França (e da Áustria).
> *Lafayette* comunicou, *contra as negações de Guizot, Thiers, Périer, Sébastini*, à Câmara dos Deputados as provas documentais: 1) que os poloneses haviam rompido a coalizão russa contra a França; 2) que Luís Filipe fez com que os poloneses prolongassem sua resistência por dois meses; 3) que tinha estado totalmente ao alcance da França, através de uma declaração firme, como fizeram em nome da Bélgica, impedir a ajuda prussiana, que foi o que decidiu a vitória russa.
>
> Sessão da Câmara dos Deputados de 16 de janeiro de 1831:
> Lafayette: "A guerra foi preparada contra nós; a Polônia deveria formar a vanguarda [*l'avant-garde*]; a vanguarda se voltou contra o corpo principal."
> Maugin: "Quem deteve o movimento da Rússia? Foi a Polônia. Eles queriam jogá-la contra nós: ela se tornou nossa vanguarda e nós a abandonamos! Bem! Deixe-a morrer! Seus filhos estão acostumados a morrer por nós."[143]

Assim como Napoleão, Luís Filipe tentou usar legiões de exilados poloneses em uma guerra colonial francesa, desta vez na Argélia. Mas novamente houve resistência dos poloneses, que compararam a atitude do monarca ao que Napoleão havia feito no Haiti. Marx acrescenta que essas traições partiram dos oficiais e diplomatas franceses, ao passo que revolucionários de esquerda como Auguste Blanqui e os clubes operários "eram verdadeiros amigos da Polônia"[144].

Marx ganhou o argumento no Conselho Geral da Internacional. As atas da reunião de 3 de janeiro de 1865 afirmam que Marx "em um resumo histórico muito capaz argumentou que a política externa tradicional da França não tinha

---

[142] Ibidem, p. 492.
[143] Ibidem, p. 492-3 (grifos do original).
[144] Ibidem, p. 494.

sido favorável à restauração da independência da Polônia". Uma moção pedindo que o discurso de Fox sobre a Polônia fosse "emendado para concordar com as verdades da história" foi aprovada por unanimidade, em uma votação com a qual Fox pareceu ter concordado[145].

O teórico político francês Maurice Barbier observa que, na década de 1860, com relação à Polônia, Marx

> adota uma posição que é o inverso da que ele sustentou em 1847-1848. Enquanto no período anterior ele via a libertação da Polônia como uma consequência da revolução proletária, a partir de então ele começou a considerá-la uma condição para o desenvolvimento do movimento dos trabalhadores, notadamente na Alemanha.[146]

Mas havia mais coisas envolvidas. Os escritos de Marx sobre a Polônia em 1865-1866 foram debates dentro do movimento revolucionário, dentro da Internacional. Primeiro, ele tentava provar a seus colegas da Internacional que, em três períodos-chave – a Revolução Francesa de 1789-1794, a era napoleônica e a Revolução de 1830 –, os franceses haviam traído a Polônia. Essa argumentação se dava em um debate no interior da esquerda internacional, entre os defensores da Polônia, alguns dos quais Marx considerava iludidos sobre a França como um país consistentemente revolucionário. Segundo, ele defendia um argumento mais amplo, com vistas a futuros movimentos revolucionários na Europa. Marx sustentava que, ao traírem a Polônia, os revolucionários franceses se limitaram e, em alguns momentos, se autodestruíram, tendo como resultado a derrota por inimigos externos ou uma revolução excessivamente limitada em seu país, que não subvertia de fato o antigo sistema. Este último ponto dizia respeito aos momentos em que revolucionários de um país grande e poderoso como a França subestimaram a luta de uma nação militarmente mais fraca e oprimida como a Polônia, e ao modo como essa atitude levou ao fracasso da revolução tanto no país mais poderoso quanto na nação oprimida. Em suma, Marx parecia argumentar que, a menos que as lutas democráticas e as de classe se associassem às nacionalidades oprimidas, umas e outras falhariam em alcançar seus objetivos, ou até mesmo seriam derrotadas. Em outros momentos, ele tecia argumentos similares ao escrever sobre as relações entre os trabalhadores brancos dos Estados Unidos e a luta dos negros, bem como sobre os trabalhadores britânicos diante da luta irlandesa.

---

[145] *The General Council of the First International* [O Conselho Geral da Primeira Internacional], 1962, p. 61-2.
[146] Maurice Barbier, *La pensée politique de Karl Marx* (Paris, Éditions L'Harmattan, 1992), p. 296.

Em 1º de março de 1865, a Internacional ajudou a organizar uma grande reunião pública em apoio à causa polonesa. Embora entre os oradores da Internacional estivessem Fox, o operário alemão Johann Georg Eccarius e o intelectual francês Victor Le Lubez, os grandes jornais britânicos só cobriram os discursos dos políticos liberais. Quando outro relatório incompleto apareceu em um jornal suíço de língua alemã, Marx publicou uma breve resposta resumindo a posição da Internacional sobre a Polônia:

> *O sr. Peter Fox* (um inglês), em nome *da Associação Internacional dos Trabalhadores*, propôs "que uma Polônia integral e independente é uma condição indispensável da Europa democrática e que, enquanto esta condição não for cumprida, os triunfos revolucionários no continente serão curtos [...] prelúdios a longos períodos de governo contrarrevolucionário".
>
> Depois de resumir brevemente a história dos males que se abateram sobre a Europa como resultado da perda da liberdade da Polônia e da política russa de conquista, P. Fox disse que a posição do Partido *Liberal* sobre esta questão não coincidia com a da sociedade *democrática* à qual ele se dirigia. [...] O lema da Associação Internacional dos Trabalhadores era, ao contrário: uma Europa livre baseada em uma Polônia livre e independente.[147]

O trecho acima sugere que Marx havia resolvido suas diferenças com Fox e seus seguidores. Em 1866, no entanto, uma nova e mais divisiva disputa surgiu a respeito da Polônia.

A disputa com os proudhonistas sobre a Polônia

Na época da morte de Pierre Joseph Proudhon, em 1865, Marx escreveu um longo artigo, em alemão, no qual repetia suas críticas anteriores às teorias econômicas do socialista utópico francês. Ele acrescentou um ataque pungente à posição pró-Rússia de Proudhon, escrevendo que "seu último trabalho, escrito contra a *Polônia*[148], em que para a maior glória do tsar ele expressa um cinismo imbecil, deve ser descrito como [...] não apenas ruim, mas como baixo, uma baixeza, no entanto, que corresponde ao ponto de vista pequeno-burguês"[149].

Um ano depois, surgiu oposição a Marx dentro da Internacional por parte de alguns de seus membros francófonos, a maioria dos quais influenciados pelo

---

[147] MECW, v. 20, p. 97 (grifos do original).
[148] Pierre Joseph Proudhon, *Si les traités de 1815 ont cessé d'exister? Actes du futur congrès* (1863).
[149] MECW, v. 20, p. 32.

proudhonismo. De acordo com a opinião de Proudhon de que os trabalhadores não deveriam se envolver em questões políticas, mas ater-se a questões econômicas e sociais, eles se opunham a expressar apoio forte e específico à Polônia e preferiam se concentrar em questões operárias. Como Riazanov observa, os oponentes proudhonistas de Marx foram "contra levantar a questão da independência polonesa, pois eles a consideravam puramente política"[150]. Os proudhonistas também criticavam a estrutura organizacional da Internacional, que contava com um órgão de liderança central em Londres, o Conselho Geral, composto de representantes de vários países.

Essa disputa sobre a Polônia se tornou a maior discussão de Marx com os proudhonistas durante a existência da Primeira Internacional. Em uma carta a Engels datada de 5 de janeiro de 1866, Marx escreve que a Polônia era a chave desse conflito:

> Uma conspiração foi traçada contra a Associação Internacional, a respeito da qual preciso de sua cooperação. [...] Está ligada a todo aquele bando de proudhonistas em Bruxelas. [...] O verdadeiro ponto crucial da controvérsia é a questão polonesa. Os brutamontes [*Bürschen*][151] se ligaram totalmente à linha moscovita perseguida por Proudhon e Herzen. Eu lhe enviarei os artigos anteriores [...] contra a Polônia e você deve fazer uma refutação [...].[152]

Engels concordou em escrever uma defesa da posição da Internacional sobre a Polônia, no que foi sua primeira contribuição importante para a Internacional.

Em uma carta a Engels de 15 de janeiro, Marx cita longamente alguns dos ataques à posição pró-Polônia da Internacional. De acordo com esses ataques, que apareceram em um jornal belga, a liderança estava permitindo que a Internacional "degenerasse em um comitê de nacionalidades", uma frase destinada a associar Marx e a liderança da Internacional ao bonapartismo, que adotou um "princípio de nacionalidades". Segundo os proudhonistas, acrescenta Marx, os líderes da Internacional se opunham obstinadamente à "influência russa na Europa", mas ignoravam que "os servos russos e poloneses tinham acabado de ser emancipados pela Rússia, enquanto a nobreza polonesa e os padres sempre se recusaram a lhes conceder liberdade"[153].

---

[150] David Riazanov, *Karl Marx and Friedrich Engels: An Introduction to Their Lives and Work*, cit., p. 168.
[151] Também poderia ser traduzido como "camaradas".
[152] MECW, v. 42, p. 212-3.
[153] Além da forte repressão, a Rússia minou a Revolta Polonesa de 1863 ao emancipar os camponeses poloneses da servidão. Isso levou a uma divisão entre os camponeses e os líderes da revolta,

Finalmente, os proudhonistas chegaram a dizer que havia o perigo de uma tomada polonesa da Internacional e afirmavam, Marx relata a Engels, que "os poloneses pediram para se juntar [ao Conselho Geral] em massa e em breve representarão a esmagadora maioria", e ainda que os poloneses admitiam abertamente "que eles farão uso da Associação para ajudar a restaurar sua nação, sem se preocupar com a questão da emancipação dos trabalhadores"[154].

A série de artigos de Engels "O que as classes trabalhadoras têm a ver com a Polônia?" ["What Have the Working Classes to Do with Poland?"] foi publicada na primavera de 1866 no *Commonwealth*, um órgão semanal da Internacional. Ele começa traçando a história da questão polonesa no movimento operário europeu:

> Sempre que as classes trabalhadoras tomaram parte em movimentos políticos, lá, desde o início, sua política externa foi expressa em poucas palavras – *Restauração da Polônia*. Esse foi o caso do Movimento Cartista, enquanto existiu; esse foi o caso com os operários franceses muito antes de 1848, bem como durante aquele ano memorável, quando no dia 15 de maio eles marcharam em direção à Assembleia Nacional sob os gritos de "*Vive la Pologne!*" – Polônia para sempre! Esse foi o caso da Alemanha, quando em 1848 e 1849 os órgãos da classe trabalhadora[155] exigiram guerra contra a Rússia e a restauração da Polônia. É o caso agora.[156]

Engels também afirma que, apesar das simpatias expressas, "os políticos da classe média" haviam deixado "os poloneses em apuros em 1831, em 1846 e em 1863"[157].

No entanto, continua Engels, há "uma exceção" ao apoio quase unânime da classe trabalhadora à Polônia. Encontra-se "entre os trabalhadores da França uma pequena minoria que pertence à escola do falecido P. J. Proudhon", que, "em julgamento sobre a Polônia oprimida", diz que seu destino "serve a ela de direito"[158]. Engels também argumenta que a Rússia foi o principal opressor da Polônia, passando pela história das divisões territoriais e também pelo papel da

---

alguns dos quais eram membros da nobreza. Ver Lucjan Blit, *The Origins of Polish Socialism: The History and Ideas of the First Polish Socialist Party 1878-1886* (Nova York/Londres, Cambridge University Press, 1971).

[154] MECW, v. 42, p. 216-8.
[155] Referência à *Nova Gazeta Renana*.
[156] Ibidem, p. 152 (grifos do original).
[157] Idem.
[158] Ibidem, p. 153.

Áustria e da Prússia. Além disso, o autor separa-se do "princípio de nacionalidades" bonapartista, sustentando que ele pode ser e está sendo usado pela Rússia para obter mais influência através da adoção do pan-eslavismo. Alguns ecos de sua antiga posição sobre os povos históricos *versus* os não históricos podem ser ouvidos aqui, já que ele despreza os romenos entre aqueles "que nunca tiveram uma história"[159]. Com relação à questão de classe dentro da Polônia, Engels reconhece que "a aristocracia *de fato* arruinou a Polônia"[160], mas não se debruça sobre esse ponto. Ele também se refere à relativa tolerância religiosa que marcou a história polonesa, especialmente "o asilo que os judeus encontraram lá enquanto estavam sendo perseguidos em outras partes da Europa"[161].

Os artigos de Engels tiveram algum impacto na Internacional. Marx escreve ao amigo em 17 de maio: "os poloneses aqui aguardam pelo próximo artigo". Ele também menciona que Fox criticou publicamente "a passagem em que você atribui a divisão à corrupção da aristocracia polonesa", críticas às quais Marx afirma ter respondido[162]. Engels não escreveu mais sobre a Polônia nessa época, possivelmente porque mudanças na editoria do *Commonwealth* dificultariam publicações dele ou de Marx por lá.

Com a abertura do ano de 1867, e no meio de sua conclusão do esboço final de *O capital*, Marx fez um longo discurso sobre a Polônia para uma reunião em Londres comemorando a Revolta Polonesa de 1863, que foi organizada pela Internacional e pelos Exilados Poloneses Unidos. Marx começa por traçar o papel crucial da Polônia para a salvaguarda da Revolução Francesa de 1830:

> Cerca de 30 anos atrás, uma revolução eclodiu na França. [...] Na chegada da notícia desagradável, o tsar Nicolau convocou os oficiais de sua cavalaria e dirigiu-lhes um curto discurso de guerra, culminando com as palavras: à *cheval* [aos cavalos], *Messieurs*. Isso não era uma ameaça vazia. [...] A insurreição de Varsóvia salvou a Europa de uma segunda guerra antijacobina.[163]

Mais uma vez, em 1848, o tsar Nicolau I não conseguiu interferir na revolução alemã porque teve de se concentrar em abafar a insurreição polonesa. Marx acrescenta:

---

[159] Ibidem, p. 157.
[160] Ibidem, p. 159.
[161] Ibidem, p. 160.
[162] MECW, v. 42, p. 277-8.
[163] MECW, v. 20, p. 196.

Somente após a traição dos poloneses pelos alemães, especialmente a Assembleia Nacional Alemã em Frankfurt, a Rússia recuperou suas forças e se fortaleceu o suficiente para esfaquear a Revolução de 1848 em seu último asilo, a Hungria. E, mesmo aqui, o último homem que passou pelo campo de batalha contra ela era um polonês, o general Bem.[164]

Marx então relata, com muitos detalhes, o que ele considerava o objetivo contínuo da Rússia de conquista do mundo, referindo-se às suas fortificações na Polônia, suas novas conquistas na região do Cáucaso e na Ásia e ao uso da "propaganda pan-eslavista"[165].

Ele observa que alguns haviam sugerido que, com a emancipação dos servos, a Rússia de Alexandre II "entrou na família das nações civilizadas"[166]. Além disso, alguns argumentavam que a força crescente da Prússia ou a iminente revolução europeia estavam fadadas a limitar o poder da Rússia; Marx duvidava dessas proposições. Primeiro, declara ele, a emancipação dos servos só fortaleceu a Rússia militar e politicamente: "criou um vasto local de recrutamento para seu Exército, rompeu as propriedades comuns dos camponeses russos, isolou-os e, acima de tudo, fortaleceu sua fé em seu papa-autocrata"[167]. Nessa passagem, ele parece estar voltando à posição anterior a 1858 sobre a Rússia. Segundo, ele sustenta que a Prússia permaneceu dependente da Rússia e que o domínio da aristocracia prussiana sobre as terras polonesas lhe dava uma base feudal a partir da qual poderia minar a revolução alemã. Terceiro, Marx sugere que a iminente revolução europeia voltaria a enfrentar a ameaça da intervenção russa, assim como havia acontecido em todas as revoluções anteriores desde 1789.

Marx afirma que a Polônia permanecia a chave da revolução europeia, já que uma Revolta Polonesa enfraqueceria a Rússia:

> Há apenas uma alternativa para a Europa. A barbárie asiática sob a liderança moscovita explodirá sobre sua cabeça como uma *lawine* [avalanche], ou ela restaura a Polônia, assim colocando entre ela e a Ásia 20 milhões de heróis, e ganha fôlego para a realização de sua regeneração social.[168]

---

[164] Ibidem, p. 197.
[165] Ibidem, p. 199.
[166] Ibidem, p. 199-200.
[167] Ibidem, p. 200.
[168] Ibidem, p. 201.

Com uma linguagem etnocêntrica sobre a "barbárie asiática", a passagem acima mostra que, em 1867, Marx mantinha muitos dos aspectos essenciais de sua posição sobre a Rússia das décadas de 1840 e 1850. Evidentemente, ele considerava que a autocracia russa havia resistido à crise do final dos anos 1850 e 1860.

Últimos escritos sobre a Polônia

Depois de 1867, Marx discutiu sobre a Polônia apenas ocasionalmente, mas continuou a situar a emancipação nacional polonesa no centro da política revolucionária europeia. Em um discurso de janeiro de 1875, Marx e Engels enfatizaram o caráter "cosmopolita" dos revolucionários poloneses, incluindo agora uma referência à Comuna de Paris:

> A Polônia [...] é o único povo europeu que lutou e está lutando como *o soldado cosmopolita da revolução*. A Polônia derramou seu sangue durante a Guerra da Independência Americana; suas legiões lutaram sob a bandeira da primeira república francesa; por sua Revolução de 1830 ela impediu a invasão da França que tinha sido decidida pelos divisores da Polônia; em 1846, na Cracóvia, foi a primeira na Europa a plantar a bandeira da revolução social; em 1848, desempenhou um papel de destaque na luta revolucionária na Hungria, Alemanha e Itália; finalmente, em 1871, forneceu à Comuna de Paris seus melhores generais e a maioria dos soldados heroicos.[169]

A declaração acima de que a Revolta da Cracóvia em 1846 foi "a primeira na Europa a plantar a bandeira de uma revolução social" soa um tanto ambígua. Em certo nível, ela apenas repete argumentos (já usados por Marx em 1848) de que a revolta de 1846 foi um movimento profundamente democrático que visava à reforma agrária e a outras questões sociais urgentes. Em outro nível, no entanto, a afirmação sugere algo mais radical, uma vez que a França já havia passado por uma grande revolução social em 1789. Seria uma alusão a uma possível dimensão socialista presente na Polônia de 1846? A resposta se tornaria mais clara um pouco mais tarde, no discurso de Marx de 1880 sobre a Polônia.

Em um discurso de 1875, Marx e Engels detalham a afinidade recíproca em relação à Polônia por parte do movimento revolucionário francês, novamente referindo-se à Comuna de Paris:

---

[169] MECW, v. 24, p. 57-8 (grifo do original).

Em Paris, em maio de 1848, Blanqui marchou à frente dos trabalhadores contra a reacionária Assembleia Nacional a fim de forçá-la a aceitar a intervenção armada em favor da Polônia; finalmente, em 1871, quando os trabalhadores parisienses se constituíram como governo, eles horaram a Polônia confiando a seus filhos a liderança militar de suas forças.[170]

Marx também enfatizou esse ponto em "A guerra civil na França" ["The Civil War in France"], seu célebre panfleto sobre a Comuna de Paris.

Na fala de novembro de 1880, em um encontro em Genebra, no quinquagésimo aniversário da Revolução Polonesa de 1830, Marx e Engels enfatizaram mais uma vez a centralidade da Polônia para uma revolução europeia em sentido amplo. Eles também mencionaram a revolução mais radical, de 1846, destacada no *Manifesto Comunista* em 1848. Em 1880, no entanto, eles extrapolam a postura do *Manifesto* quando caracterizam a insurreição de 1846, junto com o Movimento Cartista na Inglaterra, como um prenúncio da revolução socialista:

> A partir de 1840, as classes proprietárias da Inglaterra já foram forçadas a chamar o Exército para resistir ao partido cartista, essa primeira organização militante da classe trabalhadora. Então, em 1846, no último refúgio da Polônia independente, a Cracóvia, eclodiu a primeira revolução política para proclamar demandas socialistas.[171]

Enquanto a Polônia de 1846 é ligada diretamente ao socialismo, o Movimento Cartista é tido como um movimento operário militante mais local. A caracterização do levante da Cracóvia, em 1846, como a "primeira" revolução com "demandas socialistas" era nova, pois, conforme discutido acima, no discurso de 1848 sobre a Polônia, Marx havia se referido ao seu programa agrário democrático radical, mas negava explicitamente qualquer orientação socialista.

Essa reviravolta no pensamento de Marx sobre o caráter da revolta de 1846 provavelmente se devia a seus últimos escritos sobre a Rússia, nos quais considerava que uma revolução comunista na Rússia poderia servir de ponto de partida para uma transformação socialista europeia mais ampla. Como será discutido no capítulo 6, Marx expressou tais visões sobre a Rússia pela primeira vez em uma

---

[170] Ibidem, p. 58.
[171] Ibidem, p. 344. Ver também o original francês em MEGA I/25, p. 211-2. O discurso de 1880 foi assinado por Marx, Engels, Paul Lafargue (genro de Marx) e Friedrich Lesser (um colega de Marx desde a década de 1840).

carta de março de 1881 à emigrada revolucionária Vera Zasulitch, apenas quatro meses depois do discurso no encontro de Genebra sobre a Polônia. Embora a questão de uma possível revolução comunista na Rússia não seja abordada no discurso de 1880 sobre a Polônia, há outra diferença em relação a 1848 que afeta a Rússia: ela já não é vista como um reduto conservador. Em vez disso, o discurso de 1880 sobre a Polônia expressa a esperança de que os esforços revolucionários da Polônia e seus apoiadores "coincidam com os esforços inigualáveis de nossos irmãos russos"[172].

---

[172] MECW, v. 24, p. 344-5.

3
Raça, classe e escravidão: A Guerra Civil como segunda Revolução Americana

Como vimos, novas lutas eclodiram na Europa e na América do Norte na década de 1860 com o recuo do conservadorismo nos anos 1850. Para Marx, esse foi um período de grande desenvolvimento criativo, já que ele finalizou e publicou o Livro I de *O capital* em 1867 e produziu os rascunhos do que postumamente seria publicado como os livros II e III desse trabalho e o *Teorias do mais-valor*. Durante esses mesmos anos, Marx também experienciou o ativismo político mais intenso desde que saíra da Alemanha, em 1849, ao ajudar a fundar e a liderar a Primeira Associação Internacional dos Trabalhadores, posteriormente conhecida como a Primeira Internacional. Nos anos 1860, surgiram novos conflitos de classe e importantes esforços contra a opressão nacional e racial em diversos países.

Na visão de Marx, a Guerra Civil nos Estados Unidos, que durou de 1861 a 1865, constituiu uma das principais batalhas pela emancipação humana do século, uma batalha que forçou os trabalhadores brancos, tanto nos Estados Unidos como na Inglaterra, a se posicionarem contra a escravidão. No prefácio de 1867 a *O capital*, ele escreveu que a Guerra Civil Americana foi o prenúncio das revoluções socialistas por vir. Ele a interpretava como uma revolução social que mudou não apenas os arranjos políticos mas também as relações de classe e de propriedade[1]. Marx via, ainda, o apoio ao Norte como um teste decisivo

---

[1] Marx a via como uma revolução profundamente democrática, mas que não visava romper os limites do capitalismo. Nesse sentido, a caracterização feita pelo sociólogo Barrington Moore da Guerra Civil como "a última revolução capitalista" (*Social Origins of Dictatorship and Democracy: Lord and Peasant in the Making of the Modern World*, Boston, Beacon, 1966, p. 112) é compatível com o ponto de vista de Marx. O historiador Malcolm Sylvers ("Marx, Engels Und Die USA: Ein Forschungsprojekt Über Ein Wenig Beachtetes Thema", *Marx-Engels-Jahrbuch*

para a esquerda, embora ele também tivesse tomado o lado dos abolicionistas radicais contra o cauteloso Abraham Lincoln.

Ainda que amplamente disponíveis por meio de duas coletâneas diferentes na língua inglesa[2], os escritos de Marx sobre a Guerra Civil não foram muito discutidos pela literatura, mesmo tratando de um tópico amplamente debatido hoje: as intersecções entre classe e raça. Talvez isso se explique pelo fato de que esses textos foram tidos como marginais às preocupações ou aos conceitos centrais de Marx. Como argumento neste livro, porém, precisamos de algum modo ajustar nossa visão sobre quais eram os conceitos e as preocupações centrais de Marx.

Em 1913, o imigrante socialista alemão Hermann Schlüter discutiu alguns dos escritos de Marx sobre a Guerra Civil em seu *Lincoln, Labor, and Slavery* [Lincoln, trabalho e escravidão]. Apesar de Schlüter ter, pela primeira vez, trazido à luz muitas questões-chave sobre Marx e a Guerra Civil, seu estudo deixava lacunas significativas, sem mencionar a ausência de comentários sobre as relações raciais contemporâneas a ele[3]. Os textos de Marx receberam maior atenção durante a Depressão dos anos 1930, quando trabalhadores brancos e negros se uniram como nunca antes em um movimento trabalhista que então ressurgia, além de ser também um momento no qual algumas importantes lutas contra o racismo eram travadas. Bertram Wolfe, o futuro historiador da Rússia, retomou os escritos de Marx sobre a Guerra Civil em um panfleto de 1934, *Marx and America* [Marx e a América]. Wolfe havia sido recentemente expulso do Partido Comunista por ser membro da tendência "lovestonista"*, ligada à oposição de direita realizada por Nikolai Bukhárin na Rússia. Wolfe conecta os escritos marxistas sobre a Guerra Civil à teoria do "excepcionalismo" estadunidense. Segundo tal teoria, a falta de uma divisão de classes de estilo europeu teria resultado, nos Estados Unidos, em uma estrutura social singular, na qual as diferentes posições

---

2004, 2004) forneceu uma perspectiva geral dos escritos de Marx sobre os Estados Unidos, incluindo os cadernos que aparecerão pela primeira vez na MEGA².

[2] Karl Marx e Friedrich Engels, *The Civil War in the United States* (Nova York, International Publishers, 1937); KML, v. 2.

[3] Ainda assim, o livro de Schlütter se manteve longe do reducionismo econômico prevalente nos escritos socialistas estadunidenses sobre a Guerra Civil (Brian Kelly, "Introduction", em Bernard Mandel, *Labor, Free and Slave: Workingmen and the Anti-Slavery Movement in the U.S.*, Urbana, University of Illinois Press, 2007).

* A tendência lovestonista era um pequeno movimento estadunidense comunista de oposição que existiu nos anos 1930. Sua origem foi uma disputa interna do Partido Comunista dos Estados Unidos (CPUSA) em 1929. Seu nome faz referência ao antigo secretário-geral do Partido Comunista estadunidense, Jay Lovestone. (N. T.)

de status dos trabalhadores "nativos e estrangeiros" exacerbavam a divisão entre trabalhadores qualificados e não qualificados presente em todas as sociedades capitalistas[4]. Wolfe exalta a ideia de Marx de uma Reconstrução Radical do Sul derrotado, que

> teria envolvido o esmagamento da classe dominante sulista, a ruptura de seus estamentos, a distribuição de terra para aqueles que a lavravam, os escravos emancipados e os brancos pobres, e plena igualdade social, econômica e política para os negros [*negroes*].[5]

Infelizmente, assim como Schlüter, Wolfe pouco tinha a dizer sobre as relações raciais contemporâneas a ele. Ademais, o conceito de excepcionalismo estadunidense, que sugere que os principais trabalhos teóricos de Marx, como *O capital*, não se aplicavam aos Estados Unidos, encontrou pouco respaldo de outros marxistas, embora ele tenha sido retomado fora da tradição marxiana (mais notavelmente pelo sociólogo Seymour Martin Lipset).

Um ano depois, o sociólogo afro-americano W. E. B. Du Bois publicou seu *Black Reconstruction in America* [Reconstrução negra na América][6], um trabalho baseado nos escritos de Marx sobre a Guerra Civil. Du Bois sustenta que o racismo dos brancos entorpeceu os esforços de autoemancipação dos trabalhadores:

> O movimento ascendente dos trabalhadores brancos foi enganado pelas guerras por lucro baseadas na cor de sua casta. [...] De fato, a condição da classe trabalhadora branca ao redor do mundo hoje está diretamente ligada à escravidão do negro na América, sob a qual o comércio e a indústria modernos foram fundados, e que persistiu ameaçando os trabalhadores livres até ser parcialmente derrubada em 1863. A divisão em castas raciais resultante, fundada e mantida pelo capitalismo, foi adotada, aprovada e levada adiante pelos trabalhadores brancos e resultou na subordinação dos trabalhadores não brancos ao lucro dos brancos mundo afora. Portanto, a maioria dos trabalhadores do mundo, por insistência dos trabalhadores brancos, se tornou a base de um sistema industrial que arruinou a democracia e exibiu seus belos frutos na Guerra Mundial e na Depressão.[7]

---

[4] Bertram D. Wolfe, *Marx and America* (Nova York, John Day, 1934), p. 22.
[5] Ibidem, p. 17.
[6] W. E. B. Du Bois, *Black Reconstruction in America: An Essay Toward a History of the Part Which Black Folk Played in the Attempt to Reconstruct Democracy in America, 1860-1880* [1935] (Nova York, Atheneum, 1973).
[7] Ibidem, p. 30.

Du Bois destacou como a incapacidade dos trabalhadores brancos de apoiar adequadamente as lutas dos negros no pós-Guerra Civil reduziu os ganhos do que constituiu uma segunda Revolução Americana. Ao mesmo tempo, ele retomou os momentos nos quais os trabalhadores negros, intelectuais radicais do Norte e parte dos trabalhadores brancos se aglutinaram para formar o que ele chamou de "democracia da abolição". Esta, sim, constituiria um legado progressista para o futuro[8].

Nessa época, Du Bois se aproximou do Partido Comunista, cuja editora havia publicado em 1937 *The Civil War in The United States* [A Guerra Civil nos Estados Unidos], uma coletânea completa dos escritos de Marx e Engels sobre o assunto. O editor, Richard Morais (que publicou a coleção sob o pseudônimo Enmale – Engels-Marx-Lênin), era um historiador do trabalho e filósofo. Sua introdução um tanto fraca liga os escritos de Marx sobre a Guerra Civil às lutas de seu tempo pela democracia e contra o fascismo internacional e, nos Estados Unidos, contra os "ultrarreacionários grupos políticos, patriotas profissionais e Bourbons do grande capital" que tentavam destruir o New Deal de Franklin D. Roosevelt[9]. De acordo com Morais, Marx via os trabalhadores brancos como apoiadores das lutas dos negros, tanto antes quanto depois da Guerra Civil. Isso evitou quase que completamente a questão do racismo dentro da classe trabalhadora. A edição e as notas de Morais, mais bem cuidadas que sua introdução, fazem dessa uma compilação razoavelmente precisa dos escritos sobre a Guerra Civil Americana de Marx e Engels, disponíveis pela primeira vez ao grande público.

Durante a Segunda Guerra Mundial, quando militavam no Movimento Trotskista – situado à esquerda do Partido Comunista –, o filósofo e crítico cultural caribenho marxista C. L. R. James e a filósofa e economista russo-americana Raia Dunaiévskaia desenvolveram uma nova abordagem marxista, que colocava a dialética entre raça e classe no centro da história estadunidense. Eles também argumentaram que a própria luta dos negros agitou a sociedade norte-americana em diversos pontos de inflexão cruciais, como a era da Guerra Civil e os anos

---

[8] Três décadas antes, em *The Souls of the Black Folk* [As almas do povo negro], Du Bois já havia conectado a Guerra Civil à sua famosa afirmação sobre a linha de cor [*color line*]: "o problema do século XX é o problema da linha de cor – a relação das raças mais escuras com as mais claras na Ásia e na África, na América e nas ilhas oceânicas. Foi uma fase desse problema que causou a Guerra Civil; e não importa quanto aqueles que marcharam para o Sul ou para o Norte em 1861 tenham se detido às questões técnicas de união e autonomia local como um código, todos entretanto sabiam, como nós sabemos, que a questão da escravidão dos negros era a causa real do conflito", *The Souls of Black Folk* [1903] (Nova York, Fawcett, 1961), p. 23.

[9] Karl Marx e Friedrich Engels, *The Civil War in the United States*, cit., p. xxv.

1930 incitando a união de trabalhadores brancos e negros. Em 1943, por exemplo, James enfatizou o conceito de Marx de uma aliança entre os abolicionistas brancos, os fazendeiros brancos do Meio-Oeste e os afro-americanos. Ele nota que Marx "apontou" em seus escritos sobre a Guerra Civil que os "fazendeiros livres" do Meio-Oeste "não estavam preparados para aguentar nenhum disparate do Sul porque eles não admitiriam deixar a foz do Mississippi nas mãos de um poder hostil". Isso serviu para acabar com a "timidez burguesa" às vésperas da Guerra Civil, concluiu James[10].

Posteriormente, trabalhando por conta própria a partir de uma perspectiva marxista humanista, Dunaiévskaia retomou em algum grau os escritos de Marx sobre a Guerra Civil em *Marxism and Freedom*[11]. Primeiro, ela via esses textos de Marx como parte das "raízes americanas do marxismo". Ela destacou especialmente a afinidade do autor com o abolicionismo radical e os ataques à morosidade de Lincoln em emancipar os escravos e à sua relutância em recrutar soldados negros. Segundo, ela relacionava os textos de Marx sobre a Guerra Civil à Internacional: "foi sob o impacto da Guerra Civil e a correspondente resposta dos trabalhadores europeus, bem como da insurreição polonesa, que a Primeira Internacional nasceu"[12]. Terceiro, ela punha os escritos de Marx sobre a Guerra Civil e sobre a Comuna de Paris lado a lado como exemplos de sua teoria da revolução, sendo que nos textos sobre a Guerra Civil havia um entrelaçamento das dimensões de raça e classe. Finalmente, Dunaiévskaia notou importantes ligações entre os escritos sobre a Guerra Civil e o Livro I de *O capital*: somadas às breves mas cruciais passagens sobre o conflito no próprio *Capital*, a filósofa argumentava que a guerra e suas consequências inspiraram Marx a acrescentar o capítulo "A jornada de trabalho" à sua obra principal (para uma maior discussão sobre esse tópico, ver o capítulo 5)[13].

Alguns escritores da tradição marxiana se mostraram desconfortáveis com o apoio incondicional de Marx ao Norte, apesar de a região ser dominada pelo

---

[10] C. L. R. James, "Negroes in the Civil War: Their Role in the Second American Revolution", *New International*, v. 9, n. 11, 1943, p. 339.

[11] Raia Dunaiévskaia, *Marxism and Freedom*, cit.

[12] Ibidem, p. 83.

[13] Dunaiévskaia analisou as questões raciais e de classe nos Estados Unidos com profundidade em *American Civilization on Trial: Black Masses as Vanguard* [1963] (5. ed., Chicago, News & Letters, 2003) e *Philosophy and Revolution: From Hegel to Sartre and from Marx to Mao*, cit. Além do presente estudo, outros escritos que deram continuidade ao caminho proposto por Dunaiévskaia incluem o livro de Lou Turner e John Alan, *Frantz Fanon, Soweto & American Black Thought* (2. ed. Chicago, News & Letters, 1986) e o de John Alan, *Dialectics of Black Freedom Struggles* (Chicago, News & Letters, 2003).

grande capital. Se Wolfe e Morais encontraram pontos comuns ao liberalismo nos escritos de Marx sobre a Guerra Civil, e se Du Bois, James e Dunaiévskaia encontraram uma nova dialética entre raça e classe nesses textos, nos anos 1960 outros estavam preparados para atacá-los como uma aberração, como fundamentalmente não marxianos. Em 1968, o proeminente historiador marxista Eugene Genovese repreendeu "o recuo de Marx, Engels e muitos marxistas ao liberalismo" quando se tratou da Guerra Civil[14]. Na visão de Genovese, "o ódio ardente à escravidão e o comprometimento com a causa da União atrapalharam" o julgamento de Marx[15]. Em suma, os escritos sobre a Guerra Civil não se conformavam à visão reducionista de marxismo de Genovese e, portanto, não poderiam ser marxistas[16].

Em 1972, Saul Padover publicou *The Karl Marx Library* [A biblioteca de Karl Marx] (doravante referida como KML), uma nova coletânea dos escritos de Marx. O volume II, sobre os Estados Unidos, contém muitos dos escritos sobre a Guerra Civil, que recentemente foram traduzidos de forma cuidadosa do alemão para o inglês. Em sua introdução, Padover fez comentários semelhantes aos de Wolfe, destacando a apreciação de Marx pela democracia estadunidense e minimizando as críticas pungentes a Lincoln. Ao retomar, em algum grau, o trabalho de Marx para o *Tribune* de 1851 a 1862, Padover jogou novas luzes sobre a dedicação do autor aos Estados Unidos[17].

Tendo em mente essas variadas interpretações, voltemo-nos agora diretamente aos escritos de Marx sobre a escravidão e a Guerra Civil.

"O sinal já foi dado": a Guerra Civil como ponto de inflexão

Marx e Engels não mencionam a escravidão em seu esboço sobre o desenvolvimento capitalista no *Manifesto Comunista*. Pouco mais de um ano antes,

---

[14] Eugene Genovese, "Marxian Interpretations of the Slave South", em *In Red and Black: Marxian Explorations in Southern and Afro-American History* [1968] (Nova York, Pantheon, 1971), p. 327.
[15] Ibidem, p. 321.
[16] Mais tarde, a simpatia de Genovese pela cultura de *plantation* sulista se tornaria mais aparente, ao passo que ele migrava da extrema esquerda para o neoconservadorismo. Para uma crítica que conecta as diferenças entre Genovese e Marx e o papel fundamental do stalinismo para essa guinada, ver David Roediger (org.), *Towards the Abolition of Whiteness: Essays on Race, Politics, and Working Class History* (Londres/Nova York, Verso, 1994).
[17] Ver também Gerald Runkle, "Karl Marx and the American Civil War", *Comparative Studies in Society and History*, v. 6, n. 2, jan. 1994, que ofereceu uma análise detalhada dos escritos sobre a Guerra Civil, mas que reduziu sua importância na obra de Marx, aparentemente sem saber que conceitos desses escritos apareceram também em *O capital*.

contudo, em uma carta de 28 de dezembro de 1846 a um amigo russo, Pável V. Ánnienkov, Marx sugere que a escravidão e o capitalismo estariam intimamente conectados. Escrevendo em francês, ele se refere à "escravidão dos negros [*des Noirs*] no Suriname, no Brasil e nas regiões do sul da América do Norte"[18]. Ele escreve ainda:

> A escravidão direta é tão crucial para girar as engrenagens do industrialismo atual quanto a maquinaria, o crédito etc. Sem a escravidão não haveria algodão, sem algodão não haveria indústria moderna. Foi a escravidão que deu valor às colônias, foram as colônias que criaram o comércio mundial, e o comércio mundial é condição necessária para a indústria em larga escala. [...] A escravidão é, portanto, uma categoria econômica de importância fundamental.[19]

O teórico social afro-americano Cedric Robinson, que criticou as inadequações de Marx a respeito das questões raciais, reconhece que aqui o autor apresentou uma

> questão que não apenas persistiu mas que, até certo ponto, dominou as tentativas de categorizar a relação do trabalho escravo com a industrialização: a criação do negro [*Negro*], a ficção de um burro de carga apto apenas para a escravidão, estava associada diretamente às exigências econômicas, técnicas e financeiras do desenvolvimento ocidental do século XVI em diante.[20]

Marx também faz uma breve referência à escravidão em "Trabalho assalariado e capital" (1849), a primeira exposição de sua crítica da economia política a ser publicada. Primeiro ele reafirma a suposição, comum em sua época, de que os negros (*Blacks*) estavam predestinados à escravidão: "Que é um escravo negro? Um homem da raça negra. Uma explicação vale tanto como a outra". Então ele acrescenta: "Um negro é um negro. Só em determinadas relações é que se

---

[18] MECW, v. 38, p. 101.
[19] Ibidem, p. 101-2. Isso é parte de uma crítica a Proudhon, que Marx acusou de utilizar indevidamente o conceito de contradição de Hegel ao falar do "lado bom" e do "lado ruim da escravidão", buscando assim encontrar "a síntese entre liberdade e escravidão, a verdadeira medida de ouro, em outras palavras, o equilíbrio entre escravidão e liberdade" (MECW, v. 38, p. 101-2). Pouco tempo depois, em *A miséria da filosofia* (1847), ele retrabalhou e afiou sua crítica, acusando Proudhon de querer "salvar a escravidão" (MECW, v. 6, p. 168).
[20] Cedric Robinson, *Black Marxism* [1983] (Chapel Hill, University of North Carolina Press, 2000), p. 81.

torna *escravo*"[21]. Marx, contudo, não havia dedicado muita atenção ao tópico da escravidão no Novo Mundo até o período da Guerra Civil.

A firme posição abolicionista de Marx não era partilhada por todos os socialistas, como pode ser visto nas atitudes dos emigrados alemães nos Estados Unidos. Na década de 1840, alguns, como Hermann Kriege, opuseram-se abertamente aos abolicionistas; outros, como Wilhelm Weitling, silenciaram sobre a questão da escravidão. Em 1854, contudo, a recém-criada *Arbeiterbund* (Liga dos Trabalhadores), liderada por Joseph Weydemeyer, colega de Nova York próximo de Marx, finalmente se pronunciou contra a Lei Kansas-Nebraska, que legalizava a escravidão no Oeste. Essa lei, afirmou o grupo em uma resolução, "autoriza a extensão subsequente da escravidão" e, portanto, quem a apoiasse seria "um traidor do povo". A resolução também declarava: "nós protestamos, estamos protestando e continuaremos a protestar enfaticamente contra a escravidão branca e negra"[22].

Infelizmente, essa formulação um tanto abstrata equiparava com muita facilidade o trabalho fabril, que alguns socialistas chamavam de "escravidão assalariada", ao que os negros vivenciavam no tráfico transatlântico de escravos e em sua submissão acorrentada no Novo Mundo. Um segundo problema foi notado por Du Bois:

> Não obstante, quando a *Arbeiterbund* se reorganizou em dezembro de 1857, a escravidão não era mencionada. Quando seu novo órgão apareceu em abril de 1858, foi dito que a questão do momento presente não era a abolição da escravidão, mas a prevenção de sua extensão subsequente, e que a escravidão do negro estava firmemente enraizada nos Estados Unidos. [...] Em 1859, contudo, a conferência da *Arbeiterbund* condenou toda escravidão em qualquer forma que ela pudesse aparecer, e exigiu a revogação da Lei do Escravo Fugitivo [Fugitive Slave Act].[23]

Os imigrantes socialistas alemães, portanto, demoraram para tomar uma posição firme contra a escravidão, em contraste com os radicais da classe média do Movimento Abolicionista e seus aliados negros.

---

[21] MECW, v. 9, p. 211 [ed. bras.: Karl Marx, *Trabalho assalariado e capital* & *Salário, preço e lucro*, 2. ed., São Paulo, Expressão Popular, 2010]. Apesar de eu ter referenciado MECW aqui (e em alguns outros lugares), na verdade citei a tradução mais clara, presente na edição dos escritos de Marx sobre a Guerra Civil organizada por Saul Padover (KML, v. 2), ou eu mesmo modifiquei a tradução consultando o original em alemão na MEW.

[22] Citada em Hermann Schlüter, *Lincoln, Labor and Slavery: A Chapter in the Social History of America* [1913] (Nova York, Russell and Russell, 1965), p. 76.

[23] W. E. B. Du Bois, *Black Reconstruction in America*, cit., p. 24.

Outro contexto para a perspectiva de Marx era o próprio *Tribune*, que escreveu sobre a escravidão a partir de um ponto de vista fortemente abolicionista. Um exemplo importante pode ser encontrado na cobertura que o jornal realizou do famoso resgate Oberlin-Wellington, em um artigo intitulado "Sequestro em Oberlin – o povo entusiasmado" ("Kidnapping at Oberlin – The People Excited"), publicado em 18 de setembro de 1858. John Price, que havia fugido da escravidão no Kentucky, foi levado de Oberlin, Ohio, por marechais federais que atuavam com base na Lei do Escravo Fugitivo. "Em quinze minutos a praça estava tomada de estudantes e cidadãos portando armas de fogo", escreve "R", o autor anônimo do artigo do *Tribune* (especula-se que o anonimato de R fosse uma proteção contra um possível indiciamento por parte das autoridades federais). Eles conduziram seus cavalos e vagões por dez milhas até próximo de Wellington, um cruzamento ferroviário onde um jovem de "19 ou 20 anos de idade" estava sendo mantido para ser transportado ao Sul. A multidão crescente, que agora incluía "centenas de damas", foi recebida por um marechal estadunidense, mas os presentes questionaram a validade dos documentos legais que o marechal portava. Finalmente, reconta "R", eles liberaram Price à força e o trouxeram de volta a Oberlin:

> Todo o percurso do nosso retorno foi triunfal. Praticamente todas as fazendas foram esvaziadas pelos seus ocupantes para irem à estrada comemorar e nos abençoar, e nós retribuímos seus agradecimentos da forma mais calorosa possível. Quando chegamos, a cidade inteira estava nas ruas. Na frente da agência dos correios eles se juntaram a nós em três incríveis gritos pela Democracia e três gloriosas saudações pela Liberdade. Isso se repetiu em frente à Casa dos Palmer, e então alguém se levantou, exigiu silêncio e disse as seguintes palavras: "Senhores, nós não sabemos o que pode ser tentado daqui para a frente. Mas nós queremos saber em quem podemos confiar. Quem solenemente se compromete a marchar quando o alarme soar, armado e pronto para perseguir e resgatar, diga 'Sim [Aye]!'". A resposta foi suficiente para deixar qualquer um de cabelo em pé. Isso se repetiu três vezes. [...] Finalmente, os votantes decidiram por uma unanimidade ensurdecedora que quem pusesse as mãos em um homem negro nessa comunidade, não importando a cor da autoridade, o faria sob risco de vida! Se o momento exigir, será visto que não se trata de palavras vazias. Ai do escravocrata ou marechal que venha rondar Oberlin depois disto! Um fugitivo não pode ser tirado daqui. Diversos discursos mantiveram a multidão unida até tarde da noite.[24]

---

[24] "Kidnapping at Oberlin – The People Excited". [Disponível online. – N. E.]

O texto acima foi publicado não como uma carta ou artigo de opinião, mas como uma reportagem regular, assinada como "Correspondência do N.Y. *Tribune*" – o que não quer dizer, é claro, que toda a cobertura do *Tribune* tivesse um posicionamento tão militante.

Durante a década de 1860, somando-se à sua perspectiva abolicionista, Marx desenvolveu um apreço pelos revolucionários afro-americanos. Em 11 de janeiro de 1860, no rescaldo do ataque de John Brown a Harpers Ferry, ele escreve a Engels:

> Na minha opinião, a coisa mais relevante acontecendo no mundo hoje é, de um lado, o movimento entre os escravos [*Sklavenbewegung*] nos Estados Unidos, que começou com a morte de Brown, e o movimento de escravos na Rússia, de outro. [...] Acabei de ver no *Tribune* que houve um novo levante de escravos no Missouri, reprimido como de costume. Mas o sinal já foi dado.[25]

No ano seguinte, após a eleição de Lincoln, Engels escreve a Marx, em 7 de janeiro de 1861, a respeito da crescente tensão entre os estados. Ele conclui que "a escravidão parece estar rapidamente se aproximando de seu fim"[26].

Quatro meses depois – pouco após o incêndio do Forte Sumter, que deu início às hostilidades –, em uma carta de 6 de maio de 1861, Marx escreve a seu tio Lion Philips que "esses atos de violência tornaram impossível *qualquer acordo*". De forma profética, ele acrescenta que o Sul obteria algumas vitórias iniciais nos campos de batalha, mas não seria vitorioso ao fim. Marx também alude à possiblidade de uma "revolução escrava" [*Sklavenrevolution*]:

> Não pode haver dúvidas de que no começo do conflito, a balança pesará a favor do Sul, onde a classe dos aventureiros brancos sem propriedade forma uma reserva inesgotável de milicianos. Mas, com o tempo, é claro, o Norte vencerá, pois, em caso de necessidade, ele pode jogar a melhor carta, a da revolução escrava.[27]

Marx voltaria diversas vezes à ideia de que a União precisava travar uma guerra por meios revolucionários, seja utilizando soldados negros seja encorajando levantes de escravos, em contraste com o que ele via como irresolução por parte de Lincoln.

---

[25] MECW, v. 41, p. 4.
[26] Ibidem, p. 242.
[27] Ibidem, p. 277.

Nesse momento, infelizmente, Marx não tinha um meio para publicar suas opiniões, já que o *Tribune* havia cortado sua cobertura internacional para dedicar mais páginas à guerra, e a imprensa na Inglaterra e nos Estados Unidos entrava em colapso[28]. A partir de outubro de 1861, contudo, o *Tribune* permitiu que ele publicasse oito artigos sobre a resposta britânica à guerra e sobre a intervenção de Bonaparte no México, mas essas foram suas últimas contribuições publicadas pelo jornal. Na verdade, a maior parte do que Marx publicou sobre a Guerra Civil foi escrito, em alemão, para o *Die Presse*, um jornal liberal publicado em Viena, que, em junho de 1861, o convidou para se tornar um correspondente pago. Como o jornal só começou a publicar os textos de Marx em outubro, é preciso confiar nas cartas, principalmente as enviadas a Engels, para saber a opinião de Marx durante os seis primeiros meses da guerra, de abril a setembro de 1861.

Em uma carta de 29 de maio de 1861 ao jurista socialista alemão Ferdinand Lassalle, Marx aponta para um outro tema em seus escritos sobre a Guerra Civil: o apoio ao Sul dado pelas classes dominantes da Inglaterra, o que ele atribui a fatores econômicos. "Toda a imprensa oficial na Inglaterra está, é claro, a favor dos escravocratas. Eles são os mesmos sujeitos que cansaram o mundo com sua filantropia contra o tráfico de escravos. Mas o algodão, o algodão."[29]

Em resposta ao pedido de Marx por uma análise militar para ajudá-lo com seus artigos para o *Die Presse*, Engels escreve, em 12 de junho, que "o Sul esteve se armando silenciosamente por anos", ao passo que Lincoln não tinha apoio suficiente para convocar muitas tropas, até que o incêndio do Forte Sumter despertou uma onda patriótica no Norte[30]. Engels alude com claro orgulho às atividades de seus colegas alemães, escrevendo que "a reconquista do Missouri pelos alemães de St. Louis" provaria ter uma "importância enorme para o curso da guerra"[31]. Por fim, Engels destaca a vantagem populacional da União de mais

---

[28] Também não havia um órgão socialista em língua alemã que publicaria Marx durante esse período. Uma carta de 11 de março de 1861 de Jenny Marx a sua "leal companheira lutadora e sofredora" nos Estados Unidos, Louise Weydemeyer – esposa de Joseph Weydemeyer, que havia se alistado no Exército da União –, refere-se aos esforços de Marx durante sua "viagem clandestina a Berlim" naquela primavera para "arranjar uma publicação semanal ou mensal". "Se Karl tiver sucesso em estabelecer um novo órgão partidário", acrescenta ela, "ele certamente escreverá para o seu marido, pedindo que ele mande relatos da América" (ibidem, p. 574-5). Esse esforço, no entanto, não foi bem-sucedido.

[29] Ibidem, p. 291.

[30] Ibidem, p. 294.

[31] Ibidem, p. 296. Aqui quem aparece como um proeminente líder militar é Weydemeyer, que havia servido no Exército alemão como um oficial de artilharia na década de 1840, antes de se

de dois para um, ampliada pelo fato de que as tropas sulistas seriam necessárias para vigiar os escravos, em torno de 3 milhões de pessoas. Em uma passagem que captura bem essa hostilidade visceral à cultura do Sul escravagista como um todo, ele conclui:

> Homem por homem, não há dúvida de que as pessoas do Norte são marcadamente superiores às do Sul, tanto fisicamente quanto moralmente. O sulista rude [*Rauflust*] tem bastante de assassino covarde nele. Cada um deles sai armado, mas somente porque isso lhe permitirá, em uma briga, *atirar em seu adversário antes que ele espere ser atacado*.[32]

Em sua resposta de 19 de junho, Marx, depois de agradecer a Engels por sua carta, acrescenta de forma otimista: "pelos fatos que aparecem no *Tribune* eu vejo que o Norte agora fala de uma guerra de escravos [*Sklavenkrieg*] e de abolir a escravidão"[33]. Ainda faltavam, contudo, dezoito meses para a Proclamação de Emancipação de Lincoln.

Em 1º de julho de 1861, em uma carta a Engels, Marx apresenta dois temas que ele desenvolve posteriormente em seus escritos sobre a Guerra Civil. Em primeiro lugar, havia o que ele via como uma frouxidão do Norte comparada ao fanatismo do Sul a respeito da escravidão. "Um estudo atento dessas questões americanas me mostrou que o conflito entre Sul e Norte" foi adiado, escreve ele, porque o Norte "degradou a si mesmo com uma concessão atrás da outra por cinquenta anos"[34]. Marx continuaria esse tema em suas críticas subsequentes a Lincoln.

Em segundo lugar, Marx analisou a diferenciação de classe dentro do Norte e do Sul. Ele sugere que o Norte começou a tomar uma posição mais firme com o surgimento dos estados do "Noroeste" (hoje o Meio-Oeste) como Illinois e Ohio. Sua grande população imigrante, escreve ele, "com uma rica mistura de novos elementos alemães e britânicos, somada aos *self-working farmers*[35] [fazen-

---

juntar à Liga dos Comunistas (David Roediger, *Joseph Weydemeyer: Articles on the Eight Hour Movement*, Chicago, Greenleaf Press, 1978). Weydemeyer também estava entre os socialistas germânico-americanos que organizaram manifestações públicas em 1860 para frustrar os esforços dos manufatureiros de Nova York de aumentar o apoio da classe trabalhadora ao Sul, ao apontar para as demissões iminentes caso os estoques de algodão fossem cortados pela guerra (Bernard Mandel, *Labor, Free and Slave: Workingmen and the Anti-Slavery Movement in the U.S.*, cit.).

[32] MECW, v. 41, p. 296 (grifos do original).
[33] Ibidem, p. 299.
[34] Ibidem, p. 300.
[35] Em inglês no original.

deiros autônomos], não era tão facilmente intimidável quanto os cavalheiros de Wall Street e os *quakers* de Boston"[36]. Fazendo referência ao Kansas da década de 1850, ele acrescenta: "também foi essa população do Noroeste que, no caso Kansas (que marca de fato o início da presente guerra), lutou de perto contra os *border ruffians*[37] [rufiões da fronteira]"[38].

Quanto à composição de classe do Sul, ele enfoca o grupo relativamente pequeno de 3 mil proprietários de escravos (em contraste com o total de 5 milhões de sulistas brancos), chamando de "usurpações" de uma minoria rica os votos a favor da secessão em vários estados do Sul[39]. Depois de Engels questionar isso em uma carta, em 3 de julho, ao se referir a relatos do "voto popular" a favor da secessão[40], Marx, em uma carta de 5 de julho, afirma que "a manobra de secessão como um todo tem características de um 2 de dezembro", uma referência ao golpe de Bonaparte de 2 de dezembro de 1851[41]. Marx argumenta, ainda, que "a questão foi completamente mal representada nos jornais ingleses"[42] e prossegue com uma análise dos votos de cada estado. Ele nota que muitos brancos sulistas inicialmente se opuseram à secessão, mas foram intimidados pelos elementos pró-escravidão:

> A *Carolina do Norte*, com uma forte maioria, e até mesmo o *Arkansas* escolheram delegados da União. Posteriormente eles foram aterrorizados. [...] *Texas*, onde se encontrava, ao lado da Carolina do Sul, o maior e mais terrorista partido escravista, não obstante deu 11 mil votos para a União. [...] *Alabama*. O povo não votou nem pela secessão nem pela Constituição etc. A Convenção do Estado aprovou uma Ordem de Secessão por 61 votos a 39. Mas os 39 das terras do Norte, quase inteiramente habitadas por brancos, representaram mais homens livres que os 61.[43]

Essa falta de apoio popular à secessão, argumenta Marx, mostrava o caráter bonapartista do movimento separatista, que foi forçado "a provocar uma guerra [...] com o slogan 'o Norte contra o Sul'" a fim de ganhar maior apoio popular[44].

---

[36] MECW, v. 41, p. 300.
[37] Embora tenha escrito essa carta em alemão, Marx usou o termo abolicionista em inglês "*border ruffians*", usado para designar os elementos pró-escravidão no Kansas.
[38] MECW, v. 41, p. 301.
[39] Idem.
[40] Ibidem, p. 304.
[41] Ibidem, p. 307.
[42] Ibidem, p. 305.
[43] Ibidem, p. 306-7 (grifos do original).
[44] Ibidem, p. 307.

Marx então cita alguns jornais sulistas como o *Augusta Chronicle and Sentinel*, da Geórgia, segundo o qual a secessão aconteceu "sem a autoridade do povo"[45].

Do período que vai dessa carta, datada de 5 de julho de 1861, ao seu primeiro artigo sobre a opinião pública britânica no *Tribune*, escrito em meados de setembro – um período que inclui a significativa vitória dos confederados na Batalha de Bull Run em 21 de julho –, nós não temos mais nada de Marx sobre a Guerra Civil dos Estados Unidos. Durante esses dois meses, ele começou a trabalhar intensivamente nos manuscritos de 1861-1863, que incluíam o rascunho do primeiro livro de *O capital* e o que se tornaria posteriormente o *Teorias do mais-valor*[46].

Em 25 de outubro de 1861, o primeiro artigo de Marx sobre a guerra apareceu no *Die Presse*: intitulado "A Guerra Civil norte-americana", oferecia uma análise do conflito como um todo. Marx começa refutando as razões dadas pelo *establishment* britânico para negar apoio à União. Ele argumenta que a escravidão, e não as tarifas protecionistas a favor da indústria do Norte, era o fundamento da guerra: "a secessão, assim sendo, não ocorreu porque o Congresso aprovou a tarifa Morril [*Morril Tariff Act*]. No máximo, o Congresso aprovou a protecionista tarifa Morril porque a secessão tinha ocorrido"[47]. Marx ataca com ainda mais força a ideia, comum na Europa da época, de que, como a União ainda não tinha se pronunciado publicamente contra, "a escravidão [...] não tinha absolutamente nada a ver com essa guerra"[48]. Em vez disso, ele argumenta que o Sul iniciara o conflito e fizera da escravidão um princípio de sua Constituição, e que seu objetivo era abrir todo o país à escravidão – o que explicava seus ataques ao Norte nos primeiros meses da guerra. A Confederação, com sua pauta que se colocava como uma luta pela independência nacional, era veementemente repelida por Marx em razão de sua política absolutamente reacionária.

Marx detalha várias concessões feitas pelo Norte aos estados escravistas de 1820 em diante, e então escreve sobre como, em 1857, a Suprema Corte dos Estados Unidos decidiu "o notório caso Dred Scott", segundo o qual "todo escravocrata individual tem o direito de introduzir, contra a vontade da maioria, a escravidão em territórios até então livres"[49]. Ele também reconta o conflito no Kansas entre 1854 e 1858:

---

[45] Ibidem, p. 308.
[46] Hal Draper, *The Marx-Engels Chronicle*, vol. 1 de *The Marx-Engels Cyclopedia* (Nova York, Schocken, 1985).
[47] MECW, v. 19, p. 33.
[48] Idem.
[49] Ibidem, p. 36-7.

Emissários armados dos escravocratas, a ralé da fronteira do Missouri e do Arkansas, com um facão em uma mão e um revólver em outra, atacaram o Kansas e por meio das mais inacreditáveis atrocidades tentaram expulsar os colonos do território que eles haviam colonizado. Esses ataques foram apoiados pelo governo central de Washington. Daí tamanha reação. Por todo o Norte, mas particularmente no Noroeste, uma organização de apoio com homens, armas e dinheiro foi formada para dar suporte ao Kansas.[50]

Marx também argumenta que a escravidão no Sul era uma instituição econômica para a qual, graças à rápida exaustão do solo, "a aquisição de novos territórios se tornava necessária"[51]. O Sul escravista, portanto, nunca poderia consentir com as limitações à expansão da escravidão nos territórios. Foi somente por causa dessa expansão, bem como da agressão envolvida no processo, que os interesses de uma pequena minoria de escravistas poderia corresponder aos da vasta população de brancos pobres. Isso foi alcançado dando "uma direção inócua aos impulsos turbulentos [dos brancos pobres] e os amansando com a possibilidade de eles mesmos se tornarem escravocratas um dia"[52]. O conflito setorizado sobre a escravidão, portanto, operou de forma ideológica, desviando os brancos pobres do conflito com as classes dominantes do Sul; quando estas se deram conta do rápido crescimento populacional do Norte em virtude da imigração, entretanto, elas perceberam no horizonte um obstáculo à expansão da escravidão para novos territórios. Elas decidiram, então, que "era melhor realizar a ruptura agora", conclui Marx[53].

Em outro artigo para o *Die Presse*, "A Guerra Civil nos Estados Unidos", publicado em 7 de novembro de 1861, ele se concentrou em dois pontos. Primeiro, Marx revelou que o Sul, na verdade, exigiu não menos que três quartos do território nacional como parte de sua secessão: "a guerra da Confederação Sulista é, portanto, não uma guerra de defesa, mas uma guerra de conquista, uma guerra de conquista para estender e perpetuar a escravidão"[54]. O segundo ponto era uma pesquisa a respeito das condições sociais e políticas de cada um dos estados do Sul e da fronteira, desenvolvendo e expandindo os argumentos que havia apresentado a Engels na carta de 1º de julho, como discutido anteriormente.

---

[50] Ibidem, p. 38.
[51] Ibidem, p. 39.
[52] Ibidem, p. 41.
[53] Ibidem, p. 42.
[54] Ibidem, p. 44.

Marx sugere, diversas vezes, que o objetivo do Sul era dominar o Norte dos Estados Unidos: "portanto, na verdade, o que aconteceria não seria uma dissolução da União, mas uma *reorganização* dela, uma *reorganização com base na escravidão*, sob o controle reconhecido da oligarquia escravocrata"[55]. O resultado seria uma nova forma de capitalismo, abertamente estruturado em linhas raciais e étnicas, na qual imigrantes brancos se juntariam aos negros na base:

> O sistema escravista infectaria toda a União. Nos estados do norte, onde a escravidão dos negros era impraticável, a classe trabalhadora branca seria rebaixada ao nível da servidão. Isso estaria de acordo com o princípio, proclamado aos quatro ventos, segundo o qual somente certas raças eram capazes de serem livres, e que, como no Sul o verdadeiro trabalho é a parte que cabe ao negro, então no Norte é a parte que cabe ao alemão e ao irlandês, ou seus descendentes diretos.[56]

Por fim, é nesse artigo que Marx critica Lincoln abertamente pela primeira vez. A razão era a forma pela qual "Lincoln medrosamente revogou a Proclamação de Emancipação dos negros pertencentes aos rebeldes que foi declarada pelo Missouri de [General John] Frémont", isso após os protestos dos escravocratas pró-União no Kentucky, que ameaçaram se separar[57]. Ainda assim, conclui Marx, a questão da emancipação havia sido defendida publicamente como um objetivo de guerra e uma estratégia. Ele dedicou o artigo de 26 de novembro no *Die Presse* inteiramente a Frémont, escrevendo que ele era "o primeiro general do Norte a ameaçar os escravocratas com a emancipação dos escravos"[58].

A Guerra Civil e a divisão de classes na Inglaterra: o movimento contra a intervenção

Durante o mesmo período, Napoleão III se preparava, com o apoio da Inglaterra e da Espanha, para invadir o México e estabelecer o príncipe austríaco Maximilien como imperador. Entre o fim de 1861 e o começo de 1862, Marx escreveu três artigos sobre as manobras diplomáticas envolvendo essa questão, aparentemente

---

[55] Ibidem, p. 50 (grifos do original).
[56] Ibidem, p. 51.
[57] Idem.
[58] Ibidem, p. 86. A informação sobre essas controvérsias chegou até Marx graças a Weydemeyer, que estava servindo como auxiliar de Frémont. Marx elogia Frémont nesses escritos, sem fazer menção à repressão de indígenas e nacionais mexicanos na Califórnia.

preocupado com a possibilidade de Napoleão III – ou até mesmo Palmerston – estar planejando usar o México como base militar para apoiar o Sul. Um desses textos, publicado em fevereiro de 1862, foi seu último artigo para o *Tribune*.

Marx escreveu muito mais sobre outra dimensão internacional da Guerra Civil do Estados Unidos: seu impacto no governo britânico e na opinião pública britânica. Padover resume a situação na Inglaterra nesse período:

> O começo do conflito encontrou a opinião britânica dividida. Do lado pró-Confederação estava a aristocracia, que simpatizava com os proprietários das *plantations* do Sul, e os interesses comerciais, que esperavam matérias-primas mais baratas, especialmente algodão, do Sul independente. Do lado pró-Norte estavam os liberais britânicos, que viam na Guerra Civil uma luta pela preservação da democracia, e a classe trabalhadora, que sentia que o destino do trabalho livre estava em jogo. Boa parte da imprensa de Londres, encabeçada pelo influente *Times* (lido assiduamente por Marx), era pró-Sul. Os britânicos, liderados por lorde Palmerston como primeiro-ministro e por lorde John Russel como ministro do Exterior, inclinaram-se a favor da Confederação.[59]

O primeiro artigo de Marx sobre o debate na Inglaterra, "A questão americana na Inglaterra" ["The American Question in England"], publicado com algum atraso pelo *Tribune* em 11 de outubro de 1861, abordou os ataques do *establishment* britânico aos apoiadores da União. Contudo, como será visto adiante, os poderosos políticos liberais Palmerston e Russel, bem como o *tory* Benjamin Disraeli, todos favoráveis a uma intervenção a favor do Sul, foram freados por protestos de trabalhadores e intelectuais, bem como pela oposição de outros membros das classes dominantes. Em seu artigo, Marx observa que, da perspectiva do Norte, "a guerra não foi travada com o objetivo de acabar com a escravidão", argumento frequentemente usado pelos oponentes britânicos à União. O Sul não apenas "confessou estar lutando pela liberdade de escravizar os outros" como também tornou o "direito" a possuir escravos um dos seus princípios fundamentais:

> O Congresso Confederado alardeou que sua ultramoderna Constituição, diferente da Constituição dos Washingtons, Jeffersons e Adams, reconhecia pela primeira vez a escravidão como algo bom, um baluarte da civilização e uma instituição divina.[60]

---

[59] KML, v. 2, p. 112; ver também Philip S. Foner, *British Labor and the American Civil War* (Nova York, Holmes & Meier, 1981).

[60] MECW, v. 19, p. 8.

Marx também reconhece que, no fim dos anos 1850, o Norte começou "a retificar as aberrações" sulistas e a "retornar aos verdadeiros princípios de seu desenvolvimento"[61], depois de fazer concessões ao Sul por cinquenta anos.

Outro artigo para o *Tribune*, "O comércio britânico de algodão" ["The British Cotton Trade"], publicado em 14 de outubro, lidava com questões econômicas. A indústria têxtil de Manchester sofria terrivelmente com a falta de algodão devido ao bloqueio bem-sucedido de Lincoln às remessas do Sul. Marx sugere que isso levou "a mente mercantil" a esperar uma das duas alternativas: ou se poria um fim rápido à guerra e ao bloqueio, ou o nêmesis de Marx, Palmerston, novamente primeiro-ministro, "romperia à força o bloqueio"[62]. Para a infelicidade dos interesses econômicos britânicos, que aguardavam uma intervenção, no entanto, interesses opostos – grandes investimentos na indústria do Norte e o fato de que as importações do Norte e do Oeste do Estados Unidos eram a principal fonte britânica de grãos – militavam contra a movimentação de Palmerston. Ele conclui seu artigo reunindo a Irlanda, a classe trabalhadora inglesa e o Sul escravista como partes de um único sistema econômico:

> A moderna indústria inglesa, em geral, se baseava em dois eixos centrais igualmente monstruosos. O primeiro era a *batata* como o único meio de alimentar a Irlanda e boa parte da classe trabalhadora inglesa. Esse eixo foi varrido pela doença da batata e a subsequente catástrofe irlandesa. Uma base maior para a reprodução e manutenção dos milhões de trabalhadores precisou ser adotada. O segundo eixo central da indústria inglesa era o algodão produzido pelos escravos dos Estados Unidos. A presente crise americana os força a expandir seu campo de abastecimento e se emancipar das oligarquias criadoras e consumidoras de escravos. Enquanto as manufaturas inglesas de algodão dependerem de algodão produzido por escravos, pode-se afirmar com razão que elas se baseiam em uma dupla escravidão, a escravidão indireta do homem branco na Inglaterra e a escravidão direta do homem negro do outro lado do Atlântico.[63]

Esse sistema citado ao final era agora desafiado pelos eventos históricos nos Estados Unidos.

Em um terceiro artigo para o *Tribune*, "O *London Times* e lorde Palmerston" ["The *London Times* and Lord Palmerston"], publicado em 21 de outubro de

---

[61] Ibidem, p. 10.
[62] Ibidem, p. 18.
[63] Ibidem, p. 19-20.

1861, Marx supõe que o *establishment* britânico havia desistido de qualquer plano de intervir a favor do Sul. Em um quarto artigo para o *Tribune*, publicado em 7 novembro, ele escreve sobre o forte apoio dos trabalhadores da Europa à União. Isso se dava não somente porque eles eram antiescravistas mas também porque os trabalhadores europeus viam os Estados Unidos como a sociedade mais democrática da época, talvez o único país em que até mesmo os trabalhadores brancos homens tinham pleno direito ao sufrágio:

> O verdadeiro povo da Inglaterra, da França, da Alemanha, da Europa, considera a causa dos Estados Unidos como sua própria causa, como a causa da liberdade, e [...] apesar de todas as falácias remuneradas, eles consideravam o solo dos Estados Unidos como o solo livre dos milhões de sem-terra da Europa, como sua terra prometida, que agora precisa ser defendida com espadas em punho do domínio sórdido dos escravocratas. [...] Nesse quesito, a mais alta forma de autogoverno popular até agora realizada está lutando contra a mais cruel e despudorada forma de escravizar homens já registrada nos anais da história. [...] Tal guerra [...] [é] por isso distinta, pela vastidão de suas dimensões e pela grandiosidade de seus objetivos, das guerras infundadas, arbitrárias e diminutas pelas quais a Europa passou desde 1849.[64]

Marx ligou, assim, a causa da União à luta internacional por democracia e revolução. O artigo subsequente de Marx, "A crise na Inglaterra", publicado no *Die Presse* em 6 de novembro de 1861, detalhava a dependência britânica do algodão do Sul. Marx escreveu que o bloqueio de importações de algodão fixado pela União levou a uma situação na qual, "nesse momento, toda a Inglaterra treme com a chegada da maior catástrofe econômica que já a ameaçou"[65].

Em seguida, Marx volta sua atenção ao Caso Trent. Em 8 de novembro de 1861, o navio de guerra estadunidense *San Jacinto* embarcou à força o *Trent*, uma embarcação mercantil britânica, com o objetivo de prender dois diplomatas confederados a caminho de Londres. Em um artigo publicado no *Die Presse* em 2 de dezembro, Marx sustenta que esse incidente isolado "não é motivo para guerra"[66], embora visse interesses de Palmerston, dos barões do algodão de Liverpool e de setores da imprensa em iniciar um conflito. Por fim, os Estados Unidos liberaram os dois emissários confederados e eles chegaram à Inglaterra

---

[64] Ibidem, p. 29-30.
[65] Ibidem, p. 56.
[66] Ibidem, p. 89.

em janeiro de 1862. Marx escreveu então mais cinco artigos sobre o Caso Trent, nos quais ressaltou que muitos membros importantes do *establishment* britânico se opuseram à guerra contra os Estados Unidos, dos liberais William Gladstone, John Bright e Richard Cobden ao *tory* David Uquhart, seu velho aliado contra a Rússia. Tais oposições frustraram os esforços, por parte dos líderes liberais Palmerston e Russel, bem como do conservador Disraeli, de provocar uma guerra. Engels (que frequentemente tinha uma visão pessimista sobre as perspectivas da União) demonstrou preocupação, em uma carta a Marx de 27 de novembro, de que os Estados Unidos pudessem ter dado à Inglaterra um *casus belli*[67]. Marx o tranquiliza em uma carta de 9 de dezembro: "não vai haver uma *guerra* com os Estados Unidos, como eu disse desde o começo no *Die Presse*"[68].

Marx avalia o debate na Inglaterra em um artigo para o *Die Presse* de 31 de dezembro, "A opinião dos jornais e a opinião do povo". Ele nota que a oposição à guerra dentro das classes dominantes se fundava na opinião pública: "no presente momento, uma guerra com os Estados Unidos é tão impopular entre todos os estratos do povo inglês, exceto entre os amigos do algodão e seus escudeiros, quanto são abundantes os gritos de guerra na imprensa"[69]. Depois de detalhar as conexões da imprensa com várias forças políticas e econômicas, Marx conclui: "Palmerston quer guerra; o povo inglês não"[70].

Em seus artigos seguintes, Marx relatou manifestações públicas contrárias à intervenção por toda a Inglaterra. Em "Uma manifestação pró-Estados Unidos" ["A Pro-America Meeting"], um artigo publicado no *Die Presse* em 5 de janeiro de 1862, Marx descreve uma delas. Realizado em Brighton em 30 de dezembro, o ato contou com o parlamentar liberal William Coningham, que declarou:

> neste momento, está se desenvolvendo em meio à União uma *política declarada de emancipação* (*Aplausos*), e eu expresso minha mais sincera esperança de que nenhuma intervenção por parte do governo inglês seja permitida (*Aplausos*). [...] Vocês, ingleses livres, se deixarão meter em uma guerra antirrepublicana?[71]

Outro discurso, do parlamentar liberal James White, sublinhou o caráter de classe da manifestação: "é devido à classe trabalhadora, para mencionar que eles

---

[67] MECW, v. 41, p. 329.
[68] Ibidem, p. 333.
[69] MECW, v. 19, p. 128.
[70] Ibidem, p. 130.
[71] Ibidem, p. 135 (elipse e grifos do original).

são os criadores desta manifestação e que todas as despesas de sua organização estão sendo custeadas pelo seu comitê". White temia "que a Inglaterra e a França tivessem chegado a um acordo sobre reconhecer a independência dos estados do Sul na próxima primavera"[72].

O artigo de Marx "A opinião pública inglesa" foi publicado no *Die Presse* em 1º de fevereiro de 1862. Nele o autor nota que, devido à pressão das bases, "nenhuma manifestação pública sequer a favor da guerra poderia ser organizada no Reino Unido" naqueles meses, inclusive na Irlanda e na Escócia e "até mesmo em Manchester", mesmo com as terríveis consequências econômicas que penalizavam os trabalhadores têxteis da cidade[73]. Marx contrasta essa situação com o período da Guerra da Crimeia, quando um sentimento anti-Rússia e pró-Polônia entre as classes trabalhadoras deu origem a "tremendas manifestações a favor da guerra ao redor do país", ainda que, sustenta ele, "o *Times*, o *Post* e outros Yellowplushes[74] da imprensa de Londres choramingassem por paz"[75]. Agora, em 1862, a imprensa do *establishment* estava "uivando por guerra, sendo respondida por protestos pela paz denunciando os esquemas para destruir a liberdade [*frei-heitsmörderischen*] e a simpatia pela escravidão do governo"[76].

Em um artigo de 2 de fevereiro de 1862 no *Die Presse*, intitulado "Uma manifestação de trabalhadores de Londres", Marx relata que essa grande aglomeração votou uma resolução na qual constava o seguinte:

> Esta manifestação considerava como a tarefa mais importante dos trabalhadores, já que eles não estavam representados no Senado da nação, declarar apoio aos Estados Unidos em sua luta gigantesca para manter a União, denunciar o fundamento desonesto e a defesa do escravismo (favorecida pelo *The Times* e outros jornais aristocráticos afins), expressar-se mais enfaticamente a favor de uma política de não intervenção mais estrita nos assuntos dos Estados Unidos,

---

[72] Ibidem, p. 136. Dado o fato de que Marx não forneceu as fontes dessas citações, como ele geralmente fazia em seus despachos de Londres, é possível que ele tenha participado da reunião e estivesse relatando suas próprias anotações.

[73] Ibidem, p. 137.

[74] Alusão à história de William Makepeace Thackeray, *The Yellowplush Papers* [Os documentos Yellowplush], de 1837. S. S. Prawer escreve que "de Thackeray Marx empresta Yellowplush, o lacaio de West-End com visão de criado sobre a vida" (S. S. Prawer, *Karl Marx and World Literature*, Londres, Oxford University Press, 1976, p. 252-3).

[75] MECW, v. 19, p. 138.

[76] Idem.

[...] protestar contra uma política de guerra do órgão dos trapaceadores da bolsa de valores[77] e proclamar seu mais caloroso apoio aos abolicionistas, a fim de dar uma solução final à questão da escravidão.[78]

A resolução foi enviada ao governo estadunidense por meio de Charles Francis Adams, diplomata dos Estados Unidos na Inglaterra.

De modo mais geral, Marx saudou a história de movimentos de base sobre questões políticas da classe trabalhadora inglesa, apesar de ainda negarem a ela o direito de voto:

> É fato conhecido que a classe trabalhadora, parte tão preponderante da sociedade, algo que um *campesinato* já não possui mais na memória viva, não está representada no Parlamento. Não obstante, isso não significa que não tenha influência política. Nenhuma importante inovação, nenhuma medida decisiva já foi levada a cabo nesse país sem a pressão dos despossuídos. [...] Por pressão dos despossuídos, o inglês pode saber o que são grandes manifestações populares fora do Parlamento, que naturalmente não podem se dar sem uma ativa participação da classe trabalhadora. [...] A Emancipação Católica [Catholic Emancipation], a Lei de Reforma [Reform Bill], a revogação das Leis dos Cereais [Corn Laws], a Lei das Dez Horas [Ten Hours Bill], a guerra contra a Rússia, a rejeição da Lei de Conspiração de Palmerston [Palmerston's Conspiracy Bill][79], todas foram fruto de tormentosas manifestações extraparlamentares, nas quais a classe trabalhadora, às vezes artificialmente incitada, às vezes agindo espontaneamente, exerceu o papel principal ou – a depender das circunstâncias – o papel de espectador, ora como *dramatis personae*, ora como o coro. Tão mais impressionante é a posição da classe trabalhadora sobre a Guerra Civil Americana.[80]

---

[77] Aparente referência a *Economist*.
[78] MECW, v. 19, p. 156.
[79] Emancipação Católica [Catholic Emancipation] refere-se a uma decisão do Parlamento, em 1829, sob pressão de um movimento de massas na Irlanda, para garantir direitos políticos limitados aos católicos; a Lei de Reforma [Reform Act], de 1832, estendeu o sufrágio às classes médio-altas e industriais; as protecionistas Leis dos Cereais [Corn Laws], que estabeleceram taxas sobre produtos agrícolas importados, foram revogadas em 1846; a Lei das Dez Horas [Ten Hours Bill], de 1847, limitou a jornada de trabalho de mulheres e crianças (Marx vai detalhar o movimento pela redução das horas de trabalho no Livro I de *O capital*); a Lei de Conspiração [Conspiracy Bill], rejeitada em 1858, teria facilitado a extradição de refugiados políticos ao continente.
[80] MECW, v. 19, p. 153.

Apontando para a terrível situação econômica dos trabalhadores durante a crise do algodão e para a incitação de guerra por parte tanto da imprensa como do governo, Marx escreve:

> A classe trabalhadora está [...] plenamente consciente de que o governo está apenas esperando pelo grito de intervenção dos de baixo para pôr um fim ao bloqueio estadunidense e à angústia da Inglaterra. Sob essas circunstâncias, a obstinação com a qual a classe trabalhadora permanece em silêncio, ou rompe o silêncio apenas para levantar a voz contra a intervenção e *a favor* dos Estados Unidos, é admirável.[81]

Em artigos subsequentes, Marx se regozija com a forma pela qual o *Times* e outros elementos conservadores estavam admitindo que a intervenção por meio do Caso Trent havia se tornado impossível.

"Uma guerra desse tipo deve ser conduzida de forma revolucionária"

Marx continuou acompanhando o debate sobre abolição nos Estados Unidos. Em um artigo intitulado "Crise sobre a questão da escravidão", publicado no *Die Presse* em 14 de dezembro de 1861, ele escreve que, enquanto Frémont havia sido desacreditado, outros, incluindo o secretário de Guerra Simon Cameron, publicamente apoiavam propostas de alguns oficiais da União a favor do "armamento geral dos escravos como uma medida de guerra"[82]. Ele também cita um pronunciamento feito por um oficial da União de que os "escravos rebeldes sempre encontrarão proteção nesta companhia e nós os defenderemos até o último homem" e de que ele "não quer nenhum homem que não seja abolicionista" em sua unidade[83]. Até mesmo alguns que um dia já tinham sido abolicionistas

---

[81] Ibidem, p. 154.
[82] Ibidem, p. 115.
[83] Ibidem, p. 116. O oficial em questão era o coronel Charles Jennison, dos *jayhawkers*, do Kansas, um regimento voluntário cujas origens remontavam às campanhas de John Brown contra as forças escravistas durante a década de 1850. Em seu recente estudo sobre Marx, Kansas e a Guerra Civil, o germanista Charles Reitz resume a carreira de Jennison: "Cel. Jennison foi nomeado general-brigadeiro em exercício por suas valorosas atividades em 1862 que dramaticamente libertaram 'propriedades' de escravos no Missouri, mas foi preterido na indicação oficial para este posto. Quando a feroz forma militar de 'abolicionismo prático' de Jennison foi criticada pelos conservadores como 'interferência prematura na escravidão' e suas táticas foram consideradas dedicadas demais ao forrageamento (denunciadas como pilhagem pelos

convictos (entre os quais o secretário de Estado William Seward) começaram a hesitar, lamenta Marx. Em outro artigo, "Questões americanas", publicado em 17 de dezembro, Marx escreve sobre um discurso "brilhante" do senador abolicionista Charles Sumner, de Massachusetts, que, nota ele, "havia apanhado com um porrete de um senador sulista na época do Caso Kansas". Depois do discurso de Sumner na *Cooper Union*, em Nova York, a plateia votou que a abolição havia se tornado "uma necessidade moral, política e militar"[84]. Para ambos os artigos Marx obteve suas fontes do *Tribune*, que ele ainda recebia diariamente como um de seus correspondentes. Isso logo acabaria, contudo.

Em "Assuntos americanos", publicado em 3 de março de 1862 no *Die Presse*, Marx aplaude o rebaixamento – determinado por Lincoln – do comandante-geral das forças da União, general George McClellan. Marx escreve, novamente compartilhando a visão dos abolicionistas estadunidenses, que McClellan era "muito conectado aos seus velhos camaradas do campo inimigo", com quem ele havia cursado a academia militar de West Point. O autor também sustenta que os quartéis de McClellan estavam cheios de espiões confederados. Para reforçar o argumento de que a guerra precisava de generais comprometidos com sua causa, Marx cita um famoso discurso de 1653 de Oliver Cromwell sobre "quão diferente" seu exército havia se tornado quando os oficiais leais à Revolução Puritana passaram a liderá-lo[85].

Em seguida, veio o primeiro artigo sobre a Guerra Civil escrito em coautoria com Engels, "A Guerra Civil Americana", uma longa análise publicada no *Die Presse* em 26 e 27 de março de 1862. Na época, McClellan sofria pressão crescente para avançar contra o exército confederado – algo que ele relutava em fazer, pois alegava que suas forças precisavam de mais treinamento. Marx e Engels começam sugerindo que a Confederação estava lutando com um "espírito verdadeiramente bonapartista" ao realizar uma série de ataques arriscados, apoiando-se no fato de que seus líderes vinham se preparando para a guerra por mais tempo que os

---

habitantes do Missouri), ele renunciou ao Exército por acreditar que estava sendo caluniado e que ele não podia conduzir a guerra de forma honrada obedecendo a um alto-comando hostil ao radicalismo dos *jayhawkers* [...]. Na visão de muitos, as políticas de terra arrasada do Gen. William T. Sherman em sua famosa Marcha para o Mar justificaram a radicalidade com a qual tanto Jennison como John Brown Sr. conduziram a campanha por uma América livre da escravidão", Charles Reitz, "Horace Greeley, Karl Marx, and German 48ers: Anti-Racism in the Kansas Free State Struggle, 1854-1864", cit., p. 9.

[84] MECW, v. 19, p. 118.
[85] Ibidem, p. 179.

combatentes da União. As derrotas iniciais em Bull Run e em outras batalhas, algumas vezes acompanhadas de "pânico [...] no momento decisivo", sustentam eles, "não surpreenderiam ninguém que estivesse um pouco familiarizado com guerras populares"[86], uma referência a alguns dos problemas dos exércitos revolucionários franceses dos anos 1790. Com o uso do termo "guerras populares" e a comparação com a França, Marx e Engels sublinham sua perspectiva de que a Guerra Civil seria uma segunda Revolução Americana. Eles acrescentam: "sem a considerável experiência militar dos emigrados para a América, resultado da agitação revolucionária europeia de 1848-1849, a organização do Exército da União levaria ainda muito mais tempo"[87]. Embora boa parte do artigo tenha sido baseada em dois outros que Engels havia publicado em um pequeno jornal militar britânico poucas semanas antes[88], na versão para o *Die Presse* os autores fazem uma observação profética: "[Henry] Halleck e [Ulysses S.] Grant, em particular, oferecem bons exemplos de liderança militar firme". Eles acrescentam que suas lideranças "merecem a mais alta estima"[89]. De forma igualmente profética, eles prefiguram a marcha em direção ao mar realizada em 1864 por William T. Sherman dois anos antes do acontecimento: "A Geórgia é a chave para a secessão. Com a perda da Geórgia, a Confederação seria cortada em duas seções, que teriam perdido completamente a conexão uma com a outra"[90]. Marx e Engels também ridicularizam os planos militares de McClellan: apesar de não totalmente impraticáveis, corriam o risco de fazer com que a "guerra fosse prolongada indefinidamente"[91].

Os artigos seguintes de Marx lidam com a conquista de Nova Orleans pelas forças da União em 1º de maio de 1862. Em um deles, "Humanidade inglesa e a América", publicado no *Die Presse* em 20 de junho, ele ironiza a simpatia do *establishment* britânico pelas mulheres brancas de Nova Orleans, que haviam recebido ordens para parar de insultar soldados da União. Depois de condenar

---

[86] Ibidem, p. 187.
[87] Ibidem, p. 188.
[88] Os artigos de Engels para o *Volunteer Journal* (MECW, v. 18, p. 525-34), publicados em dezembro de 1861 e em março de 1862, eram uma versão de uma análise militar que ele aparentemente havia enviado, por sugestão de Marx, ao *Tribune*, que não as publicou. Os artigos de Engels são um tanto técnicos e apresentam poucas questões políticas mais amplas. A documentação que sobreviveu não menciona o papel específico desempenhado por Marx no desenvolvimento dos artigos mais longos que apareceram no *Die Presse*, mas é possível supor que essas alterações tenham sido mais obra de Marx do que de Engels.
[89] MECW, v. 19, p. 192.
[90] Ibidem, p. 194.
[91] Ibidem, p. 195.

o silêncio desse mesmo setor no que concerne às "mulheres inglesas que estão passando fome" na industrial Lancashire e "os gritos de desespero das mulheres irlandesas" despejadas de suas casas por proprietários gananciosos, Marx zomba dos relatos da imprensa britânica sobre Nova Orleans:

> Realmente, às *ladies*[92] [damas] – e *ladies* que de fato possuíam escravos – não era permitido nem mesmo descontar sua raiva e maldade nas tropas comuns da União, camponeses, artesãos e outras ralés com impunidade! Isso é "infame"!

O autor traça um contraste entre esse insulto imaginário e o golpe de Napoleão III, durante o qual "'damas' foram de fato mortas a tiros, enquanto outras foram estupradas"[93]. No mesmo artigo, Marx alude também ao perigo de que a intervenção de Napoleão III no México, apoiada pelo governo britânico, pudesse ajudar a Confederação.

Durante esse período, Marx e Engels começaram a ter algumas divergências políticas a respeito da Guerra Civil[94]. Em uma carta a Marx, de 12 de maio de 1862, Engels lamenta "a indolência e a indiferença pelo Norte. Onde, entre o povo, há alguma energia revolucionária?"[95]. Em outra correspondência, datada de 30 de julho, Engels vai além, escrevendo que a falta de progresso geral da União encorajaria algum tipo de acordo podre com a Confederação. Ele lastima a incapacidade da União de se posicionar claramente contra a escravidão e de conduzir a guerra "em linhas revolucionárias"[96] – tais fatores, somados ao talento e à energia demonstrados pelo lado confederado, tornavam o cenário ameaçador, concluiu ele. Engels replicava, de certo modo, as perspectivas de outros socialistas alemães, como pode ser visto na carta de Marx a ele do mesmo dia. Marx se queixa de que Lassalle, que estava hospedado em sua casa em Londres, desdenhava totalmente da causa da União: "sobre os Estados Unidos, é totalmente desinteressante. Os ianques não têm 'ideais'. 'Liberdade individual' é somente uma 'ideia negativa' etc. e outros lixos velhos, decadentes e especulativos da mesma espécie"[97].

---

[92] Em inglês no original.
[93] MECW, v. 19, p. 211.
[94] Poucos estudiosos de Marx notaram essas diferenças, com exceção de Dunaiévskaia (*Marxism and Freedom*, cit.) e F. O. Henderson (*The Life of Friedrich Engels*, Londres, Frank Cass, 1976).
[95] MECW, v. 41, p. 364.
[96] Ibidem, p. 387.
[97] Ibidem, p. 390. Nessa carta frequentemente citada, Marx faz algumas afirmações pessoais bastante problemáticas, referindo-se ao "crioulo judeu Lassalle" (*der jüdische Nigger Lassalle*) e escrevendo, ainda, que "a impertinência dele também é crioula" (*niggerhaft*) (ibidem, p. 389-

Marx critica o amigo explicitamente em uma carta de 7 de agosto:

> Eu não concordo totalmente com suas visões sobre a Guerra Civil Americana. Eu não acredito que tudo esteja decidido. O Norte foi dominado desde o começo pelos representantes dos estados escravistas da fronteira, que empurraram McClellan, aquele velho partidário de Breckinridge[98], para cima. O Sul, por outro lado, agiu como uma unidade desde o início. [...] Na minha visão, tudo isso vai tomar um novo rumo. O Norte finalmente travará a guerra seriamente, adotará métodos revolucionários, e derrubará os governantes que dominam os estados escravistas da fronteira. Um único *nigger-regiment* [regimento de crioulos] teria um efeito notável nos nervos sulistas. [...] Se Lincoln não ceder (o que, contudo, ele fará), haverá uma revolução. [...] Cedo ou tarde, me parece que uma guerra desse tipo deve ser conduzida de forma revolucionária, enquanto os ianques estão tentando até agora conduzi-la constitucionalmente.[99]

Na citação acima, a expressão *nigger-regiment* aparece em inglês no meio de uma frase em alemão. Esse é um exemplo do uso, por Marx, do que hoje seria considerada uma frase bastante racista para defender um ponto de vista firme contra a escravidão[100]. Ironicamente, é aqui que Marx faz sua afirmação mais contundente até o momento sobre a questão das tropas negras, não só por razões militares mas também por razões políticas e psicológicas. Essa carta também é notável pela incomum expressão de uma divergência significativa com Engels, isso em um assunto que Marx havia antes deferido à *expertise* do amigo: estratégia militar.

Em agosto de 1862, Marx publica diversas críticas ao fato de Lincoln ter deixado de abolir a escravidão. Ao mesmo tempo, o tom geral de Marx permanece

---

90). Que Marx fosse capaz de fazer afirmações tão racistas em privado não deveria, porém, ocultar o fato de que o que mais o irritava em relação a Lassalle era a indiferença deste quanto à Guerra Civil e quanto à questão da escravidão e do racismo nos Estados Unidos.

[98] John Breckinridge, que concorreu contra Lincoln em 1860, tornou-se um general confederado e um membro de gabinete.

[99] MECW, v. 41, p. 400.

[100] O uso ocasional de Marx da palavra *nigger* [crioulo] para efeito dramático foi escondido em *The Civil War in the United States*, cit., mas o termo poderia ser encontrado posteriormente em KML, v. 2, de Padover, e em MECW. Os volumes relevantes de MECW para esse assunto são o 19 (1984) e o 41 (1985), cujo "editor científico" de Moscou era Norair Ter-Akopian. Também um especialista nos cadernos de Marx de 1879-1882 sobre sociedades não ocidentais e pré-capitalistas, Ter-Akopian participou posteriormente da preparação desses cadernos para a publicação da MEGA².

confiante na União a longo prazo, tanto militarmente quanto politicamente. Em um artigo intitulado "Crítica dos assuntos americanos", que apareceu no *Die Presse* em 9 de agosto, ele nota a pressão crescente sobre Lincoln:

> A Nova Inglaterra e o Noroeste, que forneceram o corpo principal de tropas, estão determinados a forçar o governo a travar a guerra de maneira revolucionária e inscrever "Abolição da Escravidão" na bandeira estrelada como um slogan de batalha. [...] Até o momento, nós testemunhamos somente o primeiro ato da Guerra Civil, travada constitucionalmente. O segundo ato, uma guerra revolucionária, está à mão.[101]

Marx também se refere a algumas medidas menores em direção à abolição, da abolição da escravatura no Distrito de Colúmbia e na Virgínia Ocidental ao reconhecimento da "independência das repúblicas negras do Haiti e da Libéria" pelo governo dos Estados Unidos[102]. Em um movimento que apontava para a autonomia dos negros na luta por sua própria liberdade, uma lei recém-aprovada estabelecia que "todos os escravos possuídos pelos rebeldes devem ser emancipados, assim que eles caiam nas mãos do exército republicano". Marx nota que "pela primeira vez [...] esses negros [*negroes*] emancipados podem ser militarmente organizados e enviados para o campo de batalha contra o Sul"[103]. Em outro artigo, publicado duas semanas depois, Marx cita alguns artigos especialmente venenosos no *Times* que se referiam aos sulistas como "nossos parentes" e aos nortistas como "uma raça mestiça de ladrões e opressores", somada a outra referência a "um exército cujos oficiais são ianques trapaceiros e cujos soldados comuns são ladrões alemães". Marx jocosamente cita uma réplica do jornal abolicionista *New York Evening Post*[104]: "são esses guerreiros ingleses, esses descendentes dos bretões, dos dinamarqueses, dos saxões, dos celtas, dos normandos, dos holandeses de sangue tão puro que todos os outros povos parecem mestiços se comparados a eles?"[105].

O novo artigo de Marx, "Protestos abolicionistas na América", publicado no *Die Presse* em 30 de agosto de 1862, apresentava sua crítica pública mais con-

---

[101] MECW, v. 19, p. 228.
[102] Ibidem, p. 229.
[103] Ibidem, p. 228-9.
[104] Durante esse período, Marx esperava se tornar um correspondente pago para o *Evening Post*, algo que nunca se concretizou.
[105] Ibidem, p. 230-1.

tundente a Lincoln[106]. O autor se debruça sobre um discurso do abolicionista radical Wendell Phillips, que Marx descreve da seguinte forma:

> Por trinta anos, incessantemente e sob risco de morrer, ele proclamou a emancipação dos escravos como seu grito de batalha, não se importando com a chacota [*Persiflage*], os uivos enfurecidos dos bandidos remunerados e as contestações conciliatórias de amigos preocupados. Ele é reconhecido, até mesmo por seus oponentes, como um dos maiores oradores do Norte, combinando um caráter de ferro com energia potente e a mais pura convicção.[107]

Marx elogia o discurso de Phillips como "mais importante que um boletim de batalha", já que expressava um ponto de vista que estava "ganhando cada vez mais o primeiro plano pelas circunstâncias"[108].

O grosso do artigo de Marx consiste na sua tradução para o alemão de longas citações do discurso, no qual Phillips afirmou:

> Eu não digo que McClellan seja um traidor, mas eu digo o seguinte, que, se ele tivesse sido um traidor da ponta da cabeça à sola dos seus pés, ele não poderia ter servido o Sul melhor do que o fez enquanto era comandante em chefe. [...] Vocês e eu nunca veremos paz, nós nunca veremos a possibilidade de colocar o Exército dessa nação, seja ela composta de 19 ou 34 estados, em pé de paz, até que a escravidão seja destruída [...]. Enquanto vocês mantiverem uma tartaruga [Lincoln] como cabeça do governo, vocês estarão cavando um fosso com uma mão e enchendo-o com a outra. [...] Eu conheço Lincoln. Tive noção do seu tamanho em Washington. Ele é um homem de primeira classe de *segunda classe*.[109]

Esse discurso, "O gabinete" ["The Cabinet"], proferido em Massachusetts em 1º de agosto de 1862, foi um dos mais famosos de Phillips[110]. Em sua tradução, Marx retira algumas das referências religiosas de Phillips, mas, fora isso, suas citações refletem com precisão o teor geral do artigo.

---

[106] O tratamento recente dado a Lincoln por historiadores negros e de esquerda tem sido muito mais incisivo. Ver, por exemplo, Lerone Bennett Jr., *Forced Into Glory: Abraham Lincoln's White Dream* (Chicago, Johnson Publications, 2000).
[107] MECW, v. 19, p. 233.
[108] Ibidem, p. 233-4.
[109] Ibidem, p. 234-5 (grifos do original).
[110] O texto completo pode ser encontrado em Wendell Phillips, *Speeches, Lectures & Letters* (Nova York, New American Library/Negro Universities Press, 1969), p. 448-62.

Na esteira da grande derrota da União na segunda Batalha de Bull Run, em 29-30 de agosto, Engels voltou à sua crítica anterior a respeito da posição de Marx. Ele escreve em uma carta ao amigo, datada de 9 de setembro: "é uma pena, mas os sujeitos do Sul, que ao menos sabem o que querem, aparecem como heróis comparados à gestão mole do Norte. Ou você ainda acredita que os cavalheiros do Norte vão suprimir a 'Rebelião'?"[111]. Marx responde parcialmente em uma carta de 10 de setembro, apontando para o que ele considerava a falha central da posição de Engels, um foco muito restrito às questões militares:

> No que diz respeito aos ianques, eu com certeza ainda sou da opinião de que o Norte vencerá no final; a Guerra Civil pode, claro, passar por todos os tipos de episódios, talvez até mesmo tréguas e retiradas. [...] No que diz respeito à condução da guerra por parte do Norte, nada diferente poderia ser esperado de uma república burguesa, onde a bandidagem tem estado no poder por tanto tempo. Mas o Sul, uma oligarquia, é mais apto à guerra porque é uma oligarquia onde todo o trabalho produtivo é feito pelos crioulos [*niggers*] e os 4 milhões de "lixo branco" [*white trash*] são flibusteiros por profissão[112]. Apesar disso tudo, eu aposto minha cabeça que aqueles sujeitos se darão mal no final, apesar de "Stonewall Jackson". É, claro, possível que antes disso algum tipo de revolução ocorra no Norte. [...] Me parece que você está um pouco influenciado demais pelo aspecto militar das coisas.[113]

Marx também relata que August Willich, árduo oponente de ambos durante os últimos dias da Liga dos Comunistas no começo dos anos 1850, havia sido promovido a general de brigada do Exército da União[114].

---

[111] MECW, v. 41, p. 415.
[112] *Niggers*, em inglês no original, novamente um exemplo de Marx usando uma palavra racista para apresentar um argumento antirracista. Flibusteiros eram aventureiros militares, geralmente do Sul dos Estados Unidos. Dentre eles estava William Walker, do Tennessee, que invadiu e tomou brevemente a Nicarágua em 1850, onde ele restabeleceu a escravidão.
[113] MECW, v. 41, p. 416.
[114] Dois anos depois, em uma carta a Weydemeyer, de 24 de novembro de 1864, Engels escreve: "dos alemães que tomaram parte na guerra, Willich parece ser o que deu o melhor de si" (MECW, v. 42, p. 40). Um oficial prussiano que aderiu à causa revolucionária, Willich fez parte da Revolução Alemã de 1848-1849, na qual trabalhou com Engels. Não muito depois de Marx dissolver a Liga dos Comunistas em 1852 – em grande parte para impedir que o que ele considerava a facção ultraesquerdista de Willich assumisse o controle –, Willich emigrou para os Estados Unidos, onde editou um jornal para a considerável comunidade alemã de Cincinnati, Ohio.

Desacordos persistentes com Engels, mesmo com a mudança da maré

Na verdade, a situação no Norte começava a se mover na direção defendida por Marx, Engels e Phillips. A apertada – porém importante – vitória da União na Batalha de Antietam em 17 de setembro de 1862 forçou as tropas confederadas a desistir de sua invasão de Maryland e recuar para a Virgínia. Em 22 de setembro, pouco menos de uma semana depois, Lincoln emitiu a Proclamação de Emancipação preliminar, que libertava todos os escravos aprisionados nos estados rebeldes a partir de 1º de janeiro de 1863. Impulsionado por esses acontecimentos, Marx declara triunfantemente em um artigo de 12 de outubro no *Die Presse*, intitulado "Sobre os eventos na América do Norte": "a curta campanha em Maryland decidiu o destino da Guerra Civil Americana"[115]. Agora Washington estava fora de perigo e a França e a Inglaterra desistiriam de seus planos de reconhecer a Confederação, concluía ele. Sobre Lincoln, Marx escreve:

> "*E pur si muove*" [E ainda assim se move]. A razão, não obstante, triunfa na história mundial[116]. Mais importante do que a campanha em Maryland foi a Proclamação de Lincoln. A figura de Lincoln é *sui generis* nos anais da história. Sem iniciativa, sem eloquência idealista, sem coturnos, sem cortinas históricas. Ele sempre apresenta o ato mais importante da forma mais insignificante possível. Outros, quando discutem metros quadrados de terra, proclamam estar travando "luta por ideais". Lincoln, mesmo quando está discutindo ideais, proclama estar lidando com "metros quadrados". [...] Os decretos mais impressionantes que ele lança contra o inimigo – que continuarão sempre a ser historicamente notáveis – lembram, e lembram propositalmente, as citações banais que um advogado envia ao advogado da outra parte. [...] Sua Proclamação mais recente – a Proclamação de Emancipação – o mais significativo documento na história estadunidense desde a fundação da União, um documento que rasga a antiga Constituição, tem esse mesmo caráter. [...] Lincoln não é fruto de uma revolução popular. O jogo ordinário do sistema eleitoral, ignorante das grandes tarefas que estava destinado a cumprir, o levou até o cume – um plebeu, que foi de pedreiro a senador de Illinois[117], um homem sem brilhantismo intelectual, sem especial grandeza de caráter, sem importância excepcional – um homem médio de boa

---

[115] MECW, v. 19, p. 248.
[116] "*E pur si muove*" [E ainda assim se move] é o que Galileu supostamente murmurou depois de abjurar suas descobertas sobre a rotação da Terra perante um tribunal religioso; "razão na história" é uma referência a Hegel.
[117] Na verdade, Lincoln afirmava ter sido lenhador e ele não foi um senador, mas um congressista de Illinois (1847-1849).

vontade. Nunca o Novo Mundo teve uma vitória maior do que provar que, em sua organização social e política, homens médios de boa vontade são capazes de fazer o que no Velho Mundo teria sido necessário heróis para ser feito! Hegel uma vez comentou que na realidade a comédia está acima da tragédia, o humor da razão acima de seu *pathos*. Se Lincoln não possui o *pathos* da ação histórica, ele possui, como um homem médio do povo, seu humor.[118]

É assim que Marx, após a Proclamação de Emancipação, apresenta de uma nova forma a dimensão da figura de Lincoln, como alguém que se desenvolveu sob a pressão dos acontecimentos e no contexto do que era, de longe, o mais democrático sistema político do mundo à época.

À luz desses novos desenvolvimentos, Engels parece mudar um pouco sua posição, como visto em uma carta a Marx de 16 de outubro: "militarmente falando, o Norte pode começar a se recuperar um pouco agora"[119]. Marx responde, em 29 de outubro, com um caloroso convite para que o amigo passasse as férias em Londres naquele ano, e então retorna ao debate sobre a Guerra Civil. Marx nota que Lincoln teve confiança suficiente para firmar sua Proclamação de Emancipação "em um momento em que os confederados estavam avançando sobre o Kentucky", algo que demonstrou "que toda a consideração pelos escravocratas leais dos estados da fronteira acabou"[120]. Ele também ressalta que, como antecipação à (ainda não proclamada) emancipação nos estados da fronteira, muitos escravocratas já estavam migrando para o Sul. Sobre Lincoln, Marx desenvolve alguns pontos similares aos apresentados no artigo citado acima:

> A fúria com a qual os sulistas receberam os atos de Lincoln prova a importância deles. Todas as medidas de Lincoln parecem condições maldosas, mesquinhas, que um advogado estabelece ao seu adversário. Mas isso não muda seu conteúdo histórico, e de fato me diverte compará-las à roupagem com que um francês cobre o mais insignificante acontecimento.[121]

Em meados de novembro, Marx publicou mais dois artigos no *Die Presse*. Em um deles, menciona seu velho amigo Weydemeyer, referindo-se a ele como "um oficial alemão que lutou sob a bandeira estrelada" e que relatou que os proprie-

---

[118] MECW, v. 19, p. 249-50.
[119] MECW, v. 41, p. 419.
[120] Ibidem, p. 420.
[121] Ibidem, p. 421.

tários de escravos estavam deixando os estados da fronteira *en masse* [em massa], alterando assim o equilíbrio político[122]. No outro, ele comenta que Gladstone se transformou em "um admirador inglês" da Confederação[123].

Após as derrotas, em novembro de 1862, do Partido Republicano de Lincoln nas eleições para o Congresso, Engels retorna às suas críticas anteriores em uma carta a Marx de 5 de novembro, apresentando uma perspectiva pessimista:

> Os sucessos dos democratas nas pesquisas provam que a parcela dos que estão fartos da guerra está crescendo. Se houvesse ao menos alguma evidência, alguma indicação, de que as massas no Norte estão começando a agir como na França em 1792 e 1793, tudo estaria esplêndido.[124]

Apesar de os republicanos terem perdido algumas cadeiras nessas eleições em Nova York e no Meio-Oeste, Lincoln manteve uma maioria contundente na Câmara dos Representantes (102 republicanos contra 75 democratas) e uma esmagadora no Senado (36 republicanos contra 8 democratas). Marx não responde à carta de Engels imediatamente; em vez disso, envia duas cartas desesperadas pedindo dinheiro, uma para a família Marx e outra para um colega operário alemão em Londres. Em sua resposta de 15 de novembro, quando novamente envia dinheiro ao amigo, Engels retoma o debate sobre a Guerra Civil. Contra a visão de Marx de que a Proclamação de Emancipação de Lincoln teria sido um ponto de inflexão, Engels responde que "o único efeito aparente da emancipação de Lincoln até agora é que o Noroeste votou nos democratas por medo de ser inundado por negros [*Negerüberschwemmung*]"[125]. Em uma carta de 17 de novembro, contudo, Marx responde parcialmente, argumentando que "em um movimento revolucionário há um tipo de reação" que desafia o avanço do movimento em situações críticas, citando exemplos da Revolução Francesa[126].

Marx desenvolve sua própria análise (bastante diferente da de Engels) dos resultados eleitorais em um artigo no *Die Presse*, publicado em 23 de novembro. Ele reconhece que "as eleições são de fato uma derrota para o governo de Washington". Contudo, argumenta ele, a derrota foi apenas relativa e causada, em parte, por fatores locais:

---

[122] MECW, v. 19, p. 257.
[123] Ibidem, p. 262.
[124] MECW, v. 41, p. 423.
[125] Ibidem, p. 428.
[126] Ibidem, p. 430.

A *cidade* de Nova York, com uma massa irlandesa fortemente sediciosa, até então uma ativa participante do tráfico de escravos, a sede do mercado financeiro estadunidense e cheia de hipotecários de plantações sulistas, sempre foi decisivamente "democrata", como Liverpool até hoje é dos *tories*.[127]

Incorporando um argumento apresentado por Engels, Marx também escreve que o racismo entre as etnias brancas, agricultores e trabalhadores era um aspecto a ser considerado:

O irlandês vê no negro um perigoso concorrente. Os agricultores eficientes de Indiana e Ohio só odeiam menos o negro do que o proprietário de escravos. Para eles, ele é um símbolo da escravidão e do rebaixamento da classe trabalhadora, e a imprensa democrata os ameaça diariamente com uma inundação dos seus territórios pelo "crioulo" [*nigger*].[128]

As críticas ao racismo irlandês-americano nas duas citações acima são particularmente surpreendentes, dado que Marx geralmente descrevia os trabalhadores e os camponeses irlandeses em termos revolucionários, como será discutido no capítulo 4.

As discordâncias entre Marx e Engels vêm à tona quando o primeiro escreve que tais considerações eram relativamente menos importantes quando comparadas às mudanças mais amplas em curso na segunda Revolução Americana:

Tudo isso, contudo, não toca no ponto principal. Na época da eleição de Lincoln (1860), não havia uma Guerra Civil e a questão da emancipação do negro não estava posta na mesa. O Partido Republicano, naquela época completamente separado do partido dos abolicionistas, apresentou nas eleições de 1860 nada mais do que um protesto contra a extensão da escravidão nos territórios, mas, ao mesmo tempo, proclamou não interferir na instituição onde ela já existia legalmente. Se a *emancipação dos escravos* tivesse sido um slogan de campanha, Lincoln teria sido então absolutamente derrotado. A emancipação seria definitivamente rejeitada. O caso das recém-concluídas eleições é um tanto diferente. Os republicanos se uniram na causa dos abolicionistas. Eles se declararam enfaticamente a favor da emancipação imediata, seja como objetivo final seja como meio de acabar com a rebelião. Uma vez consideradas essas circunstâncias, então a maioria pró-governo em Michigan, Illinois, Massachusetts, Iowa e Delaware, e a considerável minoria

---

[127] MECW, v. 19, p. 263.
[128] Ibidem, p. 264.

que votou assim nos estados de Nova York, Ohio e Pensilvânia parecem ser igualmente surpreendentes. Antes da guerra, tal resultado seria impossível, até mesmo em Massachusetts.[129]

Em seu artigo seguinte, "A remoção de McClellan", publicado no *Die Presse* em 29 de novembro, Marx entoa: "*Remoção de McClellan!* é a resposta de Lincoln à vitória eleitoral dos democratas"[130].

O artigo seguinte de Marx sobre a Guerra Civil, "Neutralidade inglesa: a situação nos estados sulistas", foi publicado no *Die Presse* em 4 de dezembro. O texto falava sobre as manobras diplomáticas em torno das tentativas britânicas de fornecer à Confederação uma frota de navios. Em junho de 1862, um novo cruzeiro, o CSS *Alabama*, havia zarpado para os Estados Unidos – a despeito das objeções do ministro Adams – e se envolveu em ataques a remessas da União. Em dezembro, um grande número de navios recém-construídos, alguns dos quais encouraçados, estavam prontos para zarpar de Liverpool para o Sul. Foi nesse momento que o ministro Adams enviou sua famosa nota "Isso é guerra" a Palmerston e este recuou, impedindo os navios de saírem no último minuto. Em seu artigo, Marx cita longamente o professor Francis Newman, liberal de Manchester e apoiador da União, que atacou a atitude do *establishment* britânico em relação à guerra:

> Lorde Palmerston e lorde Russell, bem como o Partido Tory, estão animados por um ódio ao republicanismo forte o suficiente para deixarem de lado todos os escrúpulos e questionamento, enquanto Mr. Gladstone, um provável futuro primeiro-ministro, se declara um admirador dos homens mentirosos que se associaram para perpetuar e estender a escravidão.[131]

Este seria o último artigo de Marx sobre a Guerra Civil para o *Die Presse*, como também o fim de seu emprego regular como jornalista.

Marx continuou a analisar a guerra em cartas, mas, por quase dois anos, até seu discurso inaugural à Primeira Internacional, em novembro de 1864, ele não teve nenhuma plataforma pública na qual pudesse apresentar sua perspectiva. Em uma carta de 2 de janeiro de 1863 a Engels, ele minimiza a importância da derrota da União na Batalha de Fredericksburg em dezembro e celebra

---

[129] Idem (grifos do original).
[130] Ibidem, p. 266 (grifos do original).
[131] Ibidem, p. 270.

a Proclamação de Emancipação, que havia entrado em vigor um dia antes. Referindo-se às amplas manifestações dos trabalhadores britânicos a favor dos Estados Unidos, que aconteceram em dezembro, durante a tensão sobre o envio de encouraçados construídos na Inglaterra à Confederação, Marx cita o prefeito antiescravista de Nova York George Opdyke, que havia derrotado o escravista Fernando Wood na eleição de 1862: "nós sabemos que as classes trabalhadoras inglesas estão conosco e que as classes governantes da Inglaterra estão contra nós". Marx lamenta, então, o fato de que os trabalhadores na Alemanha "não fizeram protestos similares", apesar da significativa participação dos imigrantes alemães no Exército da União[132]. Da parte de Engels, após um intervalo de três semanas na correspondência política entre os amigos[133], ele continuou o debate sobre as perspectivas da União, queixando-se de sua "prostração moral" e "inabilidade para a guerra" em uma carta de 19 de fevereiro a Marx[134]. Um mês depois, em uma carta de 24 de março, Marx escreve a Engels sobre a nova postura agressiva dos Estados Unidos perante a Inglaterra, que incluía publicar a correspondência diplomática do Caso Trent (1861-1862). Nesse momento, Marx parece apreciar a perspectiva de uma "guerra contra a Inglaterra, para que o vaidoso [John Bull] visse, além do algodão, também o milho ser retirado de debaixo do seu nariz"[135].

Rumo à Primeira Internacional

Em outra carta a Engels, de 9 de abril de 1863, Marx se refere a uma reunião de 26 de março no salão St. James [St. James Hall] do London Trades Union Council [Conselho dos Sindicatos de Londres]. Organizado com o objetivo de

---

[132] MECW, v. 41, p. 440.

[133] No período dessa discordância política, provavelmente a mais explícita que Marx e Engels tiveram em toda a vida, é possível ver também um conflito pessoal, o que Draper chama de "o primeiro e último episódio de frieza entre os dois" (Hal Draper, *The Marx-Engels Chronicle*, cit., p. 115). Em uma carta de 7 de janeiro de 1863, Engels anunciou a Marx a morte de sua companheira de longa data, Mary Burns. Marx, afundado em um mar de preocupações financeiras, respondeu casualmente em uma carta de 8 de janeiro que falava sobretudo de seus próprios problemas. Em uma carta de 13 de janeiro, Engels expressou sua frustração com a insensibilidade do amigo, à qual Marx respondeu em 24 de janeiro com um longo pedido de desculpas (essas cartas podem ser encontradas em MECW, v. 41).

[134] MECW, v. 41, p. 457. Na mesma carta, como discutido no capítulo 2, Engels celebra com entusiasmo os revolucionários poloneses em razão do levante contra a Rússia.

[135] Ibidem, p. 462.

expressar solidariedade a Lincoln, o encontro foi presidido por John Bright, industrial e político do Partido Liberal:

> Eu participei de uma reunião organizada por Bright na sede dos sindicatos. Ele pareceu ser um Independente[136], e, toda vez que ele dizia "nos Estados Unidos nenhum rei, nenhum bispo", havia uma explosão de aplausos. Os próprios trabalhadores discursavam *com excelência*, com uma completa ausência de toda a retórica burguesa, e sem esconder minimamente sua oposição aos capitalistas (a quem, ademais, o velho Bright também atacava).[137]

Entre os oradores sindicalistas nessa primeira grande reunião, estavam William Cremer e George Howell, futuros líderes da Primeira Internacional, bem como o filósofo John Stuart Mill[138].

A reunião votou pelo envio de uma longa mensagem a Lincoln referindo-se a parte da classe capitalista e à aristocracia como inimigas da liberdade:

> Indignados, protestamos contra a asserção de que o povo da Inglaterra torce pelo sucesso dos estados sulistas na tentativa diabólica de estabelecer um governo separado, baseado na escravidão humana. Por mais que uma aristocracia tão odiosa da liberdade e uma inescrupulosa dinheirocracia possam desejar a consumação de tal crime, nós, os trabalhadores de Londres, vemos isso com repugnância.[139]

A mensagem a Lincoln também mencionava interesses econômicos comuns a trabalhadores brancos e negros: "nós sabemos que a escravidão nos Estados Unidos deve ter uma tendência indireta mas real de degradação e depressão do trabalho neste país também, e por isso, se não por uma razão maior, devemos recusar nossa simpatia a essa Rebelião infame"[140]. Ela também expressava uma simpatia disfarçada pelo republicanismo: "Apesar de nos sentirmos orgulhosos de nosso país [...] ainda assim nos voltamos com uma admiração cintilante

---

[136] Referência à ala radical do Puritanismo, que se tornou parte da Revolução Inglesa em 1640.
[137] MECW, v. 41, p. 468 (grifo do original).
[138] Apesar de algumas fontes afirmarem que Marx ajudou a organizar a reunião, os historiadores da Internacional Henry Collins e Chaim Abramsky consideram isso uma "lenda" (*Karl Marx and the British Labour Movement: Years of the First International,* Londres, Macmillan, 1965, p. 30); ver também Philip S. Foner, *British Labor and the American Civil War,* cit.
[139] John Bright, *Speeches on the American Question* [1865] (Nova York, Kraus Reprint Co., 1970), p. 191.
[140] Idem.

para a sua grande República, onde uma liberdade social e política superior foi estabelecida"[141]. A mensagem falava, ainda, de igualdade política e solidariedade entre os trabalhadores de todas as raças:

> Você arrancou os grilhões dos pobres escravos do [Distrito de] Colúmbia; você acolheu como homens, como iguais perante Deus, os povos de cor do Haiti e da Libéria, e com sua Proclamação [de Emancipação], [...] abriu os portões da liberdade a milhões dos nossos irmãos negros que foram privados de sua humanidade pelas leis infernais que por tanto tempo desgraçaram a civilização dos Estados Unidos da América[142].

O penúltimo parágrafo expressava uma oposição à escravidão baseada em princípios, mesmo que isso fosse contra os interesses econômicos imediatos dos trabalhadores britânicos: "esteja certo de que, seguindo esse nobre percurso, nosso apoio mais sincero e ativo estará com você e que, como nossos irmãos de Lancashire [...], nós preferimos perecer a nos unir em uma aliança profana com o Sul e a escravidão"[143]. Essa reunião, e outras como ela, constituiu um auge histórico para os trabalhadores britânicos – como uma expressão não apenas de internacionalismo mas também de solidariedade para além das divisões raciais.

Dois meses depois, em uma carta a Marx de 11 de junho de 1863, Engels fez um elogio indireto a Grant. Ele continuou, contudo, depreciando outros generais da União, sustentando que "somente Grant está tendo um bom desempenho" ao se referir ao cerco de Vicksburg, Mississippi[144]. Depois que o general Lee se moveu em direção à Pensilvânia, Marx escreveu a Engels, em 6 de julho, que ele considerava tal campanha "um ato de desespero" – a carta foi escrita antes da vitória decisiva do Norte na Batalha de Gettysburg[145].

Não vieram a público outros comentários de Marx sobre a guerra eventualmente feitos ao longo do ano seguinte, mas, em uma carta de 26 de maio de 1864 a Engels sobre a captura de Richmond, Marx elogia Grant escrevendo: "eu penso que o sujeito sabe o que está fazendo"[146]. Como pode ser visto em sua resposta de 30 de maio, Engels se equivocou mais do que Marx, mesmo no estágio final

---

[141] Idem.
[142] Ibidem, p. 192.
[143] Ibidem, p. 192-3.
[144] MECW, v. 41, p. 478.
[145] Ibidem, p. 484.
[146] Ibidem, p. 530.

da guerra, ao caracterizar a campanha de Richmond como "inconclusiva"[147]. Três meses depois, em 4 de setembro, Engels escreve a Marx dizendo que a campanha de Richmond executada por Grant parecia estar "a ponto de entrar em colapso", ainda que ele reconhecesse que as chances de o general Sherman tomar Atlanta fossem bastante altas. Isso, admite Engels, seria "um golpe forte a favor do Sul"[148]. Engels também se mostrou otimista quanto à vitória de Lincoln nas eleições presidenciais de novembro de 1864, na qual ele enfrentaria McClellan, agora candidato do Partido Democrata. Marx responde em 7 de setembro que ele via a reeleição de Lincoln como certa, com uma margem de certeza de "100 para 1"[149]. Ele também sugere que, se, por alguma razão, graças ao aspecto "fraudulento" das eleições estadunidenses, McClellan vencesse, isso "provavelmente resultaria em uma verdadeira *revolução*" nos Estados Unidos. Marx acrescenta que, em 1864, Lincoln concorreria "com uma plataforma muito mais radical" do que a de 1860[150].

O nascimento da Primeira Internacional

Em novembro de 1864, em seu "Discurso inaugural" para a Associação Internacional dos Trabalhadores, ou Primeira Internacional, cuja liderança incluía alguns dos mesmos trabalhadores militantes que organizaram encontros pró--União durante a Guerra Civil, Marx faz menção àquela campanha: "não foi a sabedoria das classes dominantes, mas a heroica resistência ao seu delírio criminoso por parte das classes trabalhadoras da Inglaterra que salvou o Ocidente da Europa de mergulhar de cabeça em uma cruzada infame pela perpetuação da escravidão do outro lado do Atlântico"[151]. Adotadas na mesma época, as "Regras provisórias" da Internacional estipulavam que "todas as sociedades e indivíduos que aderissem a ela" deveriam regular "sua conduta em relação ao outro, e em relação a todas as pessoas, sem importar a cor, o credo ou a nacionalidade"[152]. Esses textos, rascunhados em inglês, foram publicados como um panfleto e circularam amplamente em várias línguas.

Engels não fez parte da fundação da Internacional e não se tornou muito ativo até muitos anos depois. Seus comentários sobre a Guerra Civil nesse período

---

[147] Ibidem, p. 531.
[148] Ibidem, p. 559.
[149] Ibidem, p. 561.
[150] Ibidem, p. 562.
[151] MECW, v. 20, p. 13.
[152] Ibidem, p. 15.

evidenciam um contínuo ceticismo sobre a vitória da União. Isso pode ser percebido, por exemplo, em uma carta a Marx, datada de 9 de novembro, na qual Engels compara a campanha militar da União ao que ele e Marx tinham visto como esforços hesitantes da Inglaterra e da França contra a Rússia na Guerra da Crimeia[153]. Ele apresenta uma visão mais positiva sobre as perspectivas da União, aproximando-se da posição de Marx, em uma carta a Weydemeyer de 24 de novembro, escrita após Sherman começar sua marcha rumo ao mar:

> A guerra de vocês aí é realmente uma das coisas mais estupendas que alguém pode experienciar. Apesar das inúmeras idiotices [*Dummheiten*] que ocorreram nos exércitos do Norte (muitas no do Sul também), a maré da vitória avança lenta mas seguramente para a frente, e, no curso de 1865, sem dúvidas chegará o momento em que a resistência organizada do Sul se dobrará como um canivete, e a guerra se tornará banditismo. [...] Uma guerra popular desse tipo, de ambos os lados, não acontecia desde que os grandes Estados existem, e, não importa o resultado, ela apontará a direção para o futuro de toda a América para as centenas de anos por vir. Assim que a escravidão, o grande grilhão do desenvolvimento político e social dos Estados Unidos, tiver sido quebrada, o país receberá um ímpeto com o qual vai assumir uma posição bem diferente na história mundial no tempo mais curto possível, e logo o Exército e a Marinha que estão sendo providos pela guerra encontrarão uma utilidade.[154]

Essa carta, com a evocação de uma "guerra popular" e sua sugestão profética da emergência dos Estados Unidos como um poder mundial, foi a única análise política significativa de Engels sobre o conflito depois de 1861.

Marx, de sua parte, continuou destacando as dimensões revolucionárias da guerra e da abolição da escravidão, como sempre fez. Em uma carta a Lion Phillips, em 29 de novembro de 1864, ele parece concordar com as críticas de Engels aos comandantes da União. Ele cita uma carta de Weydemeyer que se referia à campanha de Richmond executada por Grant como uma "tolice que nos custou uma hecatombe de homens"[155]. Sua análise geral, contudo, segue outra direção:

> Quando você pensa, caro Tio, que, três anos e meio atrás, na época da eleição de Lincoln, o problema era não fazer mais concessões aos escravocratas, enquanto agora a abolição da escravidão é o objetivo declarado e em parte já realizado, você

---

[153] MECW, v. 42, p. 21.
[154] Ibidem, p. 38-9.
[155] Ibidem, p. 48.

deve admitir que nunca uma convulsão gigante [*Riesenumwalzung*] como essa aconteceu tão rápido. Ela terá um efeito benéfico no mundo todo.[156]

A contribuição seguinte de Marx em relação à Guerra Civil foi o rascunho de um discurso felicitando Lincoln por sua reeleição em nome do Conselho Geral da Internacional sediado em Londres (Lincoln havia conquistado uma sólida vitória de 55% sobre McClellan na eleição presidencial de 1864). Isso serviu para implementar a ideia, defendida no "Discurso inaugural", de que a classe trabalhadora precisava desenvolver sua própria política externa[157]. Como Marx indica em uma carta a Engels de 2 de dezembro, fazer o esboço desse texto envolvia evitar a "fraseologia democrata vulgar", isto é, liberalismo em vez de socialismo[158]. Além disso, Marx tinha de lidar com sugestões vindas da esquerda, como a proposta de um delegado francês de que o pronunciamento fosse endereçado ao *povo* americano, não a Lincoln. As sugestões vinham também da direita, como quando Marx precisou rebater a sugestão de um britânico de que a carta fosse entregue, como era o costume, por um membro do Parlamento, que na época não tinha representantes trabalhistas. De acordo com a minuta da reunião semanal do Conselho Geral da Internacional de 13 de dezembro, essa última sugestão "foi fortemente contestada por muitos membros, que afirmaram que os trabalhadores deveriam apoiar-se em si mesmos, e não buscar ajuda estrangeira"[159]. William Cremer, o secretário do conselho, expressou a esperança, baseada na correspondência com o ministro Adams, de que este recebesse oficialmente uma delegação de quarenta membros trabalhadores para entregar o discurso, o que não aconteceu[160]. O discurso foi intitulado "Para Abraham Lincoln, Presidente dos Estados Unidos da América" ["To Abraham Lincoln, President of the United States of America"], e um de seus trechos declarava:

> Nós felicitamos o povo americano pela sua reeleição por uma ampla maioria. Se a resistência ao Poder Escravista era a palavra de ordem tímida da sua primeira eleição, o grito de guerra triunfante de sua reeleição é Morte à Escravidão. Desde o começo do conflito titânico-americano, os trabalhadores da Europa sentiram instintivamente que a bandeira estrelada carregava o destino de sua classe. [...] As

---

[156] Idem.
[157] Como discutido neste volume, p. 122.
[158] MECW, v. 42, p. 49.
[159] MEGA² I/20, p. 285.
[160] Ibidem, p. 287-9 e 1.363-4.

classes trabalhadoras da Europa entenderam imediatamente, mesmo antes que o partidarismo fanático das classes altas a favor da nobreza confederada tivesse dado seu aviso funesto, que a rebelião dos escravocratas soava o alarme de uma guerra santa dos proprietários contra os trabalhadores e que, para os trabalhadores, com suas esperanças em relação ao futuro, até suas conquistas passadas estavam em jogo nesse conflito tremendo do outro lado do Atlântico. Em todos os lugares, então, eles suportaram pacientemente as dificuldades impostas a eles pela crise do algodão, opuseram-se entusiasticamente à intervenção pró-escravidão, às impertinências de seus superiores – e, de diversas partes da Europa, deram seu sangue em contribuição à boa causa. Enquanto os trabalhadores, o verdadeiro poder do Norte, permitiram à escravidão desfigurar sua república; enquanto, diante do negro, assenhoreado e vendido sem sua anuência, eles se gabavam da prerrogativa do trabalhador de pele branca de vender a si próprio e escolher seu senhor, eles eram incapazes de conquistar a verdadeira liberdade do trabalho ou de apoiar seus irmãos europeus em sua luta por emancipação, mas essa barreira ao progresso foi varrida pelo mar vermelho da Guerra Civil. Os trabalhadores da Europa estão seguros de que, como a Guerra de Independência Americana iniciou uma era de ascendência para a classe média, também a Guerra Antiescravista Americana fará o mesmo pelas classes trabalhadoras.[161]

Em muitos aspectos, a escolha de palavras foi similar à da reunião no St. James Hall, em 1863. Mas, enquanto a reunião falava em nome dos trabalhadores britânicos, o discurso da Internacional expressava preocupações mais amplas. Primeiro, ele tratava não apenas da escravidão mas também da interação entre raça e classe nos Estados Unidos, especificamente no que diz respeito ao racismo dos trabalhadores brancos. Segundo, ele conectava a Guerra Civil, que via como uma segunda Revolução Americana, ao que era visto como um levante iminente das classes trabalhadoras da Europa. O discurso foi enviado a Adams com as assinaturas de Cremer e 56 outros, incluindo Marx, e foi publicado em 23 de dezembro no *London Daily News* e em diversos outros jornais britânicos. Marx traduziu o discurso para o alemão e ele foi publicado em 2 de janeiro no semanário lassalliano *Der Social-Demokrat* e em outros jornais alemães, que, diferentemente da versão inglesa, o nomearam como autor[162].

A resposta de Lincoln veio por meio de uma carta do ministro Adams à Internacional, datada de 28 de janeiro de 1865. Adams escreve que Lincoln ficou grato com o apoio "de seus caros cidadãos e de tantos outros amigos da

---

[161] MECW, v. 20, p. 19-20.
[162] MEGA² I/20, p. 935 e 947.

humanidade e do progresso ao redor do mundo". Referindo-se especificamente à classe trabalhadora europeia, Adams conclui:

> Nações não existem por conta própria, mas para promover o bem-estar e a felicidade da humanidade por meio do intercâmbio benevolente e do exemplo. É nessa relação que os Estados Unidos veem sua causa no presente conflito contra os insurgentes escravistas como uma causa da natureza humana, e temos novas razões para perseverar a partir do testemunho dos trabalhadores da Europa de que a atitude nacional se favorece de sua aprovação iluminada e sincera simpatia.[163]

Marx ficou claramente exaltado com a cordialidade da resposta de Lincoln, algo que não esperava depois de Adams se recusar a receber a delegação deles.

A resposta de Lincoln foi publicada no *Times* em 6 de fevereiro. Em uma carta a Engels em 10 de fevereiro, Marx relata:

> Lincoln nos respondeu com tanta cortesia e respondeu a Bourgeois Emancipation Society[164] de forma rude e puramente formal. [...] A diferença entre a resposta de Lincoln para nós e [a que deu] para os burgueses criou uma sensação aqui de que os "clubes" em West End estão inconformados com a situação. Você pode entender quanto isso faz bem para o nosso povo.[165]

Durante os meses seguintes, com a Guerra Civil se encaminhando para o fim, Engels reconheceu as habilidades extraordinárias de Grant, chegando a comparar sua vitória em Richmond à de Napoleão em 1807 na Batalha de Jena, em uma carta a Marx de 3 de maio de 1865[166]. Em resposta ao assassinato de Lincoln, em 4 de abril, Marx inicialmente expressou a visão de que isso aumentaria a

---

[163] KML, v. 2, p. 239-40. Curiosamente, esse importante texto não foi incluído no anexo do volume 20 de MECW editado em Moscou, que cobre os anos de 1864-1868 e foi publicado em 1985. Isso pode refletir um esforço de reduzir a importância das relações cordiais entre a Internacional e o governo de Lincoln (a carta de Adams foi posteriormente incluída na MEGA² II/20, publicada em 1992). Há tempos que ela está disponível em inglês nas duas coletâneas de escritos de Marx sobre a Guerra Civil (Karl Marx e Friedrich Engels, *The Civil War in the United States*, cit.; KML, v. 2).

[164] Em inglês no original. A Sociedade Burguesa pela Emancipação, fundada em 1862 pelos ingleses radicais, incluía John Stuart Mill e o amigo de Marx Edward Spencer Beesly entre seus líderes. Ela colaborou com o London Trades Council [Conselho de Comércio de Londres] na organização de reuniões pró-Estados Unidos.

[165] MECW, v. 42, p. 86.

[166] Ibidem, p. 153.

possibilidade de uma política mais radical em relação à oligarquia sulista depois da vitória da União, tanto porque isso endureceria as atitudes no Norte como porque pensava que Andrew Johnson, agora presidente, seria mais firme do que Lincoln. Referindo-se ao passado mais plebeu de Johnson, Marx escreve, em uma carta a Engels, datada de 1º de maio de 1865:

> O *cavalheirismo do Sul* termina dignamente. O assassinato de Lincoln foi a maior estupidez que se poderia cometer. Johnson é austero, inflexível, e, como já foi um branco pobre, nutre um ódio mortal pela oligarquia. Ele será menos cerimonioso com os sujeitos, e por conta do assassinato considerará o clima no Norte adequado para as suas intenções.[167]

Em uma carta escrita em 3 de maio para Marx, Engels vai além em uma análise de classe sobre Johnson: "Johnson insistirá no confisco das grandes propriedades, o que tornará a pacificação e a reorganização do Sul mais aguda. Lincoln dificilmente teria insistido nisso"[168]. Enquanto Marx se mostrava correto em sua análise de que o assassinato endureceria as atitudes do Norte, ele estava iludido a respeito da direção futura de Johnson. Tais visões, contudo, eram bastante difundidas na época, como nos próprios Estados Unidos, onde abolicionistas radicais mostraram ter esperanças semelhantes às de Marx. Como se revelou mais tarde, Johnson tomou o rumo contrário, conciliando os antigos proprietários de escravos, vetando todos os esforços da Reconstrução Radical e escapando por pouco do *impeachment* pelas mãos dos Republicanos radicais no Senado em 1868.

Trabalhadores, tanto britânicos quanto alemães, reagiram com vigor ao assassinato de Lincoln. Algumas grandes manifestações aconteceram em Londres, onde trabalhadores expressaram seu pesar e atacaram a atitude do governo britânico em relação à Confederação. Sob o impacto desses acontecimentos, Marx escreveu outro discurso para a Internacional, desta vez endereçado a Johnson. Depois de expressar suas condolências, um trecho do discurso afirma:

> Depois de uma tremenda guerra civil – mas que, se considerarmos suas vastas dimensões e seu escopo abrangente e a compararmos às Guerras dos Cem Anos e às guerras dos trinta anos do Velho Mundo[169], dificilmente pode ser dito que

---

[167] Ibidem, p. 150-1 (grifos do original).
[168] Ibidem, p. 153.
[169] Aqui Marx se refere à guerra dinástica de 1337-1453 entre Inglaterra e França, à guerra europeia de 1618-1648 durante a Reforma e, finalmente, às guerras europeias de 1792-1815 em seguida da Revolução Francesa.

durou noventa dias –, a sua tarefa, senhor, passou a ser a de destruir pela lei o que caiu pela espada, presidir sob o árduo trabalho de reconstrução política e regeneração social. Um senso profundo de sua grande missão o salvará de qualquer comprometimento com deveres austeros. Você nunca se esquecerá de que, para iniciar uma nova era de emancipação do trabalho, o povo americano delegou as responsabilidades da liderança a dois homens trabalhadores – o primeiro, Abraham Lincoln, e o outro, Andrew Johnson.[170]

O discurso foi publicado em 20 de maio de 1865 no *Bee-Hive*, um jornal simpático à Internacional, e em 1º de junho no *Tribune*, que o creditou a "um amigo de Londres" e disse que provavelmente o discurso teria "chegado ao seu destino" em Washington[171]. Johnson nunca respondeu ao discurso da Internacional, embora a Embaixada dos Estados Unidos em Londres tenha enviado um reconhecimento protocolar.

Marx logo começou a ficar receoso com Johnson, agora caracterizado por ele, em uma carta a Engels de 24 de junho, como "extremamente vacilante e fraco" em relação ao Sul[172]. Engels também voltou atrás em sua posição e escreveu a Marx em 15 de julho declarando que, "se isso continuar, os rebeldes da velha secessão sentarão no Congresso em seis meses. Sem o sufrágio dos não brancos, não há nada a fazer, e Johnson deixa essa decisão para os derrotados, os ex-escravocratas"[173].

Essas críticas chegaram ao ápice em setembro de 1865, quando a Conferência de Londres da Internacional votou por enviar um terceiro comunicado aos Estados Unidos, este não endereçado a Johnson, mas "Ao povo dos Estados Unidos da América". Em 28 de setembro, de acordo com um relato posteriormente publicado no *Workman's Advocate*, sediado em Londres, Cremer leu o discurso para os mais de trezentos trabalhadores e delegados reunidos, vindos da Inglaterra, da França, da Alemanha, da Polônia, da Bélgica e de outros países europeus. O discurso foi aprovado por aclamação[174]. A primeira parte dele comemora a vitória da União:

> Nós temos que, primeiro, felicitá-los pelo fim da guerra e pela preservação da União. As listras e estrelas rasgadas pelos seus próprios filhos novamente tremulam com a brisa, do Atlântico ao Pacífico, para nunca mais, esperamos nós, serem insultadas por seus próprios filhos, ou novamente serem hasteadas sobre campos de

---

[170] MECW, v. 20, p. 100.
[171] Citado em MEGA² I/20, p. 1.112.
[172] MECW, v. 42, p. 163.
[173] Ibidem, p. 167.
[174] O artigo do *Workmen's Advocate* sobre a reunião foi reimpresso na MEGA² I/20, p. 1524-8.

carnificina, seja por comoção civil seja por guerra estrangeira. [...] Nós, a seguir, devemos parabenizá-los pelo fim da causa desses três anos de sofrimento – não há mais escravidão. Essa mancha escura no seu brasão de resto justo está removida para sempre. Não mais o martelo do vendedor trocará carne humana e sangue em seus mercados, fazendo com que a humanidade estremeça com sua barbaridade fria.[175]

A carta é concluída com um tom diferente, um aviso firme – ainda que diplomático – sobre os perigos vindouros caso uma política de Reconstrução Radical, incluindo plenos direitos de cidadania aos negros, não fosse aplicada imediatamente:

Já que tivemos a honra de expressar simpatia pelo seu sofrimento, uma palavra de encorajamento por seus esforços e de congratulação pelos seus resultados, permitam-nos também adicionar uma palavra de conselho para o futuro. Já que a injustiça contra uma seção do seu povo produziu resultados tão lamentáveis, deixem isso acabar. *Deixem seus cidadãos de hoje serem declarados livres e iguais sem reservas. Se vocês falharem em dar direitos de cidadania a eles enquanto demandam deveres de cidadania, haverá ainda uma luta para o futuro que pode novamente manchar seu país com o sangue do seu povo.* Os olhos da Europa e do mundo estão fixos sobre os esforços de reconstrução, e os inimigos estão sempre prontos para soar o sino da derrocada das instituições republicanas quando a menor chance lhes é dada. Nós recomendamos, portanto, como irmãos na causa comum, a remover todos os grilhões do calcanhar da liberdade, e sua vitória será completa.[176]

De acordo com os editores da MEGA, esse "discurso" foi escrito por Cremer. Marx, contudo, esteve presente quando ele foi lido e, mais importante, esteve envolvido de perto na preparação de todos os documentos para a conferência de Londres[177]. O texto completo do discurso foi publicado pela primeira vez no *Workmen's Advocate* em 14 de outubro.

Infelizmente, esse texto não recebeu a atenção merecida como um dos pronunciamentos principais da Primeira Internacional de Marx sobre a escravidão e o racismo nos Estados Unidos[178]. Sua advertência sagaz de que a incapacidade

---

[175] *The General Council of the First International* [O Conselho Geral da Primeira Internacional], 1962, p. 310-1.
[176] Ibidem, p. 311-2 (grifos meus).
[177] MEGA² I/20, p. 1.501-13.
[178] O discurso de setembro de 1865 não foi incluído em nenhuma das duas coletâneas em língua inglesa dos escritos de Marx sobre a Guerra Civil nos Estados Unidos (Karl Marx e Friedrich

de lidar de forma decisiva com o legado da escravidão poderia "manchar seu país com o sangue do seu povo" foi citada em *Black Reconstruction in America*, de Du Bois, que a considerou uma "corajosa" declaração "com a assinatura de Marx"[179]. Du Bois citou a versão publicada por Schlüter (1913), que deu um tom diferente ao texto, provavelmente retraduzido de uma versão alemã para o inglês. A linguagem da versão de Schlütter é ainda mais forte do que a inglesa, referindo-se ao perigo de "uma nova luta que uma vez mais encharcará seu país de sangue"[180].

Desse ponto em diante, há poucos escritos de Marx sobre a Guerra Civil e a Reconstrução, exceto alguns comentários em cartas e algumas passagens em *O capital* (a serem discutidas no capítulo 5). Dois anos depois, em 27 de agosto de 1867, ele escreve em nome da Internacional que Johnson era "um peão sujo nas mãos dos antigos escravocratas"[181]. No ano anterior, em 12 de novembro de 1866, em uma carta a François Lafargue, o pai de Paul Lafargue, futuro marido de sua filha Laura, Marx se alegra com a surra de Johnson pelas mãos dos republicanos radicais nas eleições para o Congresso de 1866: "você teria ficado tão contente quanto eu com a derrota do presidente Johnson nas últimas eleições. Os trabalhadores do Norte haviam finalmente entendido muito bem que *o*

Engels, *The Civil War in the United States*, cit.; KML, v. 2), nem foi publicado como um documento da Primeira Internacional em MECW ou na MEGA², embora essas edições incluam em seus anexos muitos documentos relevantes da Internacional, alguns dos quais não escritos por Marx. Citei o texto da série um tanto obscura de sete volumes de minutas da Primeira Internacional publicada em Moscou; mais recentemente, ela foi reimpressa como um anexo em Raia Dunaiévskaia, *American Civilization on Trial: Black Masses as Vanguard*, cit.

[179] W. E. B. Du Bois, *Black Reconstruction in America*, cit., p. 354.

[180] Hermann Schlüter, *Lincoln, Labor and Slavery*, cit., p. 200. Apesar de ele ter publicado o "discurso" completo, Schlüter não foi capaz de reconhecer a importância desses ataques às políticas de Johnson. Escrevendo em 1913, no auge do período das leis de segregação e dos linchamentos no Sul, ele comenta de forma branda que "as emendas constitucionais que afirmavam a igualdade política dos negros eram passos dados de acordo com o discurso que a conferência da Associação Internacional dos Trabalhadores dirigiu ao povo dos Estados Unidos" (Hermann Schlüter, *Lincoln, Labor and Slavery*, cit., p. 201). O autor não menciona, contudo, que, em 1913, essas emendas eram letra morta no Sul já havia décadas. Ele também não compreende a relevância contemporânea dos alertas severos sobre as relações raciais nos Estados Unidos.

[181] MECW, v. 42, p. 414. Depois de 1867, quando explodiam as lutas pela Reconstrução e quanto à linha de cor dentro do movimento trabalhista estadunidense, Marx passou a discutir outras questões, nunca mais lidando de forma significativa com a dialética entre raça e classe nos Estados Unidos (Philip S. Foner, *American Socialism and Black Americans: From the Age of Jackson to World War II*, Westport, Greenwood Press, 1977).

trabalho de pele branca não pode se emancipar onde o trabalho de pele negra é marcado a ferro"[182]. A última frase também apareceu em *O capital*, em 1867. Em nível pessoal para Marx e sua família, é digno de nota que a união em 1868 de Laura Marx com Paul Lafargue, um mestiço franco-cubano, foi um casamento inter-racial. Lafargue tinha grandes responsabilidades dentro da Internacional. De 1866 a 1868, ele participou de encontros semanais do Conselho Geral na função de secretário da Espanha, mas também trabalhou como uma figura pública da organização, em atividades tais como o contato com grupos de trabalhadores em Londres[183]. Isso demonstrava certa atitude em relação à raça e à classe, por parte tanto de Marx como da Internacional.

---

[182] MECW, v. 42, p. 334 (grifos meus).
[183] As minutas do Conselho Geral da Internacional entre 1864 e 1867 foram reimpressas na MEGA² I/20.

4
IRLANDA: NACIONALISMO, CLASSE E O MOVIMENTO DOS TRABALHADORES

Os escritos de Marx sobre a Irlanda, especialmente aqueles por volta de 1870, são o ápice do entrelaçamento teórico entre classe, nacionalismo, raça e etnia, também encontrado nos textos sobre a Polônia e a Guerra Civil Americana. Como a Irlanda era um foco de nacionalismo progressista, Marx a via como uma importante fonte de oposição à Inglaterra e ao capital global. Ao mesmo tempo, os trabalhadores irlandeses formavam um subproletariado no interior do Reino Unido, oferecendo um exemplo da interação entre classe e etnia. Embora estejam disponíveis há muito tempo em uma coleção com mais de quatrocentas páginas[1], os textos de Marx e Engels sobre a Irlanda não geraram tanta discussão quanto se poderia esperar, mesmo tendo sido destacados por uma figura tão proeminente quanto Lênin nos seus escritos de 1916 sobre o imperialismo e a liberação nacional[2].

Engels e Marx sobre a Irlanda, 1843-1859: "Dê-me 200 mil irlandeses e eu derrubarei toda a monarquia britânica"

No geral, as contribuições de Engels sobre a Irlanda são mais substanciais que as de Marx quando comparadas a outras questões discutidas neste livro. De fato, Engels foi o primeiro dos dois a escrever sobre o assunto: em 1843, antes mesmo de ele e Marx começarem a trabalhar juntos, Engels fez uma reportagem

---

[1] Karl Marx e Friedrich Engels, *Ireland and the Irish Question* (Moscou, Progress, 1972).
[2] Vladímir Ilitch Uliánov Lênin, "The Discussion of Self-Determination Summed Up" [1916], em *Collected Works* (Moscou, Progress, 1964).

em Londres sobre o movimento de independência irlandês para um jornal suíço. Seu artigo dizia respeito a uma reunião ao ar livre na Irlanda, na qual o veterano nacionalista Daniel O'Connell fez um discurso pedindo a abolição da União da Irlanda e da Inglaterra. A União, criada em 1801, dissolveu o Parlamento irlandês e criou o Reino Unido da Grã-Bretanha e Irlanda, dando à Irlanda 100 dos 650 membros na Câmara dos Comuns. Para Engels, o espírito militante do povo irlandês era mais importante que tais questões constitucionais:

> Duzentos mil homens – e que homens! Pessoas que não têm nada a perder, dois terços delas vestindo farrapos, verdadeiros proletários e *sans-culottes* e, além disso, irlandeses, selvagens, teimosos, gaélicos fanáticos. Aquele que nunca viu irlandeses não sabe do que estou falando. Dê-me 200 mil irlandeses e eu derrubarei toda a monarquia britânica.[3]

Ao mesmo tempo, no entanto, Engels via dois obstáculos a um movimento revolucionário irlandês: o primeiro era o perfil acomodacionista *whig* de O'Connell em relação à Inglaterra; o segundo era o que caracterizou de maneira condescendente como o caráter "meio selvagem" do próprio povo irlandês[4].

Como é bem conhecido, em sua principal obra, *A situação da classe trabalhadora na Inglaterra segundo as observações do autor e fontes autênticas* (1845)[5], Engels detalhou as horríveis condições de vida e trabalho enfrentadas pelos trabalhadores durante a Revolução Industrial. Poucos, no entanto, notaram que, nessa obra, Engels se refere repetidamente aos irlandeses como o setor mais oprimido da classe trabalhadora na Inglaterra. Uma de suas fontes sobre as condições da classe trabalhadora de Manchester era Mary Burns, operária fabril irlandesa que se tornaria sua companheira pelas duas décadas seguintes. Em *A situação...*, ele realiza uma análise sutil da relação entre classe e etnia, destacando o trabalho imigrante irlandês a partir de uma série de pontos de vista[6]. Depois de descrever as condições sociais em um distrito da classe trabalhadora de Manchester, Engels conclui:

---

[3] MECW, v. 3, p. 389.
[4] Ibidem, p. 390. Embora eu não tenha encontrado esse tipo de declaração pejorativa nos escritos de Marx sobre a Irlanda, isso não deve obscurecer a congruência fundamental das visões de Marx e Engels sobre a Irlanda e os irlandeses.
[5] Este livro, publicado quando o autor tinha apenas 24 anos, seria a obra de Marx e Engels citada com maior frequência em *O capital*.
[6] Em seu estudo do livro de Engels, o crítico literário americano Steven Marcus concentra-se quase exclusivamente na dimensão de classe. Embora Steven Marcus reconheça que, "em 1840, cerca de 20% da classe trabalhadora de Manchester era irlandesa" (*Engels, Manchester*

O lugar mais repugnante [...] chama-se Pequena Irlanda (Little Ireland). [...] As casas são velhas, sujas e do tipo mais exíguo; as ruas, irregulares e nem todas pavimentadas, não são niveladas nem há rede de esgoto; imundície e lama, em meio a poças nauseabundas, estão por toda parte; daí a atmosfera, já enegrecida pela fumaça de uma dúzia de chaminés de fábricas, ser empestada. Vagueiam aí mulheres e crianças esfarrapadas, tão sujas como os porcos que chafurdam na imundície e na lama. [...] quem aí vive deve realmente situar-se no mais baixo escalão da humanidade.[7]

Em outro ponto, Engels escreve:

Os irlandeses também introduziram na Inglaterra o costume, antes desconhecido, de andar descalço. Hoje, em todas as cidades industriais, veem-se muitíssimas pessoas, sobretudo mulheres e crianças, andando descalças, e pouco a pouco esse hábito vai se difundindo entre os ingleses pobres.[8]

Engels não apenas lamenta essa degradação humana mas também observa como ela se tornou uma ferramenta útil para o capitalismo; afinal, a própria existência de um subproletariado irlandês ajuda o capital a achatar as condições de vida e de trabalho da classe trabalhadora como um todo. No geral, conclui Engels, depara-se com "o irlandês concorr[endo] com o inglês e reduz[indo] gradativamente o salário deste – e, assim, seu grau de civilidade – ao seu próprio nível"[9]. A solidariedade de Engels com a causa irlandesa é bastante evidente, apesar da linguagem condescendente sobre "raça" e "civilização".

Engels também se dedica à própria Irlanda no contexto mais amplo do capitalismo global dominado pelos britânicos. Ele examina os processos pelos quais o domínio britânico e sua concomitante exploração capitalista levaram um grande número de irlandeses a procurar trabalho na Inglaterra. O autor escreve

---

and the Working Class, Nova York, Random House, 1974, p. 5), ele perde completamente o entrelaçamento entre classe e etnia do livro. Em um tratamento mais recente de *A situação da classe trabalhadora...*, Anne Dennehy observa isso, argumentando que a situação dos irlandeses, como descrita por Engels, pode estar ligada a "condições similares experimentadas por grupos étnicos na Inglaterra hoje" ("The Condition of the Working Class in England, 150 Years On", em Christopher J. Arthur [org.], *Engels Today: A Centenary Appreciation*, Londres, Macmillan, 1996, p. 114).

[7] MECW, v. 4, p. 361 [ed. bras.: Friedrich Engels, *A situação da classe trabalhadora na Inglaterra segundo as observações do autor e fontes autênticas*, cit., p. 102].

[8] Ibidem, p. 368 [ed. bras.: ibidem, p. 109].

[9] Ibidem, p. 377 [ed. bras.: ibidem, p. 119, com adaptações do modo e do tempo verbais].

que "os bairros pobres de Dublin são o que de mais horrendo e repugnante existe no mundo", embora, segundo ele, a baía de Dublin seja "a mais bela das ilhas britânicas"[10]. No breve capítulo "A imigração irlandesa", ele argumenta: "O rápido desenvolvimento da indústria britânica não teria sido possível se a Inglaterra não dispusesse de uma reserva – a numerosa e pobre população da Irlanda"[11].

Em um capítulo intitulado "O proletariado agrícola", Engels analisa não apenas a agricultura inglesa, mas também a irlandesa e o sistema explorador da agricultura de arrendatários:

> Assim, o povo irlandês vive numa miséria opressiva da qual, dadas as atuais relações sociais, não pode escapar. As pessoas moram em casas que são verdadeiros estábulos, mal comem durante o inverno ou [...] durante 30 semanas têm batatas que mal chegam para matar a fome e durante as outras 22 nada lhes resta; na primavera, a provisão esgota-se ou as batatas não podem ser comidas porque começaram a germinar, e a mulher sai com as crianças a mendigar, vagando pelas redondezas com o bule de chá na mão, enquanto o homem, depois do plantio de batatas, sai em busca de trabalho no país ou na Inglaterra, para retornar à família na época da colheita. [...] A causa dessa miséria reside nas relações sociais vigentes.[12]

Às vezes, no entanto, Engels tende ao exotismo condescendente: "Nos irlandeses, a razão está inteiramente subordinada ao sentimento e à paixão"[13].

Engels redigiu essas descrições pungentes sobre a pobreza e o sofrimento dos irlandeses antes que a praga da batata ocorresse, em 1845. A Grande Fome que se seguiu, de 1845 a 1849, durante a qual os latifundiários continuaram a exportar grandes quantidades de comida da Irlanda enquanto os camponeses passavam fome, resultou na morte de 1,5 milhão de pessoas, com outro milhão forçado a emigrar – isso de uma população de aproximadamente 8 milhões de pessoas. Em artigo para um jornal francês em outubro de 1847, Engels prevê um colapso:

---

[10] Ibidem, p. 337 [ed. bras.: ibidem, p. 77 e 76, respectivamente].

[11] Ibidem, p. 389 [ed. bras.: ibidem, p. 131]. Essa noção de reserva de força de trabalho, aqui ligada ao trabalho imigrante, antecipa a discussão de Marx no primeiro livro de *O capital*, de um exército de reserva de trabalho, o vasto setor desempregado e subempregado da classe trabalhadora, que mina os trabalhadores empregados porque sua própria existência "barra suas pretensões", fortalecendo assim a mão do capital (Karl Marx, *Capital* I, p. 792 [ed. bras.: *O capital*, Livro I, cit., p. 714).

[12] MECW, v. 4, p. 558-9 [ed. bras.: Friedrich Engels, *A situação da classe trabalhadora na Inglaterra*, cit., p. 303-4].

[13] Ibidem, p. 560 [ed. bras.: ibidem, p. 305].

A fome na Irlanda está produzindo as mais terríveis convulsões. As *workhouses* estão transbordando de mendigos, os proprietários arruinados recusam-se a pagar o Imposto dos Pobres [Poor Tax], e as pessoas famintas se reúnem aos milhares para saquear os celeiros e galpões dos fazendeiros e até dos padres católicos, que ainda eram sagrados para eles havia pouco tempo. Parece que os irlandeses não morrerão de fome tão calmamente neste inverno quanto no inverno passado.[14]

O autor também aponta para um aumento de cinco vezes na emigração irlandesa para a Inglaterra, que, sugere ele, tende a reduzir ainda mais o padrão de vida da classe trabalhadora inglesa.

Após a morte de O'Connell, em 1847, Engels previu o aumento da influência de líderes de esquerda irlandeses, como Feargus O'Connor e Bronterre O'Brien, ambos ligados ao cartismo. Em um artigo de 1848 para um jornal alemão, Engels elogia O'Connor como alguém que "mostra que o povo irlandês deve lutar com todas as suas forças e em estreita associação com as classes trabalhadoras inglesas e os cartistas"[15]. Ele também enaltece a tentativa de O'Connor de bloquear a Lei de Coerção Irlandesa [Irish Coercion Bill] do líder *tory* Robert Peel durante os debates no Parlamento. Nesse momento, no entanto, Engels sustenta o que o historiador australiano Ian Cummins chamou, apropriadamente, de "uma abordagem anglocêntrica à libertação da Irlanda"[16]. Na conclusão de seu artigo, Engels escreve:

> Não há dúvida de que daqui em diante a massa do povo irlandês se unirá cada vez mais aos cartistas ingleses e agirá com eles a partir de um plano comum. Como resultado, a vitória dos democratas ingleses e, portanto, da libertação da Irlanda, será acelerada em muitos anos.[17]

Durante esses primeiros anos, Marx fez apenas referências ocasionais à Irlanda, mas seu apoio geral à libertação nacional irlandesa era bastante evidente. Por exemplo, em um discurso de fevereiro de 1848 em comemoração à Revolta Polonesa de 1846, Marx comparou seu programa de independência nacional sem a revolução agrária ao movimento liderado por O'Connell para revogar a União da Irlanda com a Inglaterra. Ele afirma que o movimento pela revogação baseava-se no "partido estreitamente nacionalista" dos proprietários

---

[14] MECW, v. 6, p. 309.
[15] Ibidem, p. 449.
[16] Ian Cummins, *Marx, Engels and National Movements* (Londres, Croom Helm, 1980), p. 108.
[17] MECW, v. 6, p. 449.

de terras católicos[18]. Em julho de 1948, o movimento mais radical, Irlanda Jovem, que tinha fortes ligações com os cartistas ingleses, tentou uma insurreição contra o domínio britânico. Embora nem Marx nem Engels tenham abordado tais eventos diretamente naqueles meses, no início de 1849, quando a onda revolucionária começava a recuar, Marx escreve sobre como a polícia servil aos velhos regimes "mais uma vez saqueou, violou e assassinou na Polônia [...] e na Irlanda", suprimindo assim os movimentos de libertação nacional[19]. Logo depois, em *Trabalho assalariado e capital* (1849), Marx refere-se, em uma sinopse de eventos recentes na Europa, à "submissão da Irlanda pela fome"[20].

Na década de 1850, após sua mudança para Londres, as discussões de Marx sobre a Irlanda tornaram-se um pouco mais substanciais. Em um artigo de 1852 para o *Tribune*, ele relata que o presidente da Junta de Comércio Britânica tinha declarado que a Grande Fome e a emigração subsequente reduziram a miséria, ao que ele responde com ironia swiftiana: "Devemos confessar que 'a fome' é um remédio tão radical contra o pauperismo quanto o arsênico contra ratos"[21]. Marx continuou o argumento em um artigo do *Tribune*, publicado em 22 de março de 1853, mostrando que o que ele tinha em mente ao discutir a Irlanda era também uma crítica mais ampla da economia política de David Ricardo. Analisando as estatísticas oficiais, Marx conclui: entre os que emigraram das Ilhas Britânicas entre 1847 e 1852, a esmagadora maioria eram irlandeses. Ele também cita a comemoração dessa forma de modernização capitalista pelo *Economist*: "a emigração da parte redundante da população da Irlanda e das Terras Altas da Escócia é uma preliminar indispensável a todo tipo de melhoria [...]. As receitas da Irlanda não sofreram em nenhum grau com a fome de 1846-1847, ou com a emigração que ocorreu desde então". A réplica de Marx assume novamente um tom irônico:

> Comece com a pauperização dos habitantes de um país e, quando não houver mais lucro a ser extraído deles, quando eles tiverem se tornado uma sobrecarga à receita, jogue-os fora e calcule a sua Receita Líquida! Tal é a doutrina estabelecida por [David] Ricardo, em seu célebre trabalho *The Principles of Political Economy*. [...] Sismondi, em seu *Nouveaux Principes d'Économie Politique*, responde que, de acordo com essa visão do assunto, a nação inglesa de modo algum estaria interessada no desaparecimento de toda a população, o rei [...] permanecendo sozinho

---

[18] Ibidem, p. 549.
[19] MECW, v. 8, p. 214.
[20] MECW, v. 9, p. 197.
[21] MECW, v. 11, p. 357.

no meio da ilha, supondo apenas que a maquinaria automática lhe permitisse obter a quantidade de Receita Líquida produzida hoje por uma população de 20 milhões. De fato, essa entidade gramatical, "a riqueza da nação", não seria, neste caso, diminuída.[22]

Um mês antes, em seu artigo do *Tribune* "A duquesa de Sutherland e a escravidão", Marx observou o envolvimento de seu perene alvo, Palmerston, nesses desenvolvimentos: "O nobre visconde de Palmerston, também, há alguns anos varreu os homens de sua propriedade na Irlanda"[23].

Marx também tratou das tensões sociais na Irlanda rural. Em um artigo do *Tribune* de 23 de fevereiro de 1853, ele contrasta o movimento pela revogação da década de 1840 com o movimento pelos direitos dos arrendatários pós-fome:

> A agitação pela revogação era um mero movimento político e, portanto, era possível para o clero católico fazer uso dela. [...] A agitação pelos direitos dos arrendatários é um movimento social profundamente enraizado que, em seu curso, produzirá cisão absoluta entre a Igreja e o Partido Revolucionário Irlandês, e assim emancipará as pessoas daquela servidão mental que frustrou todos os seus esforços, sacrifícios e lutas por séculos passados.[24]

Como antes, Marx viu a emancipação nacional pelas lentes de uma análise de classe das fissuras internas da sociedade irlandesa.

Marx tratou com mais profundidade da estrutura de classes da Irlanda rural em um artigo para o *Tribune* de 11 de julho de 1853 intitulado "A questão indiana – Direitos dos arrendatários irlandeses" ["The Indian Question—Irish Tenant Right"]. Na parte sobre a Irlanda, ele observou que os proprietários de terras ausentes, que eram predominantemente ingleses, tinham o direito de aumentar os aluguéis à vontade e o de despejar os arrendatários com bastante facilidade. Se o inquilino investisse dinheiro e mão de obra em melhorias e depois pedisse compensação ao proprietário da terra, um aumento considerável na renda poderia facilmente anular esse ganho. Na realidade, escreve Marx, o arrendatário "tem que pagar juros sobre o seu próprio dinheiro ao senhorio"[25]. Desta e de outras maneiras, continua ele:

---

[22] Ibidem, p. 529.
[23] Ibidem, p. 493.
[24] Ibidem, p. 505.
[25] MECW, v. 12, p. 157.

Uma classe de proprietários de terras ausentes tem sido capaz de embolsar não apenas o trabalho mas também o capital de gerações inteiras, cada geração de camponeses irlandeses afundando um grau mais abaixo na escala social, na exata proporção dos esforços e sacrifícios feitos para a elevação de sua condição e de suas famílias. Se o inquilino fosse laborioso e empreendedor, ele seria taxado em consequência de seu labor e empreendimento. Se, ao contrário, se tornasse inerte e negligente, ele seria reprovado pelas "falhas aborígenes da raça celta". Ele não tinha, portanto, outra alternativa a não ser tornar-se um pobre – pauperizar-se pelo trabalho ou pauperizar-se pela negligência. A fim de se opor a esse estado de coisas, o "Direito dos Arrendatários" foi proclamado na Irlanda – um direito do arrendatário não sobre o solo, mas sobre as melhorias do solo efetuadas a seu custo e encargos.[26]

A política britânica criou as condições que tornaram tal lei necessária, afirma Marx:

> A Inglaterra subverteu as condições da sociedade irlandesa. A princípio, confiscou a terra, depois suprimiu a indústria por "atos parlamentares" e, por fim, quebrou a energia ativa mediante o uso de Forças Armadas. E assim a Inglaterra criou aquelas abomináveis "condições da sociedade" que permitem a uma pequena casta de lordes vorazes manter a terra e viver nela. Fracas demais para revolucionar essas "condições sociais", as pessoas apelam ao Parlamento, exigindo pelo menos sua mitigação e regulamentação.[27]

Marx detalhou então a vociferante oposição das classes proprietárias de terras à nova lei de direitos dos arrendatários, proposta ao Parlamento em junho de 1853. Ela teria garantido aos arrendatários vários direitos, entre os quais alguma compensação por melhorias após o término de um contrato de arrendamento; após dois anos de debates intensos, contudo, a lei não foi aprovada no Parlamento. Para contrariar os argumentos dos proprietários de terras, Marx cita Ricardo e Herbert Spencer – homens que, apesar de não terem inclinações comunistas, comenta o autor com ironia, questionavam os direitos de propriedade dos grandes proprietários de terras. Segundo Marx, Ricardo defendia que a "propriedade privada da terra [...] era uma relação bastante supérflua dentro de toda a estrutura da propriedade moderna"[28]. Ele também cita *Social Statics*, de

---

[26] Ibidem, p. 158.
[27] Ibidem, p. 159.
[28] Ibidem, p. 160-1.

Spencer: "a equidade, portanto, não permite a propriedade da terra, ou o resto viveria no planeta apenas por posse"[29].

Depois de um hiato de quase dois anos sobre o assunto, o artigo de Marx "A vingança da Irlanda", que tratava das mudanças sociais e econômicas desde a Grande Fome, foi publicado na *Neue Oder-Zeitung* em 16 de março de 1855. Um elemento dessas mudanças, ele escreve, foi a crescente consciência social do povo irlandês, que agora exigia que aqueles que concorriam ao Parlamento "fizessem o que O'Connell sempre tinha evitado e se recusado a fazer, isto é, explorassem as verdadeiras causas da doença irlandesa e fizessem da terra e das relações de propriedade e sua reforma o slogan eleitoral". Uma vez eleitos para a Câmara dos Comuns, no entanto, os novos políticos rapidamente esqueceram "os direitos dos arrendatários", reclama Marx[30]. Um segundo elemento na transformação da Irlanda era econômico, mas aqui o autor adquire um tom sombrio, sugerindo que a base social para uma revolução nacional poderia estar enfraquecendo: "o sistema agrícola irlandês está sendo substituído pelo sistema inglês, o sistema de pequenas posses pelo de grandes posses, e o capitalista moderno está tomando o lugar do velho proprietário de terras". Por trás dessas mudanças, argumenta Marx, está a experiência da derrota e do desespero, tanto na Grande Fome quanto na "insurreição fracassada de 1848, que finalmente destruiu a fé na própria Irlanda"[31].

Em um artigo de 15 de setembro de 1855 para o *Neue Oder-Zeitung*, em homenagem à morte do líder cartista irlandês Feargus O'Connor, Marx observa a presença de slogans de esquerda no funeral:

> Ontem à tarde aconteceu o funeral de O'Connor, o falecido líder cartista. Uma procissão de 20 mil pessoas, praticamente todas da classe trabalhadora, foi da Finsbury Square e da Smithfield para Nothing Hill, de onde o caixão foi levado para o Cemitério Kensal Green (um dos locais de sepultamento mais magníficos de Londres). Carruagens de quatro cavalos, decoradas com plumas enormes à moda inglesa, ocuparam seu lugar à frente da procissão. Logo atrás seguiram os porta-bandeiras e os porta-estandartes. Em letras brancas, as bandeiras negras traziam a inscrição: "Ele viveu e morreu por nós". Uma gigantesca bandeira vermelha mostrava magnificamente a inscrição *"Alliance des peuples"* [Aliança dos povos]. Um gorro frígio da liberdade balançava no topo do estandarte principal. [...] Quando a procissão voltou para a cidade por volta das cinco e meia da tarde,

---

[29] Ibidem, p. 161.
[30] MECW, v. 14, p. 79.
[31] Ibidem, p. 80.

teve a satisfação irônica de encontrar cinco destacamentos de policiais marchando em retirada, e cumprimentou-os com um "tarde demais". Uma vez que O'Connor morreu como um pobre no verdadeiro sentido da palavra, as despesas de enterro foram custeadas pela classe trabalhadora de Londres.[32]

Dessa maneira, Marx concentra sua atenção na conexão entre os movimentos democráticos, trabalhistas e socialistas mais amplos e a libertação nacional irlandesa.

Engels, que não escrevia sobre a Irlanda desde a década de 1840, viajou para lá com sua companheira, Mary Burns, e relatou a visita extensamente em uma carta a Marx de 23 de maio de 1856. Ele começa comentando a atmosfera de repressão e a compara desfavoravelmente com a disciplina prussiana:

> A "mão de ferro" é vista em todos os cantos e recantos; o governo se intromete em tudo, não há um vestígio do chamado autogoverno. A Irlanda pode ser considerada a mais antiga colônia inglesa e que é, por razões de proximidade, ainda governada exatamente da mesma maneira antiga; aqui não se pode deixar de notar que a chamada liberdade do cidadão inglês é baseada na opressão das colônias. Em nenhum outro país vi tantos policiais, e é na polícia, armada com carabinas, baionetas e algemas, que a expressão bíbula do policial prussiano atinge seu estado final de perfeição.[33]

Engels também observa o despovoamento do campo, especialmente no oeste – as casas abandonadas, os pastos vagos: "os campos estão vazios até de gado; a zona rural é um deserto completo, não desejado por ninguém"[34]. Ele conclui que sete séculos de conquista inglesa e lei marcial "arruinaram totalmente o país", a tal ponto que

> [a]pesar de todo o nacionalismo fanático, as pessoas não se sentem mais em casa em seu próprio país. Irlanda para os anglo-saxões! Isso agora está se tornando uma realidade. [...] A emigração continuará até que a natureza predominantemente, na verdade quase exclusivamente, celta da população tenha ido para o saco. [...] Desta forma artificial, através da opressão sistemática, eles se tornaram uma nação completamente miserável e agora, como todos sabem, eles têm como trabalho

---

[32] Ibidem, p. 524.
[33] Ibidem, p. 40 e 49.
[34] Ibidem, p. 50.

fornecer à Inglaterra, à América, à Austrália etc., prostitutas, diaristas, cafetões, batedores de carteira, vigaristas e outros desgraçados.[35]

Engels redigiu essas notas desesperadas num período em que a perspectiva das revoluções de 1848 havia recuado.

Depois de mais um hiato de quase três anos no que concerne à Irlanda, Marx descreve, em um artigo de 11 de janeiro de 1859 do *Tribune*, "A agitação na Irlanda" ["The Excitement in Ireland"][36], uma caça às bruxas britânica contra o que ele acreditava serem conspiradores nacionalistas imaginários. Os britânicos colocaram a Irlanda em estado de sítio, e o uso de informantes pagos e agentes provocadores ajudou a instaurar um período de terror. Embora tenha medido corretamente o novo nível de repressão, Marx errou ao presumir que os britânicos estavam caçando sombras criadas por sua própria imaginação. Na verdade, como conta o historiador irlandês Peter Berresford Ellis, um novo movimento revolucionário clandestino tinha se formado:

> Os fenianos, ou melhor, a Irmandade Republicana Irlandesa nasceu em 17 de março de 1858, em uma reunião em Dublin. Tratava-se de um movimento revolucionário secreto dedicado a derrubar o domínio inglês na Irlanda pela força e estabelecer uma República Irlandesa.[37]

Mesmo que nenhum desses escritos de Marx e Engels nas décadas de 1840 e 1850 ofereça uma análise sistemática da libertação nacional irlandesa, certos temas básicos são evidentes. (1) Embora tivessem declarado apoio à luta nacional irlandesa contra o domínio britânico, eles sempre aconselharam os revolucionários irlandeses a devotar maior atenção à dinâmica de classe interna da sociedade irlandesa. Em particular, eles aconselharam um foco maior no conflito de classes agrário, lembrando que parte da classe dos proprietários de terras era irlandesa, e não britânica. Nesse sentido, Marx e Engels eram especialmente críticos em relação ao nacionalismo católico das classes altas, encabeçado por O'Connell. (2) Eles conclamaram os revolucionários irlandeses a estreitar laços com os trabalhadores britânicos do movimento de massas cartista, apontando que os cartistas apoiavam a revogação da União da Irlanda com a Inglaterra. Eles também notaram que dois irlandeses, Feargus O'Connor e Bronterre O'Brien, haviam

---

[35] Idem.
[36] MECW, v. 16, p. 134-8.
[37] Peter Berresford Ellis, *A History of the Irish Working Class* (Londres, Pluto, 1996), p. 130.

servido como líderes cartistas proeminentes. Além disso, Marx argumentou que a política de O'Connell havia sido ultrapassada pelas mudanças econômicas que acabaram por integrar a Irlanda mais do que nunca à Inglaterra. Assim, ele instou os revolucionários irlandeses a seguir o exemplo de seus colegas ingleses. (3) Os autores também destacaram o trabalho dos imigrantes irlandeses na Inglaterra, tanto como um índice da opressão irlandesa em seu país quanto como uma justificativa para baixar também os salários dos trabalhadores ingleses. Seja na Irlanda seja na Inglaterra, eles se referiram à situação opressiva sob a qual viviam camponeses e trabalhadores irlandeses para ilustrar as relações sociais capitalistas. Além disso, eles argumentaram que o domínio britânico na Irlanda provava que o Estado britânico podia ser tão repressivo quanto os regimes continentais como a França bonapartista ou a Prússia. Tudo isso se encaixava em uma análise mais ampla do desenvolvimento do capitalismo britânico, com o trabalho do imigrante irlandês como reserva para a indústria britânica e a própria Irlanda como uma colônia agrícola importantíssima, cujo excedente agrícola exportado ajudava a financiar a industrialização britânica.

Marx sobre a Irlanda no crucial ano de 1867: "Antes eu acreditava que a separação da Irlanda da Inglaterra fosse impossível. Agora eu a considero inevitável"

Como será visto no próximo capítulo, Marx discorreu extensamente sobre a Irlanda em *O capital*. Após a publicação da primeira edição, em 1867, ele se envolveu cada vez mais em questões relativas à Irlanda por causa da Internacional[38]. Como visto nos capítulos 1 e 2, entre a década de 1840 e o final dos anos 1850, a perspectiva de Marx sobre a Índia e a Rússia passou de um modernismo relativamente acrítico para um olhar sobre o potencial emancipatório gerado no interior dessas sociedades. No restante deste capítulo, argumentarei que, depois de 1867, a visão de Marx sobre a Irlanda também passou por uma transformação.

---

[38] Apenas duas das principais biografias de Marx – Franz Mehring, *Karl Marx: The Story of His Life* [1918] (Ann Arbor, University of Michigan Press, 1962), e Maximilien Rubel e Margaret Manale, *Marx without Myth: A Chronological Study of His Life and Work*, cit. – dedicam um considerável espaço a seu intenso envolvimento em assuntos irlandeses durante os anos 1867--1870. Ver também a discussão breve mas útil no estudo de Hal Draper de 1978 sobre a teoria da revolução de Marx. Draper dá muita ênfase à crítica de Marx à "liderança liberal-nacional burguesa" na Irlanda, no entanto, o que obscurece a nova visão de Marx, pós-1867 (Hal Draper, *The Politics of Social Classes*, cit., p. 400).

No discurso inaugural de 1864 dirigido à Primeira Internacional, Marx refere-se duas vezes à Irlanda. No início do discurso, ele afirma que a expansão econômica inigualável da Inglaterra desde a década de 1840 não mitigou a "miséria das massas trabalhadoras", dando como seu primeiro exemplo "o povo da Irlanda, gradualmente substituído por maquinário no norte e por pastos de ovelhas no sul, embora até as ovelhas daquele país infeliz estejam diminuindo, é verdade, mas não num ritmo tão rápido quanto os homens"[39]. Mais tarde, ele se refere às tentativas de Palmerston de "eliminar os defensores da Lei Irlandesa de Direitos dos Arrendatários"[40].

Durante esses anos, o Movimento Feniano ganhava força tanto na Irlanda quanto entre os imigrantes irlandeses na Inglaterra e nos Estados Unidos. Em 1865, o jornal feniano *The Irish People* defendia uma insurreição agrária como base de uma revolução nacional:

> Há vinte anos, Thomas Davis apelou à aristocracia para salvar o povo com suas próprias mãos. Nós não fazemos apelo à aristocracia [...] eles são um instrumento voluntário do governo estrangeiro, cuja política é matar o povo ou expulsá-lo do solo como um verme nocivo. As pessoas precisam salvar a si próprias. É necessário algo mais do que uma insurreição bem-sucedida. E o que é? Uma verdadeira revolução que restaurará o país a seus legítimos proprietários. E quem são? O povo. Todo homem tem um objetivo simples a cumprir. Livrar a terra dos ladrões e tornar cada cultivador do solo seu próprio senhor.

Os fenianos ansiavam por "uma nação que não se curve a nenhum poder sob o céu", criticando abertamente também o clero católico: "nossa única esperança é a revolução, mas a maioria dos bispos e muitos clérigos se opõem a ela"[41].

Desde o seu início, a Internacional parecia ter tido alguma conexão com os fenianos, embora essas ligações nem sempre viessem a público – dado que os fenianos faziam parte de um movimento ilegal no Império Britânico. Algumas provas dessa conexão, no entanto, sobreviveram, como é o caso do proeminente feniano James Stephens: ele e outros líderes do movimento foram presos no outono de 1865, mas Stephens foi libertado de uma prisão britânica em um resgate realizado em março de 1866 pelos fenianos estadunidenses. O algo errático Stephens fugiu para os Estados Unidos, onde se declarou peremptoriamente o líder supremo do

---

[39] MECW, v. 20, p. 5.
[40] Ibidem, p. 12.
[41] Citado em Peter Berresford Ellis, *A History of the Irish Working Class*, cit., p. 133.

movimento. Na primavera de 1866, cerca de seiscentos veteranos da Guerra Civil de uma facção rival à feniana, liderada por William Roberts, cruzaram a fronteira com o Canadá perto de Buffalo, Nova York, onde ergueram a bandeira tricolor[42] irlandesa pela primeira vez em território britânico; antes de recuar novamente pela fronteira de volta aos Estados Unidos, mataram doze soldados britânicos. Marx parecia ver essa operação com grande reserva. Alguns meses depois, em uma carta a Engels de 17 de dezembro de 1866, ele relata laconicamente a respeito da Internacional que "uma de nossas aquisições mais duvidosas foi a afiliação (em Nova York) de [...] Stephens"[43]. Outras provas da conexão entre o Movimento Feniano e a Internacional são, por exemplo, a publicação em jornais ligados à Internacional, durante 1865 e 1866, de apelos das esposas dos fenianos presos, bem como a divulgação, nos mesmos jornais, de artigos do membro do Conselho Geral Peter Fox sobre a Irlanda. Um desses artigos resultou no acordo com o governo britânico para receber uma delegação da Internacional em nome dos prisioneiros fenianos, que tinham se queixado do tratamento cruel a que eram submetidos na prisão[44]. Isso incluía confinamento solitário permanente, apenas uma carta a cada seis meses e flagelações, bem como rações de pão e água por 28 dias como castigo à menor violação das regras da prisão.

Mas 1867 foi o ano em que a luta irlandesa realmente fervilhou. Em março, tropas de choque britânicas esmagaram uma revolta de camponeses fracamente armados liderada por fenianos. Em 11 de setembro, em Manchester, os britânicos capturaram e prenderam dois líderes fenianos, Thomas Kelly e Timothy Deasy. Uma semana depois, outros fenianos emboscaram o camburão, libertando os dois homens; um sargento da polícia britânica morreu em seguida em razão dos ferimentos. Esses eventos ocorreram na mesma semana em que Marx e Paul Lafargue visitavam Engels em Manchester para conferir a divulgação de *O capital*, que saíra da gráfica em Hamburgo em 14 de setembro. Kelly e Deasy conseguiram fugir para

---

[42] O tricolor verde, branco e laranja da bandeira irlandesa simbolizava a eventual unidade protestante e católica. Ela foi apresentada pela primeira vez em uma cerimônia em Paris presidida pelo mandatário francês Alphonse de Lamartine, durante a Revolução de 1848.
[43] MECW, v. 42, p. 338.
[44] Redigido por Fox e assinado pelo presidente da Associação Internacional dos Trabalhadores, George Odger, o texto "The Irish State Prisoners. Sir George Grey and the International Working Men's Association" ["Os prisioneiros irlandeses do Estado. Sir George Gray e a Associação Internacional dos Trabalhadores"] foi publicado em 10 de março de 1966 no *Commonwealth*, um jornal londrino ligado à Internacional. Ele foi reimpresso em Karl Marx e Friedrich Engels, *Ireland and the Irish Question*, cit., p. 361-7.

os Estados Unidos, mas a polícia atacou a comunidade irlandesa em Manchester, prendendo dezenas de pessoas e levando cinco homens a julgamento por assassinato. Três deles, os "mártires de Manchester" – William Allen, Michael O'Brien e Michael Larkin –, foram enforcados em público em 23 de novembro, enquanto uma multidão bêbada comemorava do lado de fora. A rainha Vitória refletiu a opinião da classe alta sobre o assunto em um comunicado de 2 de outubro: "esses irlandeses são pessoas realmente chocantes e abomináveis – como nenhuma outra nação civilizada"[45]. Setores da esquerda britânica e do movimento dos trabalhadores condenaram veementemente o julgamento, no qual poucas provas confiáveis foram apresentadas. Eles expressaram ainda mais indignação com as execuções.

Já em junho, Marx tinha escrito para Engels que ele estava "muito enojado" com as deploráveis condições prisionais impostas aos fenianos pelos britânicos – a quem chama de "suínos" que, no entanto, "se vangloriam de sua humanidade inglesa". Invariavelmente, os prisioneiros fenianos eram tratados como criminosos comuns, e não como prisioneiros políticos[46]. Marx também relatou que Mary O'Donovan Rossa, esposa do proeminente prisioneiro feniano Jeremiah O'Donovan Rossa, tinha escrito para agradecer à Internacional pelo apoio recebido. Cinco meses depois, durante as semanas que antecederam a execução do dia 23 de novembro, a Internacional lançou uma campanha de solidariedade. Em uma carta a Engels de 2 de novembro, Marx escreve: "Tenho procurado, por todos os meios à minha disposição, incitar os trabalhadores ingleses a se manifestarem em favor do fenianismo"[47]. Eles se juntaram ao debate pró-prisioneiros fenianos em uma reunião da Liga Reformista [Reform League], um influente grupo fundado por membros da Internacional – bem como por liberais – para apoiar a expansão do sufrágio. George Odger, um dos líderes dos trabalhadores que havia falado tão sem reservas contra a escravidão durante a Guerra Civil Americana, estava entre os que defendiam os irlandeses na Liga Reformista. Ele logo recuou, no entanto, dizendo que havia sido mal interpretado. Evidentemente, era mais fácil se opor à escravidão do outro lado do Atlântico do que se posicionar sobre o que acontecia perto de casa. Esse foi o começo de uma divisão que criaria um racha entre Marx e os líderes sindicais ingleses em 1871, durante a Comuna de Paris.

Na carta de 2 de novembro a Engels, Marx sugere que suas próprias visões sobre a luta irlandesa estavam evoluindo: "Antes eu acreditava que a separação da

---

[45] Citado em Yvonne Kapp, *Eleanor Marx* (Nova York, Pantheon, 1972), v. 1, p. 84.
[46] MECW, v. 42, p. 394.
[47] Ibidem, p. 460.

Irlanda da Inglaterra fosse impossível. Agora eu a considero inevitável, embora a federação possa se seguir à separação"[48]. Então, referindo-se a uma nova série de despejos de arrendatários na Irlanda, ele acrescenta: "em nenhum outro país europeu a dominação estrangeira assumiu essa forma de expropriação direta dos nativos"[49].

As atas da reunião pública do Conselho Geral e dos membros e amigos da associação para "a questão feniana" de 18 de novembro de 1867 mostram que a maioria tinha fortes opiniões pró-irlandesas[50]. O *Times* de Londres e dois jornais de Dublin, o *Nation* e o *Irishman*, cobriram o processo. Na discussão, Hermann Jung, o secretário da Internacional para a Suíça, recebeu aplausos quando criticou aqueles que atacaram os fenianos por terem recorrido à violência:

> Alguns esforços têm sido feitos para desviar a atenção do povo trabalhador deste país em relação aos fenianos. Enquanto eles são denunciados como assassinos, Garibaldi é considerado um grande patriota; e não há vidas sendo sacrificadas no movimento de Garibaldi? [...] Os irlandeses têm o direito de se revoltar contra aqueles que os expulsam de seu país; os ingleses fariam o mesmo se qualquer poder estrangeiro os oprimisse de maneira semelhante.[51]

Eugène Dupont, o secretário da Internacional para a França, também se referiu ao direito de revolução, mas enfatizou igualmente o caráter progressista do programa político feniano: "eles afirmam a forma republicana de governo, liberdade de pensamento, o Estado não religioso, o produto do trabalho para o trabalhador e a posse do solo pelo povo"[52].

Os membros ingleses do Conselho Geral da Internacional foram mais ambíguos. O líder sindical Benjamin Lucraft afirmou que a violência não traria nada de bom, criticando também os trabalhadores irlandeses de Londres por se manterem afastados do movimento trabalhista inglês. Outro membro inglês do Conselho Geral, John Weston, que presidia a reunião, apoiou mais os fenianos: "O crime de matar à fome os irlandeses foi muito maior do que a morte acidental de um homem na tentativa de resgatar os prisioneiros fenianos"[53]. Marx não tomou a

---

[48] Idem.
[49] Ibidem, p. 461.
[50] Karl Marx e Friedrich Engels, *Ireland and the Irish Question*, cit., p. 368.
[51] Ibidem, p. 368-9.
[52] Ibidem, p. 369.
[53] Ibidem, p. 371.

palavra, mas foi o principal autor de um apelo da Internacional enviado ao ministro do Interior no dia seguinte. Ele afirmava que as execuções, se realizadas, "não ostentariam o selo de um ato judicial, mas o de vingança política"[54]. Dois dias depois, em 21 de novembro, cerca de 20 mil trabalhadores se reuniram em Londres para pedir clemência. Dois homens foram libertados no último minuto, mas Allen, Larkin e O'Brien foram enforcados em 23 de novembro.

Em carta para Marx do dia 24 de novembro, um dia após os enforcamentos, Engels conclui que ocorrera uma violação irreparável, que tornaria inevitável a independência da Irlanda:

> Os *tories* realmente realizaram o último ato de separação entre a Inglaterra e a Irlanda. [...] A execução daqueles três é que transformará a libertação de Kelly e Deasy em um ato de heroísmo, como agora será cantado no berço de toda criança irlandesa na Irlanda, na Inglaterra e nos Estados Unidos. As mulheres irlandesas cuidarão disso tão certamente quanto fizeram as mulheres polonesas. Pelo que sei, a única vez que alguém foi executado por algo semelhante em um Estado civilizado foi o caso de John Brown em Harpers Ferry. Os fenianos não poderiam desejar um precedente melhor.[55]

Na passagem acima, Engels entrelaça três questões que formam o núcleo deste estudo: a Guerra Civil Americana, a Polônia e a Irlanda.

Marx preparou um discurso sobre a Irlanda para o encontro do Conselho Geral em 26 de novembro, mas novamente ele não discursou, deixando que Fox o fizesse em seu lugar. Em uma carta a Engels datada de 30 de novembro, ele indica que poderia ter tomado a palavra se a imprensa irlandesa tivesse aparecido novamente; nesse caso, o fato de as execuções terem ocorrido apenas três dias antes o teriam "obrigado" a "desencadear um raio revolucionário, em vez da pretendida análise objetiva da situação e do movimento"[56]. É por isso que, acrescenta, ele não se incomodava com o fato de Fox falar, em parte porque ele era inglês e era importante que os ingleses se posicionassem naquele momento. Marx, no entanto, não se mostrou satisfeito com o tipo de resolução que "o Fox abstrato"[57] propôs para votação no final de seu discurso, que enfatizava a "amizade entre as nações britânica e irlandesa" em vez de algo mais decisivo. A resolução de Fox, no entanto, foi

---

[54] Ibidem, p. 118.
[55] MECW, v. 42, p. 474.
[56] Ibidem, p. 485.
[57] Idem.

apresentada sem controvérsia aparente[58]. Outra razão pela qual Marx ficou feliz de não ter falado, acrescenta, foi que, sob as circunstâncias das recentes execuções, ele teria de se identificar publicamente com os fenianos mais do que desejaria, já que "não teria prazer em estar envolvido com pessoas como Roberts, Stephens e afins"[59].

As anotações de Marx para seu discurso não realizado em 26 de novembro, escritas em inglês, sobreviveram. Ele começa com uma nota similar à carta de Engels de 24 de novembro:

> Desde a nossa última reunião, o objeto de nossa discussão, o fenianismo, entrou em uma nova fase. Foi batizado de sangue pelo governo inglês. As execuções políticas em Manchester nos lembram o destino de John Brown em Harpers Ferry. Elas abrem um novo período na luta entre a Irlanda e a Inglaterra.[60]

Marx dedica uma atenção considerável à centralização das propriedades agrícolas, escrevendo que, desde 1855, "1.032.694 irlandeses foram desapossados por cerca de 1 milhão de vacas, porcos e ovelhas"[61]. Como resultado,

> a situação da massa do povo se deteriorou e seu estado está chegando a uma crise semelhante à de 1846. A população excedente relativa [é] agora tão grande quanto antes da fome. [...] Resultado: expulsão gradual dos nativos, deterioração gradual e exaustão da vida natural, do solo.[62]

Nessa breve passagem, Marx relaciona a destruição do povo irlandês à destruição do ambiente natural: o novo estágio da penetração capitalista inglesa na Irlanda causava danos humanos e ecológicos. Os historiadores irlandeses Eamonn Slater e Terrence McDonough argumentam que esse tipo de discussão, encontrada aqui e em algumas outras passagens sobre a Irlanda, "projeta Marx não apenas como um analista histórico do colonialismo mas também, talvez, como um teórico da modernidade ambiental"[63]. Quanto ao fenianismo, de que

---

[58] *The General Council of the First International* [O Conselho Geral da Primeira Internacional], 1964, p. 181.
[59] MECW, v. 42, p. 485.
[60] MECW, v. 21, p. 189.
[61] Ibidem, p. 190.
[62] Ibidem, p. 191.
[63] Eamonn Slater e Terrence McDonough, "Marx on Nineteenth-Century Colonial Ireland: Analysing Colonialism as a Dynamic Social Process", *Irish Historical Studies*, v. 23, n. 142, 2008, p. 170.

suas notas tratam muito brevemente, Marx escreve que seu "caráter distintivo" como um "movimento socialista, das classes baixas" significava que ele "não era católico", mas "republicano", isso sob influência dos irlandeses nos Estados Unidos[64]. Em uma carta a Engels de 30 de novembro de 1867, Marx relaciona as mudanças socioeconômicas ocorridas na Irlanda desde 1846 mais explicitamente ao surgimento do fenianismo como um novo tipo de movimento de resistência:

> O que os ingleses ainda não percebem é que desde 1846 o conteúdo econômico e, portanto, também o propósito político do domínio inglês na Irlanda entrou em uma fase inteiramente nova, e por isso mesmo o fenianismo é caracterizado por inclinações socialistas (no sentido negativo, dirigido contra a apropriação do solo) e como um movimento das ordens inferiores. O que poderia ser mais absurdo do que juntar as barbaridades de Elizabeth ou Cromwell, que queriam expulsar os irlandeses por meio de colonos (no sentido romano da palavra) ingleses, ao sistema atual, que quer expulsar os irlandeses por meio de ovelhas, porcos e bois! [...] A liquidação das propriedades da Irlanda é agora o único motivo do domínio inglês na Irlanda. O *estúpido* governo inglês em Londres naturalmente nada sabe sobre essa imensa mudança desde 1846. Mas os irlandeses sabem [...] Os irlandeses têm expressado sua consciência da maneira mais clara e convincente. A questão agora é esta: que conselho *nós* devemos dar aos trabalhadores *ingleses*? Na minha opinião, eles devem fazer da *Revogação da União* [...] um artigo de seu *manifesto*. Esta é a única forma *legal* e, portanto, a única forma possível de emancipação irlandesa que pode ser adotada por um partido *inglês* em seu programa [...]. O que os irlandeses precisam é: 1. Autogoverno e independência da Inglaterra; 2. Revolução agrária: com a melhor boa vontade do mundo, os ingleses não podem fazer isso por eles, mas podem dar-lhes os meios legais de fazer isso por si mesmos; 3. *Tarifas protecionistas contra a Inglaterra.*[65]

Embora um apelo claro à independência irlandesa ainda fosse evidente, a noção de que os trabalhadores ingleses seriam o catalisador da mudança na Irlanda permaneceu[66].

---

[64] MECW, v. 21, p. 192, 193.
[65] MECW, v. 42, p. 486-7 (grifos do original).
[66] A complexidade da visão de Marx sobre o Estado também pode ser notada aqui. Ele sustentava que o governo londrino da época, liderado pelo *tory* Edward Derby, não tinha ideia das mudanças radicais que ocorriam na agricultura irlandesa, que presumivelmente estavam sendo executadas por forças até certo ponto separadas dele e de sua base de classe. Uma evocação mais conhecida da autonomia relativa do Estado pode ser encontrada em Karl Marx, *O 18 de brumário de Luís Bonaparte* [1852] (trad. Nélio Schneider, São Paulo, Boitempo, 2011).

A situação irlandesa tomou outro rumo dramático em 13 de dezembro de 1867, quando fenianos colocaram uma bomba do lado de fora da prisão Clerkenwell, em Londres, na tentativa de libertar alguns de seus prisioneiros. A bomba falhou e em vez disso matou uma dúzia de ingleses da comunidade vizinha, de classe trabalhadora. Em uma carta a Engels no dia seguinte, Marx manifesta consternação com o incidente, que certamente prejudicaria o apoio da classe trabalhadora inglesa aos irlandeses. Ele também critica a noção de ação conspiratória por pequenos grupos:

> A última façanha feniana em Clerkenwell é uma grande loucura. As massas de Londres, que têm demonstrado muita simpatia pela Irlanda, ficarão enfurecidas e serão levadas para os braços do partido do governo. Não se pode esperar que os proletários de Londres se deixem ser explodidos em benefício de emissários fenianos. Conspirações secretas e melodramáticas desse tipo estão, em geral, mais ou menos condenadas ao fracasso.[67]

Engels responde em 19 de dezembro que o incidente "foi obviamente obra de alguns fanáticos; é o infeliz destino de todas as conspirações que elas levem a atos de loucura porque 'nós precisamos fazer alguma coisa'"[68].

Nenhuma dessas críticas privadas, contudo, significou um afastamento da causa irlandesa ou dos fenianos por parte de Marx. Em uma carta de 17 de dezembro, ele informa a Engels que o *Irishman*, o jornal que havia coberto as reuniões do Conselho Geral na Irlanda, estava "disposto a publicar, se você escrever em inglês", uma resenha de *O capital*. Referindo-se à seção de *O capital* sobre a Irlanda, ele acrescenta que "a Irlanda deve ocupar um espaço apropriado nela, no entanto"[69]. Marx também menciona que concedeu uma longa palestra pública sobre a Irlanda diante de uma audiência de cem pessoas em 16 de dezembro, patrocinada por seus colegas da Sociedade Alemã de Educação dos Trabalhadores, apenas três dias após o atentado a bomba em Clerkenwell. As anotações de Marx para essa palestra sobreviveram, assim como um breve artigo inédito sobre ela elaborado por Johann Georg Eccarius, que trabalhava como secretário do Conselho Geral da Internacional.

---

[67] MECW, v. 42, p. 501.
[68] Ibidem, p. 505.
[69] Ibidem, p. 504. Não está claro se Engels escreveu essa resenha, nunca mencionada novamente em sua correspondência. Durante esse período, ele publicou uma série de resenhas sobre *O capital* em jornais alemães e tentou, sem sucesso, obter também uma publicação em um periódico inglês.

Em suas anotações para o discurso de 16 de dezembro de 1867, Marx começa por caracterizar o fenianismo como um movimento que "criou raízes (e ainda está muito enraizado) apenas na massa do povo, nas ordens inferiores", em oposição a "todos os movimentos irlandeses anteriores", que, na sua opinião, eram liderados pela "aristocracia ou por homens de classe média, e sempre por clérigos católicos"[70]. Ele então se pergunta o que motivou o surgimento de tal movimento naquela época:

> Aqui está o que desconcerta os ingleses: eles acham o atual regime moderado em comparação com a antiga opressão da Inglaterra sobre a Irlanda. Então por que essa forma de oposição mais determinada e irreconciliável agora? O que eu quero mostrar – e que até mesmo aqueles ingleses que estão do lado dos irlandeses não veem – é que a [opressão] desde 1846, embora menos bárbara na forma, tem sido efetivamente destrutiva, não deixando alternativa senão a emancipação voluntária da Irlanda em face da Inglaterra ou a luta de vida ou morte.[71]

Assim, a forma mais capitalista de dominação inglesa desde a Grande Fome de 1846, embora menos explicitamente violenta, foi mais destrutiva do que todas as formas de domínio inglês nos setecentos anos anteriores.

Em seguida, Marx rastreia as tentativas inglesas de conquistar a Irlanda a partir do século XII. Ele as descreve como semelhantes às posteriores guerras de conquista contra os indígenas americanos realizadas pelos colonos ingleses na América do Norte: "o plano era exterminar os irlandeses, pelo menos até o rio Shannon, para tomar suas terras e instalar colonos ingleses em seu lugar"[72]. A Revolta Irlandesa de abrangência nacional contra Cromwell, na década de 1640, levou a um novo e mais completo tipo de reconquista: "derramamento de sangue, devastação, despovoamento de condados inteiros, remoção de seus habitantes para outras regiões, venda de muitos irlandeses para a escravidão nas Índias Ocidentais"[73]. Isso teve dois outros resultados: (1) a campanha de Cromwell na Irlanda acabou com a esperança de uma revolução radical na própria Inglaterra; ela "resolveu-se na República Inglesa"; e (2) gerou uma especial "desconfiança irlandesa em relação ao partido popular inglês", criando uma barreira entre eles

---

[70] MECW, v. 21, p. 194.
[71] Idem.
[72] Ibidem, p. 195.
[73] Ibidem, p. 196.

e seus sucessores na esquerda britânica[74]. As políticas inglesas subsequentes sob a Restauração impediram o desenvolvimento da manufatura na Irlanda "e jogaram o povo de volta à terra"[75]. Marx também detalha a discriminação religiosa contra os católicos e sua relação com a apropriação da terra pelos ingleses. Inspirada pela Revolução Francesa, a Revolta Irlandesa de 1798 fracassou porque os "camponeses" não estavam "maduros"[76]. Resultou daí a União Anglo-Irlandesa de 1801, sob a qual a indústria foi sufocada:

> Todas as vezes em que a Irlanda estava prestes a se desenvolver industrialmente, ela foi esmagada e reconvertida em uma terra puramente agrícola. [...] Todas as suas poupanças foram enviadas para a Inglaterra para investimento [...] e assim a Irlanda foi forçada a contribuir com mão de obra barata e capital barato para erguer "as grandes obras da Inglaterra".[77]

Na segunda metade de suas anotações, Marx se concentra no período posterior a 1846. A Irlanda experimentou, então, não apenas a morte em massa e a emigração mas também uma "revolução do antigo sistema agrícola", sob a qual grandes fazendas foram consolidadas. Isso não havia sido inicialmente planejado, mas "logo surgiram as circunstâncias pelas quais isso se tornou um sistema consciente e deliberado"[78]. Ele menciona quatro fatores: (1) a revogação das Leis dos Cereais levou a uma queda nos preços dos grãos irlandeses; (2) a "reorganização" da agricultura na Irlanda foi uma "caricatura" do que havia acontecido na Inglaterra[79]; (3) massas de homens e mulheres irlandeses estavam fugindo para a Inglaterra "em estado próximo à morte de fome"[80]; e (4) a Lei das Propriedades Oneradas (Encumbered Estates Act), de 1853, resultou em maior concentração da propriedade da terra. Os camponeses foram expulsos da terra, às vezes pelo uso da força. Marx, em seguida, detalha a diminuição da população em consequência da emigração e a piora das condições de vida para os que restaram.

Em seu artigo, também inédito, a respeito do encontro, Eccarius nos mostra a conclusão de Marx de uma forma mais detalhada e mais nítida do que a

---

[74] Idem.
[75] Ibidem, p. 197.
[76] Ibidem, p. 198.
[77] Ibidem, p. 200.
[78] Ibidem, p. 201.
[79] Ibidem, p. 202.
[80] Idem.

encontrada nas anotações do próprio autor, o que sugere que suas observações orais podem ter sido mais pontuais:

> Mais de 1,1 milhão de pessoas foram substituídas por 9,6 milhões de ovelhas. Isso é algo inédito na Europa. Os russos substituem poloneses expulsos por russos, não por ovelhas. Somente sob os mongóis na China houve uma vez uma discussão sobre as cidades deverem ser destruídas para dar lugar a ovelhas. A questão irlandesa não é, portanto, simplesmente uma questão de nacionalidade, mas uma questão de terra e existência. Ruína ou revolução é a palavra de ordem; todos os irlandeses estão convencidos de que, se alguma coisa acontecer, deve acontecer rapidamente. Os ingleses deveriam exigir a separação e deixar que os próprios irlandeses decidissem a questão da posse da terra. Todo o resto seria inútil.[81]

Comparando assim os efeitos da exploração capitalista da Irlanda às depredações dos mongóis, Marx argumenta de modo semelhante à sua caracterização anterior do domínio britânico na Índia como um exemplo da "barbárie inerente à civilização burguesa"[82].

Teorizando a Irlanda após as revoltas de 1867

Nos primeiros meses de 1868, o regime de Bonaparte prendeu membros da Internacional em Paris, acusando-os sem provas de estarem no centro de uma conspiração feniana internacional. Na Irlanda, o jornal *Irishman*, bastante moderado, foi atacado por publicar material pró-feniano, e seu editor, Richard Pigott, foi condenado à prisão. Em uma carta a Engels, de 16 de março, Marx insinua que esse tipo de repressão "excede tudo o que é visto no continente – exceto na Rússia. Que cães!"[83]. Nas semanas seguintes, em um julgamento de fenianos em Manchester, um velho camarada de Marx e Engels, Ernest Jones, assumiu o papel de advogado de defesa. Eles tinham se distanciado de Jones devido ao seu movimento em direção ao liberalismo, e Engels, escrevendo a Marx em 30 de abril de 1868, criticou a abordagem "morna" de Jones na sala do tribunal, que, na sua opinião, permitiu que a promotoria perdesse o controle[84]. Logo depois, em 25 de maio, Michael Barrett, um feniano condenado por participação no

---

[81] Ibidem, p. 318-9.
[82] MECW, v. 12, p. 221.
[83] MECW, v. 42, p. 550.
[84] MECW, v. 43, p. 26.

atentado de Clerkenwell, foi enforcado. Ele foi a última pessoa a ser enforcada publicamente na Inglaterra.

Durante esse período, em uma carta a um membro alemão da Internacional, Ludwig Kugelmann, datada de 6 de abril, Marx retoma a estratégia eleitoral do liberal Gladstone, cuja plataforma incluía a extensão do sufrágio a uma grande parte (mas não à integralidade) das classes trabalhadoras e maior flexibilidade para a Irlanda. Marx lamenta que Odger e outros reformadores trabalhistas dentro da Internacional tenham se ligado à campanha de Gladstone. Referindo-se às promessas do candidato de retirar da Igreja Anglicana na Irlanda a condição de religião oficial, Marx expressa a esperança de que isso possa levar a iniciativas similares na Inglaterra, bem como a uma maior solidariedade entre católicos e protestantes irlandeses. Tudo isso poderia enfraquecer as classes de proprietários de terras, com efeitos importantes: "sempre me pareceu que a revolução social deve começar *seriamente* pela base, ou seja, a propriedade da terra"[85]. Marx também continua a estudar dados econômicos sobre as relações arrendador-arrendatário, contando a Engels, em carta de 10 de outubro de 1868, que ele havia comprado o *Relatório parlamentar sobre os direitos dos arrendatários irlandeses de 1867*: "aqui temos uma verdadeira batalha de vida e morte entre o fazendeiro e o senhorio sobre até que ponto o arrendamento deve incluir, além do pagamento por diferenças da terra, também os juros sobre o capital investido na terra não pelo proprietário, mas pelo arrendatário". Esses, ele acrescenta, são os "antagonismos reais" que formam "o pano de fundo oculto" dos debates de economistas políticos[86].

Em um relatório sem assinatura publicado no *London Times* em 9 de setembro de 1868, sobre as atividades da Internacional do ano anterior, Marx menciona ações de apoio aos prisioneiros fenianos, entre as quais "reuniões públicas em Londres para a defesa dos direitos da Irlanda". Ele também detalha as prisões de membros da Internacional em Paris, sugerindo que Bonaparte estivesse, com isso, tentando ganhar "as boas graças do governo britânico"[87]. Os prisioneiros fenianos continuaram a receber apoio de setores das classes trabalhadoras inglesas, a julgar pelo artigo hostil do *London Times* de 23 de novembro sobre as comemorações dos mártires de Manchester:

> Ontem, o Hyde Park foi novamente desonrado por uma saída a campo dos "grosseiros" londrinos que se reuniram lá em nome dos assassinos que foram executados

---

[85] Ibidem, p. 4.
[86] Ibidem, p. 128.
[87] MECW, v. 21, p. 13.

neste dia no ano passado. [...] Esses assassinos são chamados de "mártires". [...] Um folheto incendiário foi distribuído entre os moradores [...] das piores partes [...] da metrópole. O documento foi impresso em verde com uma profunda borda de luto e com uma rosa fúnebre no cabeçalho.[88]

No início de 1869, depois de ter sido eleito primeiro-ministro, Gladstone buscou aliviar as tensões sobre a Irlanda. Ele retirou da Igreja Anglicana a condição de igreja oficial, acabando assim com algumas das descaradas discriminações religiosas contra a maioria da população irlandesa. O Parlamento também votou uma anistia limitada para alguns dos fenianos presos, mas não para seus líderes. Engels, que finalmente conseguiu se aposentar da empresa de sua família em Manchester, depois de duas décadas como empresário, aproveitou a primeira oportunidade para ir à Irlanda, levando sua companheira, Elizabeth Burns (irmã de Mary, que morreu em 1863), e uma das filhas de Marx, Eleanor. Em uma carta a Marx, datada de 27 de setembro de 1869, Engels aponta duas grandes mudanças econômicas desde sua última visita, em 1856: o despovoamento das áreas rurais e como, ao mesmo tempo, Dublin se tornara uma cidade portuária movimentada e cosmopolita. Ele também descreve um "estado de guerra", com "soldados literalmente em toda parte"[89]. Finalmente, ele menciona que planeja usar seu tempo livre para escrever um livro sobre a Irlanda.

No outono de 1869, Marx também parecia estar preparando um longo estudo sobre a Irlanda e começou a perguntar a Engels sobre fontes de material. Depois de iniciar seus estudos, Engels faz uma avaliação semelhante à anterior de Marx sobre a invasão de Cromwell, em uma carta a Marx de 24 de outubro:

> A história irlandesa mostra que infortúnio é para uma nação subjugar a outra. Todas as abominações inglesas têm sua origem no *Irish Pale*. Ainda tenho que me aprofundar sobre o período cromwelliano, mas parece claro para mim que as coisas na Inglaterra teriam tomado outro rumo se não fosse a necessidade de o governo militar na Irlanda criar uma nova aristocracia.[90]

Durante o verão e o outono de 1869, a demanda por anistia para os prisioneiros fenianos ganhou nova força: um encontro em Dublin em 10 de outubro, por exemplo, atraiu cerca de 200 mil pessoas. Também houve numerosas

---

[88] Citado em Peter Berresford Ellis, *A History of the Irish Working Class*, cit., p. 141.
[89] MECW, v. 43, p. 357.
[90] Ibidem, p. 363.

petições ao governo de Gladstone. Em 24 de outubro, em Londres, os partidários fenianos organizaram uma manifestação que reuniu cerca de 100 mil pessoas, a maior aglomeração de esquerda desde os tempos do cartismo. Uma das filhas de Marx, Jenny, relata a participação de toda a família Marx no evento em uma carta a Kugelmann, de 30 de outubro:

> Em Londres, o evento da semana foi uma manifestação feniana organizada com o propósito de rogar ao governo a libertação dos prisioneiros irlandeses. Como Tussy [Eleanor] voltou da Irlanda mais irlandesa do que nunca, ela não descansou até convencer Moor [Marx], mamãe e a mim a acompanhá-la ao Hyde Park, local indicado para o encontro[91]. Esse parque, o maior de Londres, era uma massa de homens, mulheres e crianças; até as árvores, incluindo seus galhos mais altos, comportavam seus habitantes. O número de pessoas presentes foi estimado em cerca de 70 mil, mas, como esses documentos são ingleses, esse número é sem dúvida muito baixo. Havia manifestantes carregando bandeiras vermelhas, verdes e brancas, com todos os tipos de dizeres, como "Mantenham sua pólvora seca!", "A desobediência aos tiranos é um dever para com Deus!". E erguidas mais alto do que as bandeiras havia uma profusão de gorros jacobinos vermelhos, cujos portadores cantavam a Marselhesa – visões e sons que devem ter interferido muito no prazer dos que bebiam vinho do Porto nos clubes. No dia seguinte, segunda-feira, todos os jornais fizeram um furioso ataque contra aqueles "estrangeiros" confusos e amaldiçoaram o dia em que aterrissaram na Inglaterra para desmoralizar John Bull com suas bandeiras vermelhas, coros ruidosos e outras monstruosidades.[92]

Em suas observações sobre o encontro de 26 de outubro do Conselho Geral, Marx enfatiza a participação dos trabalhadores ingleses: "O aspecto principal da apresentação foi ignorado, a saber, que ao menos parte da classe trabalhadora inglesa tinha perdido seu preconceito contra os irlandeses"[93]. Jung, um forte defensor de Marx, enxergou implicações ainda maiores para o movimento trabalhista: "A Inglaterra, que sempre representou a luta como algo racial, domingo passado demonstrou que se tratava de uma luta de classes"[94].

---

[91] Como observa Yvonne Kapp em *Eleanor Marx*, cit., Eleanor, com quatorze anos, também ficou na casa de Engels em Manchester por alguns meses. Nesse período, Elizabeth Burns contou a ela várias histórias sobre os fenianos e outros rebeldes irlandeses.
[92] MECW, v. 43, p. 546-7.
[93] *The General Council of the First International* [O Conselho Geral da Primeira Internacional], 1966, p. 172.
[94] Ibidem, p. 173.

Marx também sugeriu que a Internacional aprovasse e circulasse uma Resolução sobre a Irlanda. De acordo com as atas, Lucraft, que tinha sido mais reticente durante os debates de 1867, agora queria uma resolução forte, já que, na sua opinião, os trabalhadores ingleses tinham sido negligentes em mostrar solidariedade aos seus companheiros na Irlanda:

> Precisamos obrigar o governo a fazer alguma coisa. Ele, como inglês, não acreditava que tivesse cumprido seu dever. É nosso dever mostrar aos irlandeses que apenas uma classe dos ingleses os prejudicava e que a mesma classe de irlandeses era tão ruim quanto.[95]

As seis semanas seguintes viram outro debate intenso dentro do Conselho Geral sobre a Irlanda; muito das discussões foi relatado no *Reynolds's Newspaper*, um semanário trabalhista.

Na reunião do Conselho Geral de 16 de novembro de 1869, Marx iniciou o debate com um discurso de mais de uma hora sobre o governo britânico e os prisioneiros fenianos. Como registrado na ata, ele criticou Gladstone por não cumprir suas promessas de campanha na Irlanda e por revertê-las mediante táticas arrogantes tipicamente britânicas, tais como não responder a uma petição de anistia com 200 mil assinaturas. Depois que libertou alguns fenianos de classe baixa, Gladstone impôs condições humilhantes à liberdade dos outros: "ele quer que eles renunciem a seus princípios, degradá-los moralmente"[96]. Marx declara ainda que Gladstone "quer que os irlandeses caiam de joelhos porque um soberano esclarecido e o Parlamento fizeram um grande ato de justiça", embora "fossem criminosos diante do povo irlandês"[97]. Embora alegasse ser amigo da Irlanda, Gladstone mobilizou soldados com munição real em 10 de outubro em Dublin, enquanto oficiais do governo tentavam provocar os manifestantes com restrições de última hora na rota do ato. Além disso, "todas as sessões relativas aos direitos dos arrendatários foram desmarcadas", observou Marx[98]. No final de seu discurso, que foi recebido com aplausos substanciais, ele propôs a seguinte resolução:

> Decidiu-se que, em sua resposta às exigências irlandesas de libertação dos patriotas irlandeses – uma resposta contida em sua carta ao sr. O'Shea etc. –, o sr.

---

[95] Idem.
[96] MECW, v. 21, p. 408.
[97] Ibidem, p. 409.
[98] Ibidem, p. 410.

Gladstone insulta deliberadamente a nação irlandesa; que ele obstrui a anistia política com condições que degradam as vítimas do desgoverno e o povo ao qual pertencem; que, em coerência com sua posição, aplaudiu publicamente e entusiasticamente a rebelião dos proprietários de escravos americanos, e agora avança para pregar ao povo irlandês a doutrina da obediência passiva; que todo o seu procedimento com referência à questão da Anistia Irlandesa é a verdadeira e genuína continuidade daquela "política de conquista" de que o sr. Gladstone acusou violentamente seus rivais *tory* na disputa pelo governo; que o Conselho Geral da "Associação Internacional dos Trabalhadores" expressa sua admiração pela maneira espirituosa, firme e de grande alma pela qual o povo irlandês realiza seu movimento por anistia; que essas resoluções sejam comunicadas para todos os ramos e órgãos de trabalhadores ligados à "Associação Internacional dos Trabalhadores" na Europa e na América.[99]

O rascunho de Marx provocou uma discussão extensa no Conselho Geral durante as semanas seguintes, e mesmo com as manifestações continuando a inundar a Irlanda. Poucos dias depois de apresentado, uma manifestação chamada pela Liga Reformista no Hyde Park com o intuito de exigir anistia para os fenianos atraiu milhares de trabalhadores irlandeses e ingleses, um evento que também apoiava a independência da Irlanda.

Na reunião do Conselho Geral de 23 de novembro de 1869, um debate acalorado ocorreu. Odger, agora tentando concorrer ao Parlamento como apoiador de Gladstone, classificou como contraproducente qualquer discurso mais inflamado que pedisse a "libertação incondicional" dos prisioneiros fenianos[100]. Outro membro inglês do Conselho Geral, Thomas Mottershead, atacou fortemente a resolução de Marx: "Lamento que ingleses tenham aplaudido as declarações do Dr. Marx, como fizeram na semana passada. A Irlanda não pode ser independente. Ela fica entre a Inglaterra e a França; se renunciássemos ao nosso domínio, seria pedir aos franceses que entrassem"[101]. Forte defensor de Gladstone, Mottershead sugeriu que, com o tempo, a anistia seria concedida. Vários oradores, entre os quais Eccarius e Jung, atacaram os liberais ingleses pela hipocrisia em apoiar a libertação da Polônia, mas não a da Irlanda. Weston defendeu fortemente a resolução, no entanto: "Gladstone em seus discursos eleitorais declarou que os irlandeses foram injustamente governados; assim, ele

---

[99] Ibidem, p. 83.
[100] *The General Council of the First International* [O Conselho Geral da Primeira Internacional], 1966, p. 185.
[101] Ibidem, p. 186.

virtualmente justificou os fenianos. Quando ele assumiu, não fez nada além de insultar os irlandeses"[102]. Em resposta ao debate, Marx argumenta que o propósito da resolução não era peticionar ao governo de Gladstone:

> É uma resolução de simpatia com os irlandeses e uma revisão da conduta do governo, ela pode unir os ingleses e os irlandeses [...] Odger tem razão, se quiséssemos libertar os prisioneiros, não seria assim, mas é mais importante fazer uma concessão ao povo irlandês do que a Gladstone.[103]

Marx, que parecia ter uma evidente maioria do Conselho Geral por trás dele, fez, contudo, uma concessão a seus oponentes. Ele acatou a sugestão de Odger de apagar a palavra "deliberadamente" da frase "Gladstone deliberadamente insulta a nação irlandesa", quase no início do rascunho[104].

Na semana seguinte, O'Donovan Rossa foi eleito para o Parlamento de sua cela na prisão de Tipperary. Em uma carta a Marx, de 29 de novembro, Engels expressa a esperança de que isso levasse a uma mudança das táticas de guerrilha urbana: "ele tira os fenianos de conspirações vazias e da fabricação de golpes e os lança em um caminho de ação que, mesmo que legalista na aparência, ainda é muito mais revolucionário do que o que eles têm feito desde sua insurreição abortada"[105]. Marx escreve a Engels em 26 de novembro, chamando o debate no Conselho Geral de "ardente, vivaz e veemente"[106]. Ele comemora o fato de que, antes do encontro, o jornal de orientação trabalhista *Reynolds's Paper* tinha publicado o rascunho da resolução e um relato do discurso de Marx, ambos na primeira página. Isso, ele afirma, "parece ter assustado aqueles que estão flertando com Gladstone"[107]. Marx também aponta a participação de um trabalhador irlandês, George Milner, no debate.

Na reunião de 30 de novembro, após algum debate adicional, o Conselho Geral decidiu, por unanimidade, apoiar a resolução de Marx. O irlandês Milner contrariou a sugestão de Odger de pegar um pouco mais leve com Gladstone, argumentando que ele "não poderia ser tratado de maneira diferente de

---

[102] Ibidem, p. 189.
[103] MECW, v. 21, p. 411-2.
[104] Ibidem, p. 412.
[105] MECW, v. 43, p. 387.
[106] Ibidem, p. 386.
[107] Idem.

qualquer outro governo" pela Internacional[108]. Em uma breve resposta a Odger, Marx situa a questão em um contexto europeu mais amplo, com particular referência à Polônia:

> Se as sugestões de Odger fossem seguidas, o Conselho se colocaria em um ponto de vista do partido inglês. Ele não poderia fazer isso. O Conselho deve mostrar aos irlandeses que entendeu a questão e ao continente que não prestará nenhum favor ao governo britânico. O Conselho deve tratar os irlandeses como os ingleses tratariam os poloneses.[109]

A resolução também foi publicada no exterior, em alemão e francês. Em uma carta para Engels, datada de 4 de dezembro, Marx resume o debate, escrevendo que, exceto por Odger e Mottershead, "os delegados ingleses se comportaram de maneira excelente"[110].

Essa resolução foi um grande trunfo para Marx, que havia trabalhado arduamente para sensibilizar os membros britânicos do Conselho Geral sobre a Irlanda. Apesar de alguns, como Odger, a terem considerado muito forte, mais adiante um grupo que incluía importantes representantes da força de trabalho britânica havia aprovado, por unanimidade, uma declaração pró-irlandesa ainda mais firme. Ao votar a favor, os membros do Conselho Geral romperam com décadas de preconceito e hostilidade britânicos contra os irlandeses. Marx, compreensivelmente orgulhoso da resolução, viu-a abrindo a possibilidade de uma aliança, nunca antes alcançada, entre linhas étnicas e nacionais, entre trabalhadores britânicos, intelectuais britânicos, trabalhadores irlandeses residentes na Inglaterra, camponeses irlandeses e intelectuais irlandeses.

Outro obstáculo aparecia agora: a estreiteza da política nacionalista irlandesa, algo que Marx passa a atacar em sua correspondência privada. Em carta de 4 de dezembro a Engels, já referida, alega que o *Irishman* e outros jornais irlandeses deixaram de cobrir a Internacional na Irlanda, uma vez que, na sua opinião, "a questão 'irlandesa' deve ser tratada como algo bastante distinto, excluindo o mundo exterior, e deve ser *dissimulado* que os trabalhadores *ingleses* simpatizam *com* os irlandeses!"[111]. Engels responde, em uma carta de 9 de dezembro, que a

---

[108] *The General Council of the First International* [O Conselho Geral da Primeira Internacional], 1966, p. 193.
[109] MECW, v. 21, p. 412.
[110] MECW, v. 43, p. 392.
[111] Idem (grifos do original).

recusa da "luta de classes profana" era, em parte, "uma política calculada" pelos nacionalistas irlandeses "para manter sua dominação sobre os camponeses", já que "o camponês irlandês não pode descobrir que os trabalhadores socialistas são seus únicos aliados na Europa"[112]. Alguns meses depois, em carta de 8 de julho de 1870, Marx retorna a essa questão, chamando Pigott, o editor do *Irishman*, de "nacionalista de mentalidade estreita"[113].

Notas sobre antropologia e história irlandesas

Durante esse período, Marx começou a conectar a Irlanda à questão da propriedade comunal. Como discutido nos capítulos 1 e 2, no início da década de 1850, Marx via a propriedade comunal como uma fundação importante do "despotismo oriental" na Rússia e na Índia, ou dos chefes de clã autoritários na Escócia. Mas sua correspondência de 1868 com Engels a respeito dos estudos de Georg Maurer sobre os povos germânicos pré-modernos mostra que ele tinha começado a ver as formas comunais ancestrais de maneira diferente. Em uma carta de 14 de março de 1868, Marx informou a Engels que Maurer havia demonstrado não apenas que a propriedade comunal era a forma germânica original, tanto quanto na Rússia ou na Índia, mas também que persistira em partes da Alemanha rural até sua própria época. No entanto, ele repreende Maurer por não ter analisado os antigos celtas:

> Maurer, embora muitas vezes se refira, por exemplo, à África, ao México etc., não sabe absolutamente nada sobre os celtas e, portanto, atribui o desenvolvimento da propriedade comunal na França apenas aos conquistadores germânicos. Como se [...] nós não possuíssemos um livro de leis celtas (galês) do século XI que é inteiramente comunista.[114]

Além disso, como Marx escreve em uma carta a Engels, de 25 de março, as descobertas de Maurer revelaram uma "era primitiva" que "corresponde à tendência socialista" porque seu povo era tão "igualitarista"[115].

Comentando essas cartas, o antropólogo francês Maurice Godelier argumenta que, a partir de então, na obra de Marx, "a ênfase é posta sobre a vitalidade das

---

[112] Ibidem, p. 394.
[113] Ibidem, p. 537.
[114] Ibidem, p. 549.
[115] MECW, v. 42, p. 557.

comunas primitivas e suas múltiplas capacidades de evolução"[116]. Será que Marx via algumas dessas formas comunitárias ativas em seu próprio século, pelo menos no interior da cultura irlandesa? Se assim fosse, poderia tê-las visto como pontos de resistência à Inglaterra e ao capital? Embora seja possível, não há evidência direta sobre isso nos escritos de Marx a respeito da Irlanda – ainda que alguns dos escritos de Engels nesse período sugiram tal ligação.

Engels trabalhou durante a primeira metade de 1870 em sua história da Irlanda, que cobriria desde os tempos pré-históricos até o momento em que escrevia. Ele, contudo, completou apenas dois capítulos, chegando até o início do século XI, quando os irlandeses obtiveram uma medida de paz após finalmente expulsar os viquingues, sem saber que logo enfrentariam a invasão de um inimigo muito mais poderoso: a Inglaterra. Desde o início, Engels enfatiza o caráter indomável do povo irlandês, apesar de setecentos anos de domínio britânico: "até hoje, os irlandeses não são mais ingleses, ou 'britânicos do oeste', como são chamados, do que os poloneses são russos do oeste"[117]. A essa altura, Engels estava consultando algumas fontes celtas no original, assim como latinas e escandinavas. As anotações de Engels para outras partes do livro dizem respeito à conquista e à brutalidade inglesa, especialmente sob Cromwell, nas quais ele enfatiza os milhares de irlandeses vendidos como escravos nas Índias Ocidentais Britânicas. De particular interesse, dadas as preocupações posteriores suas e de Marx, são várias as anotações de Engels sobre a propriedade comunal, por exemplo: "a terra do clã era propriedade comunal. Neste contexto [...] na Irlanda nunca foi o irlandês, mas apenas o inglês, que deteve a terra como propriedade privada"[118].

Ao discutirem o projeto do livro de Engels, em uma carta de 11 de maio de 1870, Marx cita anotações sobre a lei irlandesa antiga que ele havia feito duas décadas antes, quando registrou os seguintes dados históricos:

> A comunidade de bens foi acompanhada pela frouxidão celta no laço matrimonial, já conhecida na Antiguidade, ao mesmo tempo, no entanto, do direito de voto às mulheres na assembleia tribal. [...] O primeiro capítulo do livro sobre o direito comum lida com as mulheres: "se sua esposa se deita com outro homem e ele bate nela, ele sacrifica seu direito de indenização.

---

[116] Maurice Godelier, Prefácio a *Sur les sociétés précapitalistes: Textes choisis de Marx, Engels, Lénine* (Paris, Éditions sociales, 1970), p. 79.
[117] MECW, v. 21, p. 148.
[118] Ibidem, p. 284.

[...] Motivos suficientes para o divórcio de uma esposa eram a impotência do homem, sarna e mau hálito"[119].

Marx acrescenta imediatamente: "esses jovens galantes [*galante Jungen*], esses celtas!"[120]. Essa referência a relações de gênero mais igualitárias em uma sociedade pré-letrada prefigura os cadernos marxianos de 1879-1882 sobre as sociedades não ocidentais e pré-capitalistas, a serem discutidos no capítulo 6.

O autor pesquisou a história irlandesa mais recente durante outubro e novembro de 1869, concentrando-se no período das revoluções americana e francesa, até a União Anglo-Irlandesa de 1801. As notas de pesquisa de Marx, que compreendem cerca de setenta páginas impressas, são principalmente excertos de fontes históricas, com seus próprios comentários ocasionais. Ele observa que, sob o impacto da Revolução Americana, o Parlamento irlandês dominado pelos protestantes mudou de posição para alterar algumas das leis mais discriminatórias contra os católicos:

> Grande ebulição produzida pelos eventos americanos na Irlanda. Muitos irlandeses, principalmente presbiterianos do Ulster, emigram para a América, inscrevem-se sob as bandeiras dos Estados Unidos e lutam contra a Inglaterra do outro lado do Atlântico. Os católicos, que durante muito tempo haviam em vão suplicado por um relaxamento do Código Penal, moveram-se novamente em 1776, subindo o tom. 1778: o Parlamento irlandês relaxou a severidade do Código Penal, suas piores características [foram] obliteradas, católicos foram autorizados a tomar concessões de terras.[121]

Quando a guerra estourou entre a Inglaterra e a França, em 1778, a Irlanda ficou sem defesa. Em resposta, o Movimento Voluntário começou a organizar protestantes para se defender contra uma possível invasão. Marx escreve, no entanto, que isso logo se desdobrou "em um movimento verdadeiramente revolucionário"[122]. Em 1790, sob Wolfe Tone e outros, os Voluntários se transformaram nos Irlandeses Unidos. Tone, um presbiteriano, "resolveu reparar os

---

[119] MECW, v. 43, p. 515. Estas notas, que Marx escreveu a partir do livro do historiador Ernst Wachsmuth de 1833 sobre a história dos costumes europeus, devem aparecer em sua totalidade na MEGA² IV/11.
[120] MECW, v. 43, p. 516.
[121] MECW, v. 21, p. 216.
[122] Ibidem, p. 218.

erros dos católicos" e reformar o Parlamento irlandês, se necessário, criando "uma república independente" da Irlanda[123].

Marx primeiro se concentra na década de 1780 e fala sobre como os Voluntários desenvolveram gradualmente uma visão mais inclusiva do povo irlandês. Como nos Estados Unidos, as políticas mercantilistas britânicas restringiram a fabricação local, enquanto a Irlanda era inundada com produtos manufaturados britânicos. Marx escreve que um boicote de bens britânicos liderado pelos Voluntários logo ganhou o apoio de toda a população e que "ele voou mais rápido que o vento por toda a nação"[124]. Enquanto isso, os Voluntários, até então a maior força militar (em número) em todo o Império Britânico, anunciaram que não mais obedeceriam ao Parlamento britânico e que consideravam a Irlanda um reino separado dentro do império. Marx cita uma declaração de 1782 de membros dos Voluntários sobre a emancipação católica:

> Como homens e como irlandeses, como cristãos e como protestantes, regozijamo-nos com o relaxamento das leis penais contra nossos companheiros; e concebemos a medida em questão como das mais felizes consequências para a união e prosperidade dos habitantes da Irlanda.[125]

Também em 1782, o Parlamento irlandês, liderado por Henry Grattan, decidiu estabelecer a Irlanda como um reino separado dentro do império e, portanto, não subordinado ao Parlamento britânico. No entanto, Marx afirmou que o equívoco de Grattan em momentos cruciais inviabilizou a busca pela independência da Irlanda. Enquanto isso, quando os voluntários começaram a recrutar católicos, seus números chegaram a 150 mil. As reformas de Henry Flood, mais radicais que as de Grattan, foram rejeitadas pelo Parlamento irlandês, lotado de membros corruptos que vendiam seus votos à aristocracia sob o notório sistema de "distritos podres".

Depois de 1789, sob o impacto da Revolução Francesa, o Parlamento irlandês promulgou algumas pequenas reformas. Nesse ponto, Marx começou a se concentrar na carreira e nos escritos de John Curran, um parlamentar radical que mais tarde se tornaria o advogado de defesa dos Irlandeses Unidos. Os opositores de Curran o atacaram por ter como "seus amigos os mendigos das ruas"[126]. Marx

---

[123] Ibidem, p. 219.
[124] Ibidem, p. 221.
[125] Ibidem, p. 225.
[126] Ibidem, p. 236.

regista longamente os debates parlamentares de 1787 nos quais Curran aponta para os antagonismos de classe e critica severamente a corrupção do Parlamento:

> Deixe de apresentar queixas inúteis sobre efeitos inevitáveis, quando vocês mesmos foram as causas [...] a paciência do povo está totalmente esgotada; suas queixas (há muito tempo) têm sido a canção vazia desta casa, mas nenhum efeito produtivo jamais se seguiu. A não residência dos proprietários de terras, a tirania dos latifundiários intermediários. Vocês negam a existência da queixa e recusam a reparação. [..] Não admira que o campesinato deva estar pronto para a rebelião e a revolta. [..] Nem um único homem de propriedade ou consequência se conecta com esses rebeldes. [...] Vocês foram chamados solenemente. [...] para uma reforma adequada enquanto representantes do povo: vocês permitiram isso? Não; e como isso ainda se sustenta? Porque, senhores, os assentos nesta casa são comprados e vendidos. Eles se configuram como venda pública; eles se tornaram um artigo absoluto de comércio – um tráfico da Constituição. [...] Distritos podres à venda.[127]

Marx resume o contexto de surgimento dos Irlandeses Unidos, na década de 1790: "Nós observamos que a Emancipação Católica e a Reforma Parlamentar foram os dois gritos!"[128]. Ele cita longamente diversas declarações sobre liberdade religiosa e republicanismo de quem ele chama de "jacobinos irlandeses", por exemplo: "Onde o modo de governo não é derivado da expressão clara de todas as pessoas, essa nação não tem Constituição; precisamos dizer que esse é o caso da Irlanda; ela possui apenas um governo atuante"[129].

Marx, em seguida, rastreia a eclosão da insurreição de 1798, que ele liga estreitamente ao sucesso dos exércitos franceses no continente. Ao mesmo tempo, ele registra material sobre a crescente repressão britânica, por meio de novas leis e da criação de grupos de vigilantes como a unidade militar Yeomanry*. Marx copia o último discurso de Curran ao Parlamento, em maio de 1797, antes de ele e Grattan deixarem de comparecer às sessões:

> Vimos as minorias decrescentes do partido que galantemente lutaram para manter a Constituição parlamentar da Irlanda. Mas elas se tornaram a cada dia mais

---

[127] Ibidem, p. 243.
[128] Ibidem, p. 247.
[129] Ibidem, p. 249.
* A unidade militar Yeomanry do Exército britânico foi uma unidade de Cavalaria composta de voluntários, a maioria yeoman, criada na época da Revolução Francesa com o objetivo de proteger a Inglaterra de uma possível invasão do novo governo francês. (N. T.)

impotentes. As pessoas olhavam para o Executivo Irlandês Unido, para a França, para as armas, para a Revolução. O governo insistiu em recusar a Reforma e [a Emancipação Católica], continuou a suspensão da Constituição e aumentou incessantemente o despotismo de suas leis [...] O governo e os Irlandeses Unidos estão cara a cara.[130]

Marx sustenta que o primeiro-ministro britânico William Pitt deliberadamente provocou a insurreição de 1798 por suas ações ostensivamente opressivas, como o aquartelamento de tropas em casas de camponeses: "o livre aquartelamento tornava oficiais e soldados mestres despóticos do campesinato, de suas casas, comida, propriedade e, ocasionalmente, suas famílias"[131]. Depois que a insurreição foi suprimida, os britânicos começaram a se mover em direção à União e, com a supressão, jogaram os protestantes contra os católicos. A União de 1801 foi "levada adiante durante o reinado da lei marcial", observa Marx, com um "Parlamento irlandês de 1800 eleito em 1797 por oito anos"[132]. Marx sugere que Pitt traiu os católicos da classe alta que o tinham apoiado quando a União foi votada, mas o fez de maneira desleixada:

> Pitt em 1801 entregou sua renúncia, sob o pretexto de que o rei não cumpria sua palavra aos católicos. Isso [foi] mero show. Ele não queria ser ministro durante a trégua com Bonaparte. Voltou posteriormente ao Ministério sem estipular qualquer favor para os católicos.[133]

Por fim, Marx traça alguns dos resultados da União de 1801. Em sua opinião, eles foram todos extremamente reacionários tanto para a Inglaterra quanto para a Irlanda. O autor cita a avaliação do radical inglês William Cobbett de que seriam necessárias 60 mil tropas regulares para dominar a Irlanda, mas acrescenta: "A Irlanda – um dos pretextos para manter um grande exército permanente"[134]. Em seguida, ele cita *Anti-Union: Ireland as She Ought to Be* [Antiunião: a Irlanda como ela deve ser], de George Ensor (1831):

> Toda aquisição de uma nação por outra nação é prejudicial à liberdade de ambas. O país acessório é uma herança caducada, enquanto o povo que faz a aquisição é

---

[130] MECW, v. 21, p. 255.
[131] Ibidem, p. 257.
[132] Ibidem, p. 263.
[133] Ibidem, p. 265.
[134] Ibidem, p. 268.

submisso aos seus próprios governantes, já que não pode tolerar qualquer perturbação na nação anexada; ele se submete em casa por conta de uma superioridade estéril, muitas vezes cara, no exterior [...]. Esse é o caso da história romana [...] enquanto o mundo caiu diante da aristocracia romana, os cidadãos romanos foram empobrecidos e escravizados [...]. Todo impedimento da liberdade em um país leva à sua perda em outro.[135]

Sobre a perspectiva das classes dominantes britânicas, Marx também cita uma declaração de 1793 do futuro rei Guilherme IV no sentido de que os esforços abolicionistas para acabar com o tráfico de escravos deveriam ser condenados como "parte dos princípios niveladores da Revolução Francesa"[136].

Em uma carta a Engels, de 10 de dezembro de 1869, Marx resume o que concluiu de sua pesquisa histórica:

Você deve se inteirar dos "Discursos" de Curran. [...] Eu pretendia dá-los a você quando esteve em Londres. Estão agora circulando entre os membros ingleses do Conselho [Geral], e Deus sabe quando vou vê-los novamente. Para o período de 1779-1800 (União) são de importância decisiva, não só por causa dos "Discursos" de Curran (nomeadamente nos tribunais; considero Curran o único grande advogado – advogado popular – do século XVIII, e a personalidade mais nobre, enquanto Grattan era um ladino parlamentar), mas porque você encontra todas as fontes sobre os Irlandeses Unidos. Esse período é cientificamente e dramaticamente o de maior interesse. Primeiro, as obscenas infâmias dos ingleses em 1588-1589 se repetiram (talvez até se tenham intensificado) em 1788-1789. Segundo, o movimento de classes é facilmente mostrado no próprio movimento irlandês. Terceiro, a infame política de Pitt. Quarto, o que irrita muito os cavalheiros ingleses, a prova de que a Irlanda sofreu porque, de fato, do ponto de vista revolucionário, os irlandeses estavam avançados demais para o rei inglês e o pessoal da igreja, enquanto, por outro lado, a reação inglesa na Inglaterra (como no tempo de Cromwell) tinha suas raízes na subjugação da Irlanda. Esse período deve ser descrito em pelo menos um capítulo: um pelourinho para John Bull![137]

A última frase refere-se ao projeto de Engels de um livro sobre a Irlanda. Ele também pergunta a Engels por fontes sobre a "propriedade comum"[138]. Essa

---
[135] Idem.
[136] Idem.
[137] MECW, v. 43, p. 398.
[138] Idem.

carta veio depois de dois meses de intenso envolvimento, por parte de Marx, em debates públicos sobre a Irlanda, bem como de seu estudo da história irlandesa. Ele estava agora colocando a Irlanda no centro da política revolucionária e trabalhista. Tanto na época de Cromwell como na década de 1790, defendia ele, o colapso das possibilidades revolucionárias na Inglaterra foi precedido pela repressão britânica ao povo irlandês.

Uma mudança de posição em 1869-70: A Irlanda como "alavanca" da revolução

Os dois tópicos que estimulavam o pensamento recente de Marx sobre a Irlanda – debates dentro da Internacional e sua pesquisa histórica – pareciam agora se unir quando as perspectivas dele a respeito do país passaram por uma mudança radical. Daí em diante, em sua opinião, seria muito provável que a Irlanda agrária desempenhasse um papel de liderança ao desencadear uma revolução social na Inglaterra. Ele declara explicitamente essa mudança de posição na carta de 10 de dezembro de 1869 a Engels:

> Por muito tempo, acreditei que fosse possível derrubar o regime irlandês pela ascendência da classe trabalhadora inglesa. Sempre defendi esse ponto de vista no *New York Tribune*. Um estudo mais profundo agora me convenceu do contrário. A classe trabalhadora inglesa nunca realizará nada antes que ela se livre da Irlanda. A alavanca deve ser aplicada na Irlanda. É por isso que a questão irlandesa é tão importante para o movimento social em geral.[139]

O teórico político estadunidense August Nimtz considera essa mudança "muito significativa, pois deixa claro que a 'alavanca' revolucionária para Marx, ao contrário da reivindicação marxológica usual, não residia exclusivamente no mundo capitalista industrializado avançado"[140]. Marx reafirmou e aprimorou sua nova posição em vários outros escritos durante o final de 1869 e 1870, período

---

[139] Idem.
[140] August H. Nimtz, *Marx and Engels: Their Contribution to the Democratic Breakthrough*, cit., p. 204. O estudioso coreano Jie-Hyun Lim oferece uma análise sutil dessa mudança, relacionando também a Irlanda à Índia: "Deve-se ter em mente que a Irlanda do final do século XIX estava localizada na periferia do sistema capitalista mundial; Marx, de fato, via a Índia como a Irlanda do Oriente", Jie-Hyun Lim, "Marx's Theory of Imperialism and the Irish National Question", *Science & Society*, v. 56, n. 2, 1992, p. 170-1.

em que o debate sobre a Irlanda continuou a influenciar a Inglaterra. Nenhum dos textos em que ele explicita sua opinião de forma franca e direta sobre o assunto foi escrito originalmente em inglês.

Duas semanas antes, em uma carta de 29 de novembro de 1869 para Kugelmann, Marx expôs sua nova posição sobre a Irlanda em maior detalhe, sem mencionar que ela representava uma mudança. Escrevendo em alemão, ele começa explicando que seu discurso de 16 de novembro e a Resolução do Conselho Geral sobre a Irlanda "tinham outros motivos além de simplesmente falar decididamente e em voz alta pelos oprimidos irlandeses contra seus opressores"[141]. Esses fundamentos mais profundos repousavam sobre a possibilidade de mudança radical na Inglaterra:

> Tornei-me cada vez mais convencido – e o ponto agora é levar essa convicção para a classe trabalhadora inglesa – de que eles nunca farão nada decisivo aqui na Inglaterra antes de separar definitivamente sua atitude em relação à Irlanda da das classes dominantes, e não apenas se unir à causa dos irlandeses, mas até mesmo tomar a iniciativa de dissolver a União estabelecida em 1801, e substituí-la por um relação federativa livre. [...] Todo movimento na própria Inglaterra é prejudicado pela dissensão com os irlandeses, que formam uma seção muito importante da classe trabalhadora da própria Inglaterra.[142]

A consciência da classe trabalhadora inglesa era atenuada, portanto, pelo preconceito contra os irlandeses.

No nível das classes dominantes, a Inglaterra, de um lado, era um país industrial moderno, com uma burguesia industrial, e, de outro, possuía uma grande classe de proprietários de terra aristocráticos, cuja maior parte estava na Irlanda. Essa situação, ao mesmo tempo que, sem dúvida, fortaleceu as classes dominantes em sua luta contra a classe trabalhadora inglesa, conduziu, de maneira dialética, a uma vulnerabilização dessas mesmas elites, dentro da própria Irlanda:

> A principal condição de emancipação aqui – a derrubada da oligarquia latifundiária inglesa – permanece inalcançável, já que suas posições não podem ser tomadas aqui enquanto ela mantiver seus postos avançados fortemente entrincheirados na Irlanda. Mas lá, uma vez que os assuntos têm sido colocados nas mãos do próprio povo irlandês, [...] será infinitamente mais fácil lá do que aqui abolir

---

[141] MECW, v. 43, p. 390.
[142] Idem.

a aristocracia proprietária de terras (em grande medida, as mesmas pessoas que os latifundiários ingleses), afinal, na Irlanda não se trata apenas de uma questão econômica, mas também [de uma questão] nacional, já que os latifundiários não são, como na Inglaterra, dignitários tradicionais e representativos, mas os opressores da nacionalidade mortalmente odiados.[143]

Tudo isso é de grande importância para a revolução europeia, escreve Marx, pois, devido à posição da Inglaterra como a sociedade capitalista mais desenvolvida, "a classe trabalhadora inglesa sem dúvida joga o maior peso na balança da emancipação social em geral"[144]. No entanto, devido à interação específica da consciência de classe com a de nação na Inglaterra e na Irlanda, esta torna-se "o ponto em que a alavanca deve ser aplicada"[145]. O destino da Revolução Inglesa dos anos 1640 confirma a teoria de Marx: "É fato que a república inglesa sob Cromwell naufragou na Irlanda. Isso não deve acontecer duas vezes!"[146].

A polêmica com Bakunin e depois

Durante esse período, Marx também iniciou sua longa luta contra o anarquista Mikhail Bakunin, que se tornou pública em janeiro de 1870 com o que hoje é conhecido como o Comunicado Confidencial do Conselho Geral. Escrito por Marx em francês e enviado a todos os ramos da Internacional, o documento atacava fortemente Bakunin. Como é bem sabido, na época Marx estava respondendo à acusação do rival de que uma liderança autoritária e excessivamente centralizada em Londres comandava a Internacional. Um exemplo disso, aos olhos de Bakunin e seus apoiadores, era o fato de que, diferentemente do que ocorria em outros países, a Internacional não tinha um Conselho Federal britânico separado. Em vez disso, o Conselho Geral em Londres preenchia dois papéis: a coordenação da Inglaterra e de toda a Internacional[147].

---

[143] Ibidem, p. 390-1.
[144] Ibidem, p. 391.
[145] Idem.
[146] Idem.
[147] Como pano de fundo geral para o início da disputa Marx-Bakunin, ver especialmente G. M. Stekloff, *History of the First International* (Londres, Martin Lawrence, 1928); Julius Braunthal, *History of the International, Volume One: 1864-1914* [1961] (Nova York, Praeger, 1967); Maximilien Rubel, "Marx et la Première Internationale. Une Chronologie", *Études de Marxologie*, v. 8, ago. 1964, e "Marx et la Première Internationale. Une Chronologie. Deuxième Partie",

A segunda crítica de Bakunin ao Conselho Geral, que diz respeito à Irlanda, é menos conhecida. Em alguns aspectos, essa crítica se assemelhava à dos proudhonistas, que tinham criticado dentro da Internacional sua posição a favor da emancipação nacional polonesa, uma vez que Bakunin e seus partidários rejeitavam qualquer apoio particular à emancipação nacional irlandesa[148]. Os bakuninistas desconfiavam do envolvimento da classe trabalhadora em qualquer tipo de ação política, da candidatura a cargos públicos à organização de petições e ações de pressão a governos. Um exemplo dessa posição pode ser encontrado no programa de 1868 da Aliança Internacional da Democracia Socialista de Bakunin, cujo ponto quatro "rejeita qualquer ação política que não tenha como objetivo imediato e direto o triunfo da causa dos trabalhadores contra o capital"[149].

Com base nessa premissa formalista, o *L'Égalité*, jornal pró-Bakunin editado em francês em Genebra, Suíça, publicou um forte ataque à Resolução do Conselho Geral sobre a Irlanda em 11 de dezembro de 1869, caracterizando a declaração como um desvio da política revolucionária. Sob a manchete "Le Conseil Général", o *L'Égalité* publicou em sua primeira página uma tradução para o francês da Resolução do Conselho Geral de novembro de 1869, de autoria de Marx, na qual ele atacava Gladstone e aplaudia "o grande espírito com o qual o povo irlandês conduz seu movimento de anistia"[150]. Logo abaixo desse artigo, também na primeira página, o *L'Égalité* publicou sua resposta, intitulada "Refléxions", que dizia em parte:

> Não é demais repetir que os interesses dos trabalhadores não residem em tentativas de melhorar os governos de hoje, mas em eliminá-los de maneira radical e substituir o estado político, autoritário, religioso e jurídico atual por uma nova organização social, que garanta a cada pessoa todo o produto do seu trabalho e tudo o que daí resultar.[151]

Marx elaborou uma resposta a tais críticas em nome do Conselho Geral, na forma do Comunicado Confidencial acima mencionado, escrito em francês e

---

Études de Marxologie, v. 9, jan. 1965. Nenhuma dessas fontes, contudo, toma a Irlanda como uma questão relevante na controvérsia.

[148] Em contraste com Proudhon, no entanto, deve-se notar que Bakunin apoiou fortemente a Polônia, inclusive participando da revolta de 1863.

[149] Citado em MECW, v. 21, p. 208. Todo o programa, incluindo as notas marginais de Marx, foi reimpresso em ibidem, p. 207-11.

[150] MECW, v. 21, p. 83; "Le Conseil Général", *L'Égalité*, 1869.

[151] "Refléxions", *L'Égalité*, 1869.

enviado a todos os ramos da Internacional. O Comunicado Confidencial foi aprovado em uma reunião do Conselho Geral em 1º de janeiro de 1870[152].

Embora o Comunicado Confidencial de Marx aborde uma série de questões relacionadas à estrutura organizacional da Internacional, cerca de um quarto de suas doze páginas é dedicado à Irlanda. Algumas das novas posições de Marx sobre a Irlanda são articuladas aqui, por exemplo:

> Ainda que a iniciativa revolucionária provavelmente venha da França, a Inglaterra sozinha pode servir de alavanca para uma séria revolução econômica. É o único país onde não há mais camponeses e onde a propriedade fundiária está concentrada em poucas mãos. É o único país onde *a forma capitalista*, isto é, o trabalho combinado em larga escala sob a autoridade dos capitalistas [*des maîtres capitalistes*], se apoderou de quase toda a produção. É o único país onde *a vasta maioria da população é constituída por trabalhadores assalariados*. [...] Os ingleses têm todas as condições *materiais* [*matière* nécessaire] para a revolução social. O que falta é um *senso de generalização e paixão revolucionária*. É somente o Conselho Geral que pode provê-los disso, que pode assim acelerar o movimento verdadeiramente revolucionário neste país e, consequentemente, *em todo lugar*. [...] Se a Inglaterra é o baluarte do latifúndio e do capitalismo europeu, o único ponto em que a Inglaterra oficial pode sofrer um grande golpe é a Irlanda.[153]

Além disso, ao mesmo tempo que apontava para o papel crucial dos trabalhadores ingleses na revolução europeia, Marx também estava defendendo a estrutura do Conselho Geral, argumentando que o movimento dos trabalhadores britânico precisava da participação de revolucionários exilados como ele.

Embora o propósito do Comunicado Confidencial fosse responder às acusações do grupo de Bakunin contra a Resolução sobre a Irlanda, podem-se também discernir aqui temas maiores, como a relação entre a emancipação nacional e o movimento dos trabalhadores. O sociólogo Torben Krings escreve sobre uma "crescente dialetização das questões do nacionalismo e do internacionalismo" nesse momento da obra de Marx[154]. Algo do que se segue poderia ter sido apli-

---

[152] Não está claro se uma versão em inglês estava disponível antes da votação. O original francês desse texto pode ser encontrado em *The General Council of the First International* [O Conselho Geral da Primeira Internacional], 1966, p. 354-63.
[153] MECW, v. 21, p. 118-9 (grifos do original).
[154] Torben Krings, "Irische Frage", em *Historisch-kritisches Wörterbuch des Marxismus* (Hamburgo, Argument, 2004), p. 1.508.

cado também à relação entre a emancipação nacional polonesa e a revolução na Alemanha, por exemplo:

> Em primeiro lugar, a Irlanda é o *baluarte* do latifúndio inglês. Se ele caísse na Irlanda, cairia na Inglaterra. Na Irlanda isso é cem vezes mais fácil porque *a luta econômica está concentrada exclusivamente na propriedade fundiária*, porque essa luta é ao mesmo tempo nacionalista e porque o povo ali é mais revolucionário e colérico do que o da Inglaterra. O latifúndio na Irlanda é mantido apenas pelo *Exército inglês*. No momento em que a União forçada entre os dois países terminar, uma revolução social irromperá imediatamente na Irlanda, embora sob *formas atrasadas*.[155]

O segundo ponto de Marx, sobre a relação das minorias nacionais com as maiorias na classe trabalhadora na Inglaterra, também tinha implicações mais amplas e se aplicaria, por exemplo, ao trabalho imigrante polonês na França e na Alemanha ou ao trabalho negro nos Estados Unidos, mencionado abaixo:

> Em segundo lugar, a burguesia inglesa tem [...] dividido o proletariado em dois campos hostis. [...] *Em todos os grandes centros industriais da Inglaterra*, existe um profundo antagonismo entre o proletário irlandês e o proletário inglês. O trabalhador inglês comum odeia o trabalhador irlandês como um concorrente que reduz os salários e o *padrão de vida*. Ele sente antipatias nacionais e religiosas por ele. Ele o vê de maneira semelhante àquela como os brancos pobres dos estados do sul da América do Norte viam os escravos negros. Esse antagonismo entre os proletários da Inglaterra é artificialmente nutrido e mantido pela burguesia. Ela sabe que essa divisão é o verdadeiro segredo da preservação de seu poder.[156]

No Comunicado Confidencial, Marx faz alguns comentários adicionais sobre os irlandeses nos Estados Unidos antes de concluir: "assim, a posição da Associação Internacional em relação à questão irlandesa é muito clara. Sua primeira preocupação é avançar a revolução social na Inglaterra. Para esse fim, o grande golpe deve ser desferido na Irlanda"[157].

---

[155] MECW, v. 21, p. 119-20 (grifos do original).
[156] Idem (grifos do original).
[157] Ibidem, p. 120.

A Irlanda e a revolução europeia

A exposição mais extensa da nova visão de Marx sobre a Irlanda está contida em uma carta de 9 de abril de 1870 a dois membros germano-americanos da Internacional em Nova York, Sigfrid Meyer e August Vogt. Como em suas cartas a Kugelmann e Engels e no Comunicado Confidencial, Marx descreve a Irlanda não apenas como um reduto da aristocracia inglesa mas também como uma sociedade pronta para uma revolução social. No nível objetivo, Marx primeiro argumenta que a burguesia industrial inglesa tem "um interesse comum com a aristocracia inglesa em transformar a Irlanda em uma grande pastagem para fornecer carne e lã ao preço mais baixo possível ao mercado inglês"[158]. No entanto, a consolidação da agricultura na Irlanda beneficia o capital inglês de uma segunda forma ainda mais decisiva, fornecendo mão de obra barata para as fábricas inglesas:

> mas a burguesia inglesa também tem interesses muito mais importantes na atual economia irlandesa. Como resultado da crescente concentração de arrendatários, a Irlanda está constantemente fornecendo seu excedente para o mercado de trabalho inglês, forçando para baixo os salários e a posição material e moral da classe trabalhadora inglesa.[159]

Nesse ponto, Marx se move para uma discussão do fator subjetivo, daqueles elementos da relação da Inglaterra com a Irlanda que impactam o nível de consciência de classe e o potencial para uma ruptura com o capital por parte das classes trabalhadoras inglesas. Como no Comunicado Confidencial, mas aqui com mais profundidade e detalhe, ele compara a questão irlandesa à situação racial nos Estados Unidos:

> E o mais importante de tudo! Todos os centros industriais e comerciais na Inglaterra agora têm uma classe trabalhadora dividida em dois campos hostis, proletários ingleses e proletários irlandeses. O trabalhador inglês comum odeia o trabalhador irlandês como um concorrente que rebaixa seu padrão de vida. Em relação ao trabalhador irlandês, ele se sente um membro da nação dominante e, portanto, se torna uma ferramenta de seus aristocratas e capitalistas contra a Irlanda, fortalecendo assim a dominação sobre si mesmo. Ele nutre preconceitos religiosos, sociais e nacionais contra si. Sua atitude em relação a si mesmo é

---

[158] MECW, v. 43, p. 474.
[159] Idem.

mais ou menos a dos brancos pobres para com os *niggers*[160] nos antigos estados escravistas da União Americana. O irlandês lhe paga de volta com juros em seu próprio dinheiro. Ele vê no trabalhador inglês o cúmplice e a ferramenta estúpida do domínio inglês na Irlanda. Esse antagonismo é mantido artificialmente vivo e intensificado pela imprensa, pelo púlpito, pelos jornais satíricos, enfim, por todos os meios à disposição da classe dominante. Esse antagonismo é o segredo da impotência da classe trabalhadora inglesa, apesar de sua organização. É o segredo da manutenção do poder da classe capitalista. E esta última tem plena consciência disso.[161]

Nesse sentido, o antagonismo mútuo entre dois elementos – os trabalhadores ingleses e os imigrantes irlandeses – constringiu o desenvolvimento da consciência de classe em uma classe trabalhadora etnicamente estratificada[162].

Para Marx, no entanto, essa situação não era imutável. Era aqui que o papel de um grupo organizado como a Internacional se tornaria crucial, sustenta ele, como no seguinte resumo de suas intenções durante o debate da Internacional sobre a Irlanda:

> A Inglaterra, como a metrópole do capital, como o poder que até então tem governado o mercado mundial, é no momento o país mais importante para a revolução operária e, além disso, o único país onde as condições materiais dessa revolução se desenvolveram até um certo estado de maturidade. Assim, acelerar a revolução social na Inglaterra é o objetivo mais importante da Associação Internacional dos Trabalhadores. O único meio de fazê-lo é tornar a Irlanda

---

[160] Novamente, como em várias passagens de seus escritos sobre a Guerra Civil, Marx usa um termo racista para defender uma posição antirracista. Mais problemática aqui é a relativa desatenção de Marx depois de 1867 à raça nos Estados Unidos da América. Philip Foner queixa-se, com alguma justificativa, de que o "fracasso em tornar a analogia" entre os irlandeses na Inglaterra e os negros nos Estados Unidos "clara a seus correspondentes estadunidenses" por meio de maiores elaborações mostra "que a questão da relação entre brancos e negros era algo secundário em sua mente naquela época", *American Socialism and Black Americans*, cit., p. 41.

[161] MECW, v. 43, p. 474-5.

[162] Mais recentemente, em uma discussão a respeito das visões de Marx sobre raça e etnia, a teórica política canadense Abigail Bakan observou os aspectos não econômicos desse processo: "O senso de privilégio cultivado entre uma seção dos trabalhadores sobre outra pode ou não ser acompanhado de benefícios materiais, e a natureza desses benefícios materiais é variável. [...] Manter esse senso de superioridade é parte de como a opressão opera na sociedade capitalista e parte do terreno contestado na batalha pela hegemonia da classe dominante", Abigail Bakan, "Marxism and Antiracism: Rethinking the Politics of Difference", *Rethinking Marxism*, v. 20, n. 2, 1978, p. 252.

independente. É, portanto, tarefa da "Internacional" trazer o conflito entre a Inglaterra e a Irlanda para o primeiro plano em todos os lugares, e se colocar lado a lado com a Irlanda em todos os lugares. A tarefa especial do Conselho [Geral] em Londres é despertar a consciência da classe trabalhadora inglesa para a noção de que, para eles [os trabalhadores ingleses], a emancipação nacional da Irlanda não é uma questão de justiça abstrata ou sentimento humanitário, mas a condição primeira de sua própria emancipação social.[163]

Marx conectava, assim, o apoio à Irlanda ao que ele via como uma revolução europeia mais ampla. A Inglaterra deveria ser o seu eixo, mas a Irlanda era a "alavanca" crucial para o desenvolvimento da consciência revolucionária entre os trabalhadores ingleses.

Ao passo que o Comunicado Confidencial e a carta de 9 de abril de 1870 entram em mais detalhes sobre a Irlanda, os trabalhadores britânicos e sua relação com uma revolução mais ampla contra o capital, a carta de 10 de dezembro de 1869 a Engels – bem como a de 29 de novembro a Kugelmann – expõe um ponto crucial de forma ainda mais explícita. Esse ponto, que Marx confessou a Engels não poder revelar a seus colegas operários ingleses, era que "a alavanca" da revolução, a questão que realmente abriria a situação mundial, devia "ser aplicada na Irlanda", não na Inglaterra[164]. Somente depois a Inglaterra, o centro do capitalismo mundial, poderia fazer parte da revolução mais ampla.

Os vários escritos de Marx sobre a Irlanda no inverno e na primavera de 1869-1870 representam uma concretização da dialética entre classe e libertação nacional na luta pela erradicação do capitalismo, em uma conjuntura específica da história da Europa e da América do Norte. Tais textos ilustram seu pensamento geral sobre a relação entre as sociedades periféricas ao capitalismo e aquelas que compõem seu núcleo. Eles representam uma mudança mais ampla no pensamento de Marx, apontando para a noção de que as lutas nas margens do capitalismo poderiam gerar faíscas que acenderiam a revolução dos trabalhadores nas sociedades industrialmente desenvolvidas. Juntos, esses dois tipos de luta poderiam trazer uma transcendência radical do próprio sistema capitalista.

---

[163] MECW, v. 43, p. 475.
[164] Ibidem, p. 399. Barbier, que analisou atentamente alguns desses textos, no entanto, os lê de forma muito restrita, através da lente de classe, quando escreve que eles ilustram a "concepção instrumental da independência nacional" de Marx, na qual "a independência da Irlanda não é apresentada como um fim em si mesmo, mas como um meio necessário para realizar a revolução proletária na Inglaterra", Maurice Barbier, *La pensée politique de Karl Marx*, cit., p. 300 e 302.

Os escritos de Marx sobre a Irlanda são o primeiro lugar no qual ele concretiza totalmente essas noções.

Em nenhum momento, contudo, Marx transformou a autodeterminação nacional em um princípio abstrato, separado do questionamento sobre ter determinado movimento um conteúdo libertador. Caso contrário, ele poderia ter apoiado o direito da Confederação à independência durante a Guerra Civil Americana. Como a teórica política britânica Erica Benner observa de forma sagaz: "Seria errado inferir que o apoio de Marx à independência irlandesa o aproximou de endossar um princípio supra-histórico de autodeterminação nacional"[165]. Longe de qualquer tipo de política de identidade, ela acrescenta, a questão-chave foi "a crescente apreciação, por Marx, do papel construtivo desempenhado pelo nacionalismo na promoção da revolução internacional"[166].

Ao longo da primeira metade de 1870, Marx continuou a ocupar-se com a campanha pela libertação dos prisioneiros fenianos. Em fevereiro e março, seu artigo "O governo inglês e os prisioneiros fenianos" foi publicado em francês em um órgão belga da Internacional. Ele apresenta informações detalhadas sobre o tratamento dos prisioneiros, escrevendo que, "na terra da liberdade burguesa, sentenças de vinte anos de trabalho duro são dadas por ofensas puníveis com seis meses de prisão na terra dos quartéis", em referência à França bonapartista[167]. O autor ataca não apenas a hipocrisia de Gladstone mas também os "republicanos franceses", por serem "tacanhos e egoístas" ao concentrarem "toda a sua raiva" em seu próprio regime ao mesmo tempo que mantinham silêncio sobre a opressão inglesa[168].

Jenny, uma das filhas de Marx, então com 25 anos, concentrou-se em acabar com o silêncio a respeito dos prisioneiros fenianos na França. De fevereiro a abril de 1870, publicou sob pseudônimo uma série de oito artigos sobre a Irlanda no *La Marseillaise*, um jornal de centro-esquerda de Paris. Com suas reportagens comoventes sobre as condições dos prisioneiros fenianos, informações que até então haviam sido confinadas a pequenos jornais irlandeses ou ingleses apareciam agora em um importante jornal diário europeu. As revelações contidas nesses artigos, especialmente em um deles, no qual ela citou extensamente uma carta que O'Donovan Rossa havia enviado da prisão, foram reproduzidas por jornais

---

[165] Erica Benner, *Really Existing Nationalisms: A Post-Communist View of Marx and Engels*, cit., p. 192.
[166] Ibidem, p. 195.
[167] MECW, v. 21, p. 101.
[168] Idem.

de toda a Europa e dos Estados Unidos. Isso forçou a imprensa britânica a cobrir a história, embora quase sempre respondesse com atitude defensiva às críticas do exterior. O constrangimento internacional causado pelos artigos também provocou debates no Parlamento, resultando em uma investigação formal. Finalmente, em dezembro de 1870, Gladstone libertou os fenianos sob a condição de que eles deixassem o Reino Unido para sempre.

Um dos artigos de Jenny Marx, que contou com coautoria de seu pai, afirmava que o silêncio e o desprezo da imprensa britânica em relação aos fenianos não representavam os pontos de vista da classe trabalhadora. Referindo-se à manifestação de 24 de outubro de 1869, ela escreve:

> Basta dizer que mais de 200 mil homens, mulheres e crianças da classe operária inglesa levantaram suas vozes no Hyde Park para exigir a liberdade de seus irmãos irlandeses e que o Conselho Geral da Associação Internacional dos Trabalhadores, que tem sua sede em Londres e inclui conhecidos líderes da classe trabalhadora inglesa entre seus membros, condenou severamente o tratamento dos prisioneiros fenianos e saiu em defesa dos direitos do povo irlandês contra o governo inglês.[169]

Em suas cartas, Marx e Engels expressaram orgulho considerável pela realização de Jenny; Engels e Elizabeth Burns chegaram a lhe enviar um ramo de trevo no Dia de São Patrício. Marx também observou, com satisfação, que a atenção que os artigos de Jenny tinham atraído para a Internacional resultara na formação de sua primeira seção dentro da Irlanda.

Na segunda metade de 1870, no entanto, a atenção de Marx moveu-se da Irlanda em direção à Guerra Franco-Prussiana e depois à Comuna de Paris, que eclodiu na primavera de 1871. O caráter revolucionário da Comuna e a resposta raivosa da opinião pública britânica a ela provocariam um racha irreversível na Primeira Internacional. A maioria dos líderes sindicais britânicos renunciou ao Conselho Geral depois que Marx saudou a Comuna em *A guerra civil na França**, publicado pela primeira vez em inglês como um "comunicado" da Internacional. Tais divisões prejudicaram a influência da Internacional sobre o movimento trabalhista britânico. A reação contra a política anticlerical da Comuna também anulou a pequena base que a Internacional conquistara na Irlanda, onde foi atacada por O'Donovan Rossa

---

[169] Ibidem, p. 423-4.
* Ed. bras.: trad. Rubens Enderle, São Paulo, Boitempo, 2011. (N. E.)

e outros proeminentes nacionalistas[170]. Esses contratempos, no entanto, não invalidam os princípios teóricos gerais que Marx havia elaborado em 1869 e 1870, relativos à luta pela liberdade irlandesa como uma "alavanca" para o movimento trabalhista na Inglaterra.

Foi logo depois desses escritos sobre a Irlanda que Marx revisou o Livro I de *O capital* para a edição francesa de 1872-1875. Esse livro e outras críticas de Marx à economia política – em relação a sociedades não ocidentais e pré-capitalistas e a nacionalismo, raça e etnia – são o foco do próximo capítulo.

---

[170] Henry Collins e Chaim Abramsky, *Karl Marx and the British Labour Movement: Years of the First International*, cit.; John Newsinger, "'A Great Blow Must Be Struck in Ireland': Karl Marx and the Fenians", *Race & Class*, v. 24, n. 2, 1982.

5
Dos *Grundrisse* a *O capital*: temas multilineares

Se Marx tivesse relegado suas discussões sobre sociedades não ocidentais, nacionalismo, raça e etnia aos seus escritos políticos e jornalísticos, essas questões poderiam ser mais facilmente desprezadas como tangenciais ao seu projeto intelectual central. Neste capítulo, contudo, mostrarei como essas questões foram inseridas nas principais obras marxianas de crítica da economia política, dos *Grundrisse* ao Livro I de *O capital*. Argumentarei, ainda, que a posição (em constante evolução) de Marx sobre as sociedades não ocidentais ajudou a dar forma ao argumento geral do Livro I de *O capital*, especialmente a pouco conhecida edição francesa de 1872-1875, a última que ele preparou pessoalmente para a publicação.

Os *Grundrisse*: uma perspectiva multilinear

Os *Grundrisse* de 1857-1858 de Marx – publicados pela primeira vez quase cinquenta anos depois de sua morte – são hoje considerados um texto fundamental de sua crítica da economia política, atrás somente de *O capital*. Pelo fato de ser um manuscrito, e não um trabalho finalizado, ele permite ao leitor, na feliz expressão do historiador britânico Eric Hobsbawm, "seguir Marx enquanto ele está pensando"[1]. Raia Dunaiévskaia caracteriza os *Grundrisse* como sendo,

> em muitos aspectos, uma concepção mais total do que aquela lógica e precisa de *O capital*. Esse manuscrito apresenta uma visão histórico-mundial incrível, não apenas uma análise da sociedade existente, mas a concepção de uma nova

---

[1] Eric Hobsbawm na introdução a Karl Marx, *Pre-Capitalist Economic Formations* (Nova York, International Publishers, 1965), p. 18.

sociedade baseada nas forças humanas em expansão. [...] Não obstante sua "falta de forma", sua varredura histórica é o que permite a Marx, durante a discussão da relação de trabalho "livre" como trabalho alienado para o capital, colocar a questão das sociedades pré-capitalistas e nela mergulhar.[2]

Um ano depois dos *Grundrisse*, no prefácio da *Contribuição à crítica da economia política* (1859), um livro efetivamente publicado que se baseava em uma pequena parte daquele manuscrito, Marx faz a famosa referência aos seis tópicos que ele pretendia desenvolver nos anos seguintes: "examino o sistema da economia burguesa na seguinte ordem: capital, propriedade, trabalho assalariado; Estado, comércio exterior, mercado mundial"[3]. No mesmo prefácio de 1859, Marx já havia dividido o tratamento do primeiro desses seis tópicos, o capital, em três partes: mercadoria, circulação e capital em geral. Essa divisão pode ser comparada grosseiramente ao que ele publicaria e revisaria de 1867 a 1872 como sendo o Livro I de *O capital* e, ao menos em termos gerais, ao que Engels publicou postumamente como sendo os livros II e III a partir das notas de Marx[4].

O tema das sociedades pré-capitalistas é tratado com certa relevância em uma seção própria nos *Grundrisse*, mas apenas de forma eventual em *O capital*. Em uma evocativa – ainda que inacabada – análise de como o clã primitivo [*Stamm*]

---

[2] Raia Dunaiévskaia, *Philosophy and Revolution: From Hegel to Sartre and from Marx to Mao*, cit., p. 65-6.
[3] MECW, v. 29, p. 261 [ed. bras.: Karl Marx, *Contribuição à crítica da economia política*, trad. Florestan Fernandes, São Paulo, Expressão Popular, 2008, p. 45].
[4] Maximilien Rubel, em "The Plan and Method of the 'Economics'", em Joseph O'Malley e Keith Algozin (orgs.), *Rubel on Karl Marx: Five Essays* [1973] (Nova York, Cambridge University Press, 1981), argumenta que Marx manteve o plano mais extenso de seis livros sobre economia política apresentado em 1859 e que, portanto, completou apenas uma pequena parte do que tinha em mente: o Livro I de *O capital* e o rascunho dos livros II e III. É possível, contudo, que Marx tenha alterado esse plano, já que, em 1867, ele apresentou outra lista no prefácio para *O capital*. Nessa lista de 1867, o Livro I de *O capital* teria sido seguido por um segundo livro (que conteria o que foi publicado como Livro II, sobre circulação, e Livro III, sobre "o processo do capital em sua totalidade") e por um terceiro livro (que abrangeria o que foi publicado como Livro IV) sobre a história da teoria. Essa lista de 1867 foi o modelo que Engels seguiu ao publicar os manuscritos de Marx sobre o capital, com o Livro II, sobre a circulação, e o Livro III, sobre o processo como um todo, enquanto o que seria publicado após a morte de Engels como *Teorias do mais-valor* é comparável ao Livro IV. Parte desse material, como a longa discussão no que se tornou o Livro III, sobre propriedade da terra, sugere que Marx chegou mais próximo de cobrir os tópicos esboçados em 1859 do que Rubel acreditava. Em todo caso, a lista de 1859 não deve ser reificada, já que focar tão estreitamente isso poderia ofuscar mudanças pelas quais o projeto de Marx passou de 1859 a 1867 e após isso.

e as formas comunais de organização social se transformaram em sociedades de classe, Marx examinou o curso distinto que esses desenvolvimentos tiveram na Ásia e na Europa ocidental.

Embora essas questões tenham gerado muita discussão no século XX sob a rubrica do modo de produção asiático, Marx, na verdade, não usa tal expressão nos *Grundrisse*[5]. Em seus escritos sobre a Índia, de 1853, como visto no capítulo 1, ele usa a expressão "despotismo oriental". Em 1859, contudo, no prefácio da *Crítica da economia política*, ele de fato utiliza a expressão "modo de produção asiático". Marx escreve sobre "os modos de produção asiático, antigo, feudal e burguês moderno", que podem ser designados como sendo "épocas progressivas da formação da sociedade econômica". Uma vez que ele caracteriza o capitalismo moderno como "a última forma antagônica", parte da "pré-história da sociedade humana", um futuro socialista também está implícito, da mesma forma que um tipo de forma primitiva sem Estado, anterior tanto ao modo de produção

---

[5] A discussão mais famosa sobre a análise de Marx do modo de produção asiático é a apresentação um tanto tendenciosa de Karl A. Wittfogel (*Oriental Despotism*, New Haven, Yale University Press, 1957; ver também Ygael Gluckstein, *Mao's China*, Londres, Allen & Unwin, 1957 e Rudolf Bahro, *The Alternative in Eastern Europe*, Londres, NLB, 1978), em uma tentativa a-histórica de fazer uma conexão com os sistemas stalinistas posteriores. Discussões mais equilibradas podem ser encontradas em George Lichtheim, "Marx and the Asiatic Mode of Production", *St. Antony's Papers*, v. XIV, 1963; Lawrence Krader, *The Asiatic Mode of Production*, cit.; e em alguns dos ensaios em Marcello Musto (org.), *Karl Marx's* Grundrisse: *Foundations of the Critique of Political Economy 150 Years Later* (Nova York, Routledge, 2008). Krader tenta ver a totalidade dos escritos de Marx sobre as sociedades não ocidentais sob a rubrica do modo de produção asiático, o que é problemático dada a incapacidade do próprio Marx de delinear especificamente o que ele queria dizer com o conceito. Críticos como Heinz Lubasz apontaram isso argumentando que "o que o conceito de 'modo de produção asiático' conceitualiza não é a sociedade asiática, que Marx conhecia muito pouco e nunca tentara teorizar, mas as origens hipotéticas da sociedade burguesa moderna" ("Marx's Concept of the Asiatic Mode of Production: A Genetic Analysis", *Economy and Society*, v. 13, n. 4, 1984, p. 457). Lubasz se excede, contudo, dado o escopo e a qualidade dos escritos sobre a Índia e a China na década de 1850, sem mencionar os escritos posteriores sobre as sociedades asiáticas nos cadernos de 1879-1882. Na verdade, Marx escreveu muito mais sobre as sociedades asiáticas do que sobre a Grécia ou a Roma antigas ou sobre o feudalismo europeu, mas o eurocêntrico Lubasz, que desejava ver o modo de produção asiático "descansar em paz" (idem), não advogava nenhum descanso em paz dos modos de produção feudal ou antigo (escravista). Em vez de um conceito abrangente por meio do qual se poderia ordenar os escritos multifacetados de Marx sobre as sociedades não ocidentais, eu vejo essa referência ao modo de produção asiático como apenas um dentre os muitos indícios da perspectiva multilinear sobre o desenvolvimento histórico e social na qual ele começou a trabalhar ao fim da década de 1850.

asiático como ao modo de produção antigo[6]. Haveria, então, uma lista sêxtupla de modos de produção: 1) primitivo sem Estado; 2) asiático; 3) antigo; 4) feudal; 5) burguês; e 6) socialista.

Algum tipo de multilinearidade também estava implícito graças à forma asiática, sem a qual haveria um modelo unilinear centrado no desenvolvimento ocidental: das sociedades tribais primitivas, passando pela sociedade de classe greco-romana, baseada no trabalho escravo, pela Idade Média e pela sociedade burguesa, até chegar a seu sucessor, o socialismo. Alguns estudiosos dos *Grundrisse*, como Roman Rosdolsky, insistem em que a lista de Marx constituía uma unilinear "enumeração dos períodos sucessivos da história econômica"[7], mas a maioria concorda com Eric Hobsbawm em que qualquer "abordagem unilinear", que também era compartilhada pelos marxistas soviéticos ortodoxos, "implica uma simplificação considerável do pensamento de Marx"[8]. Portanto, em torno de 1857-1858, Marx produziu uma perspectiva do desenvolvimento histórico mais complexa que a elaborada por ele e Engels uma década antes na *Ideologia alemã* (1846). Nesse texto, devido à ausência do modo de produção asiático, estava exposto um modelo unilinear baseado na história ocidental europeia, que seguia uma linha reta das formas de sociedade "tribais", passando pelas "antigas" e "feudais", até chegar à sociedade burguesa moderna[9]. Como a teórica política Ellen Meiksins Wood sugeriu, em um nível mais geral,

> Marx, na maturidade de sua crítica da economia política (dos *Grundrisse* em diante), torna-se menos, e não mais, "determinista", se por isso se entende um pensador que trata os agentes humanos como receptáculos passivos das estruturas externas ou marionetes de leis de movimento eternas.[10]

Marx deu continuidade à sua discussão sobre as sociedades pré-capitalistas nos cadernos 4 e 5 dos *Grundrisse*, escritos entre meados de dezembro de 1857

---

[6] MECW, v. 29, p. 263-4 [ed. bras.: Karl Marx, *Contribuição à crítica da economia política*, cit., p. 48].
[7] Roman Rosdolsky, *The Making of Marx's* Capital [1968] (Londres, Pluto, 1977), p. 273.
[8] Eric Hobsbawm, na introdução a Karl Marx, *Pre-Capitalist Economic Formations*, cit., p. 60. Para uma cuidadosa refutação de Rosdolsky nesse ponto, ver Lawrence Krader, *The Asiatic Mode of Production*, cit., p. 174-5.
[9] MECW, v. 5, p. 32-5 [ed. bras.: Karl Marx e Friedrich Engels, *A ideologia alemã*, cit., p. 90-2].
[10] Ellen Meiksins Wood, "Historical Materialism in 'Forms which Precede Capitalist Production'", em Marcello Musto (org.), *Karl Marx's* Grundrisse: *Foundations of the Critique of Political Economy 150 Years Later*, cit., p. 88.

e fevereiro de 1858. Como visto no capítulo 1, esse foi o período imediatamente posterior à eclosão da Revolta dos Cipaios na Índia, durante o qual ele passou a expressar uma hostilidade maior ao colonialismo em comparação com os textos de 1853 sobre a Índia. E, se em 1853 ele havia caracterizado as formas comunais tradicionais das aldeias indianas como uma fonte do "despotismo oriental", nos *Grundrisse* ele descreve essas formas com neutralidade, ou até com um pouco de simpatia. É claro que, na maior parte dos *Grundrisse*, Marx focou outra coisa: o surgimento do proletariado ocidental moderno, uma classe trabalhadora que era formalmente livre, mas amplamente atomizada e despida de qualquer controle significativo sobre os meios de produção. Nas várias sociedades pré-capitalistas, ao contrário, indivíduos se relacionavam uns com os outros como "membros de uma comunidade" e "como proprietários" de terra; além disso, o propósito do trabalho nessas sociedades "não é a *criação de valor*"[11]. As formas mais primitivas eram comunais tanto na sua organização social como nas suas relações de propriedade. Marx delineou três formas comunais primitivas: asiática, greco-romana e germânica.

Na forma asiática, grupos tribais primitivos reforçavam uma estrutura social comunal fundada no pastoralismo e em outros tipos de existência "nômade", que precederam o assentamento fixo: "a *coletividade tribal* [*Stammgemeinschaft*], a comunidade natural, não aparece como *resultado*, mas como *pressuposto da apropriação* (temporária) *e utilização coletivas do solo*"[12]. A organização social comunal, portanto, precedeu a propriedade comunal. A "comunidade de sangue, linguagem, costumes" da organização social comunal se relacionava "ingenuamente" à

---

[11] Karl Marx, *Grundrisse: Foundations of the Critique of Political Economy* [1857-1858] (trad. Martin Nicolaus, Nova York, Penguin, 1973), p. 471 [ed. bras.: *Grundrisse. Manuscritos econômicos de 1857-1858: esboços da crítica da economia política*, trad. Mario Duayer e Nélio Schneider, São Paulo/Rio de Janeiro, Boitempo/Editora UFRJ, 2011, p. 388; grifos do original]. Daqui em diante, eu me refiro às páginas da tradução inglesa dos *Grundrisse* realizada por Martin Nicolaus, a melhor até hoje. Contudo, ocasionalmente alterei a tradução depois de consultar o original em alemão (MEW, v. 42). Também consultei a tradução inglesa em MECW, v. 28-9, bem como a influente edição de Hobsbawm dessa seção sobre as formações pré-capitalistas (Karl Marx, *Pre-Capitalist Economic Formations*, cit.). [Mantivemos esta nota para que o leitor brasileiro tenha ciência da metodologia e da bibliografia consultada por Kevin B. Anderson. Entretanto, nesta edição, daqui em diante, as referências aos *Grundrisse* remetem às páginas da edição brasileira da Boitempo em parceria com a Editora UFRJ, que oferece uma tradução feita diretamente do alemão por Mario Duayer e Nélio Schneider e adotada nos trechos citados neste capítulo. – N. E.]

[12] Karl Marx, *Grundrisse*, cit., p. 389 (grifos no original).

terra "como *propriedade da comunidade*"[13]. Eventualmente, contudo, "na maioria das formas asiáticas fundamentais", uma entidade superior estabelecia a si própria como a proprietária da terra, e os membros das comunidades se tornavam meros "*possuidores hereditários*" dessa terra em nível local[14]. Esse "despotismo oriental" extraía o mais-produto, que não era mais-valor. No nível da aldeia, as estruturas comunais antigas persistiram, mesmo com o surgimento da manufatura em pequena escala, tudo isso submetido a uma única pessoa, o déspota:

> Por essa razão, no meio do despotismo oriental e da ausência de propriedade, que nele parece existir juridicamente, existe como fundamento de fato essa propriedade tribal ou comunitária, gerada na maioria das vezes por meio de uma combinação de manufatura e agricultura no interior da pequena comunidade, que dessa forma se torna autossuficiente e contém em si mesma todas as condições da reprodução e mais-produção. Uma parte de seu trabalho excedente pertence à coletividade mais elevada que existe finalmente como *pessoa*; trabalho excedente este que se manifesta seja no tributo etc., seja no trabalho coletivo para a glorificação da unidade, em parte do déspota real, em parte do ente imaginário do clã, do deus.[15]

No decorrer dessa discussão sobre as formas asiáticas, Marx considerava o "caráter coletivo no próprio trabalho"[16] como mais fundamental para essa formação social do que a propriedade comunal. Nos exemplos históricos da forma asiática, ele enumera uma ampla gama de sociedades, mencionando não somente a Índia mas também terras fora da Ásia, como a Romênia, o México e o Peru. Em contraposição aos escritos de 1853, nos quais ele menciona somente o "*despotismo* oriental", ele agora assume uma posição mais imparcial, referindo-se à possibilidade de uma "forma mais *despótica* ou *democrática* dessa comunidade"[17].

A segunda forma pré-capitalista (a greco-romana), escreve ele, era mais urbanizada e "produto de uma vida histórica mais movimentada"[18], embora também tivesse começado como uma forma comunitária tribal. O conflito surgiu entre as várias localidades organizadas comunalmente, fossem pequenas cidades ou povoados, e, especialmente para os romanos, a guerra se tornou "a grande tarefa

---

[13] Idem.
[14] Idem.
[15] Ibidem, p. 389-90.
[16] Ibidem, p. 390.
[17] Idem (grifos meus).
[18] Idem.

conjunta, o grande trabalho coletivo"[19]. No caso romano, um grau maior de separação se desenvolveu no "indivíduo vivo" a respeito da terra e da comunidade. Havia em Roma, é verdade, o *ager publicus*, a terra pública pertencente à comunidade; em contraposição às formas asiáticas, contudo, "a propriedade [de terra] do indivíduo" não era "imediatamente propriedade comunitária"[20]. Da mesma maneira, o trabalho comunitário não era tão central para a sociedade romana – exceto em caso de guerra. Havia propriedade sobre a terra, ainda que apenas para o cidadão romano, mas ela contrastava com as formas asiáticas, nas quais toda propriedade de terra era comunitária e o indivíduo era, no máximo, "somente um *possuidor*, hereditário ou não, de uma parte particular", sem direitos jurídicos de propriedade[21]. Embora a sociedade greco-romana tenha sido altamente urbanizada, a agricultura conduzida pelo cidadão livre e proprietário de terra era a forma ideal de atividade econômica, enquanto o comércio era considerado uma atividade indigna, geralmente deixada para os libertos e para os estrangeiros sem cidadania. E, se as tribos asiáticas eram baseadas na "linhagem", as greco-romanas eram construídas com base na "localização" e não viam a si mesmas como sendo consanguíneas. Marx conclui que clãs ancestrais eram muito mais antigos e escreve que "sua forma mais extrema e rigorosa é a organização em castas, em que uma está separada da outra, sem direito matrimonial recíproco, totalmente distintas em termos de dignidade; cada uma delas com uma profissão exclusiva, imutável". Nesse sentido, Marx atribuiu uma origem tribal ou clânica ao sistema de castas indiano. Isso foi o que a Grécia e Roma superaram desde o começo, argumenta ele, já que as "tribos fundadas na linhagem" foram "desalojadas em quase todas as partes" pelas "tribos fundadas na localização", que eram de algum modo mais abertas em termos de pertencimento[22].

Marx não sugere aqui que os clãs asiáticos fossem, em um estágio inicial, como os greco-romanos. Em vez disso, está fortemente implícita uma abordagem multilinear. No todo, como o teórico literário E. San Juan Jr. escreve, a noção de um modo de produção asiático "funcionou como uma ferramenta heurística que Marx empregou para eliminar qualquer determinismo teleológico ou monismo evolucionário em seus instrumentos especulativos de investigação histórica"[23].

---

[19] Ibidem, p. 391.
[20] Idem.
[21] Ibidem, p. 393.
[22] Ibidem, p. 394.
[23] E. San Juan Jr. "The Poverty of Postcolonialism", *Pretexts: Literary and Cultural Studies*, v. 11, n. 1, 2002, p. 63.

Marx deu muito menos atenção à terceira forma pré-capitalista, a germânica, que era centrada no campo. Entre as tribos germânicas primitivas, isoladas por grandes distâncias de florestas, a comuna não era permanente, mas uma união periódica para realizar um encontro comunal; era apenas um "complemento da propriedade individual"[24]. Marx sugere que essa forma social teria se tornado a base para o sistema feudal da Europa medieval.

Depois de esboçar essas três formas e suas sublinhadas diferenças, Marx começou a desenhar uma distinção mais significativa, com todas essas sociedades de um lado e a moderna ordem burguesa de outro. As três formas pré-capitalistas tinham como sua "finalidade econômica" a "produção de valores de uso"[25]. Apesar da grande individuação encontrada nas formas greco-romana e germânica (em oposição à asiática), nenhuma delas desenvolveu algo como o "aspecto pontual" do moderno "trabalhador livre". Elas também não desenvolveram o moderno proprietário burguês, um indivíduo autodefinido como isolado e, portanto, livre. Para essas sociedades primitivas, a ideia de "um indivíduo isolado" dono de "propriedade de terra" teria sido absurda, uma vez que a propriedade – especialmente a da terra – era mediada por todo um conjunto de relações comunitárias, mesmo nas sociedades mais individualizadas como a greco-romana e a germânica. O propósito principal de Marx, portanto, parecia ser o de elucidar as estruturas da sociedade capitalista moderna por meio de um contraste em relação às suas predecessoras na Europa e às trajetórias históricas alternativas na Ásia.

Apesar de Marx apresentar nos *Grundrisse* essas sociedades pré-capitalistas em tons mais neutros do que o adotado em seus escritos anteriores – e por vezes até mesmo em termos cautelosamente positivos –, ele não as idealiza. Ele argumenta que os ideais "superiores" dessas sociedades, que desprezavam o comércio, também restringiam seu desenvolvimento econômico e social. Nesse ponto, referindo-se ao capitalismo moderno e sua possível negação por uma nova e superior forma social, ele questiona: "se despojada da estreita forma burguesa, o que é a riqueza senão a universalidade das necessidades, capacidades, fruições, forças produtivas etc. dos indivíduos, gerada pela troca universal?". Essas conquistas da modernidade se distinguiam do "padrão *predeterminado*" das sociedades pré-capitalistas, com seus absolutos fixos centrados no passado. Em contraposição, o ser humano orientado para o futuro, escreve ele, está engajado no "movimento absoluto do

---

[24] Karl Marx, *Grundrisse*, cit., p. 396.
[25] Ibidem, p. 397.

devir". Não obstante, esse processo de devir era apenas um potencial em meio ao mundo capitalista real de "objetificação universal, como estranhamento total"[26].

De todas as formas pré-capitalistas, a asiática era estruturalmente a mais distante do capitalismo moderno, ao qual ela opôs forte resistência:

> a forma asiática é a que necessariamente se mantém com mais tenacidade e por mais tempo. Isso se deve ao seu pressuposto; que o indivíduo singular não devém autônomo em relação à comunidade; que há um círculo da produção autossustentável, unidade da agricultura e manufatura etc.[27]

Enquanto a evolução das formas greco-romana e germânica testemunhou o colapso da sociedade comunal, bem como certo grau de individuação tanto na consciência como na existência social (incluindo formas de propriedade), as sociedades asiáticas preservaram mais aspectos das antigas formas comunais tribais ou clânicas. No mundo greco-romano, a escravidão e a servidão ajudaram a destruir as velhas formas comunais, modificando essas relações sociais primitivas ao aumentar a divisão de classes entre os cidadãos e também ao introduzir na comunidade grandes quantidades de não cidadãos – alguns dos quais comerciantes muito ricos, mas muitos mais escravos sem direito algum. Tais modificações tiveram lugar em uma civilização comercial e urbana. Como Marx percebia, a escravidão e a servidão não tiveram o mesmo efeito nos impérios asiáticos, nos quais relações sociais já eram, em muitos casos, despóticas.

Em outro momento dos *Grundrisse*, Marx retoma a escravidão em um contexto diferente: a situação dos escravos recém-libertos na Jamaica sob o domínio britânico. Em vez de ocupar o papel de proletários produtores de valor de troca, os negros livres se tornaram camponeses autônomos, que produziam valores de uso e aproveitavam o tempo livre. Isso se deu porque as fundações econômicas do trabalho assalariado do capitalismo moderno não existiam na Jamaica. Marx comenta, com certa satisfação, que a "ociosidade" dos escravos libertos desagradava à classe de latifundiários brancos, que compreensivelmente temia sua própria destruição econômica:

> No *Times* de novembro de 1857, há uma invectiva das mais deliciosas de parte de um plantador das Índias Ocidentais. Com enorme indignação moral, esse advogado – como argumentação em defesa da reintrodução da escravidão de

---

[26] Ibidem, p. 399-400 (grifos do original).
[27] Ibidem, p. 398.

negros – expõe como os *quashees* (os *niggers* [negros] livres[28] da Jamaica) se contentam em produzir o estritamente necessário para o próprio consumo e, à parte desse "valor de uso", consideram a própria vadiagem (indulgência e ociosidade) o artigo de luxo por excelência; como não dão a mínima para o açúcar e para o capital fixo investido nas *plantations*, mas antes riem ironicamente, com malévola satisfação, do *planter* que vai à ruína, e inclusive só aproveitam o cristianismo que lhes foi ensinado para encobrir essa inclinação maligna e essa indolência. Eles deixaram de ser escravos, não para se tornar trabalhadores assalariados, mas para se converter em camponeses autossuficientes que trabalham o estritamente necessário para o consumo próprio.[29]

Mais uma vez, o foco não está propriamente nas relações sociais não capitalistas, mas na singularidade do capitalismo moderno.

Na última página dos *Grundrisse*, Marx retorna ao assunto da propriedade comunal, chamando-a de um "comunismo desenvolvido natural e espontaneamente [*naturwüchsigen*][30]" encontrado nos primeiros estágios de todas as sociedades, embora mais bem preservado na Índia do que em qualquer outro lugar:

> A propriedade comum foi redescoberta recentemente como uma curiosidade própria dos eslavos. Na realidade, entretanto, a Índia oferece-nos um mostruário das mais variadas formas de tal comunidade econômica, mais ou menos em dissolução, mas ainda inteiramente reconhecíveis; e uma investigação histórica mais profunda reencontra tal comunidade como ponto de partida de todos os povos civilizados. O sistema da produção fundado na troca privada é, em primeiro lugar, a dissolução histórica desse comunismo desenvolvido natural e espontaneamente. Contudo, há toda uma série de sistemas econômicos entre o mundo moderno, em que o valor de troca domina a produção em toda a sua profundidade e extensão, e as formações sociais cujo fundamento é constituído pela propriedade comunal já dissolvida, sem que [...].[31]

---

[28] Novamente Marx usa um termo racista para apresentar um argumento antirracista. Ambas as traduções inglesas (*Grundrisse*, cit., p. 325; MECW, v. 28, p. 251) encobrem isso ao traduzir a passagem entre parênteses como "*the free blacks of Jamaica*". Para a versão original em alemão, ver MEW, v. 42, p. 245 ou MEGA² II/1.1, p. 242. [Como as traduções para o inglês mencionadas por Anderson, a publicada pela Boitempo em parceria com a Editora UFRJ opta por "os negros livres da Jamaica". Na edição original de *Marx nas margens*, para evidenciar o uso de um termo racista, o autor altera a tradução para "*the free niggers of Jamaica*". No texto original, Marx usa *niggers*, em inglês– N. E.]

[29] Karl Marx, *Grundrisse*, cit., p. 256.

[30] O termo também poderia ser traduzido como "primitivo" ou "naturalmente evoluído".

[31] Karl Marx, *Grundrisse*, cit., p. 757.

Subitamente, o manuscrito é interrompido nesse ponto[32].

Como visto, Marx se referiu ao modo de produção asiático no prefácio de sua *Contribuição à crítica da economia política* (1859). Nessa obra, ele também fez alguns apontamentos sobre as formas sociais comunais, novamente no contexto de uma discussão mais ampla sobre formações sociais pré-capitalistas. Depois de discutir as relações sociais patriarcais e feudais e de expor suas diferenças em relação ao capitalismo moderno, ele retorna às sociedades comunais primitivas. Aqui, novamente, ele destaca não tanto a propriedade comunitária, mas o trabalho comunitário, que ele via como o aspecto mais fundamental:

> Ou consideremos, por fim, o *trabalho comunal* sob sua forma primitiva, tal como o encontramos no umbral da história de todos os povos civilizados. [...] A comunidade, na qual se subentende a produção, é que impede que o trabalho do indivíduo seja trabalho privado, e seu produto um produto privado, que, ao contrário, faz aparecer o trabalho individual como função de um membro do organismo social.[33]

Em certo nível, isso parece uma perspectiva unilinear, a partir da qual formas comunais constituíram o primeiro estágio de desenvolvimento social de todas as sociedades.

Em uma nota de rodapé criticando estudiosos[34] que haviam criado uma categoria analítica separada a partir da propriedade comunal russa, Marx argumenta que esse tipo de organização social primitiva era bastante difundido, talvez até mesmo universal:

> Nesses últimos tempos, espalhou-se o preconceito ridículo de que a propriedade comunal *espontânea* é uma forma especificamente eslava e, mesmo, exclusivamente russa. Contudo, é uma forma original [*Urform*] encontrada entre os romanos, os germanos, os celtas e, ainda hoje, pode ser encontrado um tipo padrão, com diferentes amostras, embora em fragmentos e em destroços, entre os hindus. Um estudo aprofundado das formas de propriedade não dividida na Ásia e, sobretudo,

---

[32] Marx indica que esse material deve ser "levado adiante", o que sugere que esses pensamentos finais seriam importantes para qualquer desenvolvimento dos *Grundrisse*.

[33] MECW, v. 29, p. 275 (grifos meus) [ed. bras.: Karl Marx, *Contribuição à crítica da economia política*, cit., p. 59; tradução modificada para aproximar o texto em português da versão em inglês].

[34] O provável alvo de Marx eram os escritos de August Haxthausen sobre a aldeia russa, ainda que ele não os mencione.

na Índia mostraria como das distintas formas da propriedade comunal primitiva surgiram formas diversas de dissolução. Assim, por exemplo, os distintos tipos originais da propriedade privada em Roma e entre os germanos podem ser derivados das [*ableiten von*][35] diferentes formas da propriedade comunal da Índia.[36]

Quando as passagens acima[37] são consideradas conjuntamente aos *Grundrisse*, entretanto, é bastante claro que Marx estava enfatizando não apenas a identidade dessas várias formas comunais mas também suas diferenças. Para usar o linguajar da dialética hegeliana, ele estava examinando as diferenças e contradições internas às identidades aparentes, bem como a relação entre elas[38]. Aqui, e mais detalhadamente nos *Grundrisse*, ele estava destacando a variedade de formas sociais que surgiram da "dissolução" das formas comunais "naturalmente surgidas", especialmente as diferenças estruturais entre as sociedades de classe primitivas surgidas na Índia e em Roma.

Algo mais estava em jogo, contudo: Marx também estava mudando sua visão a respeito dessas formas comunais. Como George Lichtheim argumenta, isso estava ligado a uma mudança mais fundamental em seu pensamento, em direção a uma maior hostilidade em relação ao capitalismo:

> Se na década de 1850 Marx estava inclinado a enfatizar o papel progressista do capitalismo ocidental ao perturbar a estagnação oriental, quando ele desenvolve as primeiras versões de sua obra econômica mais relevante, ele tinha menos

---

[35] Poderia também ser traduzido como "deduzido" ou "retraçado".
[36] MECW, v. 29, p. 275 (grifos do original) [ed. bras.: Karl Marx, *Contribuição à crítica da economia política*, cit., p. 59; tradução modificada para aproximar o texto em português da versão em inglês].
[37] Em determinado momento dos manuscritos sobre a *Crítica da economia política*, Marx menciona que tanto o Império Inca como a aldeia indiana tradicional tinham uma divisão do trabalho complexa. Essa não era, contudo, "uma divisão do trabalho baseada no valor de troca", marca característica do capitalismo. Em vez disso, tratava-se de "uma produção comunal mais ou menos direta" (MECW, v. 29, p. 464).
[38] Ao elaborar seu conceito de contradição, Hegel escreve que "a reflexão rica de espírito [...] consiste [...] na apreensão e na expressão da contradição", em oposição ao pensamento comum, no qual a contradição "permanece reflexão exterior, que passa da igualdade à desigualdade", sem compreender a "passagem" de uma a outra, "a qual é essencial", G. W. F. Hegel, *Science of Logic* [1831] (Londres, Allen & Unwin, 1969), p. 441 [ed. bras.: *Ciência da lógica (excertos)*, trad. Marco Aurélio Werle, São Paulo, Barcarolla, 2011, p. 167-8]. Como mencionado no capítulo 1, Marx estava estudando a *Ciência da lógica* de Hegel nas mesmas semanas em que escrevia a seção sobre as formações pré-capitalistas dos *Grundrisse*.

certeza de que as sociedades tradicionais não possuíam nenhum fator positivo. [...] Nós agora o vemos destacar a estabilidade das comunidades antigas, de uma maneira que sugere que ele viu alguma virtude genuína no peculiar modo de vida delas. Ao mesmo tempo, sua hostilidade perante o capitalismo se agravou. É válido destacar isso para qualificar a conhecida afirmação de que ele, na década de 1860, teria perdido seu ardor revolucionário. [...] Mas, ao mesmo tempo, ele aprofundou sua crítica da sociedade burguesa e da operação do capitalismo como um sistema econômico. [...] A nota de indulgência desapareceu, e o tom se tornou um [tom] de desprezo desqualificado. Em 1847, a burguesia ainda ganhava alguns aplausos por derrubar as muralhas chinesas do barbarismo; em 1867, mesmo o "modo asiático" recebe comentários favoráveis, ao menos no que diz respeito à aldeia comunal: ela é valorizada como o bastião da resistência contra a desintegração social.[39]

À primeira vista, a sugestão de Lichtheim de que Marx se mostrava cada vez mais hostil em relação ao capitalismo parece absurda, pois tal sentimento de modo algum estava ausente no *Manifesto Comunista* (1848) e em outros trabalhos iniciais. Não obstante, como visto nos outros capítulos, esses escritos anteriores também apontavam para um certo progressismo inerente ao capitalismo em comparação às formas sociais primitivas. Ao final dos anos 1850 e início dos 1860, contudo, as perspectivas de Marx sobre as sociedades não ocidentais começaram a evoluir – pelo menos em relação à Índia, a propósito da qual ele atacou o colonialismo britânico mais enfaticamente durante o Levante dos Cipaios (1857) do que nos escritos de 1853 sobre o país, como visto no capítulo 1. Marx também mudou sua visão em relação à Rússia: por volta de 1858 ele passou a considerar a possibilidade de uma revolta camponesa em uma sociedade que ele antes via como totalmente conservadora de cima a baixo, como discutido no capítulo 2. Lichtheim somou a isso a ideia de uma mudança de posição sobre o próprio capitalismo ocidental, com o pensamento de Marx evoluindo a partir do *Manifesto* até *O capital*.

Sociedades não ocidentais (especialmente a Índia) nos manuscritos econômicos de 1861-1865

O início da década de 1860 foi um dos períodos mais produtivos da vida de Marx, durante o qual ele escreveu milhares de páginas do que se tornariam os três livros de *O capital* e do que algumas vezes é chamado de quarto livro, o *Teorias do*

---

[39] George Lichteim, "Marx and the Asiatic Mode of Production", cit., p. 98.

mais-valor, publicado originalmente em três volumes. Como visto, nessa mesma época ele escreveu extensivamente sobre a Guerra Civil Americana e sobre o levante polonês de 1863, participando também da fundação da Internacional, em 1864. Um longo texto, geralmente referido como "Manuscritos econômicos de 1861-1863", abrange cinco volumes de MECW[40]. Parte deles são rascunhos para o Livro I de *O capital*, e o resto é o texto que foi publicado no início do século XX como *Teorias do mais-valor*. Outros manuscritos, redigidos entre 1864 e 1865, formaram a base do que Engels publicou em 1894 como o Livro III de *O capital*. Esse livro continha algumas discussões sobre a propriedade da terra, fazendo conexão, em alguns momentos, com as formas sociais asiáticas. A seguir tratarei de todos esses materiais de 1861 a 1865 como um bloco único, a fim de ver as maneiras pelas quais Marx continuou a discutir as sociedades não ocidentais (especialmente a Índia) nos seus escritos econômicos. Também apresentarei, ainda que brevemente, seu tratamento da Irlanda e da escravidão, em particular nos Estados Unidos. Apesar de esses não serem os temas principais dos escritos econômicos de 1861-1865, eles aparecem com certa frequência, geralmente como contraexemplos do capitalismo moderno.

Em determinado momento dos manuscritos de 1861 a 1863, quando Marx está discutindo as origens do capitalismo moderno e a transição da "propriedade de terra feudal", ele menciona novamente as "formas asiáticas de propriedade de terra ainda existentes". Ele rapidamente acrescenta que a discussão das formas asiáticas "não cabe aqui", sendo tangencial ao seu tema principal[41]. Em outro momento, ele compara o que chama de "leis naturais" do capitalismo às dos modos de produção pré-capitalistas:

> Aqui, é verdade, trata-se das *leis naturais da produção burguesa*, isto é, das leis segundo as quais a produção ocorre em um *estágio histórico particular* e sob *condições de produção históricas particulares*. [...] O que está envolvido aqui, portanto, é a apresentação *da natureza* desse modo de produção circular, isto é, das suas *leis naturais*. Mas, assim como esse modo de produção é *histórico*, também são históricas a sua *natureza* e as *leis dessa natureza*. As leis naturais dos modos de produção asiático, antigo ou feudal são essencialmente diferentes.[42]

---

[40] Estes foram publicados na íntegra em inglês pela primeira vez em MECW v. 30-34, de 1988 a 1994.

[41] MECW, v. 31, p. 276.

[42] MECW, v. 34, p. 236 (grifos do original). Infelizmente, mas de forma previsível, esse volume editado em Moscou, publicado somente em 1994, não menciona o "modo de produção asiá-

Apesar de Marx aceitar que há algumas semelhanças entre esses modos de produção, elas eram extremamente limitadas:

> por outro lado, é certo que a produção humana possui *leis* definidas ou *relações* que permanecem as mesmas em todas as formas de produção. Essas características idênticas são bastante simples e podem ser resumidas em um número bastante pequeno de frases batidas.[43]

Essa ênfase na singularidade do capitalismo moderno era uma das maiores fontes de discordância entre Marx e os economistas políticos clássicos.

Em outro momento dos manuscritos de 1861-1863, Marx esclarece parte dessas similaridades e diferenças no nível ideológico, em uma discussão sobre o grau de abertura da "relação puramente monetária" entre "capitalista e trabalhador" no capitalismo moderno:

> Em todos os estados da sociedade, a classe (ou as classes) que domina é sempre a classe que tem posse das condições objetivas de trabalho, e os detentores dessas condições, quando fazem o trabalho, o fazem não como trabalhadores, mas como proprietários, e a classe serviçal é sempre a que é ela mesma, como capacidade de trabalho, uma posse dos proprietários (escravidão), ou dispõe somente de sua capacidade de trabalho (mesmo que, como p. ex. na Índia, Egito etc., ela possua terra, cujo proprietário contudo é o rei, ou a casta etc.). Mas todas essas formas se distinguem do capital por essa relação estar velada para eles, aparecendo como uma relação de senhores e servos, de homens livres e escravos, de semideuses e reles mortais etc., e existindo na consciência de ambos os lados como uma relação desse tipo. Somente no capital todos esses enfeites políticos, religiosos e outros idealismos são despojados nessa relação.[44]

No Livro III de *O capital* – que, como mencionado acima, foi esboçado pouco depois –, Marx novamente sublinha a singularidade do modo de produção asiático em oposição ao feudalismo ocidental, agora em relação aos efeitos da usura. "A usura", escreve ele, "tem um efeito revolucionário em todos os modos de produção pré-capitalistas", ajudando a abrir o caminho para o capitalismo moderno, mas

---

tico" em seu índice. Como parte de de um longo apagamento stalinista sobre essa questão na obra de Marx, são citados entre os "modos de produção" apenas o "escravista", o "feudal" e o "capitalista" (MECW, v. 34, p. 538).

[43] Ibidem, p. 236 (grifos do original).
[44] MECW, v. 30, p. 131-2.

somente "onde e quando estão presentes as demais condições". Esse não era o caso "das formas asiáticas", onde a usura poderia "perdurar por um longo tempo [...] sem provocar mais que a decadência econômica e a degeneração política"[45]. Além da relativa estabilidade das formas asiáticas, aqui seu ponto principal é novamente a diferença radical entre a história econômica da Ásia e a da Europa ocidental.

Marx dá destaque à usura na Índia sob domínio britânico nos manuscritos de 1861-1863, escrevendo que seu desenvolvimento em áreas rurais se deu com poucos dos aspectos centrais de um desenvolvimento capitalista:

> Assim não se dá nem mesmo a *relação formal de capital*, muito menos o estabelecimento do modo de produção especificamente capitalista. [...] Trata-se mais de uma forma que torna o trabalho estéril, que o coloca sob as mais desfavoráveis condições econômicas, que combina exploração capitalista sem um modo de produção capitalista, um modo de produção com pequenas propriedades independentes sobre os instrumentos de trabalho sem as vantagens que esse modo de produção oferece às condições menos desenvolvidas. Aqui, na verdade, os meios de produção deixaram de pertencer ao produtor, mas estão *nominalmente* subsumidos a ele, e o modo de produção mantém as mesmas relações entre pequenos empreendimentos independentes, exceto pelo fato de que as relações estão *em ruínas*.[46]

O tom dessa afirmação é significativo quando se considera o desenvolvimento do pensamento de Marx. Não há mais a sensação, como em 1853, de que relações verdadeiramente capitalistas estavam começando a se desenvolver na Índia, ou que, ainda que pesarosamente, algum tipo de modernização progressista estivesse em curso; ao contrário, há uma sensação de que se chegou a um impasse histórico: as velhas formas tinham se desintegrado, e não havia novas formas progressistas capazes de se desenvolver. Marx acrescenta que o camponês indiano "fica simplesmente vegetando da maneira mais miserável" depois que o velho sistema comunal começa a se "dissolver"[47]. Mais tarde, o autor desenvolve esse ponto quando, em um aparte da discussão sobre a queda tendencial da taxa de lucro, escreve que a usura na aldeia indiana era tão extorsiva que o que restava para o camponês era muito menos do que o necessário à sua subsistência[48].

---

[45] Karl Marx, *O capital: crítica da economia política*, Livro III: *O processo global da produção capitalista* (trad. Rubens Enderle, São Paulo, Boitempo, 2017), p. 657.
[46] MECW, v. 34, p. 118-9 (grifos do original).
[47] Idem.
[48] Karl Marx, *O capital*, Livro III, cit., p. 253.

Em outro momento da discussão sobre a queda tendencial da taxa de lucro, uma das principais causas das crises capitalistas na sua época, Marx também levanta causas contra-arrestantes: "a mesma causa que gera a tendência à queda da taxa de lucro produz aqui um contrapeso a essa tendência, paralisando, em maior ou menor grau, essa tendência"[49]. Dentre as fontes de tais "contrapesos" destinados a atenuar a queda da taxa de lucro, Marx menciona os superlucros baseados na exploração colonial:

> No que diz respeito aos capitais investidos em colônias etc., eles podem produzir taxas de lucro mais altas porque nesses lugares, em geral, devido ao seu baixo desenvolvimento, a taxa de lucro é mais alta – o mesmo vale para a exploração do trabalho, com o emprego de escravos e cules etc.[50]

Também no Livro III de *O capital*, Marx aborda o papel do colonialismo incipiente no nascimento do capitalismo europeu, especialmente no que diz respeito à Índia; nesse ponto, todavia, ele tende a minimizar os efeitos do colonialismo no desenvolvimento capitalista. Durante a era mercantil dos séculos XVI e XVII, o colonialismo era apenas um dos diversos fatores que contribuíram para a modernidade capitalista, como demonstrado pela incapacidade de Espanha e Portugal de se modernizarem com sucesso:

> A súbita expansão do mercado mundial, a diversificação das mercadorias em circulação, a disputa entre as nações europeias por apoderar-se dos produtos asiáticos e dos tesouros americanos, o sistema colonial, tudo isso contribuiu de maneira essencial para derrubar as barreiras feudais da produção. No entanto, em seu primeiro período, o da manufatura, o modo de produção moderno só se desenvolveu onde as condições para isso haviam surgido durante a Idade Média. Comparemos, por exemplo, Holanda com Portugal.[51]

Fatores internos à sociedade europeia, portanto, foram decisivos para permitir que a Holanda ultrapassasse Portugal em seu desenvolvimento econômico.

Esse, no entanto, era o estágio inicial do capitalismo comercial ou mercantil. Uma vez que o modo de produção capitalista se tornou dominante em escala global, a Holanda mercantil deu lugar à Inglaterra industrializada. Marx acrescenta, então, que:

---

[49] Ibidem, p. 276.
[50] Ibidem, p. 277.
[51] Ibidem, p. 377.

[não é mais] o comércio que revoluciona a indústria, mas é ela que revoluciona constantemente o comércio. [...] Comparemos, por exemplo, Inglaterra e Holanda. A história do declínio da Holanda como nação comercial dominante é a história da subordinação do capital comercial ao capital industrial.[52]

Foi nesse período posterior que os britânicos começaram a dominar completamente a Índia e, também, a fazer incursões pela China. Marx adverte, entretanto, que havia muitas barreiras a essas explorações inglesas, sem contar os resíduos das formas sociais pré-capitalistas asiáticas:

> Os obstáculos que a firmeza e a estruturação internas dos modos de produção nacionais pré-capitalistas impõem à ação dissolvente do comércio mostram-se decisivos no tráfico dos ingleses com a Índia e a China. A ampla base do modo de produção é aqui formada pela unidade da pequena agricultura e da indústria doméstica, às quais, na Índia, acrescenta-se ainda a forma das comunas aldeãs – que também na China constituíam a forma primitiva – baseadas na propriedade comum do solo. Na Índia, os ingleses também empregaram seu poder político e econômico direto, como governantes e rentistas da terra, para aniquilar essas pequenas comunidades econômicas.[53]

Os ingleses fizeram isso muito conscientemente, ainda que de forma cruel e inapta, ao menos no que diz respeito à modernização da Índia:

> Mais do que em qualquer outro lugar, na Índia, a administração inglesa oferece a história de experimentos malogrados e realmente ridículos (na prática, infames). Em Bengala, os ingleses criaram uma caricatura da grande propriedade rural inglesa; no sudoeste da Índia, uma caricatura da propriedade parcelária; no noroeste, na medida em que foi possível, transformaram a comuna econômica indiana, com sua propriedade comum da terra, numa caricatura de si mesma.[54]

Em um nível mais amplo, a invasão de produtos têxteis britânicos produzidos em massa prejudicou severamente os produtores tradicionais – o que não foi suficiente, entretanto, para destruir completamente a aldeia comunal, onde o "trabalho de dissolução" britânico ainda procedia "muito gradualmente".

---

[52] Idem.
[53] Ibidem, p. 377-8.
[54] Ibidem, p. 378.

Na China e na Rússia, onde o capital global não tinha a "assistência" da "força política direta", como na Índia colonizada, a mudança veio de forma ainda mais lenta. Na Rússia em particular, sustenta Marx, o comércio "deixa intactos os fundamentos econômicos da produção asiática"[55]. Aqui encontramos Marx construindo uma linhagem entre a China, a Índia e a Rússia, todas nomeadas "asiáticas"[56]. Apesar de essas formas sociais terem resistido ao capitalismo, isso certamente não foi uma forma progressista de resistência, nem aliviou de qualquer modo o sofrimento do povo trabalhador. A perspectiva geral que Marx apresenta, assim, é um tanto sombria: o capitalismo talvez nunca seja capaz de desenvolver essas sociedades pré-capitalistas, mas ele abalou seriamente seus modos de produção tradicionais, deixando-os em condições muito piores que as originais[57].

Marx critica profundamente diversos economistas políticos nos manuscritos de 1861-1863, entre os quais Richard Jones[58]. Ele atribui a Jones uma grande sensibilidade às variações das formas históricas, evitando assim "a ilusão de que o capital existiu desde o começo do mundo"[59]. Marx também usou o trabalho de Jones quando desenvolveu sua própria teoria da queda tendencial da taxa de lucro. O economista dedicou considerável atenção à propriedade da terra e à teoria da renda, com frequência mencionando a Índia e outras sociedades asiáticas, e acompanhou François Bernier – uma das fontes na qual Marx se baseou nos escritos de 1853 sobre a Índia – ao entender o Estado como proprietário de toda a terra na Índia pré-colonial, que ele ligava à repentina ascensão e queda das cidades. Marx responde: "Jones negligencia [...] o sistema comunal asiático

---

[55] Idem.
[56] Em outro momento, Marx liga a Índia ao Peru pré-colonial, referindo-se às "comunidades primitivas hindus, natural-espontâneas, ou [à] do comunismo dos peruanos, desenvolvido mais artificialmente" (ibidem, p. 939). Em outro lugar, ele menciona também "a antiga propriedade comum do solo" na Polônia e na Romênia (ibidem, p. 863).
[57] Na Europa ocidental, sempre que formas pré-capitalistas eram desmanteladas em razão das pressões do capital mercantil, mas não se transformavam completamente em capital industrial, Marx considerava o resultado quase tão desanimador. Por exemplo, os trabalhadores têxteis franceses e as rendeiras inglesas submetidos ao domínio da produção do capital mercantil ainda estavam "trabalhavando à antiga maneira fragmentária": "sem revolucionar o modo de produção, ele só faz agravar a situação dos produtores diretos, convertendo-os em meros assalariados e proletários sob condições mais precárias que as dos diretamente subsumidos ao capital" (ibidem, p. 379).
[58] Isso nas partes posteriormente publicadas como *Teorias do mais-valor*.
[59] MECW, v. 33, p. 320.

com sua unidade de agricultura e indústria", enfatizando nesse momento a sólida fundação econômica dessas sociedades[60].

Em dado momento, Jones estimulou Marx a refletir novamente sobre as diferenças entre as formas pré-capitalistas da Índia e o capitalismo moderno em uma discussão sobre o "trabalho social", a forma em que o trabalho, sob o capitalismo, aparece como trabalho abstrato universal, pronto para qualquer tarefa em qualquer quantidade:

> A unidade original entre o trabalhador e as condições de trabalho // abstraindo da escravidão, na qual o próprio trabalhador pertence às condições objetivas de trabalho // tem duas formas principais: o sistema comunal asiático (comunismo primitivo) e a agricultura familiar em pequena escala (e ligada à indústria doméstica) em uma ou outra forma. Ambas são embrionárias e ambas são igualmente inaptas para desenvolver o trabalho como trabalho social e o poder produtivo do trabalho social. Por isso a necessidade de separação, de ruptura, de antítese entre trabalho e propriedade (por meio da qual a propriedade das condições de produção deve ser entendida). A forma mais extrema dessa ruptura, e também a forma na qual as forças produtivas do trabalho social são mais potentemente desenvolvidas, é o capital. A unidade original pode ser reestabelecida somente com base na fundação material que o capital cria e por meio das revoluções que a classe trabalhadora e a sociedade inteira atravessam no processo dessa criação.[61]

O "trabalho social" moderno, portanto, criou uma separação radical entre o trabalhador e as condições de trabalho, incluindo os meios de produção, que agora eram de propriedade estrangeira, reduzindo o trabalhador a mero portador de força de trabalho sob o comando do capital. Ao voltar os olhos para o oposto do trabalho social pré-moderno, Marx esboçou duas formas não capitalistas de trabalho, que de modo algum eram iguais: a do aldeão comunal asiático e a do pequeno fazendeiro do período pré-capitalista da Europa ocidental. De modo mais significativo, como demonstra a última frase acima, a perspectiva de Marx sobre o "sistema comunal asiático" e suas aldeias evidentemente mudou um pouco em relação ao destaque anterior sobre o "despotismo oriental" e o torpor vegetativo. De que outra forma Marx poderia ter escrito se quisesse recuperar parte da "unidade original" do mundo pré-capitalista – tanto da aldeia pré-capitalista

---

[60] Ibidem, p. 335.
[61] Ibidem, p. 340.

asiática quanto da europeia – na sociedade socialista do futuro, ainda que em uma forma radicalmente diferente, com uma fundação material superior e um escopo mais amplo para o desenvolvimento individual? Infelizmente, essa linguagem do manuscrito de 1861-1863 não encontrou caminho no que se tornaria, sob a edição de Engels, o Livro III de *O capital*.

O período desses escritos econômicos, 1861-1865, foi também o da Guerra Civil Americana, que resultou no fim de um dos maiores sistemas escravistas que já existiu sob o capitalismo. Em diversos momentos nesses escritos, Marx discute a relação entre capitalismo e escravidão. Nos manuscritos de 1861-1863, ele deixa claro que a escravidão moderna nas *plantations* era parte do modo de produção capitalista, não um vestígio dos modos de produção anteriores. Se "a escravidão dos negros impossibilita o trabalho assalariado, que é a base da produção capitalista", também era verdade que "o negócio no qual os escravos eram empregados era conduzido por *capitalistas*. O modo de produção que eles introduzem não surgiu da escravidão, mas foi enxertado nela. Nesse caso, a mesma pessoa é o capitalista e o proprietário de terra"[62].

No Livro III de *O capital*, Marx retoma a escravidão como categoria geral em uma discussão sobre o papel da supervisão na produção:

> Esse trabalho de supervisão necessariamente surge nos modos de produção que repousam sobre o antagonismo entre o trabalhador como produtor direto e o proprietário dos meios de produção. Quanto maior é esse antagonismo, maior é o papel desempenhado pela supervisão. Por isso, ela atinge seu auge no sistema escravista.[63]

A escravidão, portanto, estava no extremo de um contínuo, ao menos no que dizia respeito ao rigor na supervisão direta do trabalho.

Marx argumenta repetidas vezes que a escravidão capitalista moderna era ainda mais dura do que os sistemas escravistas mais opressivos da Antiguidade, por causa das pressões para criar valor:

> Onde, por exemplo, a escravidão e a servidão predominavam entre os povos que praticavam pouco comércio, não poderia haver sobretrabalho. É, portanto, entre os povos comerciais que a escravidão e a servidão assumem sua forma mais odiosa, como, por exemplo, entre os cartagineses; isso é ainda mais pronunciado entre os povos que mantêm a escravidão e a servidão como base de sua produção em uma

---

[62] MECW, v. 31, p. 516.
[63] Karl Marx, *O capital*, Livro III, cit., p. 433.

época na qual elas estão conectadas com outros povos em uma situação de produção capitalista; por exemplo, o caso dos estados sulistas da União americana.[64]

Se fosse capaz de manter uma reserva de nova força de trabalho, o sistema escravagista capitalista moderno faria as pessoas trabalharem até a morte, nota Marx citando *The Slave Power* [O poder escravo], de John Cairnes (1862), sobre como os escravos do Sul profundo poderiam ser facilmente substituídos "pelas abundantes reservas da Virgínia e do Kentucky". O autor cita Cairnes mais adiante, afirmando que, em um período anterior, antes da abolição do tráfico de escravos, havia se tornado uma

> máxima da administração escravista, nos países que importavam escravos, que a *economia mais efetiva é aquela* que extrai dos bens humanos *a maior quantidade de esforço que é capaz de realizar no menor espaço de tempo*. É na cultura tropical, onde os lucros anuais quase sempre igualam o capital total das *plantations*, que a vida negra é mais impiedosamente sacrificada.[65]

Marx coloca essa ideia desenvolvida a partir de Cairnes em seu quadro geral sobre o capital:

> Se o trabalho é prolongado além de um certo período – ou a capacidade de trabalho é valorizada mais do que até certo ponto –, a capacidade de trabalho será temporariamente ou definitivamente destruída, em vez de preservada. Se o capitalista põe o trabalhador para trabalhar, por exemplo, por vinte horas hoje, amanhã ele será incapaz de trabalhar o tempo normal de trabalho de doze horas, ou até mesmo de executar qualquer trabalho. Se o sobretrabalho se estende por um período longo, o trabalhador talvez preserve a si, e, portanto, preserve sua capacidade de trabalho, por sete anos em vez de vinte ou trinta anos para os quais ele poderia ter se preservado. [...] Esse é ainda hoje o caso em Cuba, onde, depois de doze horas nos campos, os negros têm ainda de trabalhar duas horas na manufatura para preparar açúcar e tabaco.[66]

Enquanto a abolição da escravidão se desenhava no horizonte dos Estados Unidos, na Cuba sob domínio espanhol a escravidão continuou até 1886.

Aqui e em outras oportunidades, contudo, Marx também apresenta o argumento de que os trabalhadores assalariados, que eram formalmente livres, também

---

[64] MECW, v. 30, p. 197.
[65] MECW, v. 34, p. 70 (grifos do original).
[66] MECW, v. 30, p. 182-3.

estavam sendo explorados até a morte, pois, nessa situação, os fabricantes "não têm nem que pagar a taxa mínima para os trabalhadores", mas podiam contratá-los sem nenhum desembolso para obter sua força de trabalho antes que qualquer tarefa fosse executada. Isso se dava porque esses trabalhadores também faziam parte de uma fonte aparentemente inesgotável de força de trabalho[67]. A fonte dessa força de trabalho para o capital britânico incluía não somente a Inglaterra rural, escreve ele, mas também a Irlanda, onde a força destrutiva da revolução agrícola havia varrido as fontes de subsistência de milhões de pessoas:

> Na Inglaterra, a conversão de *terra arável em pasto* desde um pouco antes da metade do século XVIII por meio dos *cercamentos dos comuns, a união forçada das pequenas propriedades*. Isso ainda está acontecendo. O *clareamento das propriedades* se deu novamente em grande escala na Irlanda em 1846. A morte por inanição de 1 milhão de irlandeses e a expulsão de outro milhão para o estrangeiro – isso foi o *clareamento da propriedade da Irlanda*. Ainda em andamento.[68]

Um pouco depois, Marx afirma que "o fluxo de irlandeses para os distritos industriais" da Inglaterra havia reduzido o preço da força de trabalho, superando em muito as expectativas capitalistas de que a imigração aumentaria a competição entre os trabalhadores[69].

A estrutura narrativa do Livro I de *O capital*, especialmente a edição francesa

Na obra-prima de Marx, o Livro I de *O capital*, o poder abstrato e impessoal do capital é ele próprio um ator histórico, um sujeito que se autodesenvolve. Sua forma de valor é "o sujeito usurpador desse processo"[70]. A crescente hegemonia da sua forma de valor sobre toda a vida social tritura e assujeita o ser humano vivo, o trabalhador. Marx argumenta, ainda, que sob o domínio desse sujeito impessoal humanamente criado, que é a forma de valor, as relações entre os seres humanos assumem a "forma fantasmagórica de uma relação entre coisas"[71]. Em vez de uma falsa aparência por trás da qual estaria escondida uma essência

---

[67] MECW, v. 34, p. 69.
[68] Ibidem, p. 257-8 (grifos do original).
[69] Ibidem, p. 296.
[70] Karl Marx, *O capital*, Livro I, cit., p. 230.
[71] Ibidem, p. 147.

humana pura, escreve Marx, essa inversão sujeito-objeto constitui o que "são realmente" as relações humanas sob o capitalismo[72].

Marx delineia um segundo tipo de subjetividade: em um capítulo decisivo, "A jornada de trabalho", *O capital* reconta a autoconstituição da classe trabalhadora como um sujeito revolucionário moderno a partir dessa resistência à desumanização: "Mas eis que, de repente, ergue-se a voz do trabalhador, que estava calada no frenesi do processo de produção"[73]. Marx conclui que essa resistência por parte dos trabalhadores eventualmente resultaria em uma conflagração social, pois "a produção capitalista produz, com a mesma necessidade de um processo natural, sua própria negação. É a negação da negação"[74]. Aqui, a moldura hegeliana subjacente ao livro fica evidente: a "negação da negação" – um conceito hegeliano que Marx claramente adotou – não era uma "negação vazia" da pura destrutividade. Seu oposto, "o positivo em seu negativo"[75], foi concretizado por Marx nesse contexto como um lado afirmativo e criativo da modernidade que estaria emergindo enquanto as velhas formas eram negadas de maneira revolucionária.

Isso reforçou um terceiro nível do argumento de Marx em *O capital*. Ele retoma não apenas a possibilidade da resistência dos trabalhadores, como dito acima, mas, no primeiro capítulo de *O capital*, ele também esboça brevemente alguns parâmetros para a sociedade pós-capitalista em um sentido progressista. Nesse vislumbre de uma alternativa ao capitalismo, Marx evoca "uma associação de seres humanos livres, que trabalham com meios de produção coletivos"[76]. A criação de tal mundo de "seres humanos livremente associados" também "removeria" a lente distorcida ou o "véu" do fetiche da mercadoria, permitindo aos membros da sociedade ver suas relações sociais de forma clara pela primeira vez desde que a hegemonia da forma de valor foi estabelecida[77].

Essa era a estrutura dialética do primeiro livro de *O capital*, em que o lógico predomina sobre o histórico ou o cronológico. Na verdade, Marx localizou no final do livro o tratamento estendido das origens históricas do capitalismo, sob a categoria da "acumulação primitiva de capital", *depois* de o leitor ser conduzido por uma análise conceitual e empírica do próprio capitalismo moderno. Sendo o capitalismo ocidental uma sociedade única que necessariamente surgiu de uma

---

[72] Ibidem, p. 148.
[73] Ibidem, p. 308.
[74] Ibidem, p. 832.
[75] G. W. F. Hegel, *Science of Logic*, cit., p. 836.
[76] Karl Marx, *O capital*, Livro I, cit., p. 152.
[77] Ibidem, p. 154.

sociedade não capitalista preexistente – no caso, o feudalismo europeu –, a questão dos modelos de desenvolvimento unilinear *versus* multilinear também estava posta.

Uma questão que surge aqui, assim como nos escritos anteriores de Marx, é esta: o percurso por meio do qual surgiu o capitalismo moderno na Europa ocidental e na América do Norte é um caminho a ser seguido por todas as outras sociedades, com o resto do mundo simplesmente ultrapassado por sociedades tecnologicamente mais avançadas? Tal metanarrativa estava implícita no *Manifesto Comunista*, duas décadas antes, mas, desde 1848, Marx vinha aprimorando suas perspectivas sobre as sociedades não ocidentais.

Antes de examinar a questão de uma metanarrativa, contudo, uma breve discussão sobre o desenvolvimento do texto no Livro I de *O capital* se faz necessária. A maior parte do argumento que apresentarei a seguir se desdobra nos últimos estágios de desenvolvimento do texto do Livro I de *O capital*, com alguns textos significativos ainda desconhecidos do público. A obra-prima de Marx é uma sinfonia com variações, quiçá um trabalho incompleto. Poucos leitores, exceto acadêmicos especialistas, sabem que Engels não apenas editou os livros II e III de *O capital* a partir das notas, às vezes rascunhos, deixadas após a morte de seu amigo, mas também criou a edição definitiva do Livro I, processo no qual ele realizou escolhas editoriais significativas – tudo isso no período entre 1883 e 1894. A cronologia das edições do primeiro livro de *O capital* em que ou Marx ou Engels teve uma influência decisiva é a seguinte:

1867	Primeira edição alemã	Preparada para a publicação por Marx com mínima influência de Engels
1873	Segunda edição alemã, com alterações consideráveis	Preparada para a publicação por Marx, novamente com mínima influência de Engels
1872-1875	Edição francesa, com alterações consideráveis; incialmente publicada de forma seriada	Traduzida por Joseph Roy a partir da segunda edição alemã, novamente com alterações consideráveis de Marx e com mínima influência de Engels; última edição que Marx preparou para publicação
1883	Terceira edição alemã, com alterações consideráveis	Preparada para a publicação por Engels pouco depois da morte de Marx; baseada na segunda edição alemã; levou em conta alguns aspectos da edição francesa
1886	Primeira edição inglesa, com algumas alterações	Traduzida a partir da terceira edição alemã por Samuel Moore e Edward Aveling, com considerável influência de Engels; Eleanor Marx conferiu e corrigiu as diversas citações das fontes em inglês
1890	Quarta edição alemã, com algumas alterações	Atual edição definitiva; preparada para a publicação por Engels, que levou em conta tanto a edição inglesa como alguns aspectos da edição francesa

A mais significativa dessas escolhas editoriais foi a decisão de Engels de deixar de lado um material considerável da edição francesa de 1872-1875, mesmo na edição alemã de 1890, que se tornou a versão definitiva – ainda que a edição francesa tenha sido a última preparada pessoalmente por Marx para a publicação, já que ele editou e corrigiu com vigor a tradução de Joseph Roy. Aqui estão ocultadas algumas diferenças entre Marx e o amigo Engels, que preparou a terceira edição alemã de 1883 e a quarta edição alemã de 1890, ambas publicadas após a morte de Marx. Essas edições de Engels, especialmente a de 1890, tornaram-se a base para todas as edições inglesas até hoje*. A primeira edição alemã de Marx foi publicada em 1867 e a segunda edição alemã, com importantes revisões, surgiu em 1873. Esta foi seguida, por sua vez, pela versão francesa de 1872-1875, traduzida com base na edição alemã de 1873, mas amplamente editada por Marx.

Um fato indiscutível ilustra o escopo dessas mudanças de 1867 até 1875 e revela que a edição de 1867 era, na verdade, um estágio inicial desse trabalho em andamento: na edição de 1867, o tão discutido primeiro capítulo sobre a mercadoria[78] tinha uma forma completamente diferente da adotada nas edições posteriores. O que se tornaria a seção desse capítulo sobre o fetichismo da mercadoria estava apenas parcialmente completo em 1867, e o que efetivamente havia sido escrito foi dividido entre as primeiras páginas do livro e um anexo sobre o valor no final. Na edição alemã de 1873, o texto do primeiro capítulo se tornou mais próximo daquele que conhecemos hoje na versão definitiva. Infelizmente, a atual edição definitiva também é problemática, já que é baseada na quarta edição alemã de Engels, de 1890. Por exemplo, a MEGA² II/10, a coisa mais próxima que temos de uma edição crítica (*variorum*) do Livro I de *O capital*, contém um anexo de cinquenta páginas intitulado "Lista de partes do texto da edição francesa que não foram incluídas na terceira e quarta edição alemã"[79]. Muitas das passagens deixadas de fora por Engels na edição definitiva são significativas, e como será discutido a seguir, algumas delas lidam com os temas do presente estudo[80].

---

*   Como observado em nota anterior (ver p. 20 deste volume), a edição da Boitempo também tem como base a quarta edição alemã, editada por Engels e publicada em Hamburgo em 1890. O estabelecimento do texto segue a edição da MEGA². (N. E.)

[78] Lukács escreveu de modo célebre que "o todo do materialismo histórico" poderia ser encontrado ali, em *History and Class Consciousness*, cit., p. 170.

[79] MEGA² II/10, p. 732-83.

[80] Até o momento, não houve uma comparação verdadeiramente sistemática da edição francesa com a edição alemã estabelecida por Engels. Fora o já mencionado aparato editorial das edições da MEGA², alguns trabalhos anteriores que apontam a importância da edição francesa incluem os anexos de Dona Torr à edição pré-Segunda Guerra Mundial de *O capital* (Karl Marx, *Capital: A Critical Analysis of Capitalist Production*, Nova York, International Publishers, 1939, v. 1), as discussões de Dunaiévskaia sobre as mudanças realizadas por Marx na edição francesa

Primeiro, Engels tinha uma opinião diferente da de Marx sobre a importância da edição francesa. No posfácio de Marx de 1875 à edição francesa, seu último pronunciamento sobre *O capital*, ele destaca que, "sejam quais forem as imperfeições literárias desta edição francesa, ela possui um valor científico independente do original e deve ser consultada mesmo pelos leitores familiarizados com a língua alemã"[81]. Diversas vezes em sua correspondência, Marx demonstra apreciar o fato de a página de rosto incluir a frase "completamente revisada pelo autor"[82]. Já em 28 de maio de 1872, Marx havia escrito a um dos tradutores da edição russa, Nikolai Danielson, que, apesar de algumas ressalvas, ele queria tornar a edição francesa a base para as futuras traduções do trabalho:

> Apesar de a edição francesa [...] ter sido preparada por um grande especialista em ambas as línguas, ele muitas vezes fez traduções literais demais. Portanto, eu me senti compelido a reescrever passagens inteiras em francês, para torná-las palatáveis ao público francês. Será muito mais fácil traduzir o livro do francês para o inglês e para as línguas românicas posteriormente.[83]

Ao menos nessa passagem, o único problema que Marx parece ter com a tradução de Roy era sua literalidade.

Engels, que leu parte do manuscrito traduzido, divergia fortemente de Marx no que dizia respeito às falhas do trabalho de Roy. Para Engels, o problema com a tradução residia no que o socialista alemão considerava ser – em um tom marcado por certa superioridade cultural alemã – o caráter antidialético da própria língua francesa. Depois de ler o rascunho da tradução do capítulo "A jornada de trabalho", Engels escreve a Marx em 29 de novembro de 1873:

> Ontem eu li o capítulo sobre a legislação fabril na tradução francesa. Com todo o respeito pela competência com a qual o trabalho foi inteiramente reescrito em

---

em *Marxism and Freedom*, cit. e *Rosa Luxemburg, Women's Liberation, and Marx's Philosophy of Revolution*, cit., as notas editoriais de Rubel em seu *Œuvres*, v. 1., cit. e uma curta intervenção de Christopher J. Arthur em "*Capital*: A Note on Translation", *Science & Society*, v. 54, n. 2, 1990. Para mais informações sobre passagens centrais deixadas de fora por Engels, ver também meus dois trabalhos anteriores sobre o tema, em "The 'Unknown' Marx's *Capital*, Vol. I: The French Edition of 1872-1875, 100 Years Later", *Review of Radical Political Economics*, v. 15, n. 4, 1983, e "On the MEGA and the French Edition of *Capital*, Vol. I: An Appreciation and a Critique", em *Beiträge zur Marx-Engels Forschung. Neue Folge, 1997* (Berlim, Argument, 1997).

[81] Karl Marx, *O capital*, Livro I, cit., p. 95.
[82] MEGA² II/7, p. 3.
[83] MECW, v. 44, p. 385.

um elegante francês, eu ainda sinto falta do que se perdeu nesse belo capítulo. Seu vigor e vitalidade e vida foram para o diabo. A chance de um escritor ordinário de se expressar com certa elegância foi comprada por uma linguagem castrada. Está se tornando crescentemente impossível pensar com originalidade com a camisa de força do francês moderno. Tudo de notável ou vital é removido por causa da necessidade, que se tornou essencial em quase todos os lugares, de se submeter aos ditames da pedante lógica formal ao arredondar as frases. Eu consideraria um grande erro tomar a versão francesa como modelo para a tradução inglesa. Em inglês, o poder de expressão do original não precisa descer o tom; o que precisar ser sacrificado das passagens genuinamente dialéticas poderá ser compensado em outras graças à maior energia e brevidade da língua inglesa.[84]

Marx não se convence e responde no dia seguinte: "agora que você está dando uma olhada na tradução francesa de *O capital*, eu ficaria grato se você pudesse continuar até o fim. Eu penso que você considerará algumas passagens superiores à [da edição] alemã"[85]. Engels responde em 5 de dezembro, sem recuar em seu argumento principal sobre a língua francesa: "Antes na edição francesa. Até o momento, eu considero que o que você *revisou* é, de fato, melhor do que em alemão, mas nem o francês nem o alemão têm algo a ver com isso. Quanto ao estilo, a melhor de todas é a nota sobre Mill[86]"[87].

Nos anos que se seguiriam, Marx indicou diversas vezes e em várias cartas que, em qualquer nova edição do trabalho, a edição francesa deveria ter a última palavra, exceto pelos importantes primeiros seis capítulos. Em uma carta a Danielson, de 15 de novembro de 1878, sobre a segunda edição russa, Marx pediu que "o tradutor sempre comparasse com cuidado a segunda edição alemã com a francesa, já que a última contém muitas importantes mudanças e adições". Ele também queria que a divisão entre partes e capítulos das novas edições se baseasse na edição francesa; a questão mais importante era colocar a discussão sobre a acumulação primitiva em uma oitava parte separada, em vez de deixá-la dentro da parte sete sobre a acumulação[88].

---

[84] Ibidem, p. 540-1.
[85] Ibidem, p. 541.
[86] A crítica de Marx à explicação de John Stuart Mill sobre o lucro no fim do capítulo sobre "Mais-valor absoluto e relativo" foi adicionada à edição francesa e hoje aparece na edição inglesa padrão. [Também está presente na edição brasileira da Boitempo. Ver Karl Marx, *O capital*, Livro I, cit., p. 585-6. – N. E.]
[87] MECW, v. 44, p. 545.
[88] MECW, v. 45, p. 343.

Marx jamais ganhou a discussão com Engels sobre a edição francesa. Ao editar a terceira edição alemã de 1883, após a morte de Marx, Engels indicou que havia consultado a edição francesa; escreve, contudo, que o fez não por causa de seu valor teórico significativo, mas apenas para ter noção do "que o próprio autor estava disposto a sacrificar" em nome de uma melhor legibilidade[89]. Infelizmente, Engels não deu exemplos para apoiar suas afirmações de que a edição francesa como um todo era uma versão simplificada. Aqui começava a acusação infundada, propagada amplamente até hoje, de que a edição francesa de 1872-1875, a última que Marx preparou para a publicação, era de algum modo inferior – uma versão mais popularizada criada para um público francês menos erudito – e que a edição de 1890, editada por Engels, baseada primordialmente na segunda edição alemã de 1873, era a verdadeira versão do trabalho[90]. É verdade que Marx,

---

[89] Friedrich Engels, "Prefácio da edição inglesa" (1886), em Karl Marx, *O capital*, Livro I, cit., p. 102.

[90] Em 1969, indo além de Engels, o marxista estruturalista Louis Althusser escreveu que, na edição francesa, "Marx, que estava incerto sobre as capacidades teóricas dos leitores franceses, às vezes comprometeu perigosamente a precisão das expressões conceituais originais", Louis Althusser, *Lenin and Philosophy and Other Essays* (Nova York, Monthly Review Press, 1971), p. 90. Althusser afirmou isso em um prefácio ao que ainda hoje é uma das versões mais amplamente circuladas de *O capital* na França, uma reedição da tradução de J. Roy editada por Marx e publicada pelas Éditions Flammarion (Karl Marx, *Le Capital. Livre I. Sections I à IV* [1872-1875], Paris, Flammarion, 1985; Karl Marx, *Le Capital. Livre I. Sections V à VIII* [1872--1875], Paris, Flammarion, 1985). Eventualmente, a situação de *O capital* na França se tornou quase cômica. De um lado, a ótima série Pléiade da prestigiosa editora Gallimard continua a reimprimir a edição francesa de Maximilien Rubel de 1872-1875 como o texto definitivo, uma edição que está vinculada à decisão do editor de mudar a ordem de algumas partes do texto de Marx; enquanto isso, a versão mais fiel da mesma tradução, publicada pela Flammarion, ainda é reimpressa com o prefácio de Althusser atacando o texto. De outro lado, a editora do Partido Comunista, Messidor/Éditions Sociales, publicou em 1983 uma cuidadosa tradução baseada na edição de Engels de 1890. A editora afirmava na orelha do livro que essa tradução, conduzida por Jean-Pierre Lefebvre, teria finalmente resultado em uma edição francesa "definitiva" (Karl Marx, *Le Capital. Livre I*, Paris, Messidor/Éditions Sociales, 1983). Já que a minha preocupação é com os textos alternativos, e não propriamente com as questões de tradução, não enfrentarei questões como a decisão deles de mudar *plus-valeur*, a tradução sancionada por Marx de seu "mais-valor [*Mehrwert*]" para *survaleur*, como discutido por críticos franceses como Pierre Fougeyrollas ["Adventures et mésaventures de Marx 'en français'", *Le Monde*, 28 de outubro de 1983].) Essa nova edição posteriormente foi reeditada pela prestigiada Presses Universitaires de France. Em uma introdução erudita, mas tendenciosa, Lefebvre destaca as limitações de Roy como tradutor, nunca citando nas 44 páginas a afirmação de Marx no posfácio de 1875 de que a edição francesa tinha um "valor científico independente do original". Em vez disso, Lefebvre caracteriza esse posfácio, sem efetivamente citá-lo, como "uma crítica indireta ao trabalho

algumas vezes, como na carta de 1878 a Danielson citada acima, indica que ele simplificou o começo de alguns capítulos do livro na edição francesa: "eu também fui obrigado – principalmente no primeiro capítulo – a 'simplificar' o conteúdo nessa versão francesa"[91]. Em outra carta a Danielson de 28 de novembro de 1878, Marx especifica que, para uma nova edição russa, as duas primeiras seções[92] deveriam "ser traduzidas do texto alemão"[93]. Esses importantes capítulos, em que se inclui a discussão sobre o fetichismo (no primeiro capítulo), abrangiam apenas um terço da edição alemã de 1873. Em outra carta, datada de 27 de setembro de 1877, todavia, Marx aplaude o relato de uma tentativa (malsucedida, no fim das contas) de publicar uma edição italiana traduzida "da edição francesa"[94]. Em 1880, conta o jornalista americano John Swinton, Marx deu a ele uma cópia da edição francesa e afirmou que "é a partir desta que a tradução para o inglês deve ser feita"[95]. Em seu prefácio para a nova edição em farsi do Livro I de *O capital*[96] – uma das poucas edições em qualquer língua a levar a sério a edição francesa –, o tradutor Hassan Mortazavi nota que, em uma carta a Danielson, de 13 de dezembro de 1881, Marx escrevia que queria fazer edições significativas na edição alemã do Livro I.

---

de Roy", porque Marx também teria se referido aos possíveis "defeitos literários" da edição francesa (Lefebvre em Karl Marx, *Le Capital. Livre I*, cit., p. XXX). Lefebvre escreve ainda, sem citar qualquer evidência e juntando acriticamente as por vezes distintas visões de Marx e Engels, que, apesar de eles terem inicialmente apreciado a edição francesa, "Marx e Engels gradualmente mudaram de ideia e concluíram que, em todas as passagens que contivessem importantes questões teóricas, seria necessário tomar a edição alemã como ponto de partida" (Lefebvre em Karl Marx, *Le Capital. Livre I*, cit., p. XLI). Em 1989, tais tentativas de reduzir a edição francesa de 1872-1875 foram solapadas quando a terceira edição alemã, de 1883, editada por Engels, foi reimpressa como MEGA² II/8. O extensivo aparato editorial incluía a "lista de alterações" da edição francesa, escrita pelo próprio Marx, com o que ele especificamente queria incluir nas edições subsequentes. Os editores – Rolf Hecker et. al. – tiveram o cuidado de indicar quais dessas mudanças, algumas das quais importantes, não foram acatadas por Engels. Dois anos mais tarde, a quarta edição alemã, organizada por Engels, foi publicada na MEGA² II/10, com sua lista de cinquenta páginas com as passagens da edição francesa que Engels deixara de fora, como acima mencionado.

[91] MECW, v. 45, p. 343.
[92] Essas duas seções eram "Mercadoria [*commodities*] e dinheiro" e "A transformação do dinheiro em capital".
[93] MECW, v. 45, p. 346.
[94] Ibidem, p. 277.
[95] Philip S. Foner, *When Karl Marx Died: Comments in 1883* (Nova York, International Publishers, 1973), p. 243.
[96] Karl Marx, *Capital. Vol. 1* (Teerã, Agah Publishing, 2008).

Engels via simplificações ao longo de todo o texto da edição francesa e não somente em alguns capítulos. A coisa mais generosa que poderia ser dita sobre a edição de Engels do Livro I de *O capital* é que ele nos deixou com uma edição incompleta, apresentada como sendo uma versão definitiva. Não obstante, no prefácio da quarta edição alemã, de 1890, ele escreve que havia estabelecido "uma configuração a mais definitiva possível [*end*gültige *Feststellung*], tanto do texto quanto das notas"[97]. Apesar disso, Engels deixou de fora o prefácio e o posfácio de Marx à edição francesa, que não apareceram na edição inglesa até a edição de Dona Torr[98]. Uma crítica mais contundente de Engels poderia ser feita, contudo, com base na noção de que Marx queria que a edição francesa fosse o padrão para as edições e traduções subsequentes, ao menos depois do sexto capítulo.

Algumas diferenças textuais na edição francesa ajudam a esclarecer a questão de uma metanarrativa em *O capital*. Marx furtivamente introduziu uma mudança no prefácio da edição alemã de 1867 quando ela foi traduzida para o francês. Uma famosa frase sobre a relação entre sociedades industrializadas e não industrializadas, nas edições-padrão em inglês e alemão, aparece assim: "O país industrialmente mais desenvolvido não faz mais do que mostrar *ao menos desenvolvido* a imagem de seu próprio futuro"[99].

Alguns daqueles que atacaram *O capital* por ser um trabalho determinista encontraram nessa frase um exemplo de gritante unilinearidade histórica. Teodor Shanin, editor de um valioso livro sobre Marx, está entre aqueles que veem os escritos de Marx, incluído *O capital*, como essencialmente similares ao *Manifesto* em suas perspectivas unilineares. Usando a frase acima como exemplo, Shanin escreve que a "fraqueza principal" de *O capital* "era um determinismo unilinear e otimista geralmente embutido nele"[100].

---

[97] Idem, *O capital*, Livro I, cit., p. 105.
[98] Idem, *Capital: A Critical Analysis of Capitalist Production*, cit. [Prefácio e posfácio da edição francesa constam, entretanto, da edição brasileira da Boitempo. Ver *O capital*, Livro I, cit., p. 93-5. – N. E.]
[99] Idem, *O capital*, Livro I, cit., p. 78 (grifos meus). No original alemão está da seguinte maneira: "*Das industriell entwickeltere Land zeigt dem minder entwickelten nur das Bild der eignen Zukunft*" (MEGA² II/10, 8). [Adotamos, como vimos fazendo em relação às citações de *O capital*, a tradução da edição brasileira da Boitempo. Em inglês, lê-se: "*The country that is more developed industrially only shows*, to the less developed, *the image of its own future*" (*Capital* I, 91). – N. E.]
[100] Teodor Shanin, "Late Marx: Gods and Craftsmen", em *Late Marx and the Russian Road* (Londres, Routledge, 1983), p. 4.

Derek Sayer e Philip Corrigan, estudiosos britânicos de Marx, responderam a Shanin na época apontando que Marx não estava apresentando um panorama geral global, mas comparando a Inglaterra à Alemanha. Ao citar a passagem de forma mais completa, como eles fazem, ela afirma o seguinte:

> Sua localização clássica é, até o momento, a Inglaterra. Essa é a razão pela qual ela serve de ilustração principal à minha exposição teórica, mas, se o leitor alemão encolher farisaicamente os ombros ante a situação dos trabalhadores industriais ou agrícolas ingleses, ou se for tomado por uma tranquilidade otimista, convencido de que na Alemanha as coisas estão longe de ser tão ruins, então terei de gritar-lhe: *De te fabula narratur!*[101] Na verdade, não se trata do grau maior ou menor de desenvolvimento dos antagonismos sociais decorrentes das leis naturais da produção capitalista. Trata-se dessas próprias leis, dessas tendências que atuam e se impõem como necessidade férrea. O país industrialmente mais desenvolvido não faz mais do que mostrar ao menos desenvolvido a imagem de seu próprio futuro.[102]

Nos dois parágrafos seguintes, Marx compara a situação da Inglaterra à da Europa continental, especialmente à da Alemanha, sem mencionar nenhuma sociedade não europeia. Sayer e Corrigan concluem:

> Marx está publicando na Alemanha em 1867 um tratado ilustrado principalmente com dados ingleses. Ele está compreensivelmente preocupado em estabelecer sua relevância para as condições alemãs. Sendo a Alemanha uma sociedade na qual o capitalismo já havia estabelecido suas bases, seria razoável esperar que seu "desenvolvimento normal" seguiria uma via "britânica". Mas isso de modo algum implica uma necessidade de ocorrer o mesmo com as sociedades nas quais a produção capitalista ainda não havia se estabelecido.[103]

O debate sobre essa frase no prefácio de 1867 já dura mais de um século, e pode ser ligado a algumas discussões iniciais sobre *O capital* na Rússia.

Na década de 1930, Leon Trótski entrou na discussão, que já era antiga, ao apresentar sua teoria sobre o desenvolvimento combinado e desigual:

---

[101] "A fábula refere-se a ti!", de Horácio, *Sátiras*, livro I, Sátira 1 – baseado nas notas de *O capital*, Livro I, cit.
[102] Karl Marx, *O capital*, Livro I, cit., p. 78.
[103] Derek Sayer e Philip Corrigan, "Late Marx: Continuity, Contradiction, and Learning", em Teodor Shanin (org.), *Late Marx and the Russian Road: Marx and the "Peripheries" of Capitalism* (Nova York, Montly Review Press, 1983), p. 79.

Essa afirmação de Marx, tomando como ponto de partida metodológico não o mundo econômico como um todo, mas um determinado país capitalista como padrão, tornou-se menos válida à medida que a evolução do capitalismo abarcou todos os países desatentos a seu prévio destino e ao progresso industrial. A Inglaterra, em certa época, revelou o futuro da França, de certa forma o da Alemanha, mas de modo nenhum o da Rússia e o da Índia. Os russos mencheviques, contudo, abraçaram incondicionalmente a proposição de Marx. Na esteira da Rússia, os demais países não devem precipitar-se, mas seguir humildemente os padrões já estabelecidos. Com tal método de "marxismo" os liberais também estão de acordo.[104]

Essas são respostas sérias, mas que ainda deixam aberta a possibilidade, embora pequena, de que Marx tenha tido a intenção de aplicar essa noção de uma "férrea necessidade" mais amplamente, como fez no *Manifesto*.

Mas é preciso notar como a frase em questão aparece na posterior edição francesa, na qual Marx faz uma alteração furtiva: "o país que é mais desenvolvido industrialmente apenas mostra, *para aqueles que o seguem na escala industrial*, a imagem de seu próprio futuro"[105]. As sociedades do tempo de Marx que não haviam embarcado no "caminho industrial", como a Rússia e a Índia, agora estavam explicitamente excluídas, o que abria a possibilidade de rotas alternativas para elas. Eu vejo duas explicações aqui. Primeiro, pode-se argumentar que essa alteração textual foi uma forma de Marx ressaltar a posição a que ele já havia chegado em 1867. Uma segunda possibilidade (mais plausível) é que essa mudança de 1867 a 1872 seja um exemplo de evolução do pensamento do autor, que se afastava da unilinearidade implícita do *Manifesto* – processo que estava em curso desde os anos 1850.

A segunda mudança na edição francesa que seguiu um caminho similar não foi de modo algum dissimulada, pois Marx referiu-se com orgulho à nova versão

---

[104] Leon Trótski, "Appendix II: Socialism in a Separate Country?", em *The History of the Russian Revolution* [1933], v. 3 (Londres, Sphere Books, 1967), p. 349 [ed. bras.: *A história da revolução russa*, v. 3, Rio de Janeiro, Paz e Terra, 1977, p. 1.009]. Em outra oportunidade, Trótski escreve de forma ainda mais incisiva sobre essa frase do prefácio de *O capital*: "Em nenhuma circunstância isso pode ser tomado literalmente" (Leon Trótski, "Presenting Karl Marx", em *The Essential Marx* [1939], Nova York, Dover, 2006, p. 39).

[105] Karl Marx, *Le Capital. Livre I. Sections I à IV*, cit., p. 36 (grifos meus). No original em francês está da seguinte forma: "*Le pays le plus développé industriellement ne fait que montrer à ceux qui le suivent sur l'échelle industrielle l'image de leur propre avenir*" (idem; ver também Œuvres, cit., v. 1, p. 549 e MEGA² II/7.12). Essa mudança não é notada nem na MEGA² II/7 nem na MEGA² II/10.

em mais de uma ocasião, na sua correspondência com os russos. Em uma importante passagem do capítulo sobre acumulação primitiva nas edições editadas por Engels, Marx discute o surgimento de formas capitalistas – "a transformação da exploração feudal em exploração capitalista"[106] – por meio da expropriação do campesinato inglês, um período no qual "grandes massas humanas são despojadas súbita e violentamente de seus meios de subsistência e lançadas no mercado de trabalho como proletários absolutamente livres"[107]. Ele conclui:

> A expropriação da terra que antes pertencia ao produtor rural, ao camponês, constitui a base de todo o processo. Sua história assume tonalidades distintas nos diversos países e percorre as várias fases em sucessão diversa e em diferentes épocas históricas. *Apenas na Inglaterra, e por isso tomamos esse país como exemplo, tal expropriação se apresenta em sua forma clássica.*[108]

Assim termina o subcapítulo 1 do capítulo 24*, "O segredo da acumulação primitiva", no qual Marx introduz o pano de fundo teórico de toda a parte sobre acumulação primitiva. Ainda que nesse breve subcapítulo Marx tenha mencionado somente exemplos europeus – mais especificamente a transição do feudalismo para o capitalismo –, ele podia ser lido como um processo global e unilinear de desenvolvimento capitalista, com a Inglaterra exibindo a "forma clássica" desse processo. Dada a linguagem implicitamente unilinear do *Manifesto Comunista*, essa é a forma como muitos leram e ainda leem essa passagem, se não *O capital* como um todo.

Na edição francesa, Marx estendeu e retrabalhou consideravelmente essa passagem, limitando expressamente sua análise à Europa ocidental. Ainda que

---

[106] Karl Marx, *O capital*, Livro I, cit., p. 787.
[107] Idem.
[108] Ibidem, p. 787-8 (grifos meus). No original em alemão está da seguinte forma: "*Die Expropriation des ländlichen Producenten, des Bauern, von Grund und Boden bildet die Grundlage des Ganzen Processes. Ihre Geschichte nimmt in verschiedenen Phases in verschiedener Reihenfolge und in verschiedenen Geschichtsepochen. Nur in England, das wir daher als Beispiel nehmen, besitzt sie klassische Form*" (MEGA² II/10, 644).
* No original, Kevin Anderson se refere ao capítulo 26; entretanto, a seção sobre acumulação primitiva, na edição da Boitempo, que segue a quarta edição alemã, é o capítulo 24, "A assim chamada acumulação primitiva" (dentro da seção VII, "O processo de acumulação do capital"), com sete subcapítulos. Optamos, então, por adaptar a tradução, tanto aqui quanto em passagem um pouco posterior, neste mesmo capítulo, para facilitar, para o leitor brasileiro, a localização do trecho em questão. Ver Karl Marx, *O capital*, Livro I, cit., p. 785-8. (N. T.)

Marx subsequentemente tenha se referido mais de uma vez ao seguinte trecho da edição francesa[109], ele ainda não foi incorporado a nenhuma das edições inglesas de *O capital*:

> Mas a base de todo esse desenvolvimento é a expropriação dos cultivadores. *Essa expropriação só se realizou de maneira radical na Inglaterra: por isso, esse país desempenhará o papel principal em nosso esboço. Mas todos os outros países da Europa ocidental percorreram o mesmo caminho,* ainda que, segundo o meio, ele mude de coloração local, ou se restrinja a um círculo mais estreito, ou apresente um caráter menos pronunciado, ou siga uma ordem de sucessão diferente.[110]

Esse texto alterado deixa claro que, no que diz respeito à sua intenção, Marx concebeu sua narrativa sobre a acumulação primitiva como nada mais que uma descrição do desenvolvimento europeu ocidental, e não uma grande narrativa global. Como será visto no capítulo seguinte, esses debates diziam respeito principalmente à Rússia na década de 1870, onde os revolucionários que haviam lido *O capital* se perguntavam se Marx queria dizer, com isso, que seu país precisava passar pelos mesmos estágios de desenvolvimento que a Inglaterra. Nesse contexto, os editores da MEGA² II/10 – Roland Nietzold, Wolfgang Focke e Hannes Skambraks – sugerem, em sua introdução: "aparentemente, sob a influência de seus estudos sobre as relações agrárias na Rússia desde o começo da década de setenta, Marx modificou essa descoberta na edição francesa"[111]. De qualquer

---

[109] Marx fez isso duas vezes em sua correspondência com os russos, como será visto no próximo capítulo. Em um plano apresentado no outono de 1882 para uma nova edição alemã, ele havia especificamente indicado que essa passagem deveria "ser traduzida da edição francesa" (MEGA² II/8.17). (Eu gostaria de agradecer a Rolf Hecker por apontar isso e também por me mostrar as notas manuscritas de Marx sobre essa questão [comunicação pessoal, Moscou, maio de 1929, 1998]). A omissão de Engels pode bem ter sido intencional, já que ele indicou que ele havia consultado "notas deixadas pelo autor" ao preparar a edição alemã de 1883 (Karl Marx, *Capital* I, p. 110).

[110] Karl Marx, *Le Capital. Livre I. Sections V à VIII*, cit., p. 169 (grifos meus). No original em francês está da seguinte forma: "*Mais la base de toute cette évolution, c'est l'expropriation des cultivateurs. Elle ne s'est encore accomplie d'une manière radical qu'en Angleterre: ce pays jouera donc nécessairement le premier rôle dans notre esquisse. Mais tous les autres pays de l'Europe occidentale parcourent le même mouvement, bien que selon le milieu il change de couleur locale, ou se resserre dans un cercle plus étroit, ou présente un caractère moins fortement prononcé, ou suivre un ordre de succession différent*" (idem; ver também *Œuvres*, cit., v. 1, p. 1170-1 e MEGA² II/10, p. 778). [Na edição brasileira da Boitempo, ver nota da tradução à p. 788. – N. E.]

[111] MEGA² II/10, p. 22*. Na MEGA², o número das páginas da introdução geral a um volume é marcado com asteriscos.

modo, como Marx não especificou que se tratava da Rússia, a nova linguagem genérica da edição francesa permite ao leitor identificar não apenas esse país, mas todas as sociedades não ocidentais e não industrializadas de seu tempo.

Essas duas importantes alterações na edição francesa de 1872-1875 (a última que Marx preparou pessoalmente para publicação) mostram, no mínimo, uma sofisticação do argumento do autor para blindar *O capital* de seus críticos, especialmente os populistas russos que almejavam evitar o sofrimento e a destruição que acompanhariam uma industrialização capitalista em seu país. Um argumento mais teórico pode ser feito a respeito dessas alterações, contudo. É mais provável que elas representem não apenas um esclarecimento, mas uma mudança no pensamento de Marx, parte de um longo processo que já foi apresentado nos capítulos anteriores deste livro. Em particular, como discutido no capítulo 4, Marx escreveu entre 1869 e 1870 que ele havia alterado sua posição sobre a Irlanda, agora advogando pela independência irlandesa como uma precondição para a transformação socialista na Inglaterra – em oposição à sua visão anterior, mais modernista, segundo a qual a revolução dos trabalhadores na Inglaterra teria de preceder a independência irlandesa. Em um nível teórico mais fundamental, foi visto neste capítulo como nos *Grundrisse* e na *Crítica da economia política* Marx havia escrito que as sociedades asiáticas (como a Índia) precisavam ser analisadas separadamente, já que sua história não se encaixava nos estágios de desenvolvimento elaborados anteriormente por ele com base na história europeia. Eu argumentaria que essas mudanças em *O capital* foram parte desse processo de evolução no pensamento de Marx – processo que não findou em 1875, com a última versão da edição francesa de *O capital*. Tal evolução continuaria nos seus escritos e notas posteriores, em grande parte ainda não publicados, como será discutido no próximo capítulo. Antes de chegar lá, no entanto, vejamos alguns outros aspectos do Livro I de *O capital*: o tema subjacente das sociedades não ocidentais e pré-capitalistas, bem como o tratamento das questões raciais, da etnia e do nacionalismo.

Temas subjacentes do Livro I de *O capital*

Como visto, *O capital* se centrou no desenvolvimento ocidental, algo que Marx sublinhou na edição francesa posterior. Há também, contudo, uma narrativa subjacente na qual sociedades não ocidentais e pré-capitalistas aparecem ocasionalmente. Tais sociedades permearam todo o argumento de Marx a respeito do crescimento do capital, pairando em segundo plano em momentos cruciais como o "outro" da modernidade capitalista ocidental, por vezes ajudando o leitor a compreender a singularidade perversa dessa ordem social. Um segundo aspecto era como a própria existência dessas sociedades não capitalistas implicava a possibilidade de formas alternativas de organizar a vida econômica e social. Um terceiro aspecto girava em torno das maneiras como os exemplos dessas sociedades o ajudavam a elaborar alternativas modernas e progressistas ao capitalismo.

Na seção sobre o fetichismo da mercadoria, Marx apresenta as relações humanas sob o capitalismo como (1) reificadas ou "coisificadas" e (2) contendo uma realidade de exploração escondida por um "místico véu de névoa"[112] (em alemão: *mystische Nebelschleier*; em francês: *nuage mystique*). Essa era a lente distorcedora do fetiche da mercadoria. Sociedades não capitalistas, por mais opressivas que fossem, não haviam aperfeiçoado esse velamento das relações sociais. Assim, Marx argumenta na seção sobre o fetichismo da mercadoria:

> todo o misticismo do mundo das mercadorias, toda a mágica e a assombração que anuviam os produtos do trabalho na base da produção de mercadorias desaparecem imediatamente, tão logo nos refugiamos em outras formas de produção.[113]

Elas "desaparecem" porque essas sociedades anteriores não se organizavam em torno da produção de valor – e Marx prossegue dando quatro exemplos dessas "outras" formas. A primeira é uma apresentação irônica e fictícia das analogias com Robson Crusoé, tão populares entre os primeiros economistas políticos do século XIX. Em sua ilha solitária, Crusoé produzia apenas valores de uso, mas usava métodos de contabilidade adequados a um capitalismo desenvolvido para registrar sua produção e consumo. Não obstante, Marx escreve que aqui as relações sociais são "transparentes", em oposição às do capitalismo moderno[114]. No capitalismo, os trabalhadores recebem o valor de troca de sua força de trabalho, mas o capital se dá melhor quando recebe algo de valor maior, o valor efetivamente adicionado no processo de produção pela força de trabalho. A diferença está ocultada por afirmações como "um pagamento justo por uma jornada de trabalho justa".

Marx tomou a sociedade feudal da Idade Média europeia como seu segundo exemplo não capitalista, agora com um toque de ironia sobre as pretensões de esclarecimento e abertura da modernidade:

---

[112] Karl Marx, *O capital*, Livro I, cit., p. 154.
[113] Ibidem, p. 151.
[114] Ibidem, p. 152.

Saltemos, então, da iluminada ilha de Robinson para a sombria Idade Média europeia. Em vez do ser humano independente, aqui só encontramos dependentes – servos e senhores feudais, vassalos e suseranos, leigos e clérigos. A dependência pessoal caracteriza tanto as relações sociais da produção material quanto as esferas da vida erguidas sobre elas. [...] seus produtos não precisam assumir uma forma fantástica distinta de sua realidade. [...] as relações sociais das pessoas em seus trabalhos aparecem como suas próprias relações pessoais e não se encontram travestidas em relações sociais entre coisas, entre produtos de trabalho.[115]

As relações sociais podem ser brutalmente exploradoras em vez de livres, mas não havia ocultamento, nenhum fetichismo, sob o que ele chamou de "relações diretas de dominação e servidão"[116].

O terceiro exemplo de Marx, uma pequena família camponesa, pode ser considerado um corolário do segundo, ou das sociedades agrárias pré-capitalistas que não se encaixam no feudalismo europeu ocidental. Ele a considera um resquício de formas sociais muito mais antigas, já encontrado nas sociedades comunais pré-letradas:

> Para a consideração do trabalho coletivo, isto é, imediatamente socializado, não precisamos remontar à sua forma natural-espontânea, que encontramos no limiar histórico de todos os povos civilizados. Um exemplo mais próximo é o da indústria rural e patriarcal de uma família camponesa.[117]

Em uma longa nota de rodapé, Marx cita uma passagem da *Crítica da economia política* discutida anteriormente neste capítulo. Nela ele argumenta que a "propriedade comunal" não era, como se supunha, um fenômeno exclusivamente eslavo. Ela existia entre os primeiros romanos e seus opositores "bárbaros" posteriores, bem como na Ásia de sua época, especialmente na Índia[118]. A família camponesa, naquele momento e posteriormente, exibia uma "divisão natural-espontânea do trabalho", mais simples, baseada nas "diferenças de sexo e idade"[119]. A família compartilha seu produto social com base na necessidade, condicionada pelas

---

[115] Idem. [Aqui e em trechos seguintes, a tradução foi modificada para aproximar o texto em português da versão em inglês, em que o termo alemão *Mensch* é traduzido como *human being* ("ser humano"), e não como "homem", conforme adverte Kevin Anderson em passagem anterior. Ver, neste volume, nota 6 à p. 44. – N. E.]

[116] Ibidem, p. 154.

[117] Ibidem, p. 152-3.

[118] Citada integralmente neste volume à p. 245-6.

[119] Ibidem, p. 153.

suas diversas hierarquias sociais. Nenhum fetichismo oculta essas relações, que também eram claras e abertas, mas limitadas pela "imaturidade do ser humano como indivíduo" nessas sociedades[120].

É por meio da mediação desses dois exemplos não capitalistas, ambos adicionados após a primeira edição, de 1867, que Marx leva o leitor do hiperindividualizado e fictício Robson Crusoé até seu exemplo final, o de uma forma associativa de trabalho livre. Esse é o comunismo em sua forma moderna, o *télos* do desenvolvimento capitalista e do movimento dos trabalhadores que surgiu como sua negação: "por fim, imaginemos uma associação de seres humanos livres, que trabalham com meios de produção coletivos", propõe ele[121]. Após se referir aos "modos de produção asiáticos[122], antigos etc.", cada qual tendo uma medida de produção de mercadorias, ainda que desempenhando "um papel subordinado"[123], Marx retorna ao seu esboço do moderno sistema comunista. Tal sistema seria o de uma livre associação, embasada em relações sociais que, novamente, são transparentes:

> A figura do processo social da vida, isto é, do processo material de produção só se livra de seu místico véu de névoa quando, como produto de seres humanos livremente socializados, se encontra sob seu controle consciente e planejado.[124]

Nessa sociedade livre e transparente, o indivíduo seria parte de uma livre associação, em vez de isolado e atomizado no sentido capitalista moderno[125]. Marx é

---

[120] Ibidem, p. 154.
[121] Ibidem, p. 153.
[122] É preciso destacar que essa referência ao modo de produção asiático ocorre na parte mais discutida de *O capital*, a sobre o fetichismo da mercadoria. Perry Anderson escreve imprecisamente que Marx se referiu ao modo de produção asiático "pela primeira e única vez" na *Crítica à economia política*, com o objetivo de realizar seu frequentemente citado apelo para dar ao conceito "o enterro decente que ele merece" (*Lineages of the Absolutist State*, cit., p. 478 e 548). Isso leva Perry Anderson a um erro interpretativo quando ele escreve: "[...] em *O capital*, ao contrário, ele regressou substancialmente à sua posição anterior", isto é, estágios históricos sem um modo de produção asiático separado (ibidem, p. 479). Ao mesmo tempo, o renomado historiador britânico responde com certa justiça o uso muito abrangente do conceito de modo de produção asiático quando ele escreve que "o desenvolvimento asiático não pode de modo algum ser reduzido a uma categoria uniforme residual, deixada de lado depois que os cânones da evolução europeia se estabeleceram" (ibidem, p. 549).
[123] Karl Marx, *O capital*, Livro I, cit., p. 154.
[124] Idem.
[125] Essa quarta forma não capitalista se assemelha um pouco à primeira fase do comunismo na *Crítica ao programa de Gotha* (1875), de Marx, não à "fase superior" na qual "de cada um

cuidadoso em indicar que esse retorno à transparência se dava em bases modernas. Sociedades pré-capitalistas eram às vezes transparentes, mas eram caracterizadas pela "imaturidade do ser humano como indivíduo" ou pelas "relações diretas de dominação e servidão"[126]. Ir além dessas formas imaturas e opressivas de transparência social exigia as "condições materiais" do capitalismo moderno, que foram "produto natural-espontâneo de uma longa e excruciante história de desenvolvimento"[127].

Apesar de Marx ter feito poucas menções à China em *O capital*, uma referência interessante surge na seção sobre o fetichismo. Em uma irônica nota de rodapé de uma só frase, ele aludiu ao período seguinte à derrota das revoluções de 1848 na Europa (essa nota de rodapé foi eliminada por Marx na edição francesa). Durante a quiescente década de 1850, escreve ele, os intelectuais alemães estavam sendo atraídos para sessões espíritas nas quais os participantes tentavam fazer mesas levitarem. No mesmo período, no entanto, a Rebelião Taiping na China ia na direção do confronto com os poderes estatais: "Vale lembrar que a China e as mesas começaram a dançar quando todo o resto do mundo ainda parecia imóvel – *pour encorager les autres* [para encorajar os outros]"[128]. É uma referência à famosa frase de Voltaire em *Cândido* (capítulo 23). Quando o personagem-título se depara com a execução pública de um almirante britânico por desobediência, um espectador explica de forma prosaica: "É bom executar um almirante de tempos em tempos, para encorajar os outros". Com essa frase, Marx pode ter tentado remeter ao poder brutal da revolução[129].

Dentre as sociedades não ocidentais discutidas no primeiro livro de *O capital*, a Índia foi a que recebeu mais atenção. Apesar de não haver uma seção ou capítulo exclusivo sobre o país, Marx destacou o que ele considerava o aspecto distintivo dessa sociedade como uma maneira de contrastar a singularidade do capitalismo moderno ocidental. A Índia aparece como um tema subjacente por toda a crucial seção quatro, "A produção do mais-valor relativo", na qual Marx

---

segundo suas capacidades, a cada um segundo suas necessidades" (MECW, v. 24, p. 87; Karl Marx, *Crítica do Programa de Gotha*, trad. Rubens Enderle, São Paulo, Boitempo, 2012, p. 32).
[126] Karl Marx, *O capital*, Livro I, cit., p. 154.
[127] Idem.
[128] Ibidem, p. 146.
[129] Ele pode também ter se distanciado da crescente brutalidade dos rebeldes Taiping, como discutido no capítulo 1. Para uma discussão da história da frase de Voltaite no discurso militar e jurídico e em conexão com a noção de punição "para dar exemplo", ver Frank O. Bowman, "*Pour encourager les autres?* The Curious History and Distressing Implications of the Sarbanes-Oxley Act and the Sentencing Guidelines Amendments That Followed", *Ohio State Journal of Criminal Law*, v. 1, n. 2, 2004.

analisa as inovações técnicas que aumentavam radicalmente tanto a produtividade do trabalho como o nível de exploração e alienação dos trabalhadores. Marx conduz o leitor por três formas desse processo: cooperação, manufatura e, por fim, maquinaria e grande indústria, que eram de certo modo cronológicas.

No capítulo intitulado "Cooperação", Marx enfoca não as formas de cooperação locais ou de pequena escala, mas algo mais amplo e muito mais autoritário. Era a ideia de que a "produção capitalista" começa para valer somente quando "o mesmo capital individual emprega simultaneamente um número maior de trabalhadores"[130]. Ele escreve sobre "um exército industrial" organizado hierarquicamente, com "oficiais (dirigentes, gerentes) e suboficiais (capatazes, *foremen, overlookers, contre-mâitres*) industriais que exerçam o comando durante o processo de trabalho em nome do capital"[131]. Ao descrever essa forma organizacional "despótica", Marx debocha daqueles economistas políticos que criticavam o desperdício nas *plantations* escravistas por conta do alto custo de supervisão da força de trabalho hostil, mas que não enxergavam as semelhanças quando consideravam os custos da supervisão "condicionada pelo caráter capitalista – e, por isso, antagônico –" da produção moderna[132].

Marx então parte para uma comparação com formas pré-modernas, uma discussão sobre como "o efeito da cooperação simples se apresenta de modo colossal nas obras gigantescas dos antigos asiáticos, egípcios, etruscos"[133]. Após citar extensivamente o economista político Richard Jones a respeito desses processos, especialmente na Índia, Marx conclui que esse tipo de poder "migrou para o capitalista" na sociedade moderna[134]. Ele prossegue ao delinear três formas históricas de cooperação: 1) a da aldeia indiana e de outras sociedades similares, caracterizadas pela "propriedade comum das condições de produção" e pela ausência de individuação social[135]; 2) outras formas, do "mundo antigo" às "colônias modernas", que se baseavam nas "relações imediatas de domínio

---

[130] Karl Marx, *O capital*, Livro I, cit., p. 397.
[131] Ibidem, p. 407.
[132] Ibidem, p. 408.
[133] Ibidem, p. 409.
[134] Idem.
[135] Na sua descrição dos artesãos indianos, Marx faz algumas analogias que soam etnocêntricas e condescendentes aos ouvidos contemporâneos, chegando a comparar esses artesãos a abelhas em uma colmeia (Karl Marx, *O capital*, Livro I, cit., p. 409) e em outro momento assemelhando suas habilidades às das aranhas (ibidem, p. 415). O leitor contemporâneo, contudo, deve estar ciente de que Marx havia feito uma analogia similar quando descreveu o membro da guilda europeia ocidental como "o caracol e sua concha" em oposição ao trabalhador moderno (ibidem, p. 433).

e servidão, principalmente na escravidão"; e 3) a forma moderna capitalista, que "pressupõe desde o início o trabalhador assalariado, livre, que vende sua força de trabalho ao capital"[136]. A última dessas formas surgiu da ruptura com as guildas da Europa medieval e as aldeias comunais. De modo geral, era uma forma social bastante diferente das duas primeiras, aparecendo como "uma forma histórica peculiar do modo de produção capitalista, como algo que o distingue especificamente"[137].

A Índia também entra nessa discussão no próximo nível analítico sobre o mais-valor relativo no capítulo "Divisão do trabalho e a manufatura". Por manufatura Marx designava não a fábrica moderna, mas formas mais rudimentares que precederam a Revolução Industrial. Esse era um período de dissolução das guildas e reunião de trabalhadores qualificados com várias especialidades em grandes oficinas sob o controle de um capitalista individual[138]. Uma mudança grande e estrutural, sustenta ele, era que um trabalhador individual, não importava quão qualificado, não produzia mais uma mercadoria inteira: "O trabalhador parcial não produz mercadoria. Apenas o produto comum dos trabalhadores parciais converte-se em mercadoria"[139]. De um lado, as novas oficinas de manufatura eram uma instituição bastante autoritária, diferentemente das oficinas das guildas, nas quais o mestre artesão controlava os meios de produção e, portanto, gozava de significativa autonomia. De outro lado, nota ele, a divisão social do trabalho fora das oficinas era, em grande medida, desregulamentada, sem guildas fortes que as estruturassem:

> diferentemente da manufatura, onde a lei de bronze da proporção ou da proporcionalidade submete determinadas massas de trabalhadores a determinadas funções, na sociedade é o diversificado jogo do acaso e do arbítrio que determina a distribuição dos produtores de mercadorias e de seus meios de produção entre os diferentes ramos sociais de trabalho.[140]

---

[136] Karl Marx, *O capital*, Livro I, cit., p. 409.
[137] Ibidem, p. 410.
[138] A compreensão de Marx sobre as mudanças introduzidas durante esse período é teorizada de maneira original no capítulo "Tempo abstrato", de Moishe Postone, em *Time, Labor, and Social Domination: A Reinterpretation of Marx's Critical Theory* (Nova York, Cambridge University Press, 1993) [ed. bras.: *Tempo, trabalho e dominação social: uma reinterpretação da teoria crítica de Marx*, trad. Amilton Reis e Paulo Cézar Castanheira, São Paulo, Boitempo, 2014].
[139] Karl Marx, *O capital*, Livro I, cit., p. 429.
[140] Idem.

Isso resultou em uma situação contraditória, com "a anarquia da divisão social do trabalho e o despotismo da divisão manufatureira do trabalho"[141].

Novamente, para dar maior destaque à singularidade do desenvolvimento capitalista moderno, Marx passa a discutir a Índia, que ele descreve como um exemplo contemporâneo similar às formas sociais europeias primitivas:

> As formas sociais anteriores – nas quais a particularização dos ofícios se desenvolve espontaneamente, depois se cristaliza e, por fim, se consolida por lei – apresentam, por um lado, o quadro de uma organização do trabalho social submetida a um planejamento e a uma autoridade, enquanto, por outro, excluem inteiramente a divisão do trabalho na oficina, ou só a desenvolvem numa escala ínfima, ou ainda apenas de forma esporádica, acidental.[142]

Ele então oferece um retrato detalhado da aldeia tradicional indiana:

> Por exemplo, aquelas pequenas comunidades indianas, extremamente antigas, algumas das quais continuam a existir até hoje, baseiam-se na posse comum da terra, na conexão direta entre agricultura e artesanato e numa divisão fixa do trabalho [...]. A maior parte dos produtos é destinada à subsistência imediata da comunidade, e não como mercadoria[143] [...]. Apenas o excedente dos produtos é transformado em mercadoria, e uma parte dele somente depois de chegar às mãos do Estado, para o qual flui desde tempos imemoriais certa quantidade desses produtos como renda natural. Diferentes regiões da Índia apresentam diferentes formas de comunidades. Naquelas cuja forma é mais simples, a terra é cultivada em comum e seus produtos são distribuídos entre seus membros, enquanto cada família exerce a fiação, a tecelagem etc. como indústrias domésticas subsidiárias.[144]

Marx também descreve uma dúzia de oficiais e artesãos tradicionais, do guarda-livros ao "brâmane do calendário", e do ferreiro ao carpinteiro, toda essa "dúzia de pessoas sustentada a expensas de toda a comunidade"[145].

Isso resultou, conclui ele, em um sistema com uma divisão do trabalho que operava de forma um tanto diferente em relação à divisão sob o capitalismo moderno:

---

[141] Ibidem, p. 430.
[142] Idem.
[143] Como notado anteriormente, Marx tendia a exagerar o isolamento da aldeia indiana pré--moderna em relação ao comércio mais amplo.
[144] Karl Marx, *O capital*, Livro I, cit., p. 431.
[145] Idem.

O mecanismo comunal apresenta uma divisão planejada do trabalho, mas sua divisão manufatureira é impossibilitada pelo fato de o mercado do ferreiro, do carpinteiro etc. permanecer inalterado [...]. A lei que regula a divisão do trabalho comunal atua aqui com a autoridade inquebrantável de uma lei natural, ao passo que cada artesão particular, como o ferreiro etc., executa todas as operações referentes a seu ofício de modo tradicional porém *independente e sem reconhecer qualquer autoridade* em sua oficina.[146]

Embora o sistema de aldeias indiano fosse, por um lado, extremamente conservador e restritivo, por outro oferecia um tipo de liberdade que os trabalhadores perderam no capitalismo: autonomia na conduta efetiva de seu trabalho. Isso ocorria porque não havia separação dos trabalhadores de suas condições objetivas de produção. Nesse sentido, os artesãos – e seus correspondentes medievais europeus – exerciam um direito importante, um direito que está no cerne da ideia do que se perde quando o trabalho se torna alienado.

Aqui, novamente, parece que o foco de Marx mudou um pouco em relação ao da década de 1850. Naquele momento, como visto no capítulo 1, ele via a estrutura social da aldeia indiana pelas lentes do "despotismo oriental" que ela sustentava. Em *O capital*, o exemplo indiano não apenas era histórico, mas também mostrava relações sociais diferentes das existentes no capitalismo[147]. Assim, depois de uma breve descrição de poderes autônomos similares que as guildas europeias pré-capitalistas possuíam, Marx atinge em cheio o leitor com uma descrição brutal do trabalho moderno alienado, na qual o capital "se apodera da força individual de trabalho em suas raízes. [A manufatura] aleija o trabalhador, converte-o em uma aberração, promovendo artificialmente sua habilidade detalhista por meio da repressão de um mundo de impulsos e capacidades produtivas"[148]. Essa situação

---

[146] Ibidem, p. 432 (grifos meus).

[147] Mesmo no fim de sua discussão sobre o sistema de aldeias indiano, quando Marx aborda seus aspectos negativos, seu foco não é o despotismo, mas seu conservadorismo essencial: "O organismo produtivo simples dessas comunidades autossuficientes, que se reproduzem constantemente da mesma forma e, sendo ocasionalmente destruídas, voltam a ser construídas no mesmo lugar, com os mesmos nomes, fornece a chave para o segredo da imutabilidade das sociedades asiáticas, que contrasta de forma tão acentuada com a contínua dissolução e reconstrução dos Estados asiáticos e com as incessantes mudanças dinásticas. A estrutura dos elementos econômicos fundamentais da sociedade permanece intocada pelas tormentas que agitam o céu da política" (idem). Como discutirei no capítulo 6, ele se afastaria dessas ideias de "imobilidade" em seus cadernos de 1879-1882.

[148] Ibidem, p. 434.

surgiu do fato de que, no lugar da autonomia do artesão, agora havia "a independentização dos meios de produção como capital diante do trabalhador"[149].

O longo capítulo 13, "Maquinaria e grande indústria", fornece o terceiro e último nível histórico-analítico na discussão do mais-valor relativo. Aqui, Marx remete o leitor ao capitalismo moderno (como o do início da década de 1870), com grandes fábricas e tecnologia complexa. Em um certo nível, Marx argumenta contra a visão comum de que a maquinaria diminuía a fadiga do trabalho; ele afirma, ao contrário, que ela aumentava a alienação ao tornar o trabalho uma atividade enfadonha e repetitiva, que ela "reprime o jogo multilateral dos músculos e consome todas as suas energias físicas e espirituais"[150]. Agora a máquina dominava o trabalhador, diferentemente da ferramenta, que era controlada pelo ser humano que a usava. Apesar de esse nível complexo de tecnologia não ter chegado à Índia, ela acabou por afetar o país a distância: em uma economia globalizada, a introdução do tear a vapor na Inglaterra prejudicou artesãos na Índia. Marx descreve os efeitos desse processo de maneira comovente:

> A história mundial não oferece nenhum espetáculo mais aterrador do que a paulatina extinção dos tecelões manuais de algodão ingleses, processo que se arrastou por décadas até ser consumado em 1838. Muitos deles morreram de fome, enquanto outros vegetaram por muitos anos com suas famílias, vivendo com 2,5 pence por dia. Igualmente agudos foram os efeitos da maquinaria algodoeira inglesa sobre as Índias Orientais, cujo governador-geral constatava, em 1834-1835: "Dificilmente uma tal miséria encontra paralelo na história do comércio. As ossadas dos tecelões de algodão alvejam as planícies da Índia".[151]

---

[149] Ibidem, p. 433.
[150] Ibidem, p. 494. Para Marx, isso ilustrava o impulso subjacente do capital de maximizar valor sem se importar com o custo humano. Onde o capital moderno e seus ideólogos viam a tecnologia como um meio para um fim, ele argumenta que os antigos viam as coisas de modo diferente: "'Sonhava Aristóteles, o maior pensador da Antiguidade: se cada ferramenta, obedecendo a nossas ordens ou mesmo pressentindo-as, pudesse executar a tarefa que lhe é atribuída [...], se, assim, as lançadeiras tecessem por si mesmas, nem o mestre-artesão necessitaria de ajudantes, nem o senhor necessitaria de escravos'. E Antípatro, poeta grego da época de Cícero, elogiava a invenção do moinho hidráulico para a moagem de cereais, essa forma elementar de toda maquinaria produtiva, como libertadora das escravas e criadora da Idade do Ouro! [...] esses pagãos não entendiam nada de economia política, nem de cristianismo. Não entendiam, entre outras coisas, que a máquina é o meio mais eficaz para o prolongamento da jornada de trabalho" (ibidem, p. 480-1).
[151] Ibidem, p. 503-4.

Aqui, como em sua comparação na década de 1850 entre as condições dos camponeses irlandeses e as dos indianos – uns e outros sob a dominação do capital britânico –, Marx destaca não tanto as diferenças, mas as semelhanças entre as experiências dos trabalhadores no capitalismo globalizado.

Marx deu mais atenção ao colonialismo e à globalização no fim da sétima seção* de *O capital*, "A acumulação primitiva", na qual ele retoma o surgimento histórico do capitalismo a partir do feudalismo ocidental[152]. No século XV, escreve ele, a única coisa que restava da servidão na Inglaterra era o nome, deixando uma massa de "camponeses livres, economicamente autônomos, qualquer que fosse o rótulo feudal a encobrir sua propriedade"[153]. Ao longo dos séculos seguintes, esses camponeses, formalmente submissos, mas de fato livres, tornaram-se trabalhadores assalariados, formalmente livres, mas submissos de fato. Ao mesmo tempo, sustenta ele, a riqueza na forma de capital se acumulou em grande escala, um processo marcado por uma violência considerável: "na história real, como se sabe, o papel principal é desempenhado pela conquista, a subjugação, o assassínio para roubar, em suma, a violência"[154]. Embora o autor se tenha concentrado na experiência dos camponeses ingleses, o colonialismo e a escravidão eram temas subjacentes importantes (e talvez mais do que subjacentes), sendo algo que ele reconhece em momentos-chave: "em geral, a escravidão disfarçada [em alemão: *verhüllte*; em francês: *dissimulé*] dos assalariados na Europa necessitava, como pedestal, da escravidão *sans phrase* do Novo Mundo"[155]. Em um parágrafo frequentemente citado, Marx desconta sua indignação no papel:

> A descoberta das terras auríferas e argentíferas na América, o extermínio, a escravização e o soterramento da população nativa nas minas, o começo da conquista e saqueio das Índias Orientais, a transformação da África numa reserva para a caça

---

* No original, *part eight* [oitava parte], conforme a divisão proposta na edição francesa. Mais uma vez, adaptamos a tradução para facilitar a localização na edição brasileira da Boitempo. Ver, neste capítulo, nota da edição à p. 268. (N. E.)

[152] Na edição francesa, Marx abandonou o título mais longo "A assim chamada acumulação primitiva", ainda mantida na edição definitiva. Ainda, como mencionado anteriormente, ele demarcou esses capítulos como uma parte separada sobre a acumulação primitiva pela primeira vez na edição francesa.

[153] Ibidem, p. 788.

[154] Ibidem, p. 786.

[155] Ibidem, p. 829 (grifos do original).

comercial de peles-negras[156] caracterizam a aurora da era da produção capitalista. Esses processos idílicos constituem *momentos fundamentais* [*Hauptmomente*] da acumulação primitiva. A eles se segue imediatamente a guerra comercial entre as nações europeias, tendo o globo terrestre como palco. Ela é inaugurada pelo levante dos Países Baixos contra a dominação espanhola, assume proporções gigantescas na guerra antijacobina inglesa e prossegue ainda hoje nas guerras do ópio contra a China etc.[157]

Ao se referir a eventos recentes como a Segunda Guerra do Ópio, ocorrida em fins dos anos 1850, Marx fazia uma conexão entre capitalismo mercantil e capitalismo industrial. Curiosamente, ele removeu da edição francesa a segunda frase, com seu linguajar hegeliano sobre "momentos", um termo que se refere a elementos de uma totalidade. Seria isso um exemplo do que Engels havia se queixado, da remoção de um linguajar dialético na edição francesa com fins de popularização da obra? Talvez. Também é possível, contudo, que Marx tenha removido essa frase por razões mais significativas, para evitar colocar a Índia e as Américas – bem como a China – em uma única totalidade na qual todas as sociedades estariam seguindo necessariamente o mesmo caminho. Se for esse o caso, essa remoção pode ter tido o mesmo espírito de suas outras alterações para a edição francesa discutidas anteriormente neste capítulo.

Marx também se dirigiu às questões da globalização e do colonialismo em um parágrafo central da edição francesa, também deixado de lado por Engels. Ele está no longo capítulo "A lei geral da acumulação capitalista", que precede a seção sobre a acumulação primitiva:

> Mas é somente a partir do momento em que a indústria mecanizada, tendo lançado raízes tão profundas, exerceu uma influência preponderante sobre toda a produção nacional; ou que, por meio dela, o comércio exterior começou a sobrepujar o comércio interno; ou que o mercado universal se apoderou sucessivamente de vastos territórios no Novo Mundo, na Ásia e na Austrália; ou que, por fim, as nações industrializadas, entrando na briga, se tornaram bastante numerosas – é somente dessa época que datam os ciclos sempre recorrentes, cujas fases sucessivas se estendem por anos e que desembocam sempre numa crise geral, marcando o fim de um ciclo e o ponto de partida de outro. Até aqui, a duração periódica

---

[156] Este termo não é padrão no inglês, mas bastante comum no alemão (*Schwarzhäute*) ou no francês (*peaus noires*), ambos análogos ao termo inglês "*redmen*" [vermelhos], um termo menos pejorativo que "pele-vermelha". Devo este ponto a Charles Reitz.
[157] Karl Marx, *O capital*, Livro I, cit., p. 821 (grifos meus).

desses ciclos foi de dez ou onze anos, mas não há nenhuma razão para considerar essa cifra como constante. Ao contrário, a partir das leis da produção capitalista, tais como as que acabamos de desenvolver, devemos inferir que essa duração é variável e que o período dos ciclos se encurtará gradualmente.[158]

Aqui, o contexto não era o passado, mas o futuro, especialmente no que concerne à sua teoria da crise; o termo "acumulação primitiva", entretanto, não foi usado.

Em sua abordagem da acumulação primitiva, Marx voltou sua atenção especialmente ao colonialismo holandês e ao inglês, ambos conectados ao desenvolvimento capitalista bem-sucedido e ambos reivindicantes de uma superioridade moral sobre as versões espanhola e portuguesa do colonialismo. Sobre o modelo holandês, recita Marx com base em *History of Java*, de Raffles:

> A história da economia colonial holandesa – e a Holanda foi a nação capitalista modelar do século XVII – "apresenta-nos um quadro insuperável de traição, suborno, massacre e infâmia". Nada é mais característico que seu sistema de roubo de pessoas, aplicado nas ilhas Celebes para obter escravos para Java. Os ladrões de pessoas eram treinados para esse objetivo. O ladrão, o intérprete e o vendedor eram os principais agentes nesse negócio, e os príncipes nativos eram os principais vendedores. Os jovens sequestrados eram mantidos escondidos nas prisões secretas das ilhas Celebes até que estivessem maduros para serem enviados aos navios de escravos. [...] Onde [os holandeses] pisavam, seguiam-nos a devastação e o despovoamento. Banjuwangi, uma província de Java, contava, em 1750, com mais de 80 mil habitantes; em 1811, apenas 18 mil. Eis o *doux commerce* [doce comércio]![159]

Sobre o modelo inglês, ele enfatiza que a Companhia Inglesa das Índias Orientais "saqueou" a Índia e organizou um infame tráfico internacional de ópio. Marx não poupa nem mesmo Massachusetts, cuja postura antiescravista ele tanto havia elogiado nos escritos sobre a Guerra Civil:

> Esses austeros e virtuosos protestantes, os puritanos da Nova Inglaterra, estabeleceram em 1703, por decisão de sua *assembly* [assembleia], um prêmio de £40

---

[158] Ibidem, p. 709. A tradução de Fowkes de 1976 do Livro I de *O capital* foi a primeira edição inglesa a incluir esse parágrafo, adicionado para a edição francesa, aqui seguindo o volume anterior de MEW, v. 23, p. 662. Ele não foi incluído por Engels.
[159] Karl Marx, *O capital*, Livro I, cit., p. 822.

para cada escalpo indígena e cada pele-vermelha capturado; em 1720, um prêmio de £100 para cada escalpo; em 1744, depois de Massachusetts-Bay ter declarado certa tribo como rebelde, os seguintes preços: £100 da nova moeda para o escalpo masculino, a partir de 12 anos de idade; £105 para prisioneiros masculinos, £50 para mulheres e crianças capturadas, £50 para escalpos de mulheres e crianças![160]

Dadas tais evidências, Marx nem se preocupou em discutir se os colonizados teriam sido beneficiados pelo colonialismo. Ele nega, ainda, que o colonialismo tenha melhorado a vida das populações trabalhadoras nas metrópoles: "a Holanda, primeiro país a desenvolver plenamente o sistema colonial, encontrava-se já em 1648 no ápice de sua grandeza comercial", época na qual a massa do seu povo "já estava mais sobrecarregada de trabalho, mais empobrecida e brutalmente oprimida do que as massas populares do resto da Europa somadas"[161].

Será que Marx acreditava que a principal forma de acumulação primitiva – por meio da destruição da produção camponesa e corporativa na Europa – trouxe no geral progresso social? Talvez. Em *O capital*, contudo, até mesmo a essa tese ele surpreendentemente deu pouca atenção. De fato, nas quase setenta páginas sobre acumulação primitiva, encontrei uma única e singela menção ao progresso. A longo prazo, escreve ele, a acumulação de capital levou ao "livre desenvolvimento das forças produtivas", em vez de manter a economia dentro dos "estreitos limites" que decretariam a "mediocridade geral"[162]. Essa falta de ênfase nos efeitos positivos do desenvolvimento capitalista é um indício de quanto o autor modificou a compreensão progressista apresentada no *Manifesto Comunista*.

Marx abordou o colonialismo sob uma outra óptica em uma discussão sobre a Irlanda, que formava a última parte do capítulo sobre "A lei geral da acumulação capitalista". Como um todo, esse capítulo retoma o que Marx chamava de alterações na composição orgânica do capital, especialmente a tendência, no capitalismo avançado, de a parcela de capital ligada à maquinaria e outras formas de "capital constante" ser predominante em relação à parcela ligada à força de trabalho ou "capital variável". Isso acarretaria altas taxas de desemprego, mesmo nos períodos de relativa prosperidade, com a tecnologia substituindo a força de trabalho humana. Essa tendência estaria diretamente ligada à centralização do capital, criando formas de monopólio cujo "limite seria alcançado no instante em que o capital social total estivesse reunido nas mãos, seja de um único capitalista,

---

[160] Ibidem, p. 823.
[161] Ibidem, p. 823-4.
[162] Ibidem, 831. A última frase é uma citação do economista político Constantin Pecquer.

seja de uma única sociedade de capitalistas"[163]. Marx analisou esse fenômeno não apenas na indústria mas também na agricultura, onde incluiu a Irlanda.

Consideravelmente expandida para a edição francesa, com o novo material incluído por Engels na edição definitiva, a seção sobre a Irlanda começou com alguns dados relevantes sobre a população. Considerando os anos de 1846 a 1866, Marx nota que, "em menos de vinte anos, a Irlanda perdeu mais de 5/16 de sua população"[164]. O decréscimo populacional, contudo, não aliviou a pobreza aguda do país, graças à modernização da agricultura sem precedentes na própria Inglaterra:

> Em 1846, a fome liquidou, na Irlanda, mais de 1 milhão de pessoas, mas só pobres--diabos. Não acarretou o menor prejuízo à riqueza do país. O êxodo ocorrido nas duas décadas seguintes, e que ainda continua a aumentar, não dizimou, como foi o caso na Guerra dos Trinta Anos, junto com os homens, seus meios de produção. O gênio irlandês inventou um método totalmente novo para transportar, como por obra de encantamento, um povo pobre a uma distância de milhares de milhas do cenário de sua miséria. A cada ano, os emigrantes assentados nos Estados Unidos enviam dinheiro para casa, meios que possibilitam a viagem dos que ficaram para trás. Cada tropa que emigra este ano atrai outra tropa, que emigrará no ano seguinte. [...] o nível populacional absoluto cai a cada ano.[165]

Marx põe a culpa desse sofrimento humano terrível no impulso do capital de centralizar a produção em cada vez menos mãos: "uma queda que se deve [...] exclusivamente à aniquilação de arrendamentos de menos de quinze acres, ou seja, à sua concentração"[166]. O autor apresenta o panorama extremamente sombrio de uma economia dependente que havia sido usada e quase destruída: "a Irlanda não é mais do que um distrito agrícola da Inglaterra, da qual é separada por um largo fosso de água e à qual fornece cereais, lã, gado e recrutas industriais e militares"[167]. Essa era "sua verdadeira vocação, a de ser pastagem de ovelhas e gado para a Inglaterra"[168].

Assim como nas suas notas de 1867 para um pronunciamento da Primeira Internacional, discutidas no capítulo 4, Marx novamente fala sobre como a des-

---

[163] Ibidem, p. 703. Marx adicionou essa passagem sobre a centralização na edição francesa, que Engels felizmente incluiu na edição definitiva.
[164] Karl Marx, *O capital*, Livro I, cit., p. 770.
[165] Ibidem, p. 776.
[166] Ibidem, p. 770.
[167] Ibidem, p. 774-5.
[168] Ibidem, p. 783.

truição ecológica acompanhava esse terrível sofrimento humano. A nova forma de agricultura capitalista avançou, escreve ele, "sem proporcionar a seus lavradores sequer os meios para repor" os componentes do solo exaurido[169].

Durante o mesmo período, a Irlanda se tornou um tanto mais rentável para a produção de gado em larga escala, já que, "com a fusão dos arrendamentos e a transformação de lavouras em pastagens, uma parte maior do produto total se converteu em mais-produto", ainda que "o produto total, do qual ele é uma fração, tenha diminuído"[170]. Diferentemente da experiência britânica, escreve ele, pouca industrialização ocorreu por lá, como demonstrado pelo fato de que o montante de capital "investido fora da agricultura, na indústria e no comércio, acumulou-se lentamente durante as últimas duas décadas"[171]. Exceto por uma pequena indústria de linho, até mesmo a criação de uma população urbana não levou a nenhum desenvolvimento industrial significativo[172]. Em diversas páginas baseadas em um relatório do governo britânico de 1870, adicionado à edição francesa, Marx examina a situação dos pobres urbanos:

> O primeiro ato da revolução agrária, realizado na maior escala possível e como se obedecesse a um comando recebido do alto, foi o de varrer os casebres localizados nos campos de trabalho. Desse modo, muitos trabalhadores foram obrigados a procurar abrigo nos vilarejos e nas cidades. Como se fossem velhos trastes, eles foram ali jogados, em sótãos, buracos, porões e nos covis dos piores bairros. [...] Os homens têm, agora, de procurar trabalho com os arrendatários vizinhos e só são contratados por dia, portanto, na forma salarial mais precária.[173]

Marx atestou a veracidade desse retrato condenável pelo fato de que ele era baseado no "testemunho até mesmo de ingleses, presos a preconceitos nacionais"[174].

Nesse novo material, adicionado à edição francesa, Marx também sinalizou a possibilidade de uma revolução:

> por isso, não é de admirar que, conforme o testemunho unânime dos informantes, as fileiras dessa classe estejam impregnadas de um descontentamento sombrio, que

---

[169] Ibidem, p. 775.
[170] Idem.
[171] Idem.
[172] Na verdade, a Irlanda posteriormente desenvolveu um grande centro industrial em Belfast, como apontado por Ellen Hazelkorn em sua discussão da leitura de Marx sobre a Irlanda.
[173] Ibidem, p. 779.
[174] Idem.

desejem retornar ao passado, que abominem o presente, desesperem do futuro, [que] "se entreguem a influências perversas de demagogos" e tenham apenas uma ideia fixa: emigrar para a América.[175]

O autor concluiu a discussão sobre a Irlanda apontando para o crescimento do Movimento Feniano, que ele havia apoiado (ainda que criticamente) de dentro da Primeira Internacional, como visto no capítulo 4. A emigração para a América também tinha outra consequência para a Inglaterra, pois ela fortaleceu seu rival capitalista emergente, os Estados Unidos. Marx prevê o declínio da Inglaterra em tons dialéticos de teatro trágico:

> Esse lucrativo método, como tudo o que é bom neste mundo, tem seus inconvenientes. A acumulação da renda fundiária na Irlanda ocorre no mesmo ritmo da acumulação de irlandeses na América. O irlandês, desalojado por vacas e ovelhas, reaparece como feniano do outro lado do oceano. E, perante a antiga Rainha do Mar, levanta-se, cada vez mais ameaçadora, a jovem e gigantesca república.[176]

Assim, escrevendo poucos anos depois da Guerra Civil, Marx discernia o crescimento de um novo poder econômico, baseado amplamente no trabalho imigrante dos irlandeses.

Em diversos momentos-chave de *O capital*, Marx também aborda a Guerra Civil Americana e a questão mais ampla das relações raciais, trabalhistas e escravistas. O primeiro desses momentos se dá no prefácio à edição de 1867, no qual ele se refere implicitamente ao impacto da Guerra Civil no surgimento da Internacional: "assim como a Guerra de Independência Americana do século XVIII fez soar o alarme para a classe média europeia, a Guerra Civil Americana do século XIX fez soar o alarme para a classe trabalhadora europeia"[177]. Ele repete o argumento no mesmo prefácio, ao discutir sobre como, "dentro das próprias classes dominantes", alguns estavam começando a reconhecer a necessidade de "uma mudança radical nas atuais relações entre capital e trabalho". Ele se refere nesse contexto à luta dos republicanos radicais como Benjamin Wade, de Ohio, a favor da repartição das enormes *plantations* escravistas a fim de realizar reparações de quarenta acres e uma mula para cada escravo liberto:

---

[175] Ibidem, p. 781.
[176] Ibidem, p. 784.
[177] Ibidem, p. 79.

ao mesmo tempo, do outro lado do Atlântico, o sr. Wade, vice-presidente dos Estados Unidos da América do Norte, declarava em reuniões públicas: depois da abolição da escravidão, passa à ordem do dia a transformação das relações entre o capital e a propriedade da terra.[178]

Marx dá mais atenção às questões raciais e de classe em "A jornada de trabalho", um capítulo de quase oitenta páginas que examina o prolongamento da jornada de trabalho que acompanhou o surgimento do capitalismo, bem como o contra-ataque dos trabalhadores organizados, que tinham na redução da jornada de trabalho uma de suas demandas centrais:

> Depois de o capital ter levado séculos para prolongar a jornada de trabalho até seu limite normal e, então, ultrapassá-lo até o limite do dia natural de doze horas, ocorreu, desde o nascimento da grande indústria no último terço do século XVIII, um violento e desmedido desmoronamento, qual uma avalanche. Derrubaram-se todas as barreiras erguidas pelos costumes e pela natureza, pela idade e pelo sexo, pelo dia e pela noite. [...] O capital celebrou suas orgias.[179]

Nesse contexto, o surgimento do capitalismo representou um grave retrocesso para os trabalhadores, e não um progresso. Além disso, escreve Marx, onde o conceito liberal de direitos humanos era formal e abstrato, uma jornada menor de trabalho constituía uma conquista substancial para a população trabalhadora:

> no lugar do pomposo catálogo dos "direitos humanos inalienáveis", tem-se a modesta *Magna Charta* de uma jornada de trabalho legalmente limitada, que

---

[178] Ibidem, p. 80. Na verdade, Wade foi presidente *pro tempore* do Senado. Constitucionalmente, ele era o próximo na linha sucessória do presidente Andrew Johnson, que quase foi derrubado do cargo pelos republicanos radicais via *impeachment* em 1868. Wade foi mencionado em um pronunciamento de julho de 1867 realizado pelo Conselho Geral da Internacional. Esboçado por Lafargue e editado por Marx, em linguagem bastante similar à do prefácio de 1867 de Marx, ele mencionava as propostas de Wade sobre o capital e a propriedade fundiária, chamando-o de representante do "partido radical". Adicionalmente, o pronunciamento notava que "a classe trabalhadora [...] compeliu diversos parlamentares a aceitar a lei que estabelecia uma jornada de trabalho de oito horas" (*The General Council of the First International* [O Conselho Geral da Primeira Internacional], 1964, p. 289). Du Bois descreve Wade como "um dos líderes extremos da democracia abolicionista" e um representante do "radicalismo ocidental" (*Black Reconstruction in America*, cit., p. 199).

[179] Karl Marx, *O capital*, Livro I, cit., p. 349-50.

"afinal deixa claro quando acaba o tempo que o trabalhador vende e quando começa o tempo que lhe pertence".[180]

Pois, se eles estivessem trabalhando dezoito horas por dia, seis ou sete dias por semana, como poderiam os trabalhadores exercer seus direitos civis de forma significativa[181]?

Marx incorporou a esse capítulo algum material sobre os escravos que trabalhavam até a morte nos Estados Unidos e em Cuba, presente nos "Manuscritos econômicos de 1861-1863"[182]. Contudo, boa parte do texto do capítulo "A jornada de trabalho" não pode ser encontrada no rascunho de 1861-1863, pois ele foi escrito algum tempo depois de Marx terminar o longo manuscrito inicial de *O capital* – provavelmente não antes de 1866[183]. Ao comparar a versão final do livro com o manuscrito, Dunaiévskaia argumentou que a Guerra Civil e seu impacto sobre os trabalhadores britânicos foram decisivos não apenas para a criação desse capítulo mas também para a reorganização do texto do Livro I de *O capital* como um todo. Em *O capital*, diferentemente dos manuscritos da sua crítica da economia política anterior, Marx deu novo destaque às vozes e às lutas dos trabalhadores na teoria, deixando um pouco de lado os longos debates com outros teóricos que abrangiam a parte dos manuscritos de 1861-1863 postumamente publicada como *Teorias do mais-valor*.

Dunaiévskaia sustenta que a atividade de Marx na Internacional ao lado dos trabalhadores militantes que haviam defendido a causa da União na Inglaterra – sob pena de um grande sacrifício econômico pessoal – foi crucial para a decisão do autor de adicionar um capítulo sobre a jornada de trabalho:

> Ele está rompendo com todo o conceito de teoria como algo intelectual, uma disputa entre teóricos. Em vez de manter uma discussão contínua com teóricos,

---

[180] Ibidem, p. 374.
[181] É preciso também notar que, como discutido no capítulo 3, mesmo na década de 1870 a maioria dos homens trabalhadores ainda não tinha direitos políticos na Inglaterra. No continente, a situação era ainda pior: somente os Estados Unidos permitiam algo próximo do sufrágio masculino universal, restrito aos homens brancos até 1870. Nenhum país havia sancionado o voto feminino antes do século XX, e os Estados Unidos não aplicaram de fato os direitos de voto aos afro-americanos antes de 1965.
[182] Ver, neste capítulo, p. YYY.
[183] Em uma carta de 10 de fevereiro de 1866, Marx escreve a Engels que, desde o começo daquele ano, ele havia "elaborado a seção sobre a '*Jornada de trabalho*' do ponto de vista histórico, o que não fazia parte do meu plano original" (MECW, v. 42, p. 224).

ele vai direto ao próprio processo de trabalho, e daí para a Jornada de Trabalho. Ele relegou a história da teoria ao fim do trabalho completo, e começou a olhar para a história das relações de produção, então ele a partir da necessidade criou uma nova dialética em vez de aplicar uma. [...] Essa nova dialética o levou a encontrar, teoreticamente, a resistência dentro e fora da fábrica. O resultado é a nova seção de *O capital*, "A jornada de trabalho". Marx, o teórico, criou novas categorias a partir dos impulsos dos trabalhadores. Não foi ele, contudo, que decidiu que a Guerra Civil dos Estados Unidos era uma guerra santa para os trabalhadores. Foi a classe trabalhadora da Inglaterra, os mesmos que mais sofreram, que decidiram isso.[184]

São esses tipos de voz que predominam no capítulo "A jornada de trabalho". Em suas páginas iniciais, Marx se refere explicitamente à "voz do trabalhador" pela primeira vez[185]. O capítulo tem dois protagonistas em conflito: o poder impessoal e autoexpansivo do capital e a classe trabalhadora, especialmente os trabalhadores britânicos, que tanto se sacrificaram para se opor à escravidão estadunidense durante a década de 1860. Depois de recontar a longa e bem-sucedida luta dos trabalhadores britânicos nos anos 1840 pela jornada de trabalho de dez horas, o autor conclui:

> A criação de uma jornada normal de trabalho é, por isso, o produto de uma longa e mais ou menos oculta guerra civil entre as classes capitalista e trabalhadora. Como a luta teve início no âmbito da indústria moderna, ela foi travada, inicialmente, na pátria dessa indústria, a Inglaterra. Os trabalhadores fabris ingleses foram os paladinos não apenas da classe trabalhadora inglesa, mas da classe trabalhadora em geral, assim como seus teóricos foram os primeiros a desafiar a teoria do capital.[186]

Apesar de Marx se referir à década de 1840, uma continuidade até a década de 1860 – com a Guerra Civil e a fundação da Internacional em Londres – pode também ter sido implicada na ideia da classe trabalhadora britânica como "paladinos [...] da classe trabalhadora em geral".

Em 1866, a jornada de oito horas estava no radar. A respeito do impacto da Guerra Civil sobre os trabalhadores dentro dos Estados Unidos, Marx faz uma dramática afirmativa:

---

[184] Raia Dunaiévskaia, *Marxism and Freedom*, cit., p. 91; ver também John Welsh, "Reconstructing *Capital*: The American Roots and Humanist Vision of Marx's Thought", *Midwest Quarterly*, v. 43, n. 3, 2002.
[185] Karl Marx, *O capital*, Livro I, cit., p. 308.
[186] Ibidem, p. 370-1.

> Nos Estados Unidos da América do Norte, todo movimento operário independente ficou paralisado durante o tempo em que a escravidão desfigurou uma parte da república. *O trabalho de pele branca não pode se emancipar onde o trabalho de pele negra é marcado a ferro*. Mas da morte da escravidão brotou imediatamente uma vida nova e rejuvenescida. O primeiro fruto da Guerra Civil foi o movimento pela jornada de trabalho de oito horas, que percorreu, com as botas de sete léguas da locomotiva, do Atlântico até o Pacífico, da Nova Inglaterra à Califórnia. O Congresso Geral dos Trabalhadores, em Baltimore (agosto de 1866), declarou: "A primeira e maior exigência do presente para libertar o trabalho deste país da escravidão capitalista é a aprovação de uma lei que estabeleça uma jornada de trabalho normal de oito horas em todos os Estados da União americana. Estamos decididos a empenhar todas as nossas forças até que esse glorioso resultado seja alcançado".[187]

Essa forte declaração sobre os irreparáveis efeitos do racismo no movimento dos trabalhadores foi um tema que Marx desenvolveu pela primeira vez nos seus escritos sobre a Guerra Civil. Ao mesmo tempo, ele vê a luta para superar o racismo como um fator decisivo para a criação de um movimento trabalhista forte nos Estados Unidos.

---

[187] Ibidem, p. 372 (grifos meus).

6
Escritos tardios sobre sociedades não ocidentais e pré-capitalistas

Após a derrota da Comuna de Paris, em 1871, Marx se concentrou novamente em formas de resistência ao capital fora da Europa ocidental e da América do Norte[1]. Três vertentes de seus escritos ilustram esse novo foco em sociedades não ocidentais agrárias durante a última década de sua vida, de 1872 a 1883. Tomadas como um todo, elas indicam uma nova virada, parte de uma evolução gradual do pensamento de Marx desde o final da década de 1850. A primeira dessas vertentes é encontrada nas alterações que o autor introduziu na edição francesa de *O capital*, como discutido no capítulo anterior.

A segunda dessas vertentes, a ser abordada neste capítulo, pode ser encontrada nos cadernos de citações de 1879-1882 sobre sociedades não ocidentais e pré-capitalistas, alguns ainda inéditos em qualquer idioma, que se estendem por mais de 300 mil palavras[2]. Essas notas sobre estudos de outros autores, muitos dos quais

---

[1] O teólogo da libertação Bastiaan Wielenga argumenta plausivelmente que um fator importante aqui foi o interesse renovado de Marx pelo campesinato dessas sociedades não ocidentais, depois que os comunistas parisienses não conseguiram espalhar o movimento revolucionário na França rural, selando assim seu destino: "A Comuna de Paris levou à percepção de que a classe trabalhadora precisa de uma aliança com o campesinato, baseada nos 'interesses vivos e necessidades reais' deste último", "Indische Frage", em *Historisch-kritisches Wörterbuch des Marxismus*, v. 6:2 (Hamburgo, Argument, 2004), p. 913. A frase citada no interior dessa sentença é do rascunho de Marx para "A guerra civil na França" (MECW, v. 22, p. 493).

[2] Essas notas, cuja totalidade aparecerá em MEGA² IV/27 e a maioria das quais estão sendo publicadas em inglês, em David Norman Smith, *Patriarchy and Property: The Ethnological Notebooks of Karl Marx*, New Haven, Yale University Press (no prelo) e em Karl Marx, *Commune, Empire, and Class: 1879-1882 Notebooks on Non-Western and Precapitalist Societies* (org.Kevin B. Anderson, David Norman Smith e Jürgen Rojahn) (no prelo), não foram os únicos cadernos de citações

antropólogos, abrangem ampla gama de sociedades e períodos históricos, incluindo a história da Índia e a cultura aldeã, o colonialismo holandês e a economia aldeã na Indonésia, padrões de gênero e parentesco entre os nativos americanos e na Grécia antiga, em Roma e na Irlanda, bem como propriedade comunal e privada na Argélia e na América Latina[3].

Um conjunto de textos mais curtos (mas bem mais conhecidos) sobre a Rússia, dos anos 1877 a 1882, formam a terceira vertente dos escritos tardios de Marx. Ele começou a aprender russo em 1869; seu interesse por essa sociedade foi ampliado pela vasta discussão gerada pela tradução russa de 1872 do Livro I de *O capital*. Em sua correspondência com a exilada russa Vera Zasulitch e em outros lugares, Marx começou a sugerir que as aldeias comunais agrárias da Rússia pudessem ser um ponto de partida para uma transformação socialista, capaz de evitar o processo brutal da acumulação primitiva de capital. O interesse do autor pela comuna rural russa como lócus da revolução não era uma teoria da autarquia agrária, contudo; para chegar a um socialismo bem-sucedido, a Rússia precisaria de conexões com a tecnologia ocidental e, acima de tudo, de relações recíprocas com o movimento operário ocidental, sustentou ele.

Exceto por um breve prefácio a uma edição russa de 1882 do *Manifesto Comunista*, em coautoria com Engels, Marx nunca publicou nenhum dos resultados de sua nova pesquisa sobre sociedades não ocidentais e pré-capitalistas antes de sua morte, aos 64 anos, em 1883.

Durante essa última década, Marx publicou pouco, como ilustrado pelo fato de não ter completado os livros II e III de *O capital*, editados e publicados por

---

que Marx produziu de 1879 a 1882. Mas eles são especialmente significativos porque mostram como Marx se deslocava para novas áreas de pesquisa. Como Grandjonc e Rojahn relataram em seu abrangente relatório sobre a edição da MEGA² ("Aus der MEGA-Arbeit. Der revidierte Plan der *Marx-Engels-Gesamtausgabe*", em *MEGA-Studien*, 1995), cadernos de citações dos anos de 1879 a 1882 sobre outros tópicos também sobreviveram. Exceto quando mencionado na seguinte lista de volumes da MEGA², estes ainda não foram publicados: MEGA² IV/28 (Marx, sobre a história russa e francesa, especialmente relações agrárias, e Engels, sobre a história da propriedade fundiária, ambos de 1879 a 1882); MEGA² IV/29 (cronologia da história mundial por Marx, confeccionada em 1881-82); MEGA² IV/30 (Marx, sobre matemática, de 1863, 1878 e 1881); MEGA² IV/31 (Marx, sobre química, e Engels, sobre ciências naturais e história, já publicado).

[3] Assim, muitas dessas notas referem-se às sociedades camponesas. Como afirma a antropóloga estadunidense Christine Ward Gailey, "a suposição comum de que Marx desprezava o campesinato, vendo-o apenas como ignorante ou reacionário [...] simplesmente não pode ser extraída dos *Cadernos*", "Community, State, and Questions of Social Evolution in Karl Marx's *Ethnological Notebooks*", em Jacqueline Solway (org.), *The Politics of Egalitarianism: Theory and Practice* (Nova York, Bergahn Books, 2006), p. 38.

Engels após a morte do amigo. A obra mais conhecida de Marx desse período é a *Crítica ao Programa de Gotha* (1875), também publicada postumamente. Muitos estudos sobre a vida e o pensamento de Marx sugerem que, por volta de 1879, ele havia perdido a capacidade de desenvolver um trabalho intelectual sério. O grande editor de Marx David Riazanov, que, na década de 1920, lançou a primeira MEGA, expressa tal atitude quando escreve que, naquele tempo, "qualquer trabalho intelectual extenuante era uma ameaça ao cérebro esgotado", isso devido à "saúde despedaçada" de Marx: "depois de 1878 [o ano em que Marx completou 60 anos!] ele foi forçado a desistir de todo o trabalho em *O capital*", mas "ainda era capaz de fazer anotações"[4] – muito provavelmente Riazanov se referia aos cadernos discutidos neste capítulo, entre outras coisas. Além disso, em 1925, em um relatório sobre seus preparativos para a primeira MEGA, Riazanov caracteriza esses cadernos e trechos de Marx como exemplos de um "pedantismo imperdoável"[5]. A sugestão de que as explorações multilinguísticas de Marx sobre gênero e classe em uma ampla variedade de localizações geográficas, culturas e períodos históricos tinham menor valor intelectual do que a crítica da economia política certamente cheira a eurocentrismo, se não a sexismo. A correspondência sobrevivente de Marx não oferece uma explicação clara da relação desses últimos escritos com o inacabado *O capital*; entretanto, uma possibilidade não considerada por Riazanov é que Marx pretendesse estender o escopo geográfico de sua crítica da economia política.

Discussões mais recentes sobre os escritos tardios de Marx desafiam a noção de que seus últimos anos foram marcados pelo declínio intelectual, embora essa ideia permaneça dominante[6]. Em 1972, Lawrence Krader publicou uma

---

[4] David Riazanov, *Karl Marx and Friedrich Engels: An Introduction to Their Lives and Work*, cit., p. 205-6.
[5] Idem, "Neueste Mitteilungen über den literarischen Nachlass von Karl Marx und Friedrich Engels", *Archiv für Geschichte des Sozialismus und der Arbeiterbewegung*, v. 11, 1925, p. 399. Dunaiévskaia chama a atenção para esse lapso do grande editor de Marx, escrevendo sobre "a atitude superficial que Riazanov demonstrou em relação aos cadernos de anotações que marcaram época e que completaram a obra de Marx", *Rosa Luxemburg, Women's Liberation, and Marx's Philosophy of Revolution*, cit., p. 178. Como será discutido no Apêndice deste volume, Riazanov também tomou a infeliz decisão de excluir integralmente os cadernos de anotações da primeira MEGA.
[6] Por exemplo, em uma entrada biográfica em outros sentidos incisiva sobre Marx, Eric Hobsbawn escreve que a década de 1870 "pôs fim a seu trabalho teórico" (*Oxford Dictionary of National Biography*, v. 37, s.v. "Marx, Karl Heinrich").

transcrição cuidadosa, intitulada *Cadernos etnológicos de Karl Marx*[7]. Esse pioneiro volume multilíngue, com várias centenas de páginas de cadernos de Marx de 1880 a 1882, tornou evidente pela primeira vez a extensão e a profundidade desses cadernos sobre sociedades não ocidentais e pré-capitalistas, deixados de fora de MEW e de MECW. Krader publicou as anotações de Marx sobre os trabalhos antropológicos de Lewis Henry Morgan a respeito dos nativos americanos e da Grécia e Roma antigas, sobre os de Henry Sumner Maine acerca das relações sociais na Irlanda antiga, sobre os de John Budd Phear a respeito da aldeia indiana e sobre os de John Lubbock relativos a várias sociedades pré-letradas[8]. A edição de Krader dos *Cadernos etnológicos* contém apenas cerca de metade das notas de Marx de 1879 a 1882 sobre sociedades não ocidentais e pré-capitalistas. Os cadernos restantes, alguns ainda inéditos em qualquer língua, dizem respeito às anotações de Marx sobre o estudo do antropólogo russo Maksim Kovalévski acerca da propriedade comunal nas Américas, na Índia e na Argélia, sobre a história indiana, baseadas em um livro do funcionário público colonial Robert Sewell, sobre os escritos dos historiadores sociais alemães Karl Bücher, Ludwig Friedländer, Ludwig Lange, Rudolf Jhering e Rudolf Sohm acerca de classe, status e gênero em Roma e na Europa medieval, sobre o estudo do advogado britânico J. W. B. Money acerca da Indonésia (Java), sobre novas obras de antropologia física e paleontologia, sobre estudos da língua russa da Rússia rural e, finalmente, sobre a interferência inglesa no Egito na década de 1880. Incluindo aquelas previamente publicadas por Krader, essas notas totalizariam mais de oitocentas páginas impressas[9].

---

[7] Uma edição totalmente em inglês, com um aparato editorial muito mais extenso, também está em andamento (David Norman Smith, *Patriarchy and Property: The Ethnological Notebooks of Karl Marx*, cit.).

[8] Para me referir às sociedades pré-modernas sem Estado e sem classes, usarei o termo "pré-letradas" no lugar de "primitivas" ou "tribais", ambos atualmente considerados pejorativos. Outra possibilidade teria sido "povos originários".

[9] Esses cadernos também serão publicados na íntegra nos próximos anos em MEGA² IV/27 em sua forma multilíngue original, geralmente uma mistura de alemão e inglês, mas com porções significativas em latim, espanhol e russo. O grupo de edição da MEGA² IV/27 incluiu Kevin B. Anderson (EUA), Georgi Bagaturia (Rússia), Jürgen Rojahn (Alemanha), David Norman Smith (EUA) e o falecido Narair Ter-Akopian (Rússia). Um volume totalmente em inglês com grande parte do material de MEGA² IV/27 que Krader não incluiu em seus *Cadernos etnológicos* também está em andamento (Karl Marx, "Commune, Empire, and Class: 1879-1882 Notebooks on Non-Western and Precapitalist Societies", cit.).

Em sua análise desses cadernos, Krader[10] enfatizou a relação de tais notas com o trabalho anterior de Marx sobre o modo de produção asiático e a contribuição delas para o pensamento antropológico. O historiador alemão Hans-Peter Harstick, que publicou as anotações de Marx de 1879 sobre o livro de Kovalévski a respeito da propriedade comunal, viu esses cadernos como um novo ponto de partida: "o olhar de Marx mudou do cenário [...] em direção à Ásia, América Latina e Norte da África"[11]. Dunaiévskaia[12] enfocou as questões de gênero e as diferenças entre as anotações de Marx sobre Morgan e o que Engels desenvolveu a partir delas em *A origem da família, da propriedade privada e do Estado* (1884)[13]. O trabalho de Dunaiévskaia, que atraiu a atenção da poeta feminista Adrienne Rich[14], trouxe pela primeira vez os *Cadernos etnológicos* à atenção de um público mais amplo.

Escritos de forma desordenada, às vezes agramatical, misturando inglês, alemão e outras línguas, esses não são rascunhos de manuscritos, mas cadernos de trabalho em que Marx registrou ou resumiu passagens de livros que estava estudando. São, no entanto, muito mais do que resumos de outros autores: como sugere Dunaiévskaia, esses cadernos "nos permitem ouvir Marx

---

[10] Lawrence Krader, "Introduction", cit.; idem, *The Asiatic Mode of Production*, cit.

[11] Hans-Peter Harstick (org.), *Karl Marx über Formen vorkapitalistischer Produktion* (Frankfurt, Campus, 1977), p. 2.

[12] Raia Dunaiévskaia, *Rosa Luxemburg, Women's Liberation, and Marx's Philosophy of Revolution*, cit.; idem, *Women's Liberation and the Dialectics of Revolution: Reaching for the Future* (Atlantic Highlands, Humanities Press, 1985).

[13] Peter Hudis (*Marx and the Third World*, Detroit, News & Letters, 1983) relacionou os cadernos aos escritos de Marx sobre o Terceiro Mundo, e Franklin Rosemont ("Karl Marx and the Iroquois, em *Arsenal: Surrealist Subversion*, Chicago, Black Swan, 1989) comentou sua relevância para os nativos norte-americanos. Já David Norman Smith ("The Ethnological Imagination", em Dittmar Schorkowitz [org.], *Ethnohistorische Wege und Lehrjahre eines Philosophen. Festschrift für Lawrence Krader zum 75. Geburtstag*, Nova York, Peter Lang, 1995) os relacionou ao trabalho de Rosa Luxemburgo, e Paresh Chattopadhyay, em "Review Essay: Women's Labor under Capitalism and Marx", cit., referiu-se a eles extensivamente em uma defesa da posição de Marx sobre gênero. Ver também Norman Levine, "Anthropology in the Thought of Marx and Engels", *Studies in Comparative Communism*, v. 6, n. 1 e 2, 1973; Narihiko Ito, "Überlegungen zu einem Gedanken beim späten Marx", em Frigga Haug e Michael Krätke (orgs.), *Materialien zum Historisch-Kritischen Wörterbuch des Marxismus* (Berlim, Argument, 1996); e Danga Vileisis, "Engels Rolle im 'unglücklichen Verhältnis' zwischen Marxismus und Feminismus", *Beiträge zur Marx-Engels Forschung*, Neue Folge, 1996.

[14] Adrienne Rich, "Raya Dunayevskaya's Marx", em *Arts of the Possible: Essays and Conversations* [1991] (Nova York, Norton, 2001).

pensar"[15]. Primeiro, eles mostram Marx como um "leitor". As anotações não apenas contêm sua crítica direta ou indireta às suposições ou conclusões dos autores que ele estudava na época mas também mostram como Marx relacionou ou separou temas e questões nos textos analisados. Segundo, os cadernos indicam quais temas e dados ele considerou relevantes para os seus estudos de sociedades não ocidentais e pré-capitalistas. Em suma, eles oferecem uma janela única para o pensamento de Marx no momento em que ele parecia se mover em novas direções.

Hierarquia social e de gênero entre os iroqueses, os gregos homéricos e outras sociedades pré-letradas

As notas de Marx sobre *A sociedade antiga* de Lewis Henry Morgan (1877) são as mais conhecidas de seus cadernos de 1879-1882 sobre sociedades não ocidentais e pré-capitalistas, pelo menos indiretamente; afinal, foi nelas que Engels baseou sua obra *A origem da família, da propriedade privada e do Estado*. Em seu livro pioneiro, Engels apresenta uma argumentação contundente pela igualdade de gênero, desafiando os preconceitos não apenas da opinião pública dominante, mas também do discurso socialista, dentro do qual algumas figuras, entre as quais Proudhon, expressaram profunda hostilidade aos direitos das mulheres. Além disso, Engels oferece uma alternativa ao feminismo liberal, uma vez que ele ligava a subordinação das mulheres à esfera econômica: para ele, a emancipação das mulheres não poderia ser plenamente alcançada enquanto a dominação de classe persistisse. Por outro lado, como será discutido abaixo, a estrutura determinista do livro de Engels não faz justiça à sutileza das anotações de Marx sobre Morgan.

Em seu célebre livro, Engels vê o antropólogo americano Morgan virtualmente como um materialista no sentido marxista, alguém que "redescobriu na América do Norte a concepção materialista de história descoberta por Marx quarenta anos antes" e que "foi levado por ela, no que diz respeito aos seus pontos principais, aos mesmos resultados obtidos por Marx."[16]. Além disso, Engels escreve, mas

---

[15] Raia Dunaiévskaia, *The Power of Negativity: Selected Writings on the Dialectic in Hegel and Marx*, cit., p. 294.
[16] Esta não foi a primeira vez que Engels estabeleceu muito facilmente um paralelo entre Marx e outro pensador. No sepultamento do amigo, em 1883, Engels fez a notória comparação entre Marx e Charles Darwin, a despeito das reservas daquele ao biólogo inglês no Livro I de *O capital*.

sem fornecer nenhuma evidência, que Marx "havia reservado para si a tarefa de expor os resultados das pesquisas de Morgan" em forma de publicação[17].

Depois de examinar várias sociedades pré-letradas e sem Estado analisadas pelo antropólogo – dos iroqueses aos gregos, romanos e alemães antigos –, Engels argumenta que o Estado era uma instituição humana nova e transitória: "O Estado, portanto, não existe desde a eternidade. Houve sociedades que passaram muito bem sem ele, que não tinham noção alguma de Estado e poder estatal"[18]. As *gentes* ou *clãs* – a forma organizacional não estatal que Morgan havia encontrado em uma ampla gama de culturas pré-letradas – estruturavam essas sociedades (Marx, Engels e Morgan usaram os termos romanos *"gentes"*, *"gens"* e *"gentile"* em vez de "clã", como se usa comumente hoje). Olhando adiante para a sociedade socialista e sem Estado que via no horizonte, Engels conclui *A origem da família* citando a previsão de Morgan de "um reavivamento – só que em forma superior – da liberdade, da igualdade e da fraternidade das antigas *gentes*"[19]. Com um tom quase rousseauniano, Engels sustenta que os novos dados da antropologia haviam provado de forma conclusiva, quando levado em conta todo o período da existência humana, que o que se chamava civilização, com suas hierarquias de classe, propriedade e gênero, era uma maneira atípica – e implicitamente, não natural – de ordenar os assuntos humanos. Ao contrário de Rousseau, no entanto – felizmente –, Engels colocou a igualdade de gênero no centro de suas preocupações.

Engels afirma que essas primeiras sociedades igualitárias estavam "fadadas a desaparecer" por causa de seu baixo nível de desenvolvimento econômico e tecnológico[20]. Mais cedo ou mais tarde, novas instituições, como a propriedade privada, as classes sociais, o Estado e a família patriarcal, as dominariam. Com um toque hegeliano em relação ao gênero, Engels conclui que a ascensão dessas novas hierarquias marcou a *"derrota do sexo feminino no plano da história mundial"*, na qual a participação das mulheres na tomada de decisões políticas se extinguiu, assim como as formas de descendência matrilineares[21]. Uma vez que a propriedade privada, o Estado e o patriarcado formavam uma totalidade, Engels

---

[17] MECW, v. 26, p. 131 [ed. bras.: Friedrich Engels, *A origem da família, da propriedade privada e do Estado*, trad. Nélio Schneider, São Paulo, Boitempo, 2019, p. 19].
[18] Ibidem, p. 272 [ed. bras.: ibidem, p. 159].
[19] Ibidem, p. 276 [ed. bras.: ibidem, p. 163]; Lewis Henry Morgan, *Ancient Society* (Nova York, Henry Holt & Co., 1877), p. 552.
[20] MECW, v. 26, p. 203 [ed. bras.: Friedrich Engels, *A origem da família, da propriedade privada e do Estado*, cit., p. 94].
[21] Ibidem, p. 165 [ed. bras.: ibidem, p. 60].

argumenta que eles poderiam ser superados apenas por uma transformação socialista total. No geral, Engels defende um argumento determinista econômico, segundo o qual o desenvolvimento da economia capitalista, combinado com um forte movimento operário em direção ao socialismo, reverteria a derrota histórica mundial do sexo feminino de maneira quase automática.

A origem da família passou a ser vista como a declaração marxista clássica sobre gênero e família. Em meados do século XX, no entanto, algumas pensadoras feministas começaram a criticar o determinismo econômico do livro, que elas costumavam associar também a Marx. Por exemplo, a feminista existencialista Simone de Beauvoir sustenta, contra Engels, que "não está claro que a instituição da propriedade privada deve necessariamente ter envolvido a escravização de mulheres"[22]. Como resultado, o erro de Engels estaria em como "ele tentou reduzir o antagonismo dos sexos ao conflito de classes"[23]. Mas essa crítica a Engels, por mais poderosa que fosse, também revelou algumas fraquezas: como muitos dos críticos enraizados no marxismo ou no estruturalismo afirmaram, o existencialismo dá muito peso à subjetividade e às escolhas individuais, em contraste com as condições econômicas e sociais[24].

A publicação, em 1972, das anotações de Marx sobre Morgan nos *Cadernos etnológicos* de Krader criou um novo terreno para o que já era um antigo debate[25].

---

[22] Simone de Beauvoir, *The Second Sex* [1949] (Nova York, Vintage, 1989), p. 56 [ed. bras.: *O segundo sexo*, trad. Sérgio Milliet, Rio de Janeiro, Nova Fronteira, 2016].

[23] Ibidem, p. 56 e 58.

[24] Herbert Marcuse, "Sartre's Existentialism", em *Studies in Critical Philosophy* [1948] (Boston, Beacon Press, 1972); Raia Dunaiévskaia, *Philosophy and Revolution: From Hegel to Sartre and from Marx to Mao*, cit.; Pierre Bourdieu, *Outline of a Theory of Practice* (Cambridge/Nova York, Cambridge University Press, 1977).

[25] Marx nunca escreveu um livro sobre gênero, embora, como será discutido adiante, seus *Cadernos etnológicos* de 1880-1882 deem grande atenção ao gênero e à família. O outro período em que Marx dedicou certo grau de atenção ao gênero e à família foi a década de 1840, quando ele estava formulando seus conceitos centrais de dialética e materialismo histórico, como pode ser visto em passagens dos *Manuscritos de 1844*, seu ensaio/tradução pouco conhecido sobre o suicídio, de 1846 (Eric Plaut e Kevin B. Anderson [orgs.], *Marx on Suicide*, Evanston, Northwestern University Press, 1999), e os seguintes textos em coautoria com Engels: *A sagrada família* (trad. Marcelo Backes, São Paulo, Boitempo, 2003), *A ideologia alemã*, cit., e *Manifesto Comunista*, cit. Durante a década de 1850, alguns dos escritos de Marx no *Tribune* tratam da opressão tanto das mulheres da classe trabalhadora quanto das de classe média na Inglaterra, enquanto algumas passagens de *O capital*, Livro I, discutem as condições da mulher trabalhadora, bem como a transformação radical da família que estava sendo engendrada pelo capitalismo. Para visões gerais dos escritos de Marx sobre gênero, alguns dos quais contrastam com Engels, ver Raia Dunaiévskaia em *Women's*

Com certeza, Engels utilizou as citações e comentários de Marx sobre Morgan e, como ele sustenta na introdução de *A origem da família*, seu esforço foi reproduzir aquelas "observações críticas" em seu próprio livro[26]. Mas, até que os *Cadernos etnológicos* surgissem pela primeira vez, poucos sabiam da abrangência das anotações de Marx sobre o trabalho do antropólogo, com aproximadamente o mesmo tamanho do livro de Engels. Pelo simples fato de publicar as anotações de Marx sobre Morgan junto com aquelas sobre outros antropólogos – cujo trabalho abarcava várias sociedades não ocidentais, especialmente a Índia –, Krader apontou para algo que Engels não havia mencionado em seu livro: a possibilidade de que o interessse dos cadernos de Marx de 1880-1882 repousasse mais nas relações sociais no interior das sociedades contemporâneas sob o impacto da globalização capitalista e menos nas origens da hierarquia social em um passado distante.

Em suas anotações, Marx parecia endossar a abordagem de Morgan, centrada no clã, especialmente a noção de que o clã havia precedido a família. Além disso, ele parecia concordar em que a família, como desenvolvida a partir do colapso do sistema de clãs, continha múltiplas formas de dominação, como em Roma. Em uma breve observação, também citada por Engels, Marx afirma o seguinte:

> A família moderna contém em embrião não apenas a *servitus* (escravidão) mas também a servidão, já que desde o início ela se refere a serviços para a agricultura. Ela contém no seu próprio interior em miniatura todos os antagonismos que mais tarde se desenvolvem amplamente na sociedade e em seu Estado.[27]

Liberation and the Dialectics of Revolution: Reaching for the Future, cit., e *Rosa Luxemburg, Women's Liberation, and Marx's Philosophy of Revolution*, cit.; Adrienne Rich, "Raya Dunayevskaya's Marx", cit.; Maximilien Rubel, "L'Emancipation des femmes dans l'oeuvre de Marx et d'Engels", em Christine Faure (org.), *Encyclopédie politique et historique des femmes* (Paris, Presses Universitaires de France, 1997); Paresh Chattopadhyay, "Review Essay: Women's Labor under Capitalism and Marx", cit.; Kevin B. Anderson, "Marx on Suicide in the Context of His Other Writings on Alienation and Gender", em Eric A. Plaut e Kevin B. Anderson (orgs.), *Marx on Suicide*, cit.; e Claudia Leeb, "Marx and the Gendered Structure of Capitalism", *Philosophy & Social Criticism*, v. 33, n. 7, 2007.

[26] MECW, v. 26, p. 131 [ed. bras.: Friedrich Engels, *A origem da família, da propriedade privada e do Estado*, p. 19].

[27] Karl Marx, em Lawrence Krader (org.), *The Ethnological Notebooks of Karl Marx* [1880-1882] (2. ed., Assen, Van Gorcum, 1974), p. 120; ver também Engels em MECW, v. 26, p. 166. Salvo indicação em contrário, os itálicos nas passagens dos cadernos de Marx representam seu sublinhado. O uso do termo "moderno" por Marx na primeira sentença não é muito claro, mas parece se referir aos últimos três milênios, em contraste com a varredura mais longa da pré--história. Essa passagem em particular está inteiramente em alemão, mas muitos dos comentários e resumos de Marx estão em uma mistura de alemão e inglês, e algumas vezes inteiramente em

Até certo ponto, Marx também conectou a abordagem de Morgan, centrada no clã, à sua própria abordagem materialista. Além disso, ele parecia estar basicamente de acordo com a tese do antropólogo sobre a relativa igualdade de gênero nas primeiras sociedades de clãs. No entanto, ao passo que Morgan e Engels se concentraram apenas no colapso da sociedade clânica como fonte da dominação masculina, da sociedade de classes e do Estado, os cadernos de Marx mostram uma abordagem mais sutil, dialética, resistente a esse esquema. Marx parece apreciar a visão de Morgan sobre o notável grau de poder das mulheres na sociedade iroquesa, como na passagem seguinte, registrada em suas anotações:

> O Rev. *Asher Wright*, muitos anos *missionário entre os senecas*, escreveu a Morgan em 1873 sobre eles: "[...] *As mulheres eram o grande poder entre os clãs, como em todos os outros lugares*. Elas não hesitavam, quando a ocasião exigia, em '*quebrar os chifres*', como era tecnicamente chamado, da cabeça de um chefe, e mandá-lo de volta para as fileiras dos guerreiros. *A nomeação original dos chefes também sempre permaneceu com elas*".[28]

Marx não se limita à visão de Morgan, contudo. Como Dunaiévskaia afirma, ele, ao contrário de Engels, percebeu "limitações" no tipo de liberdade de que gozavam as mulheres nessas sociedades clânicas[29]. Ela destaca a seguinte passagem de Morgan registrada por Marx, novamente sobre os iroqueses, em que se fala que as mulheres têm o direito de falar, mas não o de tomar decisões: "As *mulheres podiam expressar seus desejos e opiniões por meio de um orador de sua própria eleição. Decisão* tomada pelo Conselho [masculino]"[30].

Marx abordou, ainda, outra posição central de Morgan: a reconceituação da sociedade greco-romana primitiva pelas lentes da sociedade de clãs iroquesa. A seleção seguinte, principalmente uma passagem do antropólogo sobre a dominação masculina na Grécia clássica, contém entre colchetes duas frases de

---

inglês; aqui e abaixo, eu geralmente segui a tradução cuidadosa de David Norman Smith, em *Patriarchy and Property: The Ethnological Notebooks of Karl Marx*, cit. A edição de Krader (*The Ethnological Notebooks of Karl Marx*, cit.) reproduz todas as línguas originais, já que é uma transcrição, não uma tradução.

[28] Karl Marx, em Lawrence Krader (org.), *The Ethnological Notebooks of Karl Marx*, cit., p.116 (grifos do original). Ver também Lewis Henry Morgan, *Ancient Society*, cit., p. 455.

[29] Raia Dunaiévskaia, *Rosa Luxemburg, Women's Liberation, and Marx's Philosophy of Revolution*, cit., p. 182.

[30] Karl Marx, em Lawrence Krader (org.), *The Ethnological Notebooks of Karl Marx*, cit., p. 162 (grifos do original); ver também Lewis Henry Morgan, *Ancient Society*, cit., p. 117.

Marx, que apresenta a dominação masculina como um fenômeno contraditório, expressando pelo menos alguns indícios de resistência:

> Do início ao fim, sob os gregos, um princípio de estudado egoísmo entre os machos, tendendo a diminuir a apreciação das mulheres, *dificilmente encontrado entre os selvagens*. Os costumes de séculos imprimiram nas mentes das mulheres gregas uma sensação de inferioridade. [[Mas a relação com as *deusas no Olimpo* mostra a lembrança e a reflexão de volta a uma posição anterior, mais livre e mais poderosa para as mulheres. Juno ansiando por dominação, a deusa da sabedoria brota da cabeça de Zeus etc.]][31]. [...] Os gregos permaneceram *bárbaros* em seu tratamento do sexo feminino no auge de sua civilização; sua educação superficial, o intercurso com o sexo oposto negado a elas, sua inferioridade inculcada como princípio sobre elas, até que *passou a ser aceita como um fato pelas próprias mulheres*. A esposa não é companheira igual ao seu marido, *mas tem com ele relação de uma filha*.[32]

Em contraste com o retrato totalmente sombrio da dominação masculina na Grécia em Engels e Morgan, a intervenção de Marx torna a passagem mais dialética, sugerindo que a ideologia de gênero grega estava rachada por profundas falhas sísmicas.

Imediatamente após isso, Marx incorpora em suas anotações um longo trecho de Morgan sobre a posição relativamente mais livre das mulheres romanas:

> A *Materfamilias* era a senhora da família; andava nas ruas sem restrições pelo seu marido, frequentava com os homens os teatros e banquetes festivos; em casa não era confinada a aposentos particulares, nem excluída da mesa dos homens. As mulheres romanas, portanto, tinham mais dignidade pessoal e independência do que as gregas; mas o *casamento* lhes punha sob *o poder do marido*; era = filha do marido; ele tinha o poder de correção e de vida e morte em caso de adultério (com a concordância do conselho de sua *gens*).[33]

Aqui e acima, as notas de Marx pareciam correr em uma direção diferente da formulação de Engels de uma "derrota histórica mundial do sexo feminino"

---

[31] Aqui e abaixo, colchetes duplos representam os parênteses do próprio Marx; os colchetes simples são minhas próprias interpolações.
[32] Karl Marx, em Lawrence Krader (org.), *The Ethnological Notebooks of Karl Marx*, cit., p. 121 (grifo no original). Ver também Lewis Henry Morgan, *Ancient Society*, cit., p. 474-5.
[33] Karl Marx, em Lawrence Krader (org.), *The Ethnological Notebooks of Karl Marx*, cit., p. 121 (grifo no original). Ver também Lewis Henry Morgan, *Ancient Society*, cit., p. 477-8.

na época em que a sociedade de clãs morreu e foi substituída pela sociedade de classes e pelas formas estatais. As deusas gregas não apenas ofereceram uma perspectiva alternativa no interior da ordem patriarcal; na sociedade romana posterior, a condição das mulheres também melhorou um pouco, ainda que diversas restrições severas continuassem existindo[34].

Novamente diferindo um pouco de Morgan e Engels, Marx se concentra em indicações de hierarquia estratificada no interior da sociedade de clãs. Segundo a interpretação de Morgan dos relatos tradicionais, o lendário governante ateniense antigo Teseu tentara minar o igualitarismo do sistema de clãs, isso em um período muito anterior ao seu colapso. O antropólogo sugeria que Teseu tentou estabelecer um sistema de classes, mas isso fracassou devido à falta de uma base social dentro da sociedade de clãs daquela época. Como resultado, escreve ele, "não houve de fato nenhuma transferência do poder das *gentes*" sob Teseu[35]. Marx discorda de Morgan sobre esse ponto: para o alemão, as próprias estruturas do clã eram fonte do crescimento da desigualdade social.

> A afirmação de Plutarco, segundo a qual "os *humildes e pobres avidamente seguiram a convocação de Teseu*" e a afirmação de Aristóteles citada por ele, de que Teseu "*estava predisposto ao povo*", parece, apesar de Morgan, implicar que os *chefes das* gentes etc. já estavam envolvidos em *conflitos de interesses* com a *massa das* gentes.[36]

Dunaiévskaia vê a observação de Marx sobre Teseu como a sugestão da possibilidade de uma forma não classista de estratificação social, a casta:

> Marx demonstra que, muito antes da dissolução da comuna primitiva, surgiu a questão das classificações no interior da comuna igualitária. Foi o começo da transformação no seu oposto – *gens* em casta. Ou seja, no interior da forma comunitária igualitária surgiram os elementos de seu oposto – casta, aristocracia, interesses materiais diferentes.[37]

---

[34] Marx já havia coberto a mudança de posição das mulheres com muito mais detalhes em suas notas de 1879 sobre *Römisch Alterhümer* (Roma antiga) de Ludwig Lange, que devem aparecer em MEGA² IV/27, e Karl Marx, "Commune, Empire, and Class: 1879-1882 Notebooks on Non-Western and Precapitalist Societies", cit.

[35] Lewis Henry Morgan, *Ancient Society*, cit., p. 260.

[36] Karl Marx, em Lawrence Krader (org.), *The Ethnological Notebooks of Karl Marx*, cit., p. 210 (grifos do original).

[37] Raia Dunaiévskaia, *Women's Liberation and the Dialectics of Revolution: Reaching for the Future*, cit., p. 214.

Essa visão está de acordo com a forma como Marx aborda a questão das castas em outro ponto de suas notas sobre Morgan:

> Na situação em que a conquista seria acrescentada ao princípio gentio, as *gentes* poderiam, pouco a pouco, dar ocasião para a formação de castas? [...] Assim que a *diferença de posição* fica *entre a consanguinidade das* gentes, isso entra em conflito com o *princípio gentílico* e pode enrijecer as *gentes* em seu oposto, *castas*.[38]

Engels, que se concentrou na ascensão da propriedade *privada*, deixou de ver que as formas *coletivistas* de dominação que minimizavam a propriedade privada também poderiam criar hierarquias sociais muito pronunciadas.

Se Engels tivesse analisado o capítulo de Morgan sobre os astecas[39], como Marx fez em profundidade, essas distinções poderiam ter ficado mais claras para ele: talvez ele não tivesse escrito com tanta certeza, sobre as sociedades de clã nativas norte-americanas, que "não há lugar [...] via de regra para a subjugação de tribos estrangeiras"[40]. A confederação asteca era uma sociedade de clãs coletivistas que Morgan caracterizou como uma "democracia militar", que, no entanto, governava numerosas tribos subordinadas[41].

Marx continuou a olhar para as sociedades matrilineares em suas notas sobre *The Origin of Civilization and the Primitive Condition of Man* [A origem da civilização e a condição primitiva do homem], do darwinista John Lubbock (1870), tratado com desdém por Marx ao longo dessas breves notas do final de 1882. Em vários pontos, Marx zomba dos preconceitos patriarcais de Lubbock, como nos comentários entre colchetes e entre parênteses intercalados na seguinte passagem sobre a África:

> "Entre muitas das raças mais baixas, o *relacionamento entre as mulheres é o costume predominante*", portanto "a curiosa (!) prática de que *os herdeiros de um homem* [[mas eles não eram *os herdeiros do homem*, esses idiotas civilizados não conseguem se livrar de suas próprias convencionalidades]] não são seus filhos, mas *os de sua*

---

[38] Karl Marx, em Lawrence Krader (org.), *The Ethnological Notebooks of Karl Marx*, cit., p. 183 (grifos do original).
[39] Ele o fez apenas em uma breve nota de rodapé. [Ver Friedrich Engels, *A origem da família, da propriedade privada e do Estado*, cit., p. 101, nota 6. – N. E.]
[40] MECW, v. 26, p. 203 [ed. bras.: Friedrich Engels, *A origem da família, da propriedade privada e do Estado*, cit., p. 93].
[41] Lewis Henry Morgan, *Ancient Society*, cit., p. 188.

irmã." (105)⁴² "assim, quando um homem rico morre na Guiné, sua propriedade, exceto a armadura, desce ao *filho da irmã*."⁴³

Em outro ponto, Marx se refere (em observações entre parênteses) a um aborígene australiano como "o negro inteligente", em contraste com um antropólogo etnocêntrico citado com aprovação por Lubbock:

> A *crença* na *alma* (não idêntica à nos fantasmas), *em uma existência universal, independente e infinita*, está *confinada* às *mais altas* (?) raças da *humanidade*. O reverendo Lang em seu *Os aborígenes da Austrália* tinha um amigo que "tentou por muito tempo e pacientemente fazer um australiano muito inteligente *entender* (deveria ter dito fazê-lo acreditar) *sua existência sem um corpo*, mas o negro nunca continha seu semblante [...] por muito tempo ele não pôde acreditar ("ele" é o negro inteligente) que o "cavalheiro" (i.e., o amigo tolo do reverendo Lang) *estava falando sério*, e quando ele percebeu (que o cavalheiro era um idiota sincero), quanto mais sério o professor falava, mais absurdo todo o caso lhe parecia." (245, 246) (Sem perceber, Lubbock demonstra quão idiota ele próprio é.)⁴⁴

Marx não limita suas críticas ao superficial Lubbock, no entanto. Ele admite postura semelhante em suas notas mais longas sobre *Early History of Institutions* [A história antiga das instituições] (1875), do distinto jurista Henry Sumner Maine, nas quais repreende frequentemente o estudioso inglês por suas suposições patriarcais, colonialistas e etnocêntricas. Como o teórico social estadunidense David Norman Smith (no prelo) observa: "de todos os escritos de Marx sobre assuntos etnológicos", estes "são os mais ricos em crítica". A maior parte do livro de Maine dizia respeito às formas sociais comunais e ao direito consuetudinário da Irlanda antiga, baseado nas leis de Brehon, especialmente no *Senchus Mor* e no *Livro de Aicill*. Maine comparou com frequência o direito consuetudinário irlandês a instituições jurídicas semelhantes na Índia, onde ele serviu como oficial colonial de alta patente durante a década de 1860.

Em seu primeiro capítulo, Maine argumenta que "a propriedade coletiva do solo", antes generalizada na Europa ocidental, ainda era um fator importante em

---

[42] Aqui e abaixo, os números de páginas entre parênteses de Marx geralmente indicam o livro que ele está anotando.
[43] Karl Marx, em Lawrence Krader (org.), *The Ethnological Notebooks of Karl Marx*, cit., p. 340 (grifos de Marx).
[44] Ibidem, p. 349 (grifos de Marx).

muitas outras partes do mundo⁴⁵. Ele se refere especificamente aos povos eslavos da Europa oriental do seu tempo e à Índia, agregando alguns pressentimentos:

> é um dos fatos com os quais o mundo ocidental um dia certamente terá de lidar que as ideias políticas de uma porção tão grande da raça humana e também suas ideias de propriedade são inextricavelmente ligadas às noções de independência familiar, de propriedade coletiva e de sujeição natural ao poder patriarcal.⁴⁶

Maine atribui o atraso não ocidental à persistência dessas formas. Segundo Krader, o jurista acreditava "que os ingleses poderiam transmitir a forma avançada de propriedade da terra e do Estado para a Irlanda e a Índia" e, a esse respeito, "Maine ofereceu sua jurisprudência histórica a serviço do império"⁴⁷. Embora Marx atacasse Maine repetidamente por este presumir que a família patriarcal fosse a forma mais antiga e básica de organização social⁴⁸, os dois escritores estavam de acordo em um ponto fundamental: as formas sociais comunais na Rússia e na Ásia representavam um obstáculo e um desafio às relações de propriedade burguesas.

Ao discordar do pressuposto do jurista de que a família patriarcal veio primeiro historicamente, Marx escreve: "O sr. Maine, como um inglês insensível, não começa com a *gens*, mas sim com o patriarca, que se torna o chefe etc. A altura da tolice"⁴⁹. Marx critica a noção de que o poder substancial das mulheres na Irlanda antiga se deveu a influências posteriores, como o cristianismo: "Este Maine toma influência da Igreja, embora ela surja em toda parte no mais alto estado de selvageria, por exemplo entre os índios vermelhos"⁵⁰. Marx referiu-se também à percepção superior de Morgan sobre as formas iniciais não patriarcais.

Um segundo elemento da discussão sobre gênero diz respeito ao *sati* e aos direitos de herança das mulheres na Índia. Mais uma vez, Marx ataca Maine

---

[45] Henry Sumner Maine, *Lectures on the Early History of Institutions* (Nova York, Henry Holt and Co., 1875), p. 1.
[46] Ibidem, p. 2-3.
[47] Lawrence Krader, *The Asiatic Mode of Production*, cit., p. 263.
[48] Maine também caiu na noção de "arianismo" comum na época, o que irritou Marx: "este asno imagina que '*as pesquisas modernas [...] convergem para uma impressão mais forte do que nunca de uma ampla separação entre a raça ariana e as outras unidades populacionais*'(!)", Karl Marx, em Lawrence Krader (org.), *The Ethnological Notebooks of Karl Marx*, cit., p. 290 (grifos de Marx); Henry Sumner Maine, *Lectures on the Early History of Institutions*, cit., p. 96.
[49] Karl Marx, em Lawrence Krader (org.), *The Ethnological Notebooks of Karl Marx*, cit., p. 292.
[50] Ibidem, p. 288.

pela maneira como ele, ainda postulando a família patriarcal como uma forma original, às vezes explicava a propriedade conjugal mantida pela esposa como uma inovação. Marx vê isso como o vestígio de uma ordem social matrilinear anterior, marcada pela "descendência no interior do clã ao longo da linhagem feminina"[51]. Ele considera os brâmanes e seus tratados de direito como responsáveis pela mudança.

Em relação à herança do *sati* e das mulheres, Marx traz em suas anotações material de *Elements of Hindu Law* [Elementos de direito hindu] (1835), de Thomas Strange, que ele considera mais esclarecedor do que Maine:

> A bestialidade dos brâmanes atinge o seu ápice no "*Suttee*" [*sati*] ou *queima da viúva*. Strange considera essa prática como um "*malus usus*"[52], e não como "direito", já que no *Manu* e em outras altas autoridades não há menção a ele. [...] A questão é clara: o *suttee* é simplesmente *assassinato religioso*, em parte para trazer a herança às mãos dos brâmanes (espirituais) para as cerimônias religiosas pelo marido falecido e em parte, através da legislação brâmane, para transferir a herança da viúva para o mais próximo na *gens*, a família mais próxima do *marido*. [...] Embora o *suttee* seja uma inovação introduzida pelos brâmanes, na mente brâmane essa *inovação* foi concebida como uma sobrevivência dos bárbaros mais velhos (que haviam enterrado um homem com suas posses)! Fim de discussão.[53]

Marx via tudo isso não em termos de alteridade indiana, mas em conexão com as sociedades ocidentais, à medida que investigava a apropriação da propriedade pela Igreja católica, embora de uma maneira diferente da dos brâmanes. Ele observa que, embora tenha restringido outros direitos das mulheres, "em relação ao 'direito de propriedade', a astuta Igreja certamente tinha interesse em garantir os direitos das mulheres (o interesse oposto ao dos brâmanes!)" – isso porque a Igreja queria que as mulheres doassem os bens[54].

Marx, assim como Maine, estava interessado em como as antigas estruturas irlandesas de clãs começaram a se transformar em uma nova sociedade de classes; a respeito dessas questões, ele ocasionalmente expressou alguma afinidade com o jurista inglês. Marx incorporou a suas anotações grande parte da discussão de Maine sobre o colapso dos clãs na Irlanda, destacando o papel do clero pré-cristão

---

[51] Ibidem, p. 325.
[52] Mau costume.
[53] Ibidem, p. 325-27 (grifos do original).
[54] Ibidem, p. 327.

nessas transformações. Ele também seguiu de perto a discussão de Maine sobre o acúmulo de rebanhos, especialmente de bovinos, como essencial ao processo de diferenciação de classes.

A transição das antigas estruturas de clãs para um sistema de classes levou à formação de Estados, tópico que rendeu outro ataque de Marx a Maine. Referindo-se a Thomas Hobbes, Jeremy Bentham e John Austin, Maine escreve que o Estado estava baseado na "posse de força irresistível, não necessariamente exercida, mas capaz de ser exercida"[55]. Marx rebate essa versão da teoria do comando, escrevendo que, "onde os Estados existem (depois das comunidades primitivas etc.), ou seja, sociedades politicamente organizadas, o Estado de modo algum é o príncipe; ele apenas aparenta ser"[56]. Ele aponta, então, para as mudanças na base econômica como a fonte da ascensão do Estado, isso em uma de suas observações mais longas nesses cadernos de notas. Um problema particular para Marx, neste ponto, é a noção de Maine de "moral" separada da base econômica: "essa 'moral' mostra quão pouco o jurista entende a questão. Na medida em que essas influências (*econômicas* antes de tudo) têm um modo de existência '*moral*', esse modo é sempre um modo secundário, derivado, nunca o primário"[57]. Um segundo problema para Marx era que a construção analítica do poder estatal do jurista inglês buscava abstrair a história. Por exemplo, Maine escreve, em uma passagem não incorporada por Marx, que sua "teoria da soberania" tornou possível "classificar em conjunto a autoridade coercitiva do grande rei da Pérsia, do demos ateniense, dos últimos imperadores romanos, do tsar russo e da coroa e do Parlamento da Inglaterra"[58]. Para Marx, tais noções se mostravam a-históricas e abstratas, ao unir acriticamente instituições de modos de produção bastante diferentes.

Mas o maior problema para Marx dizia respeito à discussão de Maine sobre a teoria austiniana do comando. Cito essa passagem extensivamente, pois ela revela alguns desenvolvimentos posteriores na teoria do Estado de Marx, com base em seus estudos antropológicos:

---

[55] Ibidem, p. 328; Henry Sumner Maine, *Lectures on the Early History of Institutions*, cit., p. 350.
[56] Karl Marx, em Lawrence Krader (org.), *The Ethnological Notebooks of Karl Marx*, cit., p. 329.
[57] Idem (grifos de Marx).
[58] Henry Sumner Maine, *Lectures on the Early History of Institutions*, cit., p. 360. David Norman Smith, em *Patriarchy and Property: The Ethnological Notebooks of Karl Marx*, cit., chama a atenção para essa passagem de Maine. Embora não apareça nas anotações de Marx, ela é crucial para a compreensão do ataque que se segue.

Maine ignora o aspecto muito mais profundo: que a existência independente aparentemente suprema do próprio *Estado* é apenas uma *ilusão*, já que o Estado em todas as suas formas é apenas uma excrescência da sociedade. Assim como o Estado só *aparece* em certo estágio do desenvolvimento social, o Estado também desaparecerá quando a sociedade atingir um estágio de desenvolvimento que até agora não alcançou. Primeiro, a separação da individualidade dos grilhões do grupo – isso significa o desenvolvimento unilateral da *individualidade*. Esses *grilhões* originalmente *não eram despóticos* (como Maine estupidamente os entende), mas *compreendiam os laços sociais do grupo*, a comunidade primitiva. Mas a verdadeira natureza dessa última só pode ser entendida se analisarmos seu conteúdo – em "última" análise, *interesses*. Descobrimos então que esses interesses são comuns a certos grupos locais. São *interesses de classe* que, em última análise, têm como base *relações econômicas*. O Estado é construído sobre eles como base e a existência do Estado pressupõe a existência de interesses de classe [...] erro fundamental [...] que a *superioridade política*, qualquer que seja sua forma peculiar, e seja qual for o conteúdo de seus elementos, é tomada como algo que está sobre a sociedade, repousando unicamente sobre ela mesma. [...] Por exemplo, *melhores armamentos* dependem diretamente de *melhorias nos meios de produção* – estes coincidem diretamente, por exemplo, na caça e na pesca, com os *meios de destruição*, meios de guerra. [...] Um bom exemplo é o meio-louco Ivan IV[59]. Uma vez que estava zangado com os boiardos e também com a plebe de Moscou, ele buscou (e de fato teve de) se apresentar como o *representante dos interesses dos camponeses*.[60]

Provavelmente, a novidade mais notável no trecho acima foi a maneira como Marx trouxe o material de Morgan e Maine sobre as sociedades de clãs para atualizar sua teoria do Estado, que permanecia enraizada em noções de interesse econômico.

Como vimos, os frequentes ataques de Marx a Maine às vezes mascaravam áreas em que ele se apropriava, ainda que criticamente, de alguns dados e argumentos do jurista britânico. Entre eles, o preocuparam especialmente (1) a ascensão da diferenciação de classes no interior do clã irlandês e (2) a rejeição da categoria de "feudalismo" como um termo genérico para as sociedades agrárias pré-modernas. No entanto, na maior parte do tempo, Marx retrata Maine como um ideólogo que defende o capital e o império, em vez de um verdadeiro estudioso.

---

[59] Ivan, o Terrível (r. 1547-1584).
[60] Karl Marx, em Lawrence Krader (org.), *The Ethnological Notebooks of Karl Marx*, cit., p. 329-30 (grifos do original).

Formas sociais comunais da Índia sob o impacto da conquista muçulmana e europeia

Embora suas anotações sobre Maine contivessem alguma discussão sobre a Índia, foi em boa parte dos cadernos de citações de 1879-1882 que Marx se concentrou inteiramente naquela sociedade. Isso pode ser visto em suas longas notas sobre *A propriedade comunal da terra: as causas, o curso e as consequências de seu declínio* – publicado em russo em 1879, de autoria do jovem antropólogo Maksim Kovalévski –, em sua maior parte dedicado à Índia. Também poder ser observado em suas notas igualmente extensas sobre *Analytical History of India* [História analítica da Índia] (1870), de Robert Sewell, e naquelas sobre *The Aryan Village in India and Ceylon* [A aldeia ariana na Índia e no Ceilão] (1880), do etnólogo John Budd Phear. As anotações de Marx desse período sobre o subcontinente indiano compreendem quase 90 mil palavras; no entanto, em comparação com as notas sobre Morgan, Lubbock e Maine, pode-se dizer que há muito menos intervenções de Marx nessas notas sobre a Índia.

Escrevendo principalmente em alemão, mas com algumas passagens em russo, Marx parece ter estudado o livro de Kovalévski sobre a propriedade comunal no outono de 1879, um ou dois anos antes de suas anotações sobre Morgan, Maine e Lubbock. Em uma carta, de 19 de setembro de 1879, a Nikolai Danielson, um dos tradutores de *O capital* para o russo, Marx refere-se ao jovem Kovalévski como "um de meus 'amigos científicos'"[61]. Kovalévski encontrou-se com Marx em Londres com bastante frequência durante esse período, e foi ele quem forneceu ao alemão uma cópia de *A sociedade antiga*, de Morgan[62].

Nas anotações sobre Kovalévski a respeito da Índia, Marx examinou as relações sociais, especialmente em termos de propriedade comunal, em toda a história daquela sociedade, cobrindo (1) o período anterior às conquistas muçulmanas, (2) o da dominação muçulmana e (3) o do colonialismo britânico. No começo desses excertos, ele cita Kovalévski no sentido de que

---

[61] MECW, v. 45, p. 409.
[62] Karl Marx, em Lawrence Krader (org.), *The Ethnological Notebooks of Karl Marx*, cit.; James D. White, *Karl Marx and the Intellectual Origins of Dialectical Materialism* (Nova York, St. Martin's, 1996). A maioria das cartas de Marx para Kovalévski, que provavelmente teriam esclarecido as questões em discussão aqui, foram queimadas na Rússia pelos amigos de Kovalévski, por medo de que elas pudessem ser comprometedoras aos olhos da polícia (James D. White, *Karl Marx and the Intellectual Origins of Dialectical Materialism*, cit.).

"nenhum país", além da Índia, experimentou tanta "variedade nas formas de relações sobre a terra"[63].

Na primeira parte, Marx segue de perto a tipologia histórica das formas comunais de Kovalévski na Índia rural, que consistia em três estágios: 1) comunidades baseadas em clãs que possuíam e cultivavam a terra em comum; 2) comunidades de aldeias mais diferenciadas, onde o parentesco não unia toda a aldeia, mas onde a terra era distribuída em alguma medida com base no parentesco; 3) comunidades de aldeia não organizadas em torno do parentesco e que periodicamente redividiam a terra comum numa base de igualdade, esta última "uma forma relativamente tardia na história das formas indianas de propriedade fundiária"[64]. Um pouco mais tarde, Marx observa que mesmo essas "parcelas individuais de terra" no interior de uma aldeia comunal "não são propriedade privada!"[65].

Dado esse foco em transformações amplas nas formas comunais da Índia, aparentemente a Índia hindu não era mais, para Marx, uma sociedade "imutável" sem qualquer história real, como expresso em seus escritos de 1853[66]. Inserindo suas próprias observações (que coloquei em itálico) em uma citação de Kovalévski, Marx escreve sobre os antagonismos sociais na aldeia indiana antiga, do

> perigo que ameaça o sistema de divisões determinado pelo grau de parentesco dos descendentes mais distantes e dos colonos recém-chegados, na medida em que *esse antagonismo de fato leva finalmente* ao sistema de redistribuição periódica da terra comunal em partes iguais.[67]

Assim, para Marx, mais do que para Kovalévski, a contradição entre o antigo sistema de clãs ou parentesco e aquele de igualdade no interior da aldeia comunal de base mais ampla foi a principal força por trás das mudanças sociais no início da aldeia indiana.

---

[63] Karl Marx, "Excerpts from M. M. Kovalevskij", em Lawrence Krader (org.), *The Asiatic Mode of Production*, cit., p. 346. Embora eu esteja citando – aqui e abaixo – a única tradução em inglês publicada da maior parte das anotações sobre Kovalévski, a de Krader, também consultei a nova transcrição anotada por Norair Ter-Akopian e Georgi Bagaturia (com Jürgen Rojahn), que aparecerá em MEGA² IV/27, traduzida e anotada por Charles Reitz, Lars Lih e por mim em Karl Marx, "Commune, Empire, and Class: 1879-1882 Notebooks on Non-Western and Precapitalist Societies", cit. As notas de Marx estão principalmente em alemão, com algumas passagens em russo.
[64] Karl Marx, "Excerpts from M. M. Kovalevskij", cit., p. 351.
[65] Ibidem, p. 362.
[66] MECW, v. 12, p. 217.
[67] Karl Marx, "Excerpts from M. M. Kovalevskij", cit., p. 357.

Em outro nível, Marx parece ter concluído que a evolução do direito hindu a partir do antigo Código de Manu em diante também facilitou o colapso da propriedade comunal como tal. Isso, ele enfatiza, ocorreu por meio de legados e presentes deixados a sacerdotes, como visto na passagem abaixo, onde as partes inseridas por Marx em suas citações de Kovalévski estão novamente em itálico:

> O *pacto* sacerdotal desempenha assim um papel *central* no processo de individualização da propriedade familiar. (113). O principal traço da propriedade familiar indivisível é a sua inalienabilidade. Para obter essa propriedade, a legislação, que é desenvolvida sob a influência brâmane, precisa atacar esse *bastião* mais e mais [...] [[*Alienação por presente é a principal preocupação dos sacerdotes em todos os lugares!*]] [...] *Entre outros povos também, por exemplo no mundo germânico-romano (vide merovíngios, carolíngios), a mesma ordem de classificação também é encontrada – presentes ao sacerdote primeiro, precedendo qualquer outro modo de alienação de bens imóveis.*[68]

Na última frase, Marx enfatiza novamente os paralelos da história indiana com a de outras culturas; neste caso, a Europa medieval primitiva em oposição às noções de alteridade indiana.

Embora Marx pareça compartilhar muito do argumento de Kovalévski a respeito da propriedade comunal da Índia, às vezes ele discorda das suposições do jovem etnólogo. Por exemplo, em resposta à afirmação de que a ascensão da propriedade comunal da terra formava a base da "exploração comum do solo pelos membros dos clãs", Marx escreve que a cooperação, "tornada necessária pelas condições da caça etc.", surgiu mesmo antes do estabelecimento da agricultura entre "povos nômades e mesmo selvagens"[69]. Como observa o filósofo marxista humanista Peter Hudis, Marx rejeita "a identificação de Kovalévski das relações sociais comunais com formas de propriedade comunal"[70]. Aqui, novamente, como nos *Grundrisse*, Marx via as formas comunais de produção como historicamente anteriores e mais fundamentais do que a propriedade comunal.

A segunda parte das notas de Marx sobre Kovalévski a respeito da Índia, que trata do impacto do domínio muçulmano sobre essas relações sociais antigas, desencadeia um de seus ataques mais explícitos à noção de que a Índia pré-colonial era feudal. Os

---

[68] Ibidem, p. 366-7.
[69] Ibidem, p. 356-7.
[70] Peter Hudis, "Marx Among the Muslims", *Capitalism Nature Socialism*, v. 15, n. 4, 2004. p. 63.

conquistadores muçulmanos introduziram a *iqta*, uma forma de benefício em que os militares recebiam terras, ou a renda da terra, em troca de mais serviço militar. No entanto, diferentemente dos feudos do feudalismo ocidental, as *iqtas* normalmente não eram hereditárias. Havia também limites severos sobre quanta terra poderia ser entregue na forma de *iqtas*, e, na maioria dos casos, os súditos hindus retinham a posse de suas terras. Em um comentário extenso, Marx mostra-se exasperado quanto à interpretação de Kovalévski de que essas relações seriam feudais:

> Como "benefícios", "*distribuição de ofícios*" [[mas isso não é de todo feudal, como Roma atesta]] e *comendas*[71] são encontrados na Índia, Kovalévski encontra aqui o feudalismo no sentido da Europa ocidental. *Kovalévski esquece*, entre outras coisas, a *servidão*, que não existe na Índia e que é um momento essencial. [[No que diz respeito ao *papel individual de defesa*, contudo (cf. *Palgrave*), não apenas dos camponeses não livres mas também dos camponses livres (que desempenham um papel de *guardiães*), isso desempenha um papel limitado na Índia, com exceção do *wakuf*[72]]] [[da *poesia do solo* que o feudalismo românico-germânico tinha como sua (ver Maurer), tão pouco se encontra na Índia como em Roma. O *solo* em nenhum lugar é *nobre* na Índia, de modo que não poderia ser alienável aos plebeus!]].[73]

Tal passagem ilustra a oposição inflexível de Marx à visão, às vezes sustentada como ortodoxia marxista, de que as sociedades de classes pré-capitalistas eram uniformemente "feudais". Não só ele se afastava de tais noções, como tinha feito nos *Grundrisse* duas décadas antes, mas também atacava explicitamente aqueles que mantinham a interpretação "feudal". Como Harstick escreve a respeito dessa passagem:

> Marx defende um exame diferenciado da história asiática e [da] europeia e ele aponta seu argumento [...], acima de tudo, contra a simples transferência de conceitos de estrutura social extraídos do modelo da Europa ocidental para as relações sociais indianas ou asiáticas.[74]

Apesar de suas diferenças, o amigo de Marx, Kovalévski – ao contrário de Lubbock, Maine e Sewell, mas de acordo com Morgan – também admirava a

---

[71] Um contrato que transformava uma relação de propriedade livre e desembaraçada em uma propriedade condicional.
[72] Mais comumente transliterado como *waqf*: terra descartada como um dom religioso muçulmano.
[73] Karl Marx, "Excerpts from M. M. Kovalevskij", cit., p. 383 (grifos do original).
[74] Hans-Peter Harstick (org.), *Karl Marx über Formen vorkapitalistischer Produktion*, cit., p. 13.

propriedade comunal e as sociedades de clãs. Além disso, o jovem etnólogo russo compartilhava muito da hostilidade de Marx em relação ao colonialismo, agora ao contrário de Morgan, que mantinha silêncio quanto ao assunto[75]. Isso ficou claro na terceira seção das notas de Marx sobre Kovalévski a respeito da Índia, que se concentra no período do colonialismo britânico durante a Revolta dos Cipaios de 1857-1858. Marx começa com um tratamento detalhado do "assentamento permanente" de Cornwallis, de 1793, que transformou os *zamindares*, antigos arrematadores de impostos hereditários do Império Mongol, em senhorios. Os *zamindares*, portanto, ganharam a propriedade irrestrita de estilo capitalista sobre as áreas que antes apenas tributavam, incluindo o direito de expulsar aqueles que agora eram seus arrendatários, os *ryots*, e o direito de repassar essas novas propriedades a seus herdeiros. Ao incorporar alguns trechos da já mencionada *História analítica da Índia*, de Sewell, diretamente a suas anotações sobre Kovalévski, Marx acrescenta termos como "o canalha" para descrever Cornwallis[76]. Segundo Sewell, um dos oponentes deste último "discursou vigorosamente no Conselho [da Companhia das Índias Orientais] contra a destruição total dos costumes indianos", uma declaração que Marx acrescenta a suas anotações[77]. Ele não incorpora, no entanto, a descrição condescendente de Sewell dos "hindus humildes e sem espírito", aceitando essas mudanças passivamente[78]. Chamando os colonialistas britânicos de "cachorros", "burros", "bois", "bestas" e coisas desse tipo, Marx evidencia um "ódio geral ao governo inglês"[79]. Como em 1853, ele também liga a situação dos *ryots* à do camponês irlandês: "Inglaterra e Irlanda juntas. Lindo!"[80].

Kovalévski discerniu a continuação das formas comunais nas aldeias sob a nova estrutura capitalista. Marx registra o seguinte sobre tal questão, inserindo a passagem em itálico sobre "átomos" sociais:

Sob este sistema, o governo não tem nada a ver com a totalidade dos possuidores comunais de uma dada aldeia, mas com os usuários hereditários de parcelas

---

[75] Por exemplo, quando discute o México, Morgan critica os colonialistas espanhóis apenas por terem "perdido" uma "oportunidade de ouro" de registrar e preservar "informações" sobre culturas indígenas para a ciência (Lewis Henry Morgan, *Ancient Society*, cit., p. 184).
[76] Karl Marx, "Excerpts from M. M. Kovalevskij", cit., p. 385; Robert Sewell, *Analytical History of India: from the Earliest Times to the Abolition of the Honourable East India Company in 1858* (Londres, W. H. Allen & Co., 1870), p. 153.
[77] Idem; idem.
[78] Robert Sewell, idem.
[79] Karl Marx, "Excerpts from M. M. Kovalevskij", cit., p. 390-92, *passim*.
[80] Ibidem, p. 390.

individuais, cujos direitos cessam pelo não pagamento pontual de impostos. No entanto, *entre esses átomos, certas conexões continuam a existir*, reminiscentes dos antigos grupos proprietários das aldeias comunais.[81]

Essa passagem extremamente importante sugere uma ligação entre as notas de Marx sobre a Índia e seus escritos de 1877-1882 sobre a Rússia, discutidos abaixo. Se essas "conexões" comunais duraram na Índia, elas não poderiam também, como na Rússia, servir de pontos de resistência ao capital?

Perto do final dessa discussão sobre o impacto do domínio colonial britânico na aldeia comunal, Marx desfere um golpe em Maine, a quem acusa de preconceito:

> Os funcionários indianos ingleses e os publicistas que os apoiaram, como *Sir H. Maine* e outros, descrevem o declínio da propriedade comum em Punjab como o mero resultado – apesar do amoroso tratamento inglês da forma arcaica – do *progresso econômico*, enquanto eles próprios são os *principais portadores* (ativos) do mesmo – para seu próprio perigo.[82]

Nesse interessantíssimo trecho, Marx certamente mostra sua hostilidade ao colonialismo e ao capitalismo, e um grau de simpatia pelas formas sociais comunais. Mas, com a frase "para seu próprio perigo", ele também sugere que era não tanto a preservação dessas formas quanto a sua ruptura forçada em nome do "progresso econômico" o que poderia desencadear novas forças sociais danosas ao domínio britânico. As formas comunais mais antigas talvez não fossem revolucionárias em si mesmas, mas poderiam se tornar um "perigo" para a ordem social ao colidirem com a modernidade capitalista.

Marx provavelmente fez suas anotações de 16 mil palavras sobre *A aldeia ariana na Índia e no Ceilão* em 1881, um ano depois da publicação do livro[83]. Phear serviu como juiz colonial na Índia e no Ceilão (atual Sri Lanka) durante as décadas de 1860 e 1870, e seu livro é uma descrição detalhada da vida nas aldeias de Bengala e do Ceilão. Embora Marx se ocupe principalmente de registrar os dados de Phear, seus comentários ocasionais são esclarecedores. Phear expressa alguma simpatia pela situação difícil dos aldeões indianos empobrecidos, mas sem compartilhar

---

[81] Ibidem, p. 388 (grifos do original).
[82] Ibidem, p. 394 (grifos do original).
[83] Isso foi um ou dois anos depois das notas sobre Kovalévski, mas provavelmente não muito depois daquelas sobre Morgan, que precedem aquelas sobre Phear no mesmo caderno.

a visão de Marx disso como parte de uma polarização econômica rígida em que as classes dominantes locais e os colonialistas britânicos ficaram ricos à custa dos aldeões. Isso é mostrado em uma observação que Marx insere, entre parênteses, em uma das frases de Phear: "extrema pobreza da larga maioria, i. e., da maior parte da população de Bengala (a parte mais rica da Índia!)"[84].

Em certo ponto, Marx registra um trecho de Phear sobre conflitos entre os *ryot*s e os *zamindares*, referindo-se também ao *mandal*, o chefe da aldeia:

> *A revolta do povo do Zamindar contra o Mandal* (chefe da aldeia). [...] *O novo zamindar toma medidas para melhorar as rendas de seus ryots*; foi bem-sucedido na obtenção [...] de taxas aumentadas de vários *ryot*s, *mas o mandal da aldeia*, cujo exemplo é influente, resistiu de forma robusta e liderou a oposição. Contra ele, o *zamindar* enviou seus empregados, com o objetivo de capturá-lo e levá-lo embora. (p.118, 119) Terminou com o assassinato de algumas pessoas, mas o *mandal* venceu. (p.119, 120) Outro caso dos *ryot*s contra o *mandal* porque tomaram o lado do *zamindar* em certos assuntos; portanto, resolvem em "comitê" que ele deveria ser *punido e advertido*, sendo alguns "acusados" por tê-lo agredido. (agressões que o mataram).[85]

A passagem acima sugere um grau de solidariedade de classe e resistência por parte dos *ryot*s. As seleções de Marx para suas notas dão proporcionalmente maior destaque a essas questões do que o original de Phear.

Marx complementou esses estudos antropológicos com uma cronologia da história política e militar indiana em suas anotações sobre a *História analítica da Índia*, de Sewell, feitas em 1879, no mesmo caderno de notas que continha as anotações sobre Kovalévski acerca da Índia. Robert Sewell, um oficial colonial que escreveu sua *História analítica* ainda com vinte e poucos anos, publicou alguns trabalhos históricos e arqueológicos significativos sobre o sul da Índia. As anotações de Marx sobre os textos do oficial se estenderam por 42 mil palavras, escritas principalmente em alemão, mas com algumas passagens em inglês. De fato, as notas sobre Sewell e as mais antropológicas sobre Kovalévski estão intercaladas no caderno manuscrito de Marx. Se as notas sobre o etnólogo russo sugerem que Marx passou a acreditar que a sociedade indiana tinha uma história, as de Sewell parecem sugerir que um segundo traço problemático dos escritos sobre a Índia de 1853 estava ficando de lado: a noção de que a Índia sempre respondera

---

[84] Karl Marx, em Lawrence Krader (org.), *The Ethnological Notebooks of Karl Marx*, cit., p. 249.
[85] Ibidem, p. 261 (grifos do original).

passivamente à conquista externa. Isso porque as anotações de Marx enfatizam o caráter contingente das conquistas muçulmanas e britânicas, e não, como em 1853, a invencível marcha das grandes forças históricas.

Embora Marx tenha feito alguns comentários significativos em suas anotações sobre Sewell, estas não são muito frequentes. No entanto, um estudo detalhado de suas notas em relação ao texto do funcionário público oferece algumas indicações importantes da evolução de suas perspectivas sobre a Índia. Em muitos casos, Marx enfatizou passagens secundárias na narrativa de Sewell; o impulso central de suas notas torna-se, então, muitas vezes diferente do trabalho a partir do qual elas foram desenvolvidas.

Por exemplo, enquanto Sewell deu pouca atenção ao período anterior às conquistas muçulmanas, Marx enfatizou esse material em suas anotações. A seguinte passagem, retirada de Sewell, inclui na primeira sentença duas palavras da autoria de Marx, "mais interessantes":

> *O reino de Magadha* foi um dos mais interessantes. Seus *reis budistas* exerciam extenso poder; eles pertenceram por muitos anos à *casta Kshatriya*, até que uma das castas *Sudra* – a quarta e mais baixa das quatro castas de Manu – de nome *Chandragupta* – chamada Sandracottus pelos gregos – assassinou o rei e tornou-se soberana; ele viveu no tempo de *Alexandre, o Grande*. Posteriormente, encontramos *mais três dinastias Sudra*, que terminaram com um *Andhra em 436 d.C.*[86]

A expressão de Marx "mais interessantes" pode ter expressado sua surpresa com a relativa porosidade das linhas de castas. Se assim for, a passagem pode indicar uma mudança em sua visão de 1853 das castas como barreiras intransponíveis que solaparam a coesão social ante a invasão estrangeira.

Da mesma forma, Marx deixa de incluir em suas anotações uma declaração de Sewell com a qual ele teria concordado em 1853: "a verdadeira história da Índia começa [...] com as invasões dos árabes"[87]. Além disso, Marx frequentemente pula as passagens nas quais o autor tende a se identificar com os

---

[86] Karl Marx, *Notes on Indian History (664-1858)* [1879-1880] (Moscou, Progress, 1960), p. 54 (grifos de Marx). Ver também Robert Sewell, *Analytical History of India*, cit., p. 6. Estou citando a única tradução publicada dessas notas, que apareceu em Moscou em 1969. No entanto, também consultei a nova transcrição de Norair Ter-Akopian e Georgi Bagaturia (com Jürgen Rojahn), que aparecerá em MEGA² IV/27, e a tradução inglesa feita por Ashley Passmore e por mim em Karl Marx, "Commune, Empire, and Class: 1879-1882 Notebooks on Non-Western and Precapitalist Societies", cit.

[87] Robert Sewell, *Analytical History of India*, cit., p. 10.

ESCRITOS TARDIOS SOBRE SOCIEDADES NÃO OCIDENTAIS E PRÉ-CAPITALISTAS   317

conquistadores muçulmanos da Índia, sem dúvida vendo os britânicos como seguidores de seus passos.

Marx enfatiza, ainda, trechos nos quais Sewell se refere à resistência hindu, ao mesmo tempo que extirpa partes do texto original que mostram guerreiros hindus ou governantes de uma forma mais negativa. Por exemplo, Marx registra passagens como as seguintes, enfatizando como as forças marata-hindus colocaram o imperador mongol Aurangzeb na defensiva no final de seu reinado, isso antes que os britânicos tivessem ganhado a maior parte de sua base na Índia:

> 1704. [...] Nos últimos quatro anos de sua vida todo o governo desorganizado; *maratas* começaram a recuperar seus fortes e reunir forças; uma terrível fome exauriu as provisões para as tropas e drenou o tesouro; soldados amotinados por falta de pagamento; muito pressionado pelos maratas, *Aurangzeb recuou em grande confusão para Ahmadnagar, adoeceu*.[88]

Em outro ponto, Marx substitui a palavra "soberano" de Sewell por "ancestral do clã [*Stammvater*][89]" ao registrar uma descrição da liderança marata[90]. Isso indica uma ligação conceitual entre essas notas sobre Sewell e as notas mais antropológicas, destacando a noção de que os maratas, que formavam o lócus mais importante da resistência indiana tanto aos mongóis quanto aos britânicos, eram organizados em base clânica.

Marx também dedica atenção considerável ao fato de que, no final do século XIV, pouco antes da invasão de Timur e do saque a Délhi, os sultões de Délhi começaram a encontrar forte resistência. Abaixo, destaquei em itálico as intervenções de Marx em passagens de Sewell:

> 1351: Com o desmembramento do Reino de Muhammad Tughlak, em Délhi, vários novos Estados surgiram. Por volta de 1398 (*na época da invasão de Timur*), toda a Índia ficou livre da *dominação maometana*, exceto algumas milhas ao redor de Délhi.[91]

---

[88] Karl Marx, *Notes on Indian History*, cit. Ver também Robert Sewell, *Analytical History of India*, cit., p. 66.
[89] A tradução de Moscou de 1960 torna o termo *Stammvater* um pouco menos preciso; algo como "antepassado".
[90] Karl Marx, *Notes on Indian History*, cit., p. 80; Robert Sewell, *Analytical History of India*, cit., p. 122.
[91] Karl Marx, ibidem, p. 25. Ver também Robert Sewell, *Analytical History of India*, cit., p. 33.

Marx passa a registrar seis exemplos de reinos autoproclamados, também escrevendo a palavra "hindu" repetidamente na margem esquerda de seu caderno[92]. Ele faz algo semelhante em um comentário que registra, entre parênteses, no meio de uma passagem de Sewell sobre eventos de cinquenta anos depois:

> Em 1452, o *rajá de Jaunpur sitiou Délhi, o que levou a uma guerra que durou 26 anos* (isso é importante; mostra que os príncipes indianos tinham se tornado poderosos o suficiente contra o antigo governo muçulmano) e terminou em derrota total do rajá e *anexação de Jaunpur a Délhi*.[93]

Nesse caso, a inserção entre parênteses de Marx altera consideravelmente o tom do texto de Sewell, enfatizando a longa resistência por parte dos "príncipes indianos nativos", em vez de sua eventual derrota[94]. Mais uma vez, tais passagens indicam uma mudança na visão do Marx de 1853 sobre a passividade indiana em face da conquista.

Nenhuma das alternativas sugere que as anotações de Marx sobre a Índia sejam antimuçulmanas, pois em numerosas ocasiões ele observa as consideráveis contribuições dos muçulmanos à cultura e à sociedade indianas. A certa altura, ele escreve sobre o imperador mongol Akbar: "ele transformou *Délhi* na maior e melhor cidade do mundo"[95], aqui apresentando um resumo mais direto do que o de Sewell, que assim descreve a Délhi de Akbar: "a cidade deve ter sido neste período *uma das* maiores e mais bonitas do mundo"[96]. Marx retrata Akbar sob uma luz mais secular que Sewell, caracterizando-o como "indiferente em questões religiosas, portanto tolerante", enquanto o historiador britânico escreve: "em questões religiosas, Akbar era tolerante e imparcial"[97].

Marx dedica ao período de ascendência britânica a maior parte das anotações sobre Sewell, nas quais enfatiza seu caráter contingente e os muitos casos em que

---

[92] Infelizmente, em seu entusiasmo quanto à resistência aos governantes muçulmanos da Índia, Marx faz a suposição errônea de que os pequenos reinos indianos que lutavam contra o sultanato de Délhi eram liderados por hindus. Na verdade, seus governantes eram muçulmanos também.

[93] Karl Marx, *Notes on Indian History*, cit., p. 23 (grifos do original). Ver também Robert Sewell, *Analytical History of India*, cit., p. 32.

[94] Mais uma vez, no entanto, os desafiantes de Délhi não eram príncipes hindus, mas sim membros do sultanato de Sharqi, baseado em Jaunpur.

[95] Karl Marx, *Notes on Indian History*, cit., p. 33.

[96] Robert Sewell, *Analytical History of India*, cit., p. 54 (grifos meus).

[97] Karl Marx, *Notes on Indian History*, cit.; Robert Sewell, ibidem, p. 52.

o poder britânico na Índia se manteve por um fio. Ele frequentemente denomina os britânicos de "cabeças-duras" ou "cães", os quais ele às vezes descreve como terrivelmente assustados diante da resistência indiana. Ao longo dessas notas, Marx demonstra uma simpatia acentuada pelos maratas, enquanto ocasionalmente expressa desdém pelos senhores da guerra.

Sem surpresa, Marx muitas vezes ridiculariza ou retira de suas notas passagens de Sewell que retratam a conquista britânica da Índia como uma luta heroica contra a barbárie asiática. É o que acontece com o relato do oficial sobre a morte por sufocamento, em 1756, de mais de cem britânicos aprisionados por um oficial mongol, no que veio a ser conhecido como o "Buraco Negro de Calcutá". Nesse ponto, Marx não acrescenta a suas anotações frases de Sewell caracterizando essa como "uma das mais horríveis tragédias da história do mundo"; em vez disso, ele escreve sobre "'o *Buraco Negro de Calcutá*', a respeito do qual os *hipócritas ingleses* têm feito tanto escândalo até hoje"[98].

Além disso, Marx toma nota de como o colonialismo britânico, ao introduzir uma forma mais voraz de capitalismo, tinha transformado antigas formas de propriedade fundiária em propriedade privada irrestrita que poderia ser adquirida por agiotas e financiadores[99]. Marx registra o seguinte trecho de Sewell, acrescentando alguns comentários (destacados em itálico abaixo). No final do século XVIII, Muhammad Ali, um oficial mongol e

> libertino, devasso e debochado da pior espécie, tomava emprestadas grandes somas de particulares, a quem pagava atribuindo-lhes as receitas de consideráveis extensões de terra. Os credores (*também conhecidos como vigaristas usurpadores ingleses*) acharam isso "muito vantajoso"; estabeleceu os "*vermin*"[100] de uma só vez na posição de grandes proprietários de terras e permitiu-lhes acumular fortunas imensas ao oprimirem os *ryots*; *daí a tirania – a mais inescrupulosa – em relação aos camponeses nativos desses novatos* zamindares *europeus (isto é, ingleses)!*[101]

Marx considera o Estado inglês do reformador William Pitt responsável por tais desenvolvimentos na Índia.

---

[98] Karl Marx, ibidem, p. 65; ver também Robert Sewell, ibidem, p. 95.
[99] Como mencionado acima, ele tinha incorporado material mais extenso de Sewell neste ponto de suas notas sobre Kovalévski, especialmente a descrição do "assentamento permanente de 1793", que estabeleceu os *zamindares* como latifundiários.
[100] Prestamistas ingleses.
[101] Karl Marx, *Notes on Indian History*, cit., p. 90. Ver também Robert Sewell, *Analytical History of India*, cit., p. 145.

O autor destaca repetidas vezes a resistência aos britânicos demonstrando simpatia pelas várias forças maratas, mongóis, afegãs e siques dispostas contra eles. Além disso, ele frequentemente indica maneiras pelas quais essas forças se desligam de possíveis apoiadores por meio de banditismo ou brutalidade, ao mesmo tempo que demonstram total desprezo pelos líderes indianos que se alinharam aos britânicos. Mesmo depois que os clãs maratas foram derrotados, Marx ainda chama a atenção para os novos desafios aos britânicos no noroeste, representados pelos siques e pelos afegãos.

Os britânicos invadiram o Afeganistão apenas para sofrer uma derrota esmagadora em 1842, com a perda de 15 mil soldados e civis enquanto tentavam recuar pelos desfiladeiros das montanhas. Marx registra uma passagem de Sewell que descreve um ponto dessa retirada, inserindo o apelido zombeteiro de "cães britânicos":

> *os nativos* mataram os 'cães britânicos' *a partir de cima*, centenas caíram assim até que *o fim da passagem estivesse limpo*, onde apenas quinhentos-seiscentos homens famintos e feridos foram deixados para continuar sua retirada. Eles também foram *massacrados como ovelhas* durante sua marcha de luta até a fronteira".[102]

Marx também se concentra em como, nas campanhas subsequentes para retomar o Afeganistão e as regiões intermediárias, os britânicos em mais de uma ocasião saquearam as cidades que haviam conquistado.

A Revolta dos Cipaios, de 1857-1858, foi abordada por Marx em grande detalhe, geralmente deixando de fora as descrições afetadas de Sewell das atrocidades indianas e concentrando-se, em vez disso, nas atrocidades britânicas. Os trechos recortados por Marx tendiam a colocar os rebeldes sob uma luz mais favorável do que o texto de Sewell. Isso é visto no trecho a seguir sobre a situação em maio de 1857, que Marx altera com frases próprias, aqui em itálico:

> A rebelião se espalhou por todo o Hindustão; em vinte lugares diferentes simultaneamente, levantes cipaios e assassinatos de ingleses; cenas principais: Agra, Bareili, Moradabad. Sindhia leal aos *"cães ingleses"*, não a seus "soldados"; o rajá de Patiala – *que vergonha*! – mandou grande corpo de soldados para ajudar os ingleses!

---

[102] Karl Marx, *Notes on Indian History*, cit., p. 136 (grifos de Marx); ver também Robert Sewell, *Analytical History of India*, cit., p. 240.

Em Mainpuri (províncias do noroeste), um jovem *bruto de um* tenente, um De Kantzow, salvou o tesouro e o forte.[103]

O massacre rebelde de várias centenas de civis e soldados europeus em Cawnpore (Kanpur), liderado por Nana Sahib, evoca pouca simpatia de Marx, que prefere extrair trechos sobre isso de Sewell – retirando, contudo, termos exagerados como "diabólicos" e "demônios traiçoeiros", bem como a declaração do historiador britânico de que "os horrores que se revelaram são quase sem paralelo na história"[104]. Em vários pontos, Marx também substitui o termo "amotinados" do original por "insurgentes". As anotações sobre Sewell sugerem que a simpatia de Marx pela Revolta dos Cipaios só aumentou desde seus artigos para o *Tribune* sobre esses mesmos eventos no final da década de 1850.

Colonialismo na Indonésia, Argélia e América Latina

As notas sobre a Índia contêm alguma discussão sobre o islã, dado o fato de que aquela região, que compreendeu durante o século XIX as nações do Paquistão e Bangladesh, assim como a Índia, abrigava uma das maiores populações muçulmanas do mundo (embora fosse uma minoria, em comparação com os hindus). Marx fez anotações extensas sobre duas sociedades predominantemente muçulmanas: a Indonésia (Java) e a Argélia, colonizada pelos Países Baixos e pela França, respectivamente.

As notas de Marx sobre *Java; or, How to Manage a Colony, Showing a Practical Solution of the Questions Now Affecting British India* [Java; ou como administrar uma colônia mostrando uma solução prática das questões que afetam a Índia Britânica] (1861), de J. W. B. Money, concentram-se na organização social da tradicional aldeia javanesa. Money, um advogado britânico nascido na Índia, visitou a colônia holandesa de Java em 1858, no auge da Revolta dos Cipaios. Seu livro é um panegírico descarado do domínio colonial holandês. Em Java, os holandeses retiveram mais do sistema pré-colonial do que os britânicos na Índia, onde a ocupação de Cornwallis havia desencadeado forças de mercado que perturbaram gravemente a tradicional aldeia comunal. Os holandeses extraíram um excedente a partir de cima, enquanto permitiam que muitos aspectos dos

---

[103] Karl Marx, *Notes on Indian History*, cit., p. 149. Ver também Robert Sewell, *Analytical History of India*, cit., p. 268.
[104] Karl Marx, *Notes on Indian History*, cit., p. 149-50; Robert Sewell, *Analytical History of India*, cit., p. 268-70.

padrões tradicionais de posse da terra, organização política e cultura das aldeias comunais persistissem. Depois da morte de Marx, Engels parece ter lido o livro de Money, mas não está claro se ele leu também as anotações de Marx, escritas em 1880-1881. Em uma carta a Karl Kautsky, de 16 de fevereiro de 1884, Engels vê a solidez do domínio holandês como um exemplo de um "socialismo de Estado" conservador que, "como na Índia e na Rússia" da mesma época, estava fundado no "comunismo primitivo" no nível da aldeia[105]. As observações de Engels estavam, obviamente, relacionadas à principal tese de Money sobre a estabilidade do domínio colonial holandês *versus* o britânico.

No entanto, isso foi exatamente o que Marx tendeu a ignorar em suas notas sobre Money, à medida que se concentrava nos dados apresentados por ele. Marx não faz nenhum comentário diretamente crítico sobre o ponto de vista desse cronista superficial da vida em Java, com a exceção de um ponto de exclamação próximo a uma passagem em que Money exaltava a política holandesa de manter a educação moderna longe das aldeias. Com um cuidadoso senso de objetividade, ele deixa de lado as partes mais duvidosas da análise de Money, com isso conseguindo tirar proveito de um livro que na época era um dos poucos relatos detalhados da vida na Java colonial por um observador externo.

Marx voltou-se para a Argélia em outra parte de suas anotações sobre Kovalévski, nas quais tratou das formas comunais nos períodos pré-colonial e colonial. Nessas citações relativamente breves, de 7 mil palavras, ele começou observando a força da propriedade comunal na região do Magreb. Embora uma quantidade considerável de propriedades privadas de terras tenha surgido sob os otomanos, a maior parte da terra na Argélia permaneceu como propriedade comunal nas mãos de clãs e parentes.

No século XIX, os colonizadores franceses procuraram mudar essa situação, mas encontraram resistência obstinada. Marx destaca o papel da Assembleia Nacional francesa de 1873 nesses esforços para desmantelar a propriedade comunal, citando o seguinte trecho de Kovalévski, com uma observação própria entre parênteses na primeira sentença:

A formação da propriedade privada de terras (aos olhos dos burgueses franceses) como condição necessária de todo progresso na esfera política e social. A *manutenção posterior da propriedade comunal*, "como uma forma que apoia as tendências comunistas nas mentes das pessoas" (*Debates of the National Assembly*, 1873) é

---
[105] MECW, v. 47, p. 102-3.

perigosa tanto para a colônia quanto para a pátria; a distribuição das *posses dos clãs* é encorajada, mesmo prescrita, *primeiro como um meio de enfraquecer as tribos subjugadas que estão sempre sob impulso de se revoltarem*, e segundo, como o único caminho para uma posterior *transferência da propriedade das terras* das mãos dos nativos para as dos colonizadores.[106]

Assim como Maine, os legisladores franceses viram uma ligação entre a propriedade comunal indígena e o movimento socialista contemporâneo, à medida que ambos formaram grandes obstáculos à consolidação das relações de propriedade burguesas, "tanto na colônia como na pátria".

Marx ataca novamente a Assembleia Nacional francesa, enfatizando que esses eram os chamados "rurais". "Rurais" e "assembleia da vergonha" foram alcunhas pejorativas usadas pelos membros da esquerda francesa em referência à Assembleia Nacional em Versalhes. Eles a culpavam por ter legitimado a repressão de uma forma comunal moderna, a Comuna de Paris, de 1871. Marx expressa sua indignação inserindo várias passagens, em itálico abaixo, que aguçam a descrição já crítica de Kovalévski da Assembleia:

> 1873. Assim, a primeira preocupação da *Assembleia dos Rurais de 1873* foi encontrar medidas mais efetivas para *roubar a terra* dos árabes. [[Os debates nesta *assembleia da vergonha* a respeito do projeto "Sobre a introdução da propriedade privada" na Argélia buscam esconder a *vilania* sob o manto das chamadas leis eternas inalteráveis da economia política. (224) *Nestes debates os "rurais" são unânimes no objetivo: destruição da propriedade coletiva. O debate gira em torno do método, como realizá-la.*]].[107]

Aqui Marx estabelece, mais uma vez, uma conexão entre aqueles que suprimiram uma "comuna" moderna criada pelos trabalhadores de Paris e aqueles que estavam confiscando terras comunais indígenas na Argélia. Um pouco mais tarde, Marx incorpora a suas citações a menção de Kovalévski sobre o medo que os franceses passaram a ter de uma revolta anticolonial com base nos clãs. Eles acreditavam que isso poderia ser evitado "*despojando os árabes de sua ligação*

---

[106] Karl Marx, "Excerpts from M. M. Kovalevskij", cit., p. 405 (grifos de Marx). Aqui, novamente, estou citando a versão mais acessível em inglês das notas de Marx sobre Kovalévski, a de Krader. Mas também consultei a nova transcrição de Norair Ter-Akopian e Georgi Bagaturia (com Jürgen Rojahn) que aparecerão em MEGA² IV/27, conforme traduzida e anotada por Charles Reitz, Lars Lih e por mim para uma edição totalmente em inglês.
[107] Karl Marx, "Excerpts from M. M. Kovalevskij", cit., p. 410.

natural com o solo para quebrar a última força das *uniões de clãs*, dissolvendo-as, bem como a qualquer *perigo de rebelião*"[108].

Em outra parte de suas anotações sobre Kovalévski, Marx retoma uma forma muito mais antiga de colonialismo, a da Espanha no Novo Mundo, ao mesmo tempo que examina formas comunais na América Latina e no Caribe pré-colombianos. Essas notas relativamente breves compreendem cerca de 7.500 palavras, escritas principalmente em alemão, com algumas passagens em russo e espanhol. Marx começa registrando material do colega sobre a transição de uma existência semelhante a um rebanho para clãs e para famílias nas sociedades nativas americanas. Torcendo ligeiramente o texto de Kovalévski para apresentar a mudança do clã para a produção familiar como anterior às mudanças relacionadas às formas de propriedade, ele escreve: "com a formação de famílias privadas, a propriedade individual também emerge e *só é móvel* no início"[109]. Marx também enfatizou, com trechos de Kovalévski, a virtual ausência de propriedade privada em algumas sociedades nômades nas Américas.

Além disso, Marx concentrou-se na discussão de Kovalévski sobre a transição para a agricultura, segundo a qual os clãs se estabeleceram permanentemente em terras que eles costumavam tomar à força. No México, relatou Kovalévski, comunidades urbanas baseadas em clãs possuíam terras em comum como *calpulli*, e seus ocupantes eram chamados *calli*. A terra não poderia ser vendida ou herdada individualmente. A capacidade de um grupo de cultivar a terra tornou-se um fator cada vez mais importante na determinação da posse, levando a divisões desiguais. Os *calli* guardavam de perto seus direitos possessórios, excluindo estritamente os não membros do clã.

De acordo com Kovalévski, em outro cenário os senhores de grupos conquistadores como os astecas ou os incas usaram associações comunais semelhantes para administrar impérios. Citando o etnólogo, Marx escreve que "a população rural continuou, como antes, a *apropriar-se da terra comunitariamente*, mas, ao mesmo tempo, teve de abrir mão de uma parte de sua renda real, como pagamentos em

---

[108] Ibidem, p. 229 (grifos de Marx).
[109] Hans-Peter Harstick (org.), *Karl Marx über Formen vorkapitalistischer Produktion*, cit., p. 19. Esta parte das notas sobre Kovalévski ainda não foi publicada em inglês. Portanto, estou fazendo referência à edição alemã (ibidem). No entanto, estou efetivamente citando a nova transcrição de Ter-Akopian e Bagaturia para a MEGA², na tradução de Annette Kuhlmann, Charles Reitz, Lars Lih e minha, com C. J. Pereira di Salvo (para o espanhol), que aparecerá em Karl Marx, "Commune, Empire, and Class: 1879-1882 Notebooks on Non-Western and Precapitalist Societies", cit.

espécie, em benefício de seus governantes"[110]. Isso, acrescenta ele, registrando outra passagem do etnólogo russo, preparou o caminho para "o desenvolvimento das grandes propriedades fundiárias" e criou o potencial para a dissolução da propriedade comunal, um processo "acelerado pela chegada dos espanhóis"[111].

Os excertos de Marx sobre o período seguinte, o início do colonialismo espanhol, expandem apenas ocasionalmente as próprias palavras de Kovalévski, talvez porque o ataque do russo ao colonialismo, sempre presente em *A propriedade comunal*, nesse trecho era absolutamente inequívoco. Aqui está uma passagem representativa, conforme registrada por Marx, com suas intervenções em itálico:

> A política espanhola original de extermínio dos indígenas. (47) Após a *pilhagem do ouro etc., que encontraram, os [amer]índios são condenados a trabalhar nas minas.* (48). Com o declínio do valor do ouro e da prata, os espanhóis recorrem à agricultura, transformam os [amer]índios em escravos para cultivar terras para eles. (1. C.).[112]

Sob esse sistema de *repartimientos,* os caciques indígenas ou líderes de clãs eram obrigados a fornecer aos espanhóis pessoas para serem usadas no trabalho agrícola. Marx registra passagens sobre a extrema brutalidade desse sistema, em que os ameríndios eram caçados se não fossem fornecidos em número suficiente pelos caciques.

Logo, sob pressão de membros da Igreja, o Estado espanhol se empenhou em restringir a escravidão total da população nativa, como se vê na citação de Kovalévski incorporada por Marx a suas anotações. Mesmo aqui, em um ponto no qual concorda com o clero, Marx não pôde deixar de ser irônico em relação à Igreja, inserindo a palavra "confusão" neste trecho de Kovalévski:

> Daí a *confusão por parte dos monges da Ordem de São Jacó* contra a escravização dos índios. *Por isso, em 1531,* disparate do *papa Paulo III* declarando índios como "seres humanos" e, portanto, "livres da escravidão". O *Conselho Real para as Índias Ocidentais,* estabelecido em 1524, metade do qual consistia dos chefes do mais alto clero, declarou-se favorável à liberdade dos [amer]índios. *Carlos V* (Lei de 21 de maio de 1542), de acordo com isso, proibiu-o: "nenhuma pessoa, envolvida ou não em guerra, pode tomar, apreender, ocupar, vender ou trocar

---

[110] Hans-Peter Harstick (org.), *Karl Marx über Formen vorkapitalistischer Produktion*, cit., p. 28.
[111] Idem.
[112] Ibidem, p. 29.

qualquer índio como escravo, nem o possuir como tal"; do mesmo modo, a *Lei de 26 de outubro de 1546* proíbe a venda de [amer]índios para escravização etc.[113]

Marx, em seguida, aborda a resistência dos colonizadores à lei e sua eventual aplicação. O novo regulamento não levou a uma diminuição real da escravidão no Novo Mundo, no entanto, como visto na seguinte passagem de Kovalévski, com comentários de Marx sobre os colonizadores em itálico: "Resistência pelos colonizadores espanhóis contra essa lei. (1. C.) *Luta com esses cães* por Las Casas, Don Juan Zumaraga e outros bispos católicos. (54) Daí o comércio de escravos negros como 'substituto' para os cavalheiros colonizadores"[114]. As reformas dos bispos levaram, no fim, a um aumento do tráfico de escravos africanos, que se tornou a principal fonte de trabalho para as plantações no Novo Mundo.

O brutal sistema de *repartimientos* para os ameríndios foi substituído pelo sistema de *encomiendas*: nele, indivíduos formalmente livres que viviam em aldeias comunais estavam sujeitos a impostos em espécie e em trabalho, tudo administrado por *encomenderos* espanhóis locais – era, em resumo, um tipo de servidão. Normalmente, esses impostos deveriam sustentar um *encomendero* e um padre por aldeia. O novo sistema tinha muitas características paternalistas, incluindo exigências de que os *encomenderos* protegessem os ameríndios, ajudassem na sua cristianização e assim por diante. Os *encomenderos* tinham o direito de expulsar os anciãos das aldeias se os pagamentos entrassem em atraso, algo que prejudicou seriamente o sistema comunal. Embora os *encomenderos* também pudessem ser removidos e banidos por não cumprir sua parte na barganha, a aplicação de todos esses regulamentos foi deixada a cargo dos colonizadores espanhóis, algo que faz Marx exclamar: "Muito digno isso dos estadistas Carlos I e Felipe II"[115]. As exações sob o sistema de *encomiendas* tornaram-se tão severas que muitos ameríndios fugiram ou cometeram suicídio. Embora eles tecnicamente possuíssem a terra por meio de suas aldeias comunais, isso se aplicava apenas a terras realmente cultivadas, o que dava abertura aos espanhóis que desejassem anexar porções delas ao declará-las terrenos baldios. Essas e outras manobras legais privaram os ameríndios de grande parte de suas principais terras agrícolas.

Marx continua seu resumo e citações, passando agora para a transição à propriedade privada capitalista, acrescentando aqui uma observação entre parênteses

---

[113] Ibidem, p. 30 (grifos de Marx).
[114] Idem.
[115] Ibidem, p. 32.

na primeira sentença, tornando mais precisas as categorias antropológicas de Kovalévski:

> Essa dissolução da consanguinidade (real ou fictícia) levou, em alguns locais, à formação de propriedades fundiárias de *pequena escala a partir dos antigos lotes comunais*; isso, por sua vez, *passou pouco a pouco para as mãos dos europeus proprietários de capital* – sob a pressão de impostos dos *encomenderos* e *do primeiro sistema permitido pelos espanhóis de empréstimo de dinheiro a juros* – Zurita diz: "*sob os líderes indígenas, os [amer]índios não conheciam a usura*".[116]

Isso desencadeou novos conflitos no interior de aldeias comunais e clãs e entre eles, o que acabou destruindo o poder e os direitos dos ameríndios.

Marx termina suas anotações de Kovalévski sobre a América Latina com o seguinte trecho, no qual ele insere algumas palavras (em itálico):

> A sobrevivência – *em grande parte* – da comuna rural deve-se, por um lado, à preferência dos [amer]índios por este tipo de propriedade da terra, como a que melhor corresponde ao seu nível de cultura; por outro lado, a falta de legislação colonial [[*em contraste com as Índias Orientais Inglesas*]], de regulamentações, que dariam aos membros dos clãs a possibilidade de vender os lotes pertencentes a eles.[117]

O qualificativo de Marx "em grande parte" prejudica um pouco a ênfase de Kovalévski sobre a dissolução dessas formas comunais. A inserção de Marx entre colchetes sobre a Índia sugere que as formas comunais permaneceram mais fortes na América Latina do que na Índia, provavelmente porque esta havia sido colonizada em um período posterior por uma potência capitalista avançada, a Inglaterra, que tentava ativamente criar a propriedade privada individual nas aldeias.

Nesse ponto e em outros lugares nos cadernos de 1879-1882 sobre sociedades não ocidentais e pré-capitalistas, Marx se mostrava preocupado com a persistência de formas comunais, mesmo em sua própria época, neste caso depois de mais de três séculos de domínio colonial. Tais considerações formavam o pano de fundo para o que viria a seguir: seu apoio à comuna rural russa da década de 1880 como uma fonte potencial de resistência ao capital.

---

[116] Ibidem, p. 36 (grifos do original).
[117] Ibidem, p. 38.

Rússia: formas comunais como o "ponto de partida para um desenvolvimento comunista"

Muitos dos principais temas discutidos neste livro alcançam seu ponto alto nos últimos escritos de Marx sobre a Rússia, durante os anos de 1877 a 1882. Primeiro, é aqui que o autor parece se afastar ainda mais do modelo de desenvolvimento implicitamente unilinear adotado no *Manifesto Comunista*. Segundo, ele apresenta mais explicitamente aqui do que em outros lugares a possibilidade de que sociedades não capitalistas passem diretamente ao socialismo a partir de suas formas comunais autóctones, sem passar primeiro pelo estágio do capitalismo. Tal raciocínio, entretanto, veio acompanhado de uma importante condição, expressa por Marx e Engels em seu prefácio de 1882 à edição russa do *Manifesto*: essas novas revoluções só poderiam ser bem-sucedidas se fossem capazes de se associar a revoluções incipientes da classe trabalhadora nos setores industriais do Ocidente desenvolvido.

Como os outros textos discutidos neste capítulo, os últimos escritos de Marx sobre a Rússia incluíam cadernos de citações com comentários ocasionais em suas próprias palavras. Estes foram bastante substanciais. Em 1875 e 1876, depois de ter estudado a língua russa por alguns anos, Marx iniciou um longo conjunto de anotações de fontes russas sobre o desenvolvimento social e político daquele país desde 1861[118]. Ele continuou a cobrir a Rússia em outras notas da década de 1880. Entre elas, dois textos que aparecerão na MEGA² IV/27: um breve estudo sobre a agricultura russa e anotações mais longas sobre as *Monografias históricas* de Nikolai Kostomárov, estas últimas enfocando a Revolta Cossaca de Stienka Rázin, ocorrida em fins do século XVII.

Os escritos tardios de Marx sobre a Rússia, contudo, não se limitaram a cadernos de citações, nos quais sua própria voz era necessariamente um pouco abafada. Eles também incluem cartas, rascunhos e um texto publicado, o acima mencionado prefácio ao *Manifesto Comunista*. A maioria desses escritos conectava formas comunais, pelo menos na Rússia, às perspectivas de revolução na época de Marx. Embora os materiais para além dos cadernos não sejam muito longos – cerca de trinta páginas de texto na edição mais conhecida[119]–, eles trazem conclusões que Marx tirou de seus estudos sobre as formas comunais na Rússia. Em um nível mais amplo, eles constituem uma visão de como Marx pode ter

---

[118] Este material está preparado para ser incluído integralmente na MEGA² IV/22.
[119] Teodor Shanin (org.), *Late Marx and the Russian Road*, cit.

pretendido desenvolver o material nos cadernos de citações de 1879-1882 sobre uma variedade de sociedades não ocidentais.

Como já mencionado, a renovação do interesse de Marx pela Rússia foi estimulada pela tradução de 1872 de *O capital* para o russo. Uma discussão surpreendentemente ampla se seguiu a essa publicação – a primeira edição do livro fora da Alemanha –, considerado o fato de que tal sociedade no extremo leste da Europa ainda não havia sido impactada seriamente pelo capitalismo[120]. No posfácio da segunda edição alemã, de 1873, Marx contrasta o que ele vê como a resposta ideológica dos "tagarelas aduladores da economia vulgar alemã" às críticas sérias que a "excelente tradução russa" estava recebendo[121]. Na Rússia agrícola, a oposição política era dominada pelos populistas, que defendiam uma revolução agrária que evitaria o capitalismo e desenvolveria a Rússia em linhas diferentes das do Ocidente.

Em 1877, Marx esboçou uma resposta a um artigo sobre *O capital* que o sociólogo e líder populista Nikolai Mikhailóvski havia publicado no início daquele ano na revista russa *Otechestvennye Zapiski* [Notas da Pátria]. Mikhailóvski foi simpático a Marx; de fato, seu artigo tomou a forma de uma resposta a uma dura crítica de *O capital* feita por outro russo, Iúli Jukóvski[122]. O que parecia afligir Marx era que, ao defendê-lo, Mikhailóvski lhe atribuíra uma teoria unilinear da história humana, ligada a uma teoria do desenvolvimento segundo a qual outras sociedades estavam destinadas a seguir a Inglaterra no caminho para o capitalismo. O sociólogo escreve:

> No sexto capítulo de *O capital*, há uma seção intitulada "A assim chamada acumulação primitiva". Aqui, Marx tem em vista um esquema histórico dos primeiros passos do processo capitalista de produção, mas ele nos dá algo muito maior, toda uma teoria histórico-filosófica. Essa teoria é de grande interesse em geral e especificamente interessante para nós, russos.[123]

---

[120] Albert Resis, "*Das Kapital* Comes to Russia", *Slavic Review*, v. 29, n. 2, 1970; James D. White, *Karl Marx and the Intellectual Origins of Dialectical Materialism*, cit.
[121] Karl Marx, *O capital*, Livro I, cit., p. 99.
[122] Apoiador liberal do capitalismo, Jukóvski atacou a teoria do valor-trabalho, entre outras coisas.
[123] Nikolai Konstantínovitch Mikhailóvski, "Karl Marks pered sudom g. Yu. Zhukovskogo" [Karl Marx diante do tribunal do sr. Iúli Jukóvski] [1877], em *Polnoe Sobranie Sochinie* (São Petersburgo, M. M. Stasiulevich, 1911), v. 4. p. 167-8. Eu gostaria de agradecer a Lars Lih por traduzir este material do russo.

Marx também pode ter se preocupado com as reservas de Mikhailóvski em relação à dialética:

> Se você tirar de *O capital* a cobertura pesada, desajeitada e desnecessária da dialética hegeliana, então, independentemente das outras virtudes deste trabalho, veremos nele material excelentemente elaborado para resolver a questão geral da relação das formas com as condições materiais de sua existência, bem como uma excelente formulação da questão em uma esfera particular.[124]

O esboço de resposta escrito por Marx à *Otechestvennye Zapiski* focou especialmente o primeiro ponto de Mikhailóvski, sobre *O capital* ter sido fundamentado em "toda uma teoria histórico-filosófica"[125].

Em sua carta, Marx relata que os assuntos russos o haviam ocupado por um bom tempo durante os anos 1870: "para chegar a um julgamento informado sobre o desenvolvimento econômico da Rússia, aprendi russo e depois por muitos anos estudei publicações oficiais e outras relacionadas à questão"[126]. Marx escreve, aqui pela primeira vez – embora sem reconhecer a sua mudança de posição –, que ele estava aberto ao argumento do populista Nikolai Tchernychiévski a respeito de pular o estágio do capitalismo a fim de avançar em direção ao socialismo por outro caminho: "Eu cheguei à conclusão de que, se a Rússia continuar seguindo o caminho que tem seguido desde 1861, perderá a melhor chance já oferecida pela história a um povo e passará por todas as fatídicas vicissitudes do regime capitalista"[127]. Como uma indicação de quão tentador seu argumento era, Marx o escreveu negativamente, enfatizando como a penetração das instituições capitalistas nas aldeias comunais após a libertação dos servos em 1861 estava fechando rapidamente a alternativa delineada por Tchernichévski e outros populistas.

Marx nega que tenha tentado esquematizar o futuro da Rússia e de outras sociedades não ocidentais em *O capital*: "O capítulo sobre a acumulação primitiva

---

[124] Ibidem, p. 186.
[125] A carta de Marx, redigida em francês, mas com algumas linhas em russo, nunca foi completada; Marx decidiu não a enviar, aparentemente porque Kovalévski o avisou de que isso colocaria a revista em risco.
[126] Teodor Shanin (org.), *Late Marx and the Russian Road*, cit., p. 135. Embora eu esteja me referindo à coleção de Shanin, a mais conhecida edição em inglês dos escritos tardios de Marx sobre a Rússia, às vezes revisei ligeiramente essa tradução com base no original francês, como publicado em MEGA² I/25, p. 112-7 e 655-77 (Aparato).
[127] Teodor Shanin (org.), *Late Marx and the Russian Road*, cit., p. 135.

não pretende mais do que traçar o caminho pelo qual, na Europa ocidental, a ordem econômica capitalista emergiu do ventre materno da ordem econômica feudal"[128]. Para sustentar essa afirmação Marx cita a edição francesa de 1872-1875, na qual, como discutido no capítulo anterior, ele alterou o texto em direção a uma perspectiva mais multilinear, escrevendo a respeito da "expropriação do produtor agrícola": "Ela foi realizada de maneira radical apenas na Inglaterra. [...] Mas todos os países da Europa ocidental estão passando pelo mesmo desenvolvimento"[129].

Marx dá apenas uma resposta breve e implícita sobre um segundo ponto da revisão de Mikhailóvski: as considerações sobre "a pesada influência da dialética hegeliana". Nesse sentido, Marx refere-se a uma passagem próxima ao fim da discussão sobre acumulação primitiva em *O capital*, onde ele escreve que a tendência histórica da produção capitalista parece "consistir no fato de que ela 'gera sua própria negação com a inexorabilidade de um processo natural'; que ela mesma criou os elementos de uma nova ordem econômica"[130]. Aqui, na conclusão do livro, o capital deveria ser "negado" pela revolta do trabalho, um processo que Marx caracteriza como "a negação da negação":

> O modo de apropriação capitalista, em conformidade com o modo de produção capitalista, constitui a *primeira negação* daquela propriedade privada individual que é apenas o corolário do trabalho independente e individual[131]. *Mas a própria produção capitalista gera, com a inevitabilidade de um processo natural, sua própria negação. Esta é a negação da negação.* Ela não restabelece a propriedade privada individual do trabalhador, mas sua propriedade individual com base nas conquistas da era capitalista: a saber, a cooperação e a posse comum de todos os meios de produção, incluindo o solo.[132]

Os anti-hegelianos frequentemente se queixam do uso que Marx faz do conceito hegeliano de negação da negação neste momento crucial[133]; alguns

---

[128] Idem.
[129] Idem; ver também Karl Marx, *Le Capital. Livre I. Sections I à IV*, cit., p. 169.
[130] Teodor Shanin (org.), *Late Marx and the Russian Road*, cit., p. 135; ver também Karl Marx, *O capital*, Livro I, cit., p. 929.
[131] Isso se refere principalmente à terra em posse de camponeses individuais na ordem pré-capitalista.
[132] Karl Marx, *Le Capital. Livre I. Sections V à VIII*, cit., p. 207 (grifos meus). Minha tradução da edição francesa. Ver também a versão ligeiramente diferente na edição inglesa padrão (*Capital* I, p 929). [Ver ed. bras.: Karl Marx, *O capital*, Livro I, cit., p. 832. – N. E.]
[133] Por exemplo, em seu prefácio de 1969 à edição francesa de *O capital*, Althusser a chama de "uma formulação imprudente", acrescentando que "Stálin teve razão, por uma vez, em suprimir

afirmam que ele tentou provar suas leis econômicas dogmaticamente via silogismos hegelianos. Neste trecho de 1877, Marx responde: "Não forneço nenhuma prova neste ponto, pela boa razão de que essa declaração apenas resume rapidamente as longas exposições feitas anteriormente nos capítulos sobre a produção capitalista"[134]. Assim, o recurso à linguagem hegeliana nesse momento não pretendia ser uma prova, mas uma indicação metodológica que informava ao leitor que a apresentação geral da produção capitalista e seu eventual colapso baseavam-se na dialética hegeliana, embora Marx tivesse desenvolvido sua discussão sem qualquer referência explícita a Hegel. A dialética se encaixa em *O capital*, ele parece afirmar, não porque ele a tivesse imposto sobre a realidade, mas porque a própria realidade era dialética.

Um terceiro ponto da carta à *Otechestvennye Zapiski* dizia respeito a uma referência histórica comparativa. Marx escreve que, "se a Rússia tende a se tornar uma nação capitalista como as nações da Europa ocidental", somente então (1) ela teria de expropriar seu campesinato e transformá-lo em proletários independentes e (2) ser, ao contrário, "trazida ao rebanho do regime capitalista"; depois disso, ela passaria a viver sob suas "leis impiedosas"[135]. Nesse ponto, Marx dá como exemplo uma trajetória de desenvolvimento semelhante à acumulação primitiva de capital, mas que não terminou em capitalismo: a história da Roma antiga.

> Em vários pontos em *O capital*, aludi ao destino que se abateu sobre os plebeus da Roma antiga. Eles eram originalmente camponeses livres, cada um lavrando seu próprio lote em nome próprio. No curso da história romana, eles foram expropriados. O mesmo movimento que os separou de seus meios de produção e subsistência envolveu a formação não apenas de grandes propriedades fundiárias mas também de grandes capitais monetários. Assim, numa bela manhã, havia, de um lado, homens livres despidos de tudo, menos da sua força de trabalho, e, do outro, para explorar seu trabalho, proprietários de toda a riqueza adquirida. O que aconteceu? Os proletários romanos se tornaram não trabalhadores assalariados, mas uma "massa" ociosa mais abjeta do que aqueles que costumavam ser chamados de brancos pobres do Sul dos Estados Unidos;

'a negação da negação' das leis da dialética" (Althusser em Karl Marx, *Le Capital. Livre I. Sections I à IV*, cit., p. 22; tradução em inglês em Louis Althusser, *Lenin and Philosophy and Other Essays*, cit., p. 95 [ed. bras.: Louis Althusser, "Advertência aos leitores do Livro I d'*O capital*", em Karl Marx, *O capital*, Livro I, cit., p. 54]).

[134] Teodor Shanin (org.), *Late Marx and the Russian Road*, cit., p. 135.
[135] Ibidem, p. 136.

e o que se desdobrava [*se déploya*]¹³⁶ junto a ela não era um modo de produção capitalista, mas escravista.¹³⁷

Embora Marx trace paralelos entre a Roma antiga e o Sul dos Estados Unidos, a ênfase vai em outra direção: sobre as diferenças radicais entre a forma social romana e a capitalista moderna.

O ponto principal de Marx era que, ao contrário do que argumentou Mikhailóvski, ele não havia desenvolvido "toda uma teoria histórico-filosófica" da sociedade, aplicável a todos os tempos e lugares:

> Assim, eventos de notável semelhança, ocorrendo em diferentes contextos históricos, levaram a resultados totalmente díspares. Ao estudar cada um desses desenvolvimentos separadamente, pode-se facilmente descobrir a chave para esse fenômeno, mas isso nunca será alcançado com a chave mestra [*avec le passe-partout*]¹³⁸ de uma teoria geral histórico-filosófica, cuja suprema virtude consistiria em ser supra-histórica.¹³⁹

Mikhailóvski, reclama Marx,

> insiste em transformar meu esquema histórico da gênese do capitalismo na Europa ocidental em uma teoria histórico-filosófica do curso geral fatalmente imposto a todos os povos, quaisquer que sejam as circunstâncias históricas em que se encontrem.¹⁴⁰

Assim, Marx estava negando (1) que ele tivesse criado uma teoria unilinear da história, (2) que ele trabalhasse com um modelo determinista de desenvolvimento social ou (3) que a Rússia, em particular, estivesse fadada a evoluir à maneira do capitalismo ocidental. Até certo ponto, esses argumentos eram novos, embora

---

[136] Também pode ser traduzido como "foi implantado".
[137] Teodor Shanin (org.), *Late Marx and the Russian Road*, cit., p. 136. Na verdade, o caderno de Marx de 1879 sobre sociedades não ocidentais e pré-capitalsitas, o que incluía as notas sobre Kovalévski acerca de formas comunais e as notas cronológicas acerca da história da Índia baseadas em Sewell, também continha fichamentos sobre o trabalho de quatro historiadores da Roma antiga, nos quais essas mesmas questões foram examinadas. Estes devem aparecer em MEGA² IV/27 e em Karl Marx, "Commune, Empire, and Class: 1879-1882 Notebooks on Non-Western and Precapitalist Societies", cit.
[138] Também poderia transmitir a noção de um quadro ou estrutura.
[139] Teodor Shanin (org.), *Late Marx and the Russian Road*, cit., p. 136.
[140] Idem.

surgidos dos movimentos em direção a uma estrutura mais multilinear que Marx vinha trilhando desde os *Grundrisse*[141].

Dado o nível geral a partir do qual Marx desenvolveu esses pontos, é provável que sua intenção fosse estender essas qualificações não apenas à Rússia, mas também à Índia e a outras sociedades contemporâneas não ocidentais e não industrializadas que ele estava estudando nesse período. A Índia, como a Rússia, tinha formas comunais em suas aldeias, o que levou Krader a escrever sobre "Marx ter postulado alternativas abertas para as instituições coletivas rurais indianas e russas"[142]. Indonésia, Argélia e América Latina, igualmente abordadas nos cadernos de 1879-1882, também tinham formas comunais rurais. Através do colonialismo, todas essas sociedades foram impactadas pelo capitalismo de forma mais direta que a Rússia; no entanto, pode-se supor que Marx estivesse interessado em seu possível desenvolvimento anticapitalista, de algum modo semelhante ao que ele começava a esboçar sobre a Rússia.

A carta de 1877 à *Otechestvennye Zapiski* enfatizava o ponto de vista multilinear de Marx, mas não analisava a sociedade russa para além do que havia feito

---

[141] Comentadores desde a década de 1980 diferiram fortemente em relação à novidade da rejeição de 1877, por parte de Marx, de estruturas unilineares e deterministas. Alguns a viam como uma ruptura com seu passado de uma forma unilateral: Shanin a caracteriza como um afastamento do "determinismo unilinear" de *O capital* (Teodor Shanin, "Late Marx: Gods and Craftsmen", cit., p. 4); Haruki Wada argumenta que Mikhailóvski "não estava totalmente enganado" ao ver tal estrutura operando em *O capital*, porque Marx "sofreu uma mudança significativa depois que escreveu a primeira edição alemã de *O capital*" ("Marx and Revolutionary Russia", em Teodor Shanin [org.], *Late Marx and the Russian Road*, cit., p. 59-60); James White afirma de forma extravagante que ela "impôs retrospectivamente a *O capital* uma interpretação bem diferente do espírito em que foi concebido" (*Karl Marx and the Intellectual Origins of Dialectical Materialism*, cit.). De modo igualmente unilateral, outros estudiosos sustentam que nenhuma mudança fundamental ocorreu: Sayer e Corrigan argumentam persuasivamente que "Shanin exagera [...] a extensão do rompimento entre o 'Marx tardio' [...] e o que veio antes" ("Late Marx: Continuity, Contradiction, and Learning", p. 79). Mas em seguida minimizam essas mudanças como "não tanto uma ruptura radical quanto um esclarecimento de como seus textos 'maduros' deveriam ter sido lidos em primeiro lugar" (ibidem, p. 80). Em uma análise erudita mais recente, Chattopadhyay ("Review Essay: Women's Labor under Capitalism and Marx", cit.) faz algumas críticas astutas a Shanin e Wada, ao mesmo tempo que também minimiza o escopo das mudanças introduzidas por Marx em seus últimos escritos. Dunaiévskaia aponta para além dessas dicotomias, enfatizando a novidade e a continuidade: "ficou claro que Marx estava desenvolvendo novos caminhos para a revolução e não, como alguns estudos sociológicos atuais nos fazem crer, afastando-se abruptamente do trabalho de sua vida que foi analisar o desenvolvimento do capitalismo na Europa ocidental" (*Women's Liberation and the Dialectics of Revolution: Reaching for the Future*, cit., p. 190).

[142] Lawrence Krader (org.), *The Ethnological Notebooks of Karl Marx*, cit., p. 29.

no Livro I de *O capital*. Em seus rascunhos de março de 1881 de uma carta à revolucionária russa Vera Zasulitch, no entanto, Marx começou a esquematizar como seria um caminho russo de desenvolvimento social de acordo com a perspectiva multilinear apresentada na carta de 1877 e na edição francesa de *O capital*. David Smith mostra o que estava em jogo aqui para a Rússia, cuja estrutura social era, para Marx, parte das formas sociais asiáticas:

> A ênfase de Marx na curva única do desenvolvimento "asiático" não apenas nos ajuda a distinguir a concepção de Marx da teoria de Procusto de estágios evolucionários fixos, que se mascararam como "materialismo marxista" por tantos anos, mas também nos permite ver que o conceito de sociedade pós-capitalista de Marx era tão multilinear quanto sua concepção do passado.[143]

Em uma carta de 16 de fevereiro de 1881, Zasulitch, que se descrevia como membro do "partido socialista" da Rússia, perguntou a Marx se "a comuna rural, liberta de exigências fiscais exorbitantes, pagamento à nobreza e administração arbitrária, é capaz de se desenvolver em uma direção socialista" ou se "a comuna está destinada a perecer" e os socialistas russos precisavam esperar pelo desenvolvimento capitalista, o surgimento de um proletariado e assim por diante[144]. Os seguidores russos de Marx tinham a última opinião, ela acrescentou, referindo-se especificamente aos debates em revistas como a *Otechestvennye Zapiski*. Zasulitch solicitou uma resposta de Marx que pudesse ser traduzida ao russo e publicada.

Em sua resposta, datada de 8 de março de 1881, Marx novamente cita a passagem da edição francesa de *O capital* que restringia a discussão da acumulação primitiva à Europa ocidental, antes de concluir: "a 'inevitabilidade histórica' [*fatalité*] deste curso está, portanto, *explicitamente* restrita aos *países da Europa ocidental*"[145]. Na Europa ocidental, acrescenta, a transição da propriedade feudal para a capitalista era "a transformação de uma forma de propriedade privada em outra forma de propriedade privada", mas o desenvolvimento capitalista exigiria que os camponeses russos, "pelo contrário, transformassem sua propriedade

---

[143] David Norman Smith, "The Ethnological Imagination", cit., p. 113.
[144] Teodor Shanin (org.), *Late Marx and the Russian Road*, cit., p. 98.
[145] Ibidem, p. 124. Como na carta de 1877, Marx escreveu sua resposta a Zasulitch e os rascunhos em francês. Novamente, embora eu dê referências de página da coleção de Shanin, por vezes eu revisei a tradução com base no original, como publicado em MEGA² I/25, p. 219-42 (texto) e p. 823-30, 871-7 e 911-20 (Aparato).

comunal em propriedade privada"[146]. *O capital*, portanto, era agnóstico quanto ao futuro da Rússia. Marx termina sua carta com algumas observações hesitantes sobre a Rússia:

> O estudo especial que fiz dela [...] me convenceu de que a comuna é o fulcro para a regeneração social na Rússia. Mas, para que ela possa funcionar como tal, as influências deletérias que a atacam de todos os lados devem primeiro ser eliminadas e então devem ser asseguradas as condições normais para um desenvolvimento espontâneo.[147]

Como em 1877, Marx argumentava que caminhos alternativos de desenvolvimento seriam possíveis para a Rússia. Ele baseou seu julgamento em grande parte nas diferenças marcantes entre a estrutura social da aldeia russa, com suas formas sociais comunais, e a aldeia medieval da Europa ocidental. Afinal, ele estava convencido "de que a comuna é o fulcro para a regeneração social na Rússia"[148].

Nos rascunhos de sua carta, muito mais substanciais, Marx cobriu esses pontos com mais profundidade, assim como outros deixados de lado em sua resposta propriamente a Zasulitch. Ele discute as particularidades da situação da Rússia como um grande país no extremo da Europa: "a Rússia não vive isolada do mundo moderno; nem ela foi vítima, como as Índias Orientais, de um conquistador estrangeiro"[149]. Pode, portanto, ser possível combinar antigas formas comunais da Rússia com a tecnologia moderna de uma maneira menos predatória do que sob o capitalismo.

Neste ponto, é necessário sublinhar que Marx propunha não uma autarquia, mas uma nova síntese entre arcaico e moderno, que se beneficiasse das mais altas realizações da modernidade capitalista:

> Graças à combinação única de circunstâncias na Rússia, a comuna rural, já estabelecida em escala nacional, pode gradualmente se livrar de suas características primitivas e se desenvolver diretamente como um elemento de produção coletiva em escala nacional. Precisamente porque é contemporânea da produção capitalista, a comuna rural pode apropriar-se de todas as *conquistas positivas* e

---

[146] Teodor Shanin (org.), *Late Marx and the Russian Road*, cit., p. 124.
[147] Idem.
[148] Karl Marx, em idem.
[149] Ibidem, p. 106.

isto sem sofrer suas terríveis vicissitudes. [...] Se os admiradores russos do sistema capitalista negassem que tal desenvolvimento é teoricamente possível, então eu faria a seguinte pergunta: a Rússia teve de passar por uma longa incubação da indústria mecânica no estilo ocidental antes de poder utilizar máquinas, navios a vapor, ferrovias etc.? Que eles também expliquem como os russos conseguiram introduzir, num piscar de olhos, toda essa maquinaria de troca (bancos, empresas de crédito etc.), obra de séculos no Ocidente.[150]

A ênfase acima estava no caráter contraditório e dialético do desenvolvimento social, contra qualquer determinismo unilinear. No âmbito objetivo, a própria existência da modernidade capitalista ocidental significava que a comuna rural da Rússia poderia tirar proveito de suas conquistas. No âmbito subjetivo, isso criou uma situação muito diferente daquela enfrentada pelos movimentos populares nas sociedades pré-capitalistas anteriores.

Um segundo tema dos rascunhos, não presente na carta efetivamente enviada a Zasulitch, dizia respeito à relação de seus cadernos de citações sobre antropologia e sobre a Índia com as reflexões sobre a Rússia. Ele aludiu, por exemplo, à noção de Morgan de que, no futuro, a civilização ocidental reviveria o comunismo arcaico em uma forma superior. Marx também enfatizou a persistência de formas comunais ao longo de muitos séculos. "Pesquisas recentes", escreve ele,

> avançaram o suficiente para poder afirmar (1) que as comunidades primitivas tinham vitalidade muito maior do que as sociedades semítica, grega, romana etc., e, *a fortiori*[151], do que as sociedades capitalistas modernas; (2) que as causas de seu declínio residem em condições econômicas que as impediram de ultrapassar um certo nível de desenvolvimento, isso em contextos históricos de modo algum análogos ao da atual comuna russa.[152]

Marx também observa o viés anticomunal de algumas das novas pesquisas, atacando novamente Maine:

> É preciso estar atento ao ler as histórias de comunidades primitivas escritas por autores burgueses. Eles nem se esquivam das falsidades. Sir Henry Maine, por exemplo, que foi um entusiasta colaborador do governo inglês na execução da violenta destruição das comunas indianas, garante hipocritamente que todos

---

[150] Ibidem, p. 105-6.
[151] Isto é, ainda mais decisivamente.
[152] Teodor Shanin (org.), *Late Marx and the Russian Road*, cit., p. 107.

os nobres esforços do governo para manter as comunas sucumbiram ao poder espontâneo das leis econômicas![153]

Sob tal viés ideológico anticomunal, bem como da destruição levada a cabo pela imposição da propriedade privada de estilo inglês à aldeia indiana, seria possível encontrar evidências da persistência dessas formas comunais, argumentou também Marx.

Baseando-se provavelmente em suas anotações sobre Kovalévski, Marx criou uma tipologia mais geral das formas comunais em várias sociedades. A forma mais antiga, baseada no clã, envolvia não apenas a distribuição comunal da terra mas também "provavelmente a própria terra era trabalhada por grupos, em comum"[154]. Essas primeiras comunas eram baseadas na consanguinidade real ou fictícia, em uma estrutura de clã: "Uma pessoa não pode unir-se a ela a não ser que seja um parente natural ou adotivo"[155]. Num estágio posterior, essa forma arcaica modificou-se em comuna rural, baseada na residência, e não no parentesco. Foi essa forma posterior, afirma Marx, que exibiu tamanha "vitalidade natural"[156]. Aqui, "a terra arável, propriedade comum e inalienável, é periodicamente dividida entre os membros da comuna rural"[157].

Esta última "comuna rural" continha um importante dualismo. A propriedade comunal da terra a mantinha unida, escreve Marx,

> enquanto, ao mesmo tempo, a casa e o quintal como uma família individual a preserva, juntamente com a agricultura de pequena escala e a apropriação privada de seus frutos, dando margem a uma individualidade incompatível com o organismo das comunidades mais primitivas.[158]

Embora constituísse uma fonte de vitalidade e longevidade dessa forma social, eventualmente esse dualismo "poderia se transformar em uma semente de desintegração" para a comuna rural[159]. A propriedade privada de pequena escala, que poderia ser expandida, constituía um fator de desintegração. Ainda mais

---

[153] Idem.
[154] Ibidem, p. 118.
[155] Ibidem, p. 119.
[156] Ibidem, p. 118.
[157] Ibidem, p. 119.
[158] Ibidem, p. 120.
[159] Idem.

fundamental, no entanto, foi a mudança nas relações de trabalho no interior desse modo de produção:

> Mas o fator-chave foi o trabalho fragmentado como fonte de apropriação privada. Ele deu origem ao acúmulo de bens móveis, como gado, dinheiro e às vezes até escravos ou servos. Essa propriedade móvel, não sujeita ao controle comunal, aberta a trocas individuais com muita margem para trapaças e acasos, pesou cada vez mais sobre toda a economia rural. Foi isso que dissolveu a igualdade econômica e social primitiva.[160]

Tal desintegração, contudo, estava longe de ser inevitável.

Esse segundo tema dos rascunhos centrou-se em características comuns às comunas rurais da Rússia e àquelas de outros tempos e lugares. Certamente Marx não elaborou uma teoria do desenvolvimento social ou da revolução para a Rússia, muito menos para as terras colonizadas da Ásia, da África e da América Latina. Em vez disso, ele traça um contraste explícito entre a Rússia politicamente independente e a Índia colonizada: "a Rússia não vive isolada do mundo moderno; nem ela foi vítima, como as Índias Orientais, de um conquistador estrangeiro"[161]. Esse contraste não era absoluto, mas relativo, pois também havia muitos pontos comuns entre a Rússia e a Índia, entre os quais a presença de comunas rurais nas aldeias dessas duas grandes sociedades agrárias. Isso queria dizer que, tanto em um lugar quanto no outro, o desenvolvimento da propriedade privada capitalista moderna envolveria necessariamente não uma transição a partir da propriedade feudal camponesa semiprivada, mas a partir da propriedade comunal. Lembremos que, no rascunho de 1877 e nesses escritos de 1881, Marx restringiu as leis da acumulação primitiva em *O capital* às terras da Europa ocidental, não àquelas terras e suas colônias. Nessa situação histórica, teria Marx colocado a Índia e outras sociedades não ocidentais fora da lógica da modernidade capitalista, pelo menos em certa medida?

Quando a tipologia histórica de Marx das formas comunais nos esboços de 1881 é colocada ao lado de suas anotações de 1879 sobre Sewell e Kovalévski a respeito da Índia, surge outra questão: a das formas comunais da Índia como potenciais locais de resistência ao colonialismo e ao capital. As notas sobre Kovalévski sugeriam que as formas comunais na Índia e na Argélia coloniais (assim como na América Latina) ainda possuíam algum vigor, embora não tanto

---
[160] Idem.
[161] Ibidem, p. 106.

quanto Marx atribuíra às da Rússia. Lembremos que Marx acrescentou um comentário (aqui em itálico) a uma citação de Kovalévski sobre esse ponto em relação à Índia pós-Cornwallis: "No entanto, *entre esses átomos, certas conexões continuam a existir,* reminiscentes dos antigos grupos proprietários das aldeias comunais"[162]. Recordemos também que anotações de Marx sobre Sewell destacavam a resistência contínua do povo indiano a seus conquistadores – muçulmanos e britânicos –, notas que ele intercalava com as observações sobre Kovalévksi, centradas nas formas comunais.

Um terceiro tema dos rascunhos da carta a Zasulitch dizia respeito às perspectivas de revolução na Rússia e à forma que a revolução poderia assumir. Aqui, Marx pesou os pontos fortes da forma comunal contra as ameaças que ela enfrentava do capital e do Estado. Embora as comunas russas possuíssem certa vitalidade, elas também estavam isoladas em aldeias espalhadas pela "imensidão do país", com o "despotismo central" do Estado elevando-se sobre elas[163]. Mas, embora o Estado existente tivesse promovido seu isolamento, isso "poderia ser facilmente superado uma vez que os grilhões do governo fossem retirados"[164]. Isso não poderia acontecer sem uma revolução, no entanto: "assim, apenas uma revolta geral pode romper o isolamento da 'comuna rural', a falta de conexão entre as diferentes comunas, em suma, sua existência como um microcosmo local que lhe nega iniciativa histórica"[165].

Tal revolução não seria fácil de alcançar, pois o tempo estava se esgotando para a comuna rural: "O que ameaça a vida da comuna russa não é uma inevitabilidade histórica nem uma teoria; é a opressão pelo Estado e a exploração pelos invasores capitalistas tornados poderosos, às expensas dos camponeses, por esse mesmo Estado"[166]. No nível internacional, entretanto, outros fatores objetivos operaram em uma direção mais positiva: "a *contemporaneidade* da produção ocidental, que domina o mercado mundial, permite à Rússia incorporar à comuna todas as conquistas positivas do sistema capitalista, sem passar por seus humilhantes tributos [*fourches caudines*]"[167]. Além disso, o isolamento das comunas

---

[162] Karl Marx, "Excerpts from M. M. Kovalevskij", cit., p. 388 (grifos do original).
[163] Teodor Shanin (org.), *Late Marx and the Russian Road*, cit., p. 103.
[164] Idem.
[165] Ibidem, p. 112.
[166] Ibidem, p. 104-5.
[167] Ibidem, p. 110. Literalmente "forcas caudinas", uma referência a uma derrota humilhante sofrida em 321 a. C. pelo Exército romano, que foi forçado a marchar sob as forcas dos vencedores no desfiladeiro do Cáudio.

poderia ser aliviado através de uma maior democratização, removendo o Estado centralizado como um suserano: "Tudo o que é necessário é substituir o *volost*, uma instituição governamental, por uma assembleia camponesa escolhida pelas próprias comunidades – um corpo econômico e administrativo que sirva a seus próprios interesses"[168]. Isso se daria paralelamente ao processo que já ocorria no Ocidente, onde o sistema capitalista se encontrava,

> tanto na Europa ocidental quanto nos Estados Unidos, em conflito com as massas trabalhadoras, com a ciência e com as próprias forças produtivas que ele engendra – em resumo, em uma crise que terminará com a sua própria eliminação, pelo retorno das sociedades modernas a uma forma superior de um tipo 'arcaico' de propriedade e produção coletivas.[169]

É importante notar que aqui, pela primeira vez em seus últimos escritos sobre a Rússia, Marx se referia a um importante fator subjetivo externo: a presença, na Europa ocidental e na América do Norte, de um movimento da classe trabalhadora autoconsciente e organizado. Juntamente com as realizações objetivas da modernidade capitalista, esse fator subjetivo também seria capaz de impactar a Rússia.

Qual seria, então, o caráter da revolução na Rússia e como isso afetaria o desenvolvimento futuro daquela sociedade?

> Para salvar a comuna russa, é necessária uma revolução russa. Além disso, o governo russo e os "novos pilares da sociedade" estão fazendo o máximo para preparar as massas para tal catástrofe. Se a revolução ocorre em um momento oportuno, se ela concentra todas as suas forças[170] em assegurar o livre desdobramento [*essor libre*][171] da comuna rural, esta logo se desenvolverá como um elemento regenerador da sociedade russa e como um elemento de superioridade sobre os países escravizados pelo regime capitalista.[172]

Essa é uma declaração suficientemente clara sobre o potencial revolucionário autóctone da Rússia. Mas mesmo esse vibrante endosso de uma ordem social não

---

[168] Ibidem, p. 111.
[169] Idem.
[170] Aqui, Marx riscou trechos que se referiam ao importante papel da intelligentsia russa nesse processo.
[171] Literalmente, "subida livre" ou "voo".
[172] Teodor Shanin (org.), Late Marx and the Russian Road, cit., p. 116-7.

capitalista de base camponesa não deveria ser visto como um argumento para um socialismo russo autônomo, pois, como mostrado em outros rascunhos da carta a Zasulitch, Marx sustentava que tal novo sistema poderia surgir apenas no contexto de uma transformação social mais ampla, envolvendo as classes trabalhadoras ocidentais.

A última parte dos últimos escritos de Marx sobre a Rússia foi um prefácio em coautoria com Engels para a segunda edição russa do *Manifesto Comunista*, de 1882. Foi também a última publicação de Marx antes de sua morte, em março de 1883. Esboçada em alemão e datada de 21 de janeiro de 1882, foi traduzida para o russo e publicada quase imediatamente no *Narodnya Volya* [A vontade do povo], um jornal populista, e mais tarde, naquele ano, em uma nova tradução do *Manifesto* feita por Georgi Plekhanov[173]. Marx e Engels começam seu prefácio observando que nem a Rússia nem os Estados Unidos figuraram muito na edição original, nem mesmo na seção sobre movimentos comunistas. Eles, então, desenvolvem uma breve análise da crescente crise nos Estados Unidos devido à remoção dos pequenos agricultores independentes pelo capital. Quanto à Rússia, eles observam a ascensão de um sério movimento revolucionário, numa época em que o resto da Europa estava relativamente tranquilo: "a Rússia forma a vanguarda [*Vorhut*] da ação revolucionária na Europa"[174].

Que forma assumiria uma revolução russa? Marx e Engels avaliam as possibilidades revolucionárias no interior da forma comunal da aldeia russa, com sua *obshchina* ou *mir*.

---

[173] Plekhanov, um unilinearista convicto, provavelmente ficou desconcertado com o prefácio (James D. White, *Karl Marx and the Intellectual Origins of Dialectical Materialism*, cit.). Ele também apareceu em alemão em 1882, mas tem sido em grande parte ignorado pelos marxistas ocidentais desde então. O único pensador marxista importante da geração pós-Marx que demonstrou bastante interesse pelas sociedades comunais pré-capitalistas foi Rosa Luxemburgo, que as cobriu extensivamente em suas palestras na Escola do Partido Social-Democrata da Alemanha. Essas reflexões – sobre os incas, a aldeia russa, a aldeia indiana, a África do Sul e os gregos antigos – apareceram postumamente em seu livro inacabado *Introdução à economia política*. Um de seus capítulos, "A dissolução do comunismo primitivo", está traduzido em Peter Hudis e Kevin B. Anderson (orgs.), *The Rosa Luxemburg Reader*, cit. Luxemburgo, cuja abordagem era mais histórica, observou que essas formas comunais resistiram obstinadamente à penetração do modo de produção capitalista. Ela, no entanto, não parece ter compartilhado a visão de Marx de que as formas comunais contemporâneas – como havia na Rússia – poderiam formar a base para um tipo positivo e emancipatório de resistência ao capital que poderia aliar-se ao movimento dos trabalhadores do Ocidente.

[174] Teodor Shanin (org.), *Late Marx and the Russian Road*, cit., p. 139.

Pode a *obshchina* russa, uma forma, embora fortemente erodida, da primitiva propriedade comunal da terra, passar diretamente à forma mais elevada de propriedade comunal, a comunista? Ou ela devia primeiro passar pelo mesmo processo de dissolução que marca o desenvolvimento histórico do Ocidente? Hoje há apenas uma resposta possível: se a revolução russa se torna o sinal para uma revolução proletária no Ocidente, de modo que as duas se complementam, então a propriedade comunal camponesa russa pode servir de ponto de partida para um desenvolvimento comunista.[175]

Dois pontos destacam-se aqui. 1) A sentença final esclarece um ponto ao qual Marx aludira nos rascunhos da carta a Zasulitch: uma revolução russa baseada em suas formas comunais agrárias seria uma condição necessária, mas não suficiente, para o desenvolvimento de um comunismo moderno. Também seria necessária a ajuda de um fator subjetivo externo, uma revolução por parte das classes trabalhadoras ocidentais[176]. Só isso permitiria que as conquistas da modernidade capitalista fossem compartilhadas com a Rússia autocrática e tecnologicamente atrasada, em vez de empregadas para explorá-la. Os fatores subjetivos também poderiam trabalhar em outra direção, contudo: uma revolução russa não precisaria suceder uma revolução no Ocidente; na verdade, ela poderia ser "o ponto de partida" para tal revolução. 2) Outro ponto implícito nos rascunhos da carta a Zasulitch também foi esclarecido aqui: uma revolução russa poderia levar a um "desenvolvimento comunista"[177]. A Rússia não precisaria passar por um desenvolvimento capitalista independente para colher os frutos

---

[175] Idem.

[176] Haruki Wada ("Marx and Revolutionary Russia", em Teodor Shanin [org.], *Late Marx and the Russian Road*, cit.) argumenta, de maneira pouco convincente, que Engels deve ter introduzido essa condição no prefácio de 1882 e que Marx assinou um texto com o qual não concordava. Como mostrado acima, entretanto, isso já está implícito nos rascunhos de Marx da carta a Zasulitch.

[177] Em seu exame geralmente cuidadoso desses textos, Paresh Chattopadhyay tropeça nesse ponto quando afirma que os últimos escritos sobre a Rússia "não contêm nenhuma referência a uma revolução 'proletária' ou 'socialista' na Rússia", mas apenas se referem à "'Revolução Russa' *tout court*" ("Review Essay: Women's Labor under Capitalism and Marx", cit., p. 61). O autor também apresenta um argumento forte, mas pouco convincente, para uma espécie de excepcionalismo russo, de modo que os últimos escritos de Marx sobre as formas e revolução comunais se aplicariam somente ao caso "único" da Rússia. Em contraste, o antropólogo estadunidense Thomas C. Patterson conclui: "a possibilidade de trajetórias alternativas de desenvolvimento no futuro foi uma das razões pelas quais Marx dedicou tanto tempo e energia aos seus estudos antropológicos" no final da vida (*Karl Marx, Anthropologist*, Oxford, Berg, 2009, p. 131).

do socialismo moderno, desde que sua revolução se tornasse a fagulha de um levante da classe trabalhadora no mundo mais democrático e tecnologicamente desenvolvido. Essa era uma afirmação diferente e mais radical do que a que Marx fizera na década de 1850, a respeito de uma crise econômica chinesa na origem de uma crise europeia e, portanto, de uma revolução; ou a respeito dos rebeles cipaios na Índia como aliados das classes trabalhadoras ocidentais. Na década de 1850, o autor via os movimentos de resistência nacional na China e na Índia com potencial para, no máximo, uma transformação democrática nessas terras. Na década de 1870, ele via uma revolução nacional irlandesa, que não teria sido de caráter comunista, como precondição para uma transformação comunista na Inglaterra. Nos últimos escritos sobre a Rússia, no entanto, ele argumentava que uma transformação comunista moderna só seria possível em uma terra agrária e tecnologicamente atrasada como a Rússia se ela pudesse se aliar a uma revolução das classes trabalhadoras ocidentais, ganhando, assim, acesso em uma base cooperativa aos frutos da modernidade ocidental[178].

Teria Marx discernido possibilidades semelhantes em lugares como a Índia, por exemplo, cujas formas comunais ele também estava estudando nesse período? Ele nunca abordou essa questão de forma explícita. Nos rascunhos de Zasulitch, como vimos, ele às vezes enfatiza a singularidade da Rússia, outras

---

[178] Não há registro das discussões, se é que ocorreram, entre Marx e Engels sobre o prefácio de 1882. Deve-se mencionar, no entanto, que Engels escreveu sobre algumas dessas mesmas questões em seu panfleto *Relações sociais na Rússia* (1875). O principal ponto desse panfleto ia contra os argumentos dos populistas russos e bakuninistas de que o povo russo poderia facilmente passar para uma forma moderna de comunismo sem viver uma fase capitalista, já que eles eram instintivamente comunistas, como mostra a estrutura da aldeia comunitária russa. Engels argumentou que essas estruturas comunitárias estavam muito distantes de uma forma moderna de comunismo e que estavam se desintegrando rapidamente à medida que a Rússia se modernizava. Como um ponto subordinado, no entanto, ele reconheceu que "existe inegavelmente a possibilidade de se elevar essa forma de sociedade até uma [comunista] superior", sob a condição de que "uma revolução proletária seja realizada com sucesso na Europa ocidental, criando para o camponês russo as condições prévias necessárias para tal transição" (MECW, v. 24, p. 48). Embora em sintonia com alguns desses temas, o prefácio de 1882 difere do artigo de Engels de 1875 em dois aspectos: (1) ele enfatiza o potencial da aldeia comunal como fonte da revolução, não os problemas relativos a tais noções; (2) em vez de fazer da revolução proletária da Europa ocidental uma precondição para a revolução russa, aqui se afirma que a revolução russa poderia dar o "sinal" para a revolução ocidental. O que permanece inalterado desde 1875, entretanto, é a noção de que uma revolução russa não poderia alcançar uma forma moderna de comunismo sem a assistência de uma revolução comunista contemporânea no Ocidente industrializado.

vezes suas semelhanças em relação à Índia e a outras sociedades não ocidentais colonizadas. A despeito disso, eu argumentaria – a partir das evidências nos cadernos de citações discutidos neste capítulo – que Marx não pretendia limitar à Rússia suas novas reflexões sobre a revolução comunista com base em formas comunais autóctones.

Conclusão

Espero que esta jornada pelos escritos de Marx sobre nacionalismo, raça, etnia e sociedades não ocidentais tenha revelado o caráter multidimensional de seus projetos intelectuais globais, especialmente em seus últimos anos. A crítica de Marx ao capital, como visto, era muito mais ampla do que geralmente se supõe. De fato ele concentrou-se na relação capital-trabalho na Europa ocidental e na América do Norte, mas, ao mesmo tempo, investiu tempo e energia consideráveis na análise de sociedades não ocidentais, bem como de questões raciais, étnicas e de identidade nacional. Enquanto alguns desses escritos mostram uma perspectiva unilinear problemática e, ocasionalmente, vestígios de etnocentrismo, a trajetória geral dos escritos de Marx sobre essas questões move-se em uma direção diferente. A discussão anterior prova que o autor criou uma teoria multilinear, e não reducionista, da história, analisou as complexidades e diferenças das sociedades não ocidentais e recusou-se a se vincular a um único modelo de desenvolvimento ou revolução.

Em 1848, Marx e Engels estabeleceram um modelo teórico da sociedade capitalista e suas contradições centrais de uma forma tão presciente que até hoje o poder descritivo do *Manifesto Comunista* permanece inigualável. No *Manifesto*, eles também adotaram um conceito implícito e problematicamente unilinear de progresso social. As sociedades pré-capitalistas, especialmente a China, que eles caracterizam em termos etnocêntricos como uma sociedade "mais bárbara", estavam destinadas a ser invadidas e modernizadas por esse sistema social novo e dinâmico. Em seus artigos de 1853 para o *New York Tribune*, Marx estendeu essas perspectivas à Índia, exaltando o que ele via na época como as características progressistas do colonialismo britânico, a exemplo da oposição à ordem social tradicional da Índia, "imutável" e irreversivelmente dividida em castas.

Nesse sentido, argumentou ele, a Índia era uma sociedade sem história, exceto pela história de seus conquistadores estrangeiros, dos árabes aos britânicos; indo além, ele sustentou que o sistema de castas e a passividade geral da sociedade indiana foram os fatores responsáveis pela falta de resistência contra os invasores. As relações sociais comunais e a propriedade comunal da aldeia indiana teriam oferecido uma base sólida para o "despotismo oriental" resultante. Tudo isso deixou a Índia particularmente vulnerável ao colonialismo britânico, que, de qualquer forma, trouxe progresso em seu rastro. Pensadores pós-coloniais e pós-modernos, mais notavelmente Edward Said, criticaram o *Manifesto Comunista* e os escritos de 1853 sobre a Índia como uma forma de conhecimento orientalista fundamentalmente semelhante à mentalidade colonialista.

A maioria desses críticos não percebeu que, em 1853, a perspectiva de Marx sobre a Ásia havia começado a se alterar em relação ao ponto de vista do *Manifesto*, tornando-se mais sutil, mais dialética. Pois ele também escreveu nos artigos do *Tribune* daquele ano que uma Índia modernizada encontraria uma saída do colonialismo – que ele agora descrevia como, em si, uma forma de "barbárie". Mais cedo ou mais tarde, argumentou Marx, o colonialismo na Índia chegaria ao fim, ou por meio da ajuda da classe trabalhadora britânica, ou pela formação de um movimento de independência indiano. Como estudiosos indianos como Irfan Habib apontaram, esse aspecto dos escritos de Marx de 1853 sobre a Índia constitui o primeiro exemplo do apoio de um importante pensador europeu à causa da independência indiana.

Por volta de 1856-1857, o lado anticolonialista do pensamento de Marx tornou-se mais pronunciado, à medida que ele apoiou, também no *Tribune*, a resistência chinesa aos britânicos durante a Segunda Guerra do Ópio e a Revolta dos Cipaios na Índia. Durante esse período, ele começou a incorporar parte de seu novo pensamento sobre a Índia a uma de suas maiores obras teóricas, os *Grundrisse* (1857-1858). Nesse tratado germinal sobre a crítica da economia política, Marx lançou uma teoria verdadeiramente multilinear da história, na qual as sociedades asiáticas tinham se desenvolvido por um caminho diferente daquele dos sucessivos modos de produção que ele delineara para a Europa ocidental – greco-romano antigo, feudal e capitalista. Além disso, o autor comparou e contrastou as relações de propriedade comunal, bem como a produção social comunal mais ampla, da sociedade romana antiga com as da Índia de seu tempo. Embora ele tivesse visto as formas sociais da aldeia comunal indiana como um propulsor do despotismo em 1853, ele agora enfatizava que essas formas podiam ser tanto democráticas quanto despóticas.

Durante os anos 1860, Marx concentrou-se na Europa e na América do Norte, escrevendo pouco sobre a Ásia. Foi nesse período que ele completou a primeira versão do primeiro livro de *O capital*, bem como a maioria dos rascunhos do que se tornariam os livros II e III desse trabalho. Seria um equívoco, porém, pensar no Marx desse período como alguém ocupado unicamente com as relações de capital e a luta de classes, à exclusão do nacionalismo e das questões raciais e étnicas. No período em que estava completando *O capital*, ele também se ocupou da dialética entre raça e classe durante os longos anos da Guerra Civil Americana (1861-1865). Embora o Norte fosse uma sociedade capitalista, Marx lançou-se na causa antiescravista, apoiando criticamente o governo de Lincoln contra a Confederação. Em seus escritos sobre a Guerra Civil, Marx conectou raça e classe de várias maneiras relevantes. Primeiro, ele sustentou que o racismo branco havia atrasado a causa dos trabalhadores como um todo. Segundo, escreveu sobre a subjetividade da classe operária negra escravizada como uma força decisiva no resultado da guerra, favorável ao Norte. Terceiro, ele observou – como um exemplo do mais refinado internacionalismo – o apoio irrestrito dos trabalhadores britânicos ao Norte, apesar do duro sofrimento econômico que o bloqueio do Norte ao algodão do Sul havia imposto a Manchester e outros centros industriais. Finalmente, sua Primeira Internacional alertou de maneira presciente que o fracasso dos Estados Unidos em conceder direitos políticos e sociais totais aos escravos emancipados afogaria mais uma vez o país em sangue.

Marx também apoiou a Revolta Polonesa de 1863, que buscou restaurar a independência nacional daquele país castigado por tantos anos. Já no *Manifesto Comunista*, Marx e Engels haviam sinalizado seu apoio à independência polonesa como um princípio fundamental para os movimentos trabalhistas e socialistas. Os escritos de Marx sobre a Polônia e a Rússia estavam intimamente conectados: ele e sua geração viam a Rússia como um poder reacionário e malévolo, que constituía a maior ameaça aos movimentos democráticos e socialistas da Europa. O autor notava a autocracia russa – considerada por ele uma forma de "despotismo oriental" herdada das conquistas mongóis – enraizada no caráter agrário desse país, particularmente nas formas comunais e nas relações de propriedade comunal que predominavam na aldeia russa. Assim como acontecera com a Índia e a China, no entanto, em 1858 Marx passou a mudar sua visão da Rússia, observando a emancipação iminente dos servos e a possibilidade de uma revolução agrária, como visto em vários de seus artigos sobre o país para o *Tribune*. Como a Polônia, ocupada pelos russos, estava entre a Rússia propriamente dita e a Europa ocidental, o movimento revolucionário da Polônia representava uma profunda contradição no interior do Império Russo, uma contradição que havia prejudicado seus esforços para intervir contra as revoluções europeias de 1830 e, até certo ponto, contra as de 1848. Ao mesmo tempo, Marx criticou duramente os franceses e outros democratas ocidentais por não terem apoiado adequadamente seus aliados poloneses. Essas traições à Polônia enfraqueceram os movimentos democráticos e socialistas ocidentais, contribuindo para sua derrota através da intervenção russa, como ocorreria em grande escala em 1849. No fim de sua vida, Marx começou a enfatizar as tensões anticapitalistas dentro do movimento revolucionário polonês.

Como resultado do apoio da classe trabalhadora à causa do Norte na Guerra Civil e depois à revolta de 1863 na Polônia, surgiu uma rede internacional de militantes trabalhistas. Essa rede – na maior parte britânica, francesa e alemã – juntou-se em 1864 para formar a Associação Internacional dos Trabalhadores (mais tarde conhecida como a Primeira Internacional), na qual Marx passou a servir como principal organizador e teórico. Dessa forma, o envolvimento mais substancial do autor com os trabalhadores durante sua vida ocorreu tendo como pano de fundo as lutas contra a escravidão, o racismo e a opressão nacional. Em 1867, mesmo ano em que *O capital* foi publicado em sua primeira edição alemã, a Internacional, fundada havia poucos anos, começou a se envolver no movimento de independência da Irlanda. Com base em significativa quantidade de argumentos teóricos e políticos de Marx, os líderes dos trabalhadores britânicos da Internacional de início já adotaram uma postura contundente contra o domínio britânico da Irlanda. Durante os anos de 1867-1870, quando o conflito irlandês estava em plena ebulição, os conceitos de Marx sobre a relação entre emancipação nacional e luta de classes foram elaborados não como pura teoria, mas como argumentos dentro da maior organização de trabalhadores da época.

Com o tempo, Marx trabalhou em uma nova posição teórica sobre a Inglaterra e a Irlanda, com implicações que iam muito além dessa conjuntura histórica particular. Sua teorização da Irlanda nesse período marcou o ponto alto de seus escritos sobre etnia, raça e nacionalismo. Anteriormente, ele havia predito de maneira modernista que o movimento britânico dos trabalhadores, um produto da mais avançada sociedade capitalista da época, primeiro tomaria o poder e então permitiria à Irlanda recuperar sua independência, oferecendo ao país recém-independente apoio tanto material quanto político. Por volta de 1869-1870, no entanto, Marx escreveu que ele havia mudado de posição, argumentando agora que a independência irlandesa teria de vir primeiro. Os trabalhadores britânicos, afirmava ele, estavam tão imbuídos de orgulho nacionalista e de arrogância de grande potência em relação aos irlandeses que desenvolveram uma falsa consciência que os ligava às classes dominantes da Inglaterra, atenuando, assim, o conflito de classes na sociedade britânica. Tal impasse só poderia ser resolvido com o apoio direto dos trabalhadores britânicos à independência nacional irlandesa – algo que também serviria para reunir a classe trabalhadora na Inglaterra, onde os imigrantes irlandeses formavam um subproletariado. Os trabalhadores britânicos costumavam culpar os irlandeses desesperadamente pobres por formar uma concorrência e baixar seus salários, enquanto os imigrantes irlandeses muitas vezes desconfiavam do movimento trabalhista britânico como mais uma expressão da sociedade britânica que os oprimia, tanto em casa como no exterior. Em mais de uma ocasião, Marx vinculou sua conceituação de classe, etnia e nacionalismo para os britânicos e irlandeses às relações raciais nos Estados Unidos, comparando a situação dos irlandeses na Inglaterra à dos afro-americanos. Ele também comparou as atitudes dos trabalhadores britânicos à dos brancos pobres do Sul dos Estados Unidos, que muitas vezes se uniram aos *planters* brancos contra seus companheiros trabalhadores negros. Nesse sentido, Marx estava criando um conceito dialético mais amplo de raça, etnia e classe. Ao mesmo tempo, ele criticou formas estreitas de nacionalismo, particularmente as versões irlandesas que se refugiavam no interior de identidades religiosas ou permaneciam tão distantes do povo britânico que falhavam em reconhecer o trabalho da Internacional.

Quase todas essas considerações encontraram lugar na obra teórica mais importante de Marx, *O capital*, embora às vezes apenas como subtemas. Na edição francesa de 1872-1875, a última que ele preparou para publicação, Marx não apenas corrigiu a tradução de Joseph Roy mas também revisou o livro inteiro. Várias dessas revisões diziam respeito à questão dos caminhos multilineares do desenvolvimento social. Algumas passagens-chave que Marx mudou na edição francesa diziam respeito à dialética do desenvolvimento capitalista do feudalismo ocidental, que compunha o coração da oitava seção do livro, "A acumulação primitiva de capital". Em linguagem direta e clara, Marx agora afirmava que a transição delineada na parte sobre a acumulação primitiva aplicava-se apenas à Europa ocidental – o futuro das sociedades não ocidentais ficava, então, aberto e não determinado pelo da Europa ocidental.

A Índia também figurou com destaque em vários pontos de *O capital*. A aldeia indiana serviu de exemplo de relações sociais pré-capitalistas, enquanto o declínio acentuado das manufaturas indianas tradicionais e a consequente fome dos artesãos ilustravam os efeitos terrivelmente destrutivos da globalização capitalista em nível humano. Além disso, Marx dedicou uma seção importante do Livro I de *O capital* às maneiras pelas quais a penetração capitalista britânica resultou na destruição da terra e do povo da Irlanda. A imigração forçada de milhões de irlandeses para os Estados Unidos, concluiu ele, seria um exemplo da vingança da história, já que o trabalho irlandês estava ajudando a formar as bases de uma nova potência capitalista que logo desafiaria o domínio mundial da Inglaterra. Por fim, Marx tratou da escravidão e do racismo em *O capital*, mostrando como o extermínio de povos indígenas das Américas e a escravização dos africanos constituíram fatores importantes no desenvolvimento capitalista inicial. Ele também apontou, em vários momentos decisivos, os efeitos deletérios da escravidão e do racismo no movimento de trabalhadores nascente nos Estados Unidos, escrevendo em *O capital* que "o trabalho de pele branca não pode se emancipar onde o trabalho de pele negra é marcado a ferro"[1]. O autor concluiu, também, que o fim da escravidão abriu novas e importantes oportunidades para os trabalhadores estadunidenses.

Na década de 1870, Marx retornou à sua preocupação anterior com a Ásia, ao mesmo tempo que aprofundava os estudos sobre a Rússia. Enquanto antes se concentrara na política externa russa, começava agora a aprender russo para estudar as relações econômicas e sociais internas do país. O interesse de Marx pela Rússia aumentou com a publicação de *O capital* em russo, em 1872 – especialmente depois que o livro gerou mais debates ali do que na Alemanha.

Entre 1879 e 1882, Marx passou a elaborar uma série de cadernos com fichamentos sobre as pesquisas da época a respeito de um grupo multifacetado de sociedades não ocidentais e não europeias contemporâneas a ele, entre as quais a Índia, a Indonésia (Java), a Rússia, a Argélia e a América Latina. Ele também fez anotações sobre estudos de povos indígenas, como os nativos americanos e os aborígenes australianos. Um tema central desses cadernos de citações foram as relações sociais e formas de propriedade comunal encontradas em muitas dessas sociedades. Embora essas notas de pesquisa sobre outros autores contivessem apenas expressões intermitentes ou indiretas do ponto de vista de Marx, alguns temas amplos podiam, no entanto, ser discernidos. Em seus estudos sobre a Índia, por exemplo, surgiram duas questões. Primeiro, suas anotações indicam uma nova apreciação do desenvolvimento histórico da Índia, em contraste com sua visão anterior daquele país como uma sociedade sem história. Embora ainda visse as formas comunais das aldeias indianas como relativamente contínuas ao

---

[1] Karl Marx, *O capital*, Livro I, cit., p. 372.

longo dos séculos, Marx agora apontava uma série de mudanças importantes no interior daquelas formas comunais, à medida que elas evoluíram de comunidades baseadas em clãs para comunas residenciais. Segundo, essas notas mostram sua preocupação não mais com a passividade indiana, como em 1853, mas com conflitos e demonstrações de resistência à invasão estrangeira, seja contra as incursões muçulmanas do período medieval seja contra as incursões dos colonizadores britânicos de sua época. Parte dessa resistência, observou o autor, era baseada em formas sociais clânicas e comunais.

Em seus estudos sobre a Índia, a Argélia e a América Latina, Marx percebeu a persistência de formas comunais diante das tentativas do colonialismo ocidental de destruí-las e criar formas de propriedade privada. Em alguns casos, como na Argélia, essas formas comunais estavam diretamente ligadas à resistência anticolonial. A essa altura, as noções anteriores de Marx sobre o caráter progressista da colonização também haviam desaparecido, dando lugar a uma condenação dura e persistente.

Como havia sido o caso em alguns de seus escritos anteriores, especialmente na década de 1840, o gênero foi um tema relevante nas notas de Marx de 1879--1882 sobre os povos autóctones, como os iroqueses, bem como sobre a sociedade romana. Aqui é possível comparar Marx e Engels diretamente a respeito da questão de gênero, já que as anotações de Marx sobre *A sociedade antiga*, do antropólogo Lewis Henry Morgan, foram escritas em 1880 ou 1881. Engels as descobriu depois da morte do amigo e as usou como pano de fundo para seu próprio estudo, *A origem da família, da propriedade privada e do Estado* (1884). Embora contenha muitas falhas, o livro de Engels se destaca em um sentido positivo como uma defesa contundente da igualdade de gênero. Foi o único livro completo sobre o assunto escrito por um importante teórico do início do movimento socialista. Ao contrário de Engels, no entanto, Marx tendia a evitar qualquer idealização das relações de gênero de sociedades pré-letradas, como a dos iroqueses. Sempre dialético, Marx seguiu Hegel ao discernir dualidades e contradições no interior de cada esfera social, até mesmo em sociedades ditas igualitárias e comunais pré-letradas. Ele tampouco parecia compartilhar da visão simplista de Engels de que uma "derrota histórica mundial do sexo feminino" ocorrera na Europa e no Oriente Médio durante a transição das sociedades de clã pré-letradas às sociedades de classe. Contra Engels, é provável que Marx estivesse olhando para essas formas alternativas de relações de gênero com a lente de seu próprio tempo; não apenas como uma consideração das origens da sociedade de classes mas também como fontes potenciais de resistência ao capital.

Se a teorização de Marx sobre nacionalismo, etnia e classe culminou em seus escritos de 1869-1870 sobre a Irlanda, seus estudos sobre sociedades não ocidentais alcançaram seu ponto alto nas reflexões de 1877-1882 sobre a Rússia. Em uma série de cartas e rascunhos, bem como no prefácio de 1882 à edição russa do *Manifesto Comunista*, escrita em parceria com Engels, Marx começou a esboçar uma teoria multilinear do desenvolvimento social e da revolução para a Rússia, tomando como base temas multilineares da edição francesa de *O capital*. Em seus escritos sobre a Rússia, Marx negou repetidas vezes que o argumento de *O capital* oferecesse uma previsão clara sobre o futuro do país. Ele observou que a estrutura social da aldeia comunal russa diferia consideravelmente daquela da aldeia pré-capitalista do feudalismo ocidental. Essa diferença entre as estruturas sociais pré-capitalistas ocidentais e russas sugeria a possibilidade de uma forma alternativa de desenvolvimento social e modernização para a Rússia, caso ela pudesse evitar a absorção pelo capitalismo. Como as comunas rurais russas eram contemporâneas do capitalismo industrial no Ocidente, uma revolução social baseada nessas aldeias poderia ser capaz de se utilizar dos recursos da modernidade ocidental, evitando o trauma do desenvolvimento capitalista. Marx de forma alguma estava propondo para a Rússia uma autarquia ou um socialismo em um único país, o que significaria um socialismo baseado em baixo nível de desenvolvimento econômico e cultural – noção que ele havia criticado em 1844 como "comunismo grosseiro". Afinal, como Marx e Engels argumentaram em seu prefácio de 1882 à edição russa do *Manifesto*, uma transformação radical com base nas comunas rurais da Rússia só seria possível se acompanhada por transformações revolucionárias paralelas por parte dos movimentos da classe trabalhadora na Europa ocidental. Em seu prefácio, eles também afirmaram que uma revolução russa poderia ter uma base comunista. Antes, Marx via os movimentos anticolonialistas na China e na Índia como aliados das classes trabalhadoras ocidentais; ele havia visto os movimentos nacionais na Polônia e na Irlanda sob uma luz similar. Aqui, nos últimos escritos sobre a Rússia, o autor foi mais longe: para ele, o desenvolvimento comunista seria uma possibilidade real na Rússia não capitalista se uma revolução russa pudesse se ligar a uma correspondente com base no movimento de trabalhadores ocidental.

Em suma, argumentei neste estudo que Marx desenvolveu uma teoria dialética da mudança social que não era nem unilinear nem exclusivamente baseada na questão de classe. Assim como sua teoria do desenvolvimento social evoluiu em uma direção mais multilinear, sua teoria da revolução passou, ao longo do tempo, a se concentrar cada vez mais na interseccionalidade da classe com a etnia, a raça e o nacionalismo. Decerto Marx não era um filósofo da diferença no sentido pós-modernista, pois a crítica de uma única entidade abrangente, o capital, esteve no centro de todo o seu empreendimento intelectual. Mas centralidade não significa univocidade ou exclusividade: a teoria social madura de Marx girava em torno de um conceito de totalidade que não apenas oferecia um escopo considerável para a particularidade e a diferença, mas que, de vez em quando, tornava essas particularidades – raça, etnia ou nacionalidade – determinantes da totalidade. Tal foi o caso quando ele sustentou que uma revolução nacional irlandesa poderia ser a "alavanca" que ajudaria a derrubar o capitalismo na Inglaterra, ou quando ele escreveu que uma revolução enraizada nas comunas rurais da Rússia poderia servir de ponto de partida para um desenvolvimento comunista em toda a Europa.

Por um lado, Marx analisou como o poder do capital dominou o globo: ele embrenhou-se em cada sociedade e criou pela primeira vez um sistema mundial universalizado de indústria e comércio e, com ele, uma nova classe universal de oprimidos, a classe operária industrial. Por outro lado, ao desenvolver essa teoria universalizante da história e da sociedade, Marx – como enfatizado neste livro – esforçou-se para evitar universais formalistas e abstratos. Repetidamente, ele tentou descobrir as maneiras específicas como os poderes universalizantes do capital e das classes se manifestavam em sociedades ou grupos sociais particulares, seja em sociedades não ocidentais ainda não totalmente penetradas pelo capital – como a Rússia e a Índia –, seja nas interações específicas da consciência da classe trabalhadora com questões étnicas, raciais e nacionais nos países industrialmente mais desenvolvidos.

* * *

Outra questão surge, no entanto. O que a dialética social multicultural e multilinear de Marx revela sobre o capitalismo globalizado de hoje? Sua perspectiva multilinear sobre o desenvolvimento social em relação à Rússia – e outros territórios não capitalistas de sua época – tem alguma relevância explícita no mundo atual? Eu argumentaria que apenas em um grau limitado. Existem, é claro, algumas áreas do mundo – como Chiapas, no México, as terras altas da Bolívia e da Guatemala, ou comunidades semelhantes na América Latina, África, Ásia e Oriente Médio – onde formas comunais indígenas sobrevivem. Nenhuma delas, contudo, tem a escala das formas comunais russas ou indianas da época de Marx. Não obstante, vestígios dessas formas comunais às vezes acompanham os camponeses em seu êxodo para as cidades, ao passo que importantes movimentos anticapitalistas se desenvolveram recentemente em lugares como o México e a Bolívia com base nessas formas comunitárias indígenas. No todo, entretanto, até mesmo essas áreas foram penetradas pelo capital em um grau muito maior do que aquele em que o foram a aldeia indiana ou a russa dos anos 1880. A abordagem multilinear de Marx em relação à Rússia, à Índia e a outros territórios não capitalistas é mais relevante hoje em um nível teórico ou metodológico mais geral. Ela pode servir a um importante propósito heurístico, como o melhor exemplo de sua teoria dialética da sociedade. Nisso, o autor trabalhou com base no princípio geral de que o mundo inteiro estava sob o domínio do capital e de sua forma de valor, enquanto, ao mesmo tempo, analisava concretamente e historicamente muitas das principais sociedades do globo que ainda não tinham sido dominadas totalmente por ele.

Maior relevância para nós, hoje, têm as conclusões teóricas de Marx sobre interseccionalidade de classe com raça, etnia e nacionalismo. Em todos os principais países industrializados, as divisões étnicas, muitas vezes desencadeadas pela imigração, têm transformado as classes trabalhadoras. Aqui, os princípios subjacentes às reflexões de Marx sobre a relação entre raça e classe nos Estados Unidos da Guerra Civil, sobre a luta pela independência polonesa para a revolução europeia mais ampla ou sobre o movimento irlandês pela independência para os trabalhadores britânicos têm relevância permanente e óbvia. Os escritos de Marx sobre essas questões podem nos ajudar a criticar a mistura tóxica de racismo e aprisionamento nos Estados Unidos, ou a analisar a revolta de Los Angeles de 1992, ou a entender a rebelião de jovens imigrantes nos subúrbios de Paris, em 2005. Novamente, a força da perspectiva teórica de Marx reside em sua recusa a separar essas questões da crítica do capital, algo que lhes dá um contexto mais amplo, sem dissolver a etnia, a raça ou a nacionalidade na classe.

Seja como (1) uma dialética multilinear do desenvolvimento social, como (2) um exemplo heurístico que oferece indicações sobre a teorização dos movimentos indígenas atuais ante o capitalismo global ou como (3) teorização da classe em relação à raça, à etnia e ao nacionalismo, acredito que os escritos de Marx discutidos neste livro oferecem algumas perspectivas importantes para o mundo de hoje.

Apêndice
As vicissitudes da *Marx-Engels Gesamtausgabe* (MEGA) da década de 1920 até hoje

Até hoje há um número significativo de escritos de Marx, especialmente sobre os temas deste estudo, que nunca foram publicados em nenhum idioma. Por que isso ainda acontece mais de um século depois de sua morte?

O problema, na verdade, começou com Engels e continua até hoje. Embora tivesse trabalhado longa e arduamente para editar e publicar o que ele considerava ser a edição definitiva do Livro I de *O capital* em 1890 e os livros II e III daquele trabalho em 1885 e 1894, editando cuidadosamente e organizando os manuscritos de Marx, Engels não planejou nem propôs a publicação de todos os escritos de Marx. Sob a Segunda Internacional, pós-Engels, um pouco mais foi feito.

Riazanov e a primeira *Marx-Engels Gesamtausgabe*

Foi necessário que a Revolução Russa de 1917 acontecesse para resolver o impasse. Com forte encorajamento de Lênin e o apoio financeiro do novo Estado soviético, o renomado estudioso de Marx David Riazanov e seus colegas começaram a primeira *Marx-Engels Gesamtausgabe* (MEGA[1]) na União Soviética no início da década de 1920. Como a Segunda Internacional não comunista ainda possuía os manuscritos e as cartas de Marx e Engels, o diretor da recém-criada Escola de Frankfurt, Carl Gruenberg, que mantinha relações com comunistas e socialistas, tornou-se o intermediário. Funcionários da Escola de Frankfurt foram encarregados, segundo um acordo formal, de fotocopiar os documentos de Marx e Engels nos arquivos do Partido Social-Democrata Alemão em Berlim para o Instituto Marx-Engels de Riazanov em Moscou "com um registro completo de todas as peculiaridades e características especiais dos originais que não podem ser registradas por fotografia"[1]. Riazanov estabeleceu um plano de longo alcance para a MEGA¹, uma pequena parte do qual foi publicado entre 1928 e 1935. Ele dividiu a MEGA¹ em três seções; cada uma delas deveria conter escritos na língua original em que Marx ou Engels os haviam redigido (geralmente alemão, inglês ou francês), bem como um rigoroso aparato acadêmico.

Seção I. Trabalhos filosóficos, econômicos, históricos e políticos

A MEGA¹ publicou oito volumes desta seção, cobrindo os anos até 1850, incluindo os *Manuscritos de 1844* e *A ideologia alemã*, nenhum dos quais publicados por Engels ou pela Segunda Internacional. Antes, em 1827, Riazanov havia publicado os *Manuscritos de 1844* pela primeira vez, em uma tradução russa.

Seção II. *O capital* e manuscritos relacionados

Esta seção deveria abranger todas as edições do Livro I de *O Capital*, como Marx as escreveu ou Engels as editou, desde a primeira edição alemã de 1867 até a quarta edição alemã definitiva de Engels de 1890. Ela também deveria incluir os livros II e III como editados por Engels, os manuscritos originais para esses volumes, além de outros textos como os *Grundrisse* e *Teorias do mais-valor*. Nada desta seção da MEGA¹ foi publicado, embora os *Grundrisse* tenham aparecido como um volume separado em 1939-1941.

Seção III. Correspondência de Marx e Engels

Apenas quatro volumes foram publicados, cobrindo todas as cartas conhecidas de Marx e Engels entre 1844 e 1883, mas não cartas de terceiros ou para terceiros.

Apesar do seu compromisso em publicar toda a obra de Marx, Riazanov rejeitou a ideia de divulgar um material específico: os cadernos de citações – obras como os *Cadernos etnológicos* nos quais Marx havia copiado excertos, resumido e comentado textos que ele havia estudado ao longo da vida. Num relatório de 1923 sobre seus planos para a MEGA¹ à Academia Socialista de Moscou, documento que também foi publicado na Alemanha no ano seguinte pelo diretor da Escola de Frankfurt, Gruenberg, Riazanov se referiu ao quarto "grupo final" dos escritos de Marx, "os cadernos", que ele indicou serem de uso principalmente por

---

[1] Citado em Rolf Wiggershaus, *The Frankfurt School: Its History, Theories, and Political Significance* [1986] (Cambridge, MIT Press, 1994), p. 32.

biógrafos de Marx. Ele mencionou em particular "três cadernos de notas sobre a crise econômica de 1857 [...], uma pesquisa cronológica da história do mundo até meados do século XVII", bem como "alguns cadernos de matemática". Ele abriu uma exceção para o último deles, cuja publicação estava prevista.

Em um surpreendente surto de condescendência em relação a Marx, Riazanov, editor geralmente rigoroso, acrescentou:

> Se em 1881-1882 ele perdeu sua capacidade de criação intelectual intensiva e independente, ele nunca perdeu a capacidade de pesquisa. Às vezes, ao reconsiderar esses cadernos de notas, surge a pergunta: por que ele perdeu tanto tempo com esse resumo sistemático e fundamental, ou dedicou tanto trabalho quanto o dedicado já em 1881, a um livro básico sobre geologia, resumindo-o capítulo por capítulo? No 63º ano de sua vida – isso é indesculpável pedantismo. Aqui está outro exemplo: ele recebeu, em 1878, uma cópia do trabalho de Morgan. Em 98 páginas de sua minúscula caligrafia (você deve saber que uma página dele é equivalente a no mínimo 2,2 páginas impressas), ele faz um resumo detalhado de Morgan. Era nisso que o velho Marx trabalhava.[2]

Tal postura ajuda a explicar por que não havia planos de incluir os cadernos de Marx na MEGA[1].

Um espírito independente, Riazanov afirmou publicamente que era marxista, mas não leninista. No final da década de 1920, o editor começou a sentir a mão pesada do regime stalinista. Em 1931, Stálin ordenou que ele fosse preso e deportado para um campo de trabalhos forçados, onde foi executado em 1938. A MEGA[1] deixou de ser publicada em 1935, tendo também se tornado uma vítima do stalinismo[3]. Por exemplo, a publicação dos *Manuscritos matemáticos* de Marx, já editada pelo jovem matemático alemão Julius Gumbel (que tinha sido recomendado por Albert Einstein) e até apresentada em provas em 1927,

---

[2] A maioria dessas citações do relatório de Riazanov está traduzida em Raia Dunaiévskaia, *Rosa Luxemburg, Women's Liberation, and Marx's Philosophy of Revolution*, cit., p. 177-8. Para o relatório completo em alemão, ver David Riazanov, "Neueste Mitteilungen über den literarischen Nachlass von Karl Marx und Friedrich Engels", cit.

[3] De sua parte, os social-democratas alemães tiveram de se esforçar para salvar os manuscritos originais de Marx e Engels das chamas do nazismo. O material foi enviado para a Holanda e depois para a Inglaterra por segurança. Hoje os manuscritos estão no Instituto de História Social de Amsterdã, que detém cerca de dois terços dos originais. A maior parte do restante dos originais dos escritos de Marx está em Moscou, no Arquivo Estatal Russo de História Sócio-Política (antigo Instituto Marx-Engels-Lênin).

só apareceu em 1968. Seguindo o estilo stalinista, essa edição de 1968 não menciona Gumbel[4].

As *Obras reunidas de Marx e Engels*

Riazanov também desenvolveu um plano para uma coleção mais limitada de obras reunidas de Marx e Engels, publicada em russo entre 1928 e 1946. Essa edição tornou-se a base para a coletânea alemã *Marx-Engels Werke* (MEW, 1956-1968), bem como outras edições em um único idioma, como *Marx-Engels Collected Works* (MECW, 1975-2004), em inglês. Tomando a última edição como nosso exemplo, ela é dividida em três partes:

I. Volumes 1-27: livros, artigos e manuscritos publicados e não publicados de Marx e Engels;

II. Volumes 28-37: os principais escritos econômicos de Marx, dos *Grundrisse* a *O capital*;

III. Volumes 38-50: cartas de Marx e Engels.

Como todas as edições stalinistas, MECW têm sérias omissões, além de outros problemas. Os prefácios e notas explicativas são frequentemente dogmáticos e às vezes enganosos. Divergências entre Marx e Engels são algumas vezes encobertas. Os ataques agudos da dupla às ambições territoriais do Império Russo e o forte apoio ao movimento antirrusso, tomando partido dos poloneses e tchetchenos, são às vezes ocultados ou mesmo atribuídos a erros de Marx e Engels. Mas o maior problema com MECW, MEW e edições semelhantes é que elas não são a MEGA. Por exemplo, apenas uma única versão do Livro I de *O capital* é incluída, o que deixa de fora todo o processo de revisões feitas por Marx em suas várias edições, bem como material importante da edição francesa suprimido por Engels. Também não são reproduzidos os rascunhos de Marx para os livros II e III de *O capital*; apenas os volumes editados por Engels estão no conjunto. Por fim, pouquíssimas cartas de Marx ou Engels estão incluídas, e quase nenhum dos cadernos de citações aparece nessas edições.

---

[4] Annette Vogt, "Emil Julius Gumbel (1891-1966): der erste Herausgeber der mathematischen Manuscripte von Karl Marx", em *MEGA-Studien 2*, 1995. Para uma tradução em inglês, ver Karl Marx, *Mathematical Manuscripts* [1968] (Londres, New Park, 1983).

Œuvres de Marx, editadas por Rubel

Durante os longos anos anteriores a 1989, quando a União Soviética e a Alemanha Oriental exerciam um quase monopólio da publicação dos escritos de Marx, as edições independentes, as cronologias e as biografias de Marx organizadas pelo marxologista francês Maximilien Rubel se apresentavam como uma alternativa libertária, embora em pequena escala. Em 1952, Rubel foi coautor de um ataque ao Instituto Marx-Engels-Lênin de Moscou por seu "silêncio" sobre "o destino de Riazanov e seu empreendimento", acrescentando que Stálin "não podia tolerar a publicação *em sua integralidade* de uma obra que estigmatizasse seu despotismo por meio da luta impiedosa de Marx e Engels contra os Estados policiais: os de Luís Napoleão, o da Prússia, o tsarismo"[5]. Uma década depois, Rubel, que até então havia obtido financiamento de um instituto acadêmico francês, começou a publicar sua edição das Œuvres com a editora de maior prestígio da França, a Gallimard. De 1963 a 1994, quatro grandes volumes foram publicados, cada um com cerca de 1.500 páginas de Marx e 500 páginas de prefácios acadêmicos e notas de rodapé de Rubel. Ao contrário do que aconteceu nas edições stalinistas, as divergências entre Marx e Engels foram notadas, especialmente no que diz respeito a *O capital*.

A posição de Rubel foi muitas vezes marcada por um anti-hegelianismo virulento[6]; além disso, ele também se opunha a publicar os cadernos de citações. Pouco antes de sua morte, em 1996, ele deu uma resposta surpreendentemente negativa a um entrevistador que perguntou se poderíamos esperar algum novo material importante de Marx nos próximos anos, como resultado da segunda MEGA, discutida a seguir: "Francamente, não acredito nisso. Riazanov queria publicar apenas quarenta volumes simplesmente porque achava inútil publicar todos os cadernos de citações (mais de duzentos!)"[7].

A segunda *Marx-Engels Gesamtausgabe*: antes e depois de 1989

Em 1975, a MEGA² foi iniciada a partir de Moscou e Berlim oriental. No puro estilo stalinista, os editores não fizeram referência ao trabalho pioneiro de

---

[5] Maximilien Rubel e Alexandre Bracke-Desrousseaux, "L'Occident doit à Marx et à Engels une édition monumentale de leurs oeuvres", *La Revue socialiste*, v. 59, jul. 1952, p. 113 (grifos do original).

[6] Kevin B. Anderson, "Rubel's Marxology: A Critique", *Capital & Class*, v. 47, 1992; idem, "Maximilien Rubel, 1905-1996, Libertarian Marx Editor", *Capital & Class*, v. 62, 1997.

[7] Nicolas Weill, "Un penseur du XXᵉ siècle et non du XIXᵉ. Un entretien avec Maximilien Rubel", *Le Monde des Livres*, set. 1995.

Riazanov, seu ilustre e martirizado predecessor. Assim como em MECW e em outras edições semelhantes, os prefácios e notas tinham um caráter dogmático, embora a edição efetiva dos textos de Marx fosse bastante meticulosa.

Após o colapso da Alemanha Oriental e da União Soviética em 1989-1991, o financiamento da MEGA² foi severamente prejudicado. Depois de um período de dificuldade, ela começou a receber novos recursos de fundações ocidentais, nos últimos anos principalmente por meio do International Institute of Social History, de Amsterdã, e da Berlin-Brandenburg Academy of Sciences [Academia de Ciências de Berlim-Brandemburgo]. Embora o nível atual de financiamento seja muito mais limitado do que antes de 1989 e a edição tenha sido ligeiramente reduzida, o controle editorial passou para um variado grupo de estudiosos de Marx, na maior parte acadêmicos ocidentais. Por exemplo, o conselho consultivo pós-1989 incluiu figuras internacionalmente conhecidas como Shlomo Avineri, Bertell Ollman, Immanuel Wallerstein* e os falecidos Eric Hobsbawm, Iring Fetscher, Eugene Kamenka e Maximilien Rubel (que renunciou pouco antes de sua morte). O controle editorial geral está nas mãos da International Marx-Engels Foundation [Fundação Internacional Marx-Engels], uma afiliada do Instituto Internacional da História Social e da Academia de Ciências de Berlim-Brandemburgo, enquanto grupos de editores estão trabalhando na Alemanha, na Rússia, na França, no Japão, nos Estados Unidos e em outros países.

A MEGA² inclui quatro seções[8], a última das quais responsável pelos cadernos de citações.

Seção I. Obras, artigos e rascunhos

Dos 32 volumes agora planejados, 17 foram publicados. Especialmente notável nesta seção é o volume I/2, que inclui os *Manuscritos de 1844* de Marx.

---

* Para nossa tristeza, Immanuel Wallerstein faleceu enquanto cuidávamos da edição brasileira desta obra, em 31 de agosto de 2019, um mês antes de completar 89 anos. (N. E.)

[8] Para uma visão geral do estado da MEGA² pós-1991, ver especialmente Jacques Grandjonc e Jürgen Rojahn ("Aus der MEGA-Arbeit. Der revidierte Plan der *Marx-Engels-Gesamtausgabe*", cit.) e, em inglês, Jürgen Rojahn, "Publishing Marx and Engels after 1989: The Fate of the MEGA", *Critique*, 1998; Rolf Hecker, "The MEGA Project: An Edition Between a Scientific Claim and the Dogmas of Marxism-Leninism", *Critique*, 1998; Amy E. Wendling, "Comparing Two Editions of Marx-Engels Collected Works", *Socialism and Democracy*, v. 19, n. 1, 2005; e Marcello Musto, "The Rediscovery of Karl Marx", *International Review of Social History*, v. 52, n. 3, 2007 [ed. bras.: "A redescoberta de Karl Marx", *Margem Esquerda*, São Paulo, Boitempo, n. 13, 2009]. A *Marx-Engels Jahrbuch* (Berlim), a *MEGA-Studien* (Amsterdã) e o *Beiträge zur Marx-Engels-Forschung* (Berlim) trazem relatórios regulares e discussões acadêmicas sobre o projeto MEGA e sua história.

Aqui, pela primeira vez, duas versões desses manuscritos são publicadas, a estabelecida pela MEGA¹, que tem sido a base para as traduções inglesas até agora, e uma nova versão, mais áspera na forma, mas mais próxima do original. Curiosamente, nas primeiras dez páginas da nova versão Marx está escrevendo três ensaios de uma só vez, em colunas verticais separadas. A MEGA² I/2 mostra que Marx redigiu o que é conhecido hoje como a "Crítica da dialética hegeliana" de 1844 em pelo menos duas partes, com a seção sobre Feuerbach separada do texto em que Marx exalta "a dialética da negatividade como o princípio de movimento e criação" da *Fenomenologia do espírito* de Hegel[9].

Seção II. *O capital* e estudos preliminares

Dos 15 volumes agora planejados, 13 foram publicados, fazendo desta a seção mais completa da MEGA². O que já foi publicado inclui todas as edições do Livro I de *O capital* que Marx e Engels prepararam para publicação. Importante aqui é a MEGA² II/20, uma reimpressão da quarta edição alemã de Engels em 1890, mas com uma importante adição: um apêndice que reúne sessenta páginas de texto, algumas das quais muito significativas, da edição francesa de 1872-1875 de Marx do Livro I. Tal material não foi incluído por Engels no Livro I e ainda não apareceu nas principais edições-padrão em alemão ou inglês da obra*. Outros volumes incluem rascunhos de Marx para o que se tornaram os livros II e III de *O capital*, que agora podem ser facilmente comparados às versões publicadas por Engels[10].

Seção III. Correspondência

Dos 35 volumes planejados, 12, que cobrem a maior parte dos anos até 1865, foram publicados. A MEGA² inclui todas as cartas sobreviventes de Marx e Engels, bem como aquelas escritas para eles.

Seção IV. Cadernos de citações

Dos 32 volumes planejados, 11 foram publicados. O que é mais notável aqui são os textos inéditos em qualquer idioma. Embora as "Notas sobre *Estatismo e*

---

[9] MEGA² I/2, p. 292.
* Como sinalizamos em notas ao longo deste volume, esse material tampouco foi incluído na edição brasileira da Boitempo; entretanto, constam dessa edição, em notas de rodapé, diversas alterações da edição francesa. (N. E.)
[10] Para algumas discussões sobre isso, ver Riccardo Bellofiore e Roberto Fineschi (orgs.), *Re-reading Marx: New Perspectives after the Critical Edition* (Basingstoke, Palgrave Macmillan, 2009).

anarquia de Bakunin" e as "Notas sobre Adolph Wagner" tenham sido incluídas em MECW, e partes dos cadernos de citações de 1879-1882 sobre sociedades não ocidentais e pré-capitalistas e os *Manuscritos matemáticos* tenham sido publicados separadamente, uma vasta gama de novos materiais da seção IV aguarda publicação. Entre os volumes já publicados está o MEGA² IV/3, aclamado em 1998 como o primeiro volume produzido sob as novas diretrizes editoriais, editado por Georgi Bagaturia, Lev Curbanov, Olga Koroleva e Ljudmilla Vasina, com Jürgen Rojahn. Ele contém os cadernos de 1844-1847 sobre economistas políticos como Jean-Baptiste Say, Jean-Charles-Leonard Sismondi, Charles Babbage, Andrew Ure e Nassau Senior. Nenhum desses textos havia sido publicado anteriormente em qualquer idioma[11]. Os cadernos de citações de Marx destinados à publicação incluem, além de considerável material sobre economia política, o seguinte: 1) anotações de 1853 e 1880-1881 sobre a Indonésia, as últimas programadas para aparecer em breve na MEGA² IV/27 e na coletânea de textos de Marx *Commune, Empire and Class: Notebooks on Non-Western and Precapitalist Societies* [Comuna, império e classe: cadernos de 1879-1882 sobre sociedades não ocidentais e pré-capitalistas] (no prelo); 2) anotações de 1852 sobre a história das mulheres e relações de gênero; 3) muitas anotações das décadas de 1870 e 1880 sobre a agricultura na Rússia, além de algumas sobre o cultivo de pradarias nos Estados Unidos; 4) anotações sobre a Irlanda da década de 1860; 5) anotações sobre agricultura nos tempos romano e carolíngio; e 6) uma longa cronologia da história mundial redigida durante a década de 1880.

A publicação de uma edição completa dos escritos de Marx continua, assim, tendo sobrevivido ao stalinismo e ao nazismo. O trabalho em andamento na MEGA² repousa sobre os ombros daqueles que, durante o turbulento século XX, trabalharam para coletar, preservar e editar os escritos originais de Marx, às vezes ao custo de suas vidas.

---

[11] Para uma discussão sobre este volume, ver Paresh Chattopadhyay, "On 'Karl Marx—Exzerpte und Notizen: Sommer 1844 bis Anfang 1847, in *Gesamtausgabe (MEGA)*, vierte Abteilung, Band 3", *Historical Materialism*, v. 12, n. 4, 2004.

Referências bibliográficas

ADLER, Victor. *Briefwechsel mit August Bebel und Karl Kautsky*. Viena, Wiener Volksbuchhandlung, 1954.

AHMAD, Aijaz. Marx on India: A Clarification. In: _____. *In Theory*: Classes, Nations, Literature. Londres, Verso, 1992.

ALAN, John. *Dialectics of Black Freedom Struggles*. Chicago, News & Letters, 2003.

ALTHUSSER, Louis. *Lenin and Philosophy and Other Essays*. Trad. Ben Brewster. Nova York, Monthly Review Press, 1971.

ANDERSON, Kevin B. The "Unknown" Marx's *Capital*, Vol. I: The French Edition of 1872–75, 100 Years Later. *Review of Radical Political Economics*, v. 15, n. 4, 1983. p. 71-80.

_____. Rubel's Marxology: A Critique. *Capital & Class*, v. 47, 1992. p. 67-91.

_____. *Lenin, Hegel, and Western Marxism*: A Critical Study. Urbana, University of Illinois Press, 1995.

_____. Maximilien Rubel, 1905-1996, Libertarian Marx Editor. *Capital & Class*, v. 62, 1997. p. 159-65.

_____. On the MEGA and the French Edition of *Capital*, Vol. I: An Appreciation and a Critique. In: *Beiträge zur Marx-Engels Forschung*. Neue Folge, 1997. Berlim, Argument, 1997. p. 131-6.

_____. Marx on Suicide in the Context of His Other Writings on Alienation and Gender. In: PLAUT, Eric A.; ANDERSON, Kevin B. (orgs.). *Marx on Suicide*. Evanston, Northwestern University Press, 1999. p. 3-27.

_____. The Rediscovery and Persistence of the Dialectic: In Philosophy and in World Politics. In: BUDGEN, Sebastian; KOUVELAKIS, Stathis; ŽIŽEK, Slavoj (orgs.). *Lenin Reloaded*: Toward a Politics of Truth. Durham, Duke University Press, 2007. p. 120-47.

ANDERSON, Kevin B.; ROCKWELL, Russell (orgs.). *The Dunayevskaya-Marcuse-Fromm Correspondence, 1954-1978*: Dialogues on Hegel, Marx, and Critical Theory. Lanham, Lexington, 2012.

ANDERSON, Perry. *Lineages of the Absolutist State*. Londres, New Left Books, 1974 [ed. bras.: *Linhagens do Estado absolutista*. Trad. Renato Prelorentzou, São Paulo, Editora Unesp, 2016].

ANTONIO, Robert. J. (org.). *Marx and Modernity*: Key Readings and Commentary. Malden/Oxford, Blackwell, 2003.

ARTHUR, Christopher J. *Capital*: A Note on Translation. *Science & Society*, v. 54, n. 2, 1990. p. 224-5.

_____ (org.). *Engels Today*: A Centenary Appreciation. Londres, Macmillan, 1996.

ATHREYA, Venkatesh. Marx on India under the British. *The Hindu*, 13 dez. 2006.

AVINERI, Shlomo. *The Social and Political Thought of Karl Marx*. Cambridge, Cambridge University Press, 1968.

BAHRO, Rudolf. *The Alternative in Eastern Europe*. Trad. David Fernbach. Londres, NLB, 1978.

BAKAN, Abigail. Marxism and Antiracism: Rethinking the Politics of Difference. *Rethinking Marxism. A Journal of Economics, Culture & Society*, v. 20, n. 2, 1978. p. 238-56.

BARBIER, Maurice. *La Pensée politique de Karl Marx*. Paris, Éditions L'Harmattan. 1992.

BAYLEN, Joseph O. Marx's Dispatches to Americans about Russia and the West, 1853-1856. *South Atlantic Quarterly*, Durham, University Press, v. 56, n. 1, 1957. p. 20-6.

BEAUVOIR, Simone de. *The Second Sex* [1949]. Trad. H. M. Parshley. Nova York, Vintage, 1989 [ed. bras.: *O segundo sexo*. Trad. Sérgio Milliet, Rio de Janeiro, Nova Fronteira, 2016].

BELLOFIORE, Riccardo; FINESCHI, Roberto (orgs.). *Re-reading Marx*: New Perspectives after the Critical Edition. Basingstoke, Palgrave Macmillan, 2009.

BENNER, Erica. *Really Existing Nationalisms*: A Post-Communist View of Marx and Engels. Nova York, Oxford University Press, 1995.

BENNETT, Lerone Jr. *Forced Into Glory*: Abraham Lincoln's White Dream. Chicago, Johnson Publications, 2000.

BLACK, Dave. *Helen Macfarlane*: A Feminist, Revolutionary Journalist, and Philosopher in Mid-Nineteenth Century England. Com uma reimpressão da tradução feita por Macfarlane em 1850 do *Manifesto Comunista*. Lanham, Lexington Books, 2004.

BLIT, Lucjan. *The Origins of Polish Socialism*: The History and Ideas of the First Polish Socialist Party 1878-1886. Nova York/Londres, Cambridge University Press, 1971.

BLOOM, Solomon F. *The World of Nations*: A Study of the National Implications of the Work of Marx. Nova York, Columbia University Press, 1941.

BOURDIEU, Pierre. *Outline of a Theory of Practice*. Trad. Richard Nice. Cambridge/Nova York, Cambridge University Press, 1977.

BOWMAN, Frank O. *Pour encourager les autres?* The Curious History and Distressing Implications of the Sarbanes-Oxley Act and the Sentencing Guidelines Amendments That Followed. *Ohio State Journal of Criminal Law*, v. 1, n. 2, 2004. p. 373-442.

BRAUNTHAL, Julius. *History of the International*, v. 1: *1864-1914* [1961]. Trad. Henry Collins e Kenneth Mitchell. Nova York, Praeger, 1967.

BRIGHT, John. *Speeches on the American Question* [1865]. Intr. Frank Moore. Nova York, Kraus Reprint Co., 1970.

BROWN, Heather. *Marx on Gender and the Family*: A Critical Study. Leiden, Brill, 2012.

CALLESEN, Gerd. A Scholarly MEGA Enterprise. *Tijdschrift voor de Geschiednis van Soziale Bewegingen*, v. 4, 2002. p. 77-89.

CARVER, Terrell. Engels and Democracy. In: ARTHUR, Christopher J. (org.). *Engels Today*: A Centenary Appreciation. Londres, Macmillan, 1996. p. 1-28.

CHANDRA, Bipan. Karl Marx, His Theories of Asian Societies, and Colonial Rule. In: UNESCO (org.). *Sociological Theories*: Race and Colonialism. Paris, Unesco, 1980. p. 383-451.

CHATTOPADHYAY, Paresh. Review Essay: Women's Labor under Capitalism and Marx. *Bulletin of Concerned Asian Scholars*, v. 31, n. 4, 1999. p. 67-75.

_____. On 'Karl Marx—Exzerpte und Notizen: Sommer 1844 bis Anfang 1847, in *Gesamtausgabe (MEGA)*, vierte Abteilung, Band 3. *Historical Materialism*, v. 12, n. 4, 2004. p. 427-54.

_____. Passage to Socialism: The Dialectic of Progress in Marx. *Historical Materialism*, v. 14, n. 3, 2006. p. 45-84.

COLLINS, Henry; ABRAMSKY, Chimen. *Karl Marx and the British Labour Movement*: Years of the First International. Londres, Macmillan, 1965.

CUMMINS, Ian. *Marx, Engels and National Movements*. Londres, Croom Helm, 1980.

CURTIS, Michael. *Orientalism and Islam*. Nova York, Cambridge University Press, 2009.

DEBS, Eugene V. The American Movement. In: _____. *Debs*: His Life, Writings and Speeches. Girard, The Appeal to Reason, 1908. p. 95-117.

DENNEHY, Anne. The Condition of the Working Class in England, 150 Years On. In: ARTHUR, Christopher J. (org.). *Engels Today*: A Centenary Appreciation. Londres, Macmillan, 1996. p. 95-128.

DERRIDA, Jacques. *Specters of Marx*. Trad. Peggy Kamuf. Nova York, Routledge, 1994. [ed. bras.: *Espectros de Marx*. Trad. Anamaria Skinner. Rio de Janeiro, Relume Dumará, 1994].

DRAPER, Hal. *Karl Marx's Theory of Revolution*, v. 2: *The Politics of Social Classes*. Nova York, Monthly Review, 1978.

_____. *The Marx-Engels Cyclopedia*, v. 1: *The Marx-Engels Chronicle*. Nova York, Schocken, 1985.

_____. *The Marx-Engels Cyclopedia*, v. 2: *The Marx-Engels Register*. Nova York, Schocken, 1985.

_____. *The Marx-Engels Cyclopedia*, v. 3: *The Marx-Engels Glossary*. Nova York, Schocken, 1986.

_____. *War and Revolution*: Lenin and the Myth of Revolutionary Defeatism. Org. Ernest Haberkern. Atlantic Highlands, Humanities Press, 1996.

DU BOIS, W. E. B. *The Souls of Black Folk* [1903]. Nova York, Fawcett, 1961.

_____. *Black Reconstruction in America*: An Essay Toward a History of the Part Which Black Folk Played in the Attempt to Reconstruct Democracy in America, 1860-1880 [1935]. Nova York, Atheneum, 1973.

DUNAIÉVSKAIA, Raia. *Marxism and Freedom*. From 1776 until Today. [1958] Pref. Herbert Marcuse e nova apresentação de Joel Kovel. Amherst, Humanity Books, 2000.

_____. *American Civilization on Trial*: Black Masses as Vanguard [1963]. 5. ed. Chicago, News & Letters, 2003.

_____. *Philosophy and Revolution*: From Hegel to Sartre and from Marx to Mao [1973]. Pref. Louis Dupré. Nova York, Columbia University Press, 1989.

_____. *Rosa Luxemburg, Women's Liberation, and Marx's Philosophy of Revolution* [1982]. 2. ed. Com material adicionado pela autora e apresentação de Adrienne Rich. Urbana, University of Illinois Press, 1991.

_____. *Women's Liberation and the Dialectics of Revolution*: Reaching for the Future. Atlantic Highlands, Humanities Press, 1985.

_____. *The Power of Negativity*: Selected Writings on the Dialectic in Hegel and Marx. Org. Peter Hudis e Kevin B. Anderson. Lanham, Lexington Books, 2002.

DUPRÉ, Louis. *Marx's Social Critique of Culture*. New Haven, Yale University Press, 1983.

EATON, Henry. Marx and the Russians. *Journal of the History of Ideas*, v. 41, n. 1, 1980. p. 89-112.

ELLIS, Peter Berresford. *A History of the Irish Working Class*. Londres, Pluto, 1996.

FETSCHER, Iring. *Marx and Marxism*. Trad. John Hargreaves. Nova York, Herder and Herder, 1971.

_____. *Überlebensbedingungen der Menschkeit*. Berlim, Dietz, 1991.

FONER, Philip S. *When Karl Marx Died*: Comments in 1883. Nova York, International Publishers, 1973.

_____. *American Socialism and Black Americans*: From the Age of Jackson to World War II. Westport, Greenwood Press, 1977.

_____. *British Labor and the American Civil War*. Nova York, Holmes & Meier, 1981.

FOUCAULT, Michel. *The Order of Things* [1966]. Nova York, Vintage, 1970 [ed. bras.: *As palavras e as coisas*. Trad. Salma Muchail, São Paulo, Martins Fontes, 1990].

FOUGEYROLLAS, Pierre. Adventures et mésaventures de Marx 'en français'. *Le Monde*, 28 out. 1983.

GAILEY, Christine Ward. Community, State, and Questions of Social Evolution in Karl Marx's *Ethnological Notebooks*. In: SOLWAY, Jacqueline (org.). *The Politics of Egalitarianism*: Theory and Practice. Nova York, Bergahn Books, 2006. p. 32-52.

GENOVESE, Eugene. Marxian Interpretations of the Slave South [1968]. In: _____. *In Red and Black*: Marxian Explorations in Southern and Afro-American History. Nova York, Pantheon, 1971. p. 315-53.

GLUCKSTEIN, Ygael [Tony Cliff]. *Mao's China*. Londres, Allen & Unwin, 1957.

GODELIER, Maurice. Preface. In: _____ (org.). *Sur les sociétés précapitalistes*: Textes choisis de Marx, Engels, Lénine. Paris, Éditions sociales, 1970. p. 13-142.

GOETHE, Johann Wolfgang von. *West-Eastern Divan*. Trad. Edward Dowden. Londres, J. M. Dent & Sons, 1914.

_____. *Werke*, v. 2: *Gedichte und Epen*. Com notas editoriais de Erich Trunz. Hamburgo, Christian Wegner, 1949.

GOULDNER, Alvin W. *The Two Marxisms*. Nova York, Oxford University Press, 1980.

GRANDJONC, Jacques; ROJAHN, Jürgen. Aus der MEGA-Arbeit. Der revidierte Plan der *Marx-Engels-Gesamtausgabe*. *MEGA-Studien 2* (1995). p. 62-89.

HABIB, Irfan. Introduction: Marx's Perception of India. In: HUSAIN, Iqbal (org.). *Karl Marx on India*. Nova Délhi, Tulika Books, 2006. p. xix-liv.

HAMMEN, Oscar. *The Red '48ers*. Karl Marx and Friedrich Engels. Nova York, Scribner's, 1969.

HARSTICK, Hans-Peter (org.). *Karl Marx über Formen vorkapitalistischer Produktion*. Frankfurt, Campus, 1977.

HAZELKORN, Ellen. *Capital* and the Irish Question. *Science & Society*, v. 43, n. 3, 1980. p. 326-56.

HECKER, Rolf. The MEGA Project: An Edition Between a Scientific Claim and the Dogmas of Marxism-Leninism. *Critique*, 1998. p. 30-31, 188-95.

HEGEL, G. W. F. *Phenomenology of Spirit* [1807]. Trad. A. V. Miller. Nova York, Oxford University Press, 1977 [ed. bras.: *Fenomenologia do espírito*. Parte II. Trad. Paulo Meneses. Petrópolis, Vozes, 1992].

_____. *Science of Logic* [1831]. Trad. A. V. Miller. Pref. J. N. Findlay. Londres, Allen & Unwin, 1969 [ed. bras.: *Ciência da lógica* (excertos). Trad. Marco Aurélio Werle. São Paulo, Barcarolla, 2011].

_____. *Philosophy of History*. Trad. J. Sibree. Nova York, Dover, 1956.

HENDERSON, F. O. *The Life of Friedrich Engels*. Londres, Frank Cass, 1976. 2 v.

HENZE, Paul B. The Shamil Problem. In: LAQUER, Walter Z. (org.). *The Middle East in Transition*: Studies in Contemporary History. Nova York, Praeger, 1958. p. 415-43.

HODGSON, Peter. Editorial Introduction. In: HEGEL, G. W. F. *Lectures on the Philosophy of Religion*. Berkeley, University of California Press, 1988. p. 1-71.

HUDIS, Peter. *Marx and the Third World*. Detroit, News & Letters, 1983.

_____. Marx Among the Muslims. *Capitalism Nature Socialism*, v. 15, n. 4, 2004. p. 51-67.

HUDIS, Peter; ANDERSON, Kevin B. (orgs.). *The Rosa Luxemburg Reader*. Nova York, Monthly Review Press, 2004.

HUSAIN, Iqbal (org.). *Karl Marx on India*. Intr. Irfan Habib. Nova Délhi, Tulika Books, 2006.

INDEN, Ron. *Imagining India*. Bloomington, Indiana University Press, 2000.

INGRAM, David. Rights and Privileges: Marx and the Jewish Question. *Studies in Soviet Thought*, v. 35, 1988. p. 125-45.

INSTITUTE OF MARXISM-LENINISM OF THE C.C., C.P.S.U. *The General Council of the First International 1864-1866*: Minutes. Moscou, Progress, 1962.

_____. *The General Council of the First International 1866-1868*: Minutes. Moscou, Progress, 1964.

_____. *The General Council of the First International 1868-1870*: Minutes. Moscou, Progress, 1966.

ITO, Narihiko. Überlegungen zu einem Gedanken beim späten Marx. In: HAUG, Frigga; KRÄTKE, Michael (orgs.). *Materialien zum Historisch-Kritischen Wörterbuch des Marxismus*. Berlim, Argument, 1996. p. 38-44.

JACOBS, Jack. Friedrich Engels and the Jewish Question Reconsidered. *MEGA-Studien 2*, 1998. p. 3-23.

JAMES, C. L. R. Negroes in the Civil War: Their Role in the Second American Revolution. *New International*, v. 9, n. 11, 1943. p. 338-42.

JANI, Pranav. Karl Marx, Eurocentrism, and the 1857 Revolt in British India. In: BARTOLOVICH, Crystal; LAZARUS, Neil (orgs.). *Marxism, Modernity, and Postcolonial Studies*. Nova York, Cambridge University Press, 2002. p. 81-97.

KAPP, Yvonne. *Eleanor Marx*, v. 1. Nova York, Pantheon, 1972.

KELLY, Brian. Introduction. In: MANDEL, Bernard. *Labor, Free and Slave*: Workingmen and the Anti-Slavery Movement in the U.S. Urbana, University of Illinois Press, 2007. p. xi-lxix.

KIERNAN, Victor G. Marx and India. In: MILIBAND, Ralph; SAVILLE, John (orgs.). *The Socialist Register*. Nova York, Monthly Review Press, 1967. p. 159-89.

KRADER, Lawrence (org.). Introduction. In: *The Ethnological Notebooks of Karl Marx* [1880--1882]. 2. ed. Assen, Van Gorcum, 1974. p. 1-93.

_____. *The Asiatic Mode of Production*: Sources, Development and Critique in the Writings of Karl Marx. Assen, Van Gorcum, 1975.

KRINGS, Torben. Irische Frage. In: *Historisch-kritisches Wörterbuch des Marxismus*, v. 6:2. Hamburgo, Argument, 2004. p. 1.505-18.

LE CONSEIL Général. *L'Égalité*, v. 47, dez. 1869.

LE COUR GRANDMAISON, Olivier. F. Engels et K. Marx: le colonialisme au service de l'Histoire. *Contretemps: Revue de Critique Communiste*, Textuel, Paris, v. 8, 2003. p. 174-84.

LEDBETTER, James. Introduction. In: MARX, Karl. *Dispatches for the New York Tribune*: Selected Journalism of Karl Marx. Londres, Penguin, 2007. p. xvii-xxvii.

LEEB, Claudia. Marx and the Gendered Structure of Capitalism. *Philosophy & Social Criticism*, v. 33, n. 7, 2007. p. 833-59.

LÊNIN, V. I. The Discussion of Self-Determination Summed Up. In: _____. *Collected Works* [1916]. Moscou, Progress, 1964. v. 22, p. 320-60.

LEVINE, Norman. Anthropology in the Thought of Marx and Engels. *Studies in Comparative Communism*, v. 6, n. 1 & 2, 1973. p. 7-26.

LICHTHEIM, George. *Marxism*: An Historical and Critical Study. Nova York, Praeger, 1961.

_____. Marx and the "Asiatic Mode of Production". *St. Antony's Papers*, v. XIV, 1963. p. 86-112.

LIM, Jie-Hyun. Marx's Theory of Imperialism and the Irish National Question. *Science & Society*, v. 56, n. 2, 1992. p. 163-78.

LÖWY, Michael. La dialectique du progrès et l'enjeu actuel des mouvements sociaux. In: *Congrès Marx International.* Cent ans de marxisme. Bilan critique et perspectives. Paris, Presses Universitaires de France, 1996. p. 197-209.

_____. *Fatherland or Mother Earth?* Essays on the National Question. Londres, Pluto Press, 1998.

LUBASZ, Heinz. Marx's Concept of the Asiatic Mode of Production: A Genetic Analysis. *Economy and Society*, v. 13, n. 4, 1984. p. 456-83.

LUKÁCS, György. *History and Class Consciousness* [1923]. Trad. Rodney Livingstone. Cambridge, MIT Press, 1971 [ed. bras.: *História e consciência de classe*. Trad. Rodnei Nascimento. São Paulo, Martins Fontes, 2003].

_____. *The Young Hegel* [1948]. Trad. Rodney Livingstone. Cambridge, MIT Press, 1975 [ed. bras.: *O jovem Hegel*. Trad. Nélio Schneider. São Paulo, Boitempo, 2018].

MACDONALD, H. Malcolm. Marx, Engels, and the Polish National Movement. *Journal of Modern History*, v. 13, n. 3, 1941. p. 321-34.

MAINE, Henry Sumner. *Lectures on the Early History of Institutions*. Nova York, Henry Holt and Co., 1875.

MANDEL, Bernard. *Labor, Free and Slave*: Workingmen and the Anti-Slavery Movement in the U. S. [1955]. Urbana, University of Illinois Press, 2007.

MARCUS, Steven. *Engels, Manchester and the Working Class*. Nova York, Random House, 1974.

MARCUSE, Herbert. Sartre's Existentialism [1948]. In: _____. *Studies in Critical Philosophy*. Trad. Joris de Bres. Boston, Beacon Press, 1972. p. 157-90.

MARX, Karl. On the Jewish Question. Early Political Writings [1843]. Trad. Joseph O'Malley. Nova York/Cambridge, Cambridge University Press, 1994. p. 28-56 [ed. bras.: *Sobre a Questão Judaica*. Trad. Nélio Schneider e Wanda Nogueira Caldeira Brant. São Paulo, Boitempo, 2010].

_____. Economic and Philosophical Manuscripts [1844]. Trad. Tom Bottomore. In: FROMM, Erich. *Marx's Concept of Man*. Nova York, Ungar, 1961 [ed. bras.: *Manuscritos econômico-filosóficos*. Trad. Jesus Ranieri. São Paulo, Boitempo, 2004].

_____. *Grundrisse*: Foundations of the Critique of Political Economy (Rough Draft) [1857-1858]. Trad. Martin Nicolaus, com notas e índice de Ben Fowkes. Nova York, Penguin, 1973 [ed. bras.: *Grundrisse*. Manuscritos econômicos de 1857-1858: esboços da crítica da economia política. Trad. Mario Duayer e Nélio Schneider. São Paulo, Boitempo, 2015].

_____. *Le Capital.* Livre I. Sections I à IV [1872-1875]. Trad. J. Roy. Pref. Louis Althusser. Paris, Éditions Flammarion, 1985.

_____. *Le Capital.* Livre I. Sections V à VIII [1872-1875]. Trad. J. Roy. Pref. Louis Althusser. Paris, Éditions Flammarion, 1985.

_____. Excerpts from M. M. Kovalevskij [1879]. In: KRADER, Lawrence (org.). *The Asiatic Mode of Production*: Sources, Development and Critique in the Writings of Karl Marx. Assen, Van Gorcum, 1975. p. 343-412.

_____. *Notes on Indian History (664-1858)* [1879-1880]. Moscou, Progress, 1960.

_____. *The Ethnological Notebooks of Karl Marx* [1880-1882]. Org. Lawrence Krader. 2. ed. Assen, Van Gorcum, 1974.

_____. *Capital.* Vol. I [1884]. Trad. Ben Fowkes, Intr. Ernest Mandel. Londres, Penguin, 1976 [ed. bras.: *O capital*: crítica da economia política. Livro I: *O processo de produção do capital* (1867). Trad. Rubens Enderle. São Paulo, Boitempo, 2013].

_____. *Capital.* Vol. II [1890] Trad. David Fernbach, Intr. Ernest Mandel. Londres, Penguin, 1978 [ed. bras.: *O capital*: crítica da economia política. Livro II: *O processo de circulação do capital* (1885). Trad. Rubens Enderle. São Paulo, Boitempo, 2015].

_____. *Capital.* Vol. III [1894]. Trad. David Fernbach, Intr. Ernest Mandel. Londres, Penguin, 1981 [ed. bras.: *O capital*: crítica da economia política. Livro III: *O processo global da produção capitalista* (1894). Trad. Rubens Enderle. São Paulo, Boitempo, 2017].

_____. *The Eastern Question* [1897]. Org. Eleanor Marx Aveling e Edward Aveling. Nova York, Augustus Kelley, 1969.

_____. *Capital*: A Critical Analysis of Capitalist Production, v. 1. Com suplemento editado e traduzido por Dona Torr. Nova York, International Publishers, 1939.

_____. *Marx on China,* 1853-1860. Org. Dona Torr. Londres, Lawrence and Wishart, 1951.

_____. *Œuvres.* Org. Maximilien Rubel. Paris, Gallimard, 1963-1994. 4 v.

_____. *Pre-Capitalist Economic Formations.* Org. Eric J. Hobsbawm. Nova York, International Publishers, 1965.

_____. *Karl Marx on Colonialism and Modernization.* Org. Shlomo Avineri. Nova York, Doubleday, 1968.

_____. *Secret Diplomatic History of the Eighteenth Century and The Story of the Life of Lord Palmerston.* Org. Lester Hutchinson. Nova York, International Publishers, 1969.

_____. *Przyczynki do historii kwestii polskiej (Rekopisy z lat 1863-1864).* Intr. Celina Bobinska. Varsóvia, Ksiazka i Wiedza, 1971.

_____. *The Karl Marx Library.* Org. e trad. Saul K. Padover. Nova York, McGraw-Hill, 1971--1977. 7 v.

_____. *Le Capital.* Livre I. Trad. da 4. ed. alemã de Jean-Pierre Lefebvre. Paris, Messidor/Éditions Sociales, 1983.

_____. *Mathematical Manuscripts* [1968]. Trad. C. Aronson e M. Meo. Londres, New Park, 1983.

_____. *Later Political Writings.* Org. e trad. Terrell Carver. Nova York/Cambridge, Cambridge University Press, 1996.

_____. *Dispatches for the New York Tribune*: Selected Journalism of Karl Marx. Intr. James Ledbetter e apresentação de Francis Wheen. Londres, Penguin, 2007.

_____. *Capital*. Vol. I [farsi]. Trad. e pref. Hassan Mortazavi. Teerã, Agah Publishing, 2008. (Pref. e trad. [para o inglês] Frieda Afary. Disponível em: <http://iranianvoicesintranslation.blogspot.com/2009/07/translators-preface-to-new-persian.html>; acesso em: 31 jul. 2009.)

_____. Commune, Empire, and Class: 1879-1882 Notebooks on Non-Western and Precapitalist Societies. In: ANDERSON, Kevin B.; SMITH, David Norman; ROJAHN, Jürgen (orgs.). Com Georgi Bagaturia e Norair Ter-Akopian (no prelo).

MARX, Karl; ENGELS, Friedrich. *Gesammelte Schriften 1852 bis 1862*. Org. David Riazanov. Trad. Luise Kautsky. Stuttgart, Dietz, 1920. 2 v.

_____; _____. *Selected Correspondence* [1934]. Org. S. Ryazanskaya. 2. ed. Moscou, Progress, 1965.

_____; _____. *The Civil War in the United States*. Org. Richard Enmale [Richard Morais]. Nova York, International Publishers, 1937.

_____; _____. *The Russian Menace to Europe*. Org. Paul W. Blackstock e Bert F. Hoselitz. Glencoe, The Free Press, 1952.

_____; _____. *Marx-Engels Werke* (MEW). Berlim, Dietz, 1956-1968. 42 v., mais 2 v. supl.

_____; _____. *The First Indian War of Independence 1857-1859*. Moscou, Progress, 1959.

_____; _____. *The American Journalism of Marx and Engels*. Org. Henry M. Christman. Intr. Charles Blitzer. Nova York, New American Library, 1966.

_____; _____. *On Colonialism*: Articles from the *New York Tribune* and Other Writings. Nova York, International Publishers, 1972.

_____; _____. *Ireland and the Irish Question*. Moscou, Progress, 1972.

_____; _____. *China. Fósil viviente o transmisor revolucionario?*. Intr. e notas Lothar Knauth. Cidade do México, Universidad Nacional Autonoma de México, 1975.

_____; _____. *Gesamtausgabe* (MEGA). Seções I-IV. Berlim, Dietz, Akademie, 1975-.

_____; _____. *Collected Works* (MECW). Nova York, International Publishers, 1975-2004. 50 v.

MCLELLAN, David. *Karl Marx*: His Life and Thought. Nova York, Harper & Row, 1973.

_____ (org.). *Karl Marx*: Selected Writings [1977]. 2. ed. Nova York, Oxford University Press, 2000.

MEGILL, Allan. *Karl Marx*: The Burden of Reason (Why Marx Rejected Politics and the Market). Lanham, Rowman & Littlefield, 2002.

MEHRING, Franz. *Karl Marx*: The Story of His Life [1918]. Trad. Edward Fitzgerald. Ann Arbor, University of Michigan Press, 1962.

MIKHAILÓVSKY, Nikolai Konstantínovitch. Karl Marks pered sudom g. Yu. Zhukovskogo [Karl Marx Before the Tribunal of Mr. Iúli Jukóvski] [1877]. In: *Polnoe Sobranie Sochinie*, v. 4. São Petersburgo, M. M. Stasiulevich, 1911. p. 165-206.

MOORE, Barrington. *Social Origins of Dictatorship and Democracy*: Lord and Peasant in the Making of the Modern World. Boston, Beacon, 1966.

MORGAN, Lewis Henry. *Ancient Society*. Nova York, Henry Holt & Co., 1877.

MUSTO, Marcello (org.). The Rediscovery of Karl Marx. *International Review of Social History*, v. 52, n. 3, 2007. p. 477-98 [ed. bras.: A redescoberta de Karl Marx. *Margem Esquerda*: ensaios marxistas. São Paulo, Boitempo, n. 13, 2009. p. 51-73].

_____. *Karl Marx's* Grundrisse: Foundations of the Critique of Political Economy 150 Years Later. Nova York, Routledge, 2008.

NEWSINGER, John. 'A Great Blow Must Be Struck in Ireland': Karl Marx and the Fenians. *Race & Class*, v. 24, n. 2., 1982. p. 151-67.

NIMNI, Ephraim. *Marxism and Nationalism*: Theoretical Origins of a Political Crisis. Pref. Ernesto Laclau. Londres, Pluto, 1994.

NIMTZ, August H. *Marx and Engels*: Their Contribution to the Democratic Breakthrough. Albany, State University of New York Press, 2000.

OLLMAN, Bertell. *Dialectical Investigations*. Nova York, Routledge, 1993.

PADOVER, Saul K. *Karl Marx*: An Intimate Biography. Nova York, McGraw-Hill, 1978.

PATTERSON, Thomas C. *Karl Marx, Anthropologist*. Oxford, Berg, 2009.

PERELMAN, Michael. Political Economy and the Press: Karl Marx and Henry Carey at the *New York Tribune*. In: _____. *Marx's Crises Theory*: Scarcity, Labor, and Finance. Nova York, Praeger, 1987. p. 10-26.

PHILLIPS, Wendell. *Speeches, Lectures & Letters*. Nova York, New American Library; Negro Universities Press, 1969.

PLAUT, Eric A.; ANDERSON, Kevin B. (orgs.). *Marx on Suicide*. Trad. Eric Plaut, Gabrielle Edgcomb e Kevin B. Anderson. Evanston, Northwestern University Press, 1999.

POSTONE, Moishe. *Time, Labor, and Social Domination*: A Reinterpretation of Marx's Critical Theory. Nova York, Cambridge University Press, 1993.

PRAWER, S. S. *Karl Marx and World Literature*. Londres, Oxford University Press, 1976.

RAFFLES, Thomas Stamford. *The History of Java* [1817]. Intr. John Bastin. Kuala Lumpur, Oxford University Press, 1965. 2 v.

REFLEXIONS. *L'Égalité*, v. 47, dez. 1869.

REITZ, Charles. Horace Greeley, Karl Marx, and German 48ers: Anti-Racism in the Kansas Free State Struggle, 1854-1864. *Marx-Engels Jahrbuch 2008*. Berlim, Akademie, 2008. p. 1-24.

RESIS, Albert. *Das Kapital* Comes to Russia. *Slavic Review*, v. 29, n. 2, 1970. p. 219-37.

RIAZANOV, David. Neueste Mitteilungen über den literarischen Nachlass von Karl Marx und Friedrich Engels. *Archiv für Geschichte des Sozialismus und der Arbeiterbewegung*, v. 11, 1925. p. 385-400.

_____. Karl Marx on China. *Labour Monthly*, v. 8, 1926. p. 86-92.

_____. *Karl Marx and Friedrich Engels*: An Introduction to Their Lives and Work [1927]. Nova York, Monthly Review, 1973.

RICH, Adrienne. Raya Dunayevskaya's Marx [1991]. In: _____. *Arts of the Possible*: Essays and Conversations. Nova York, Norton, 2001. p. 83-97.

ROBINSON, Cedric. *Black Marxism* [1983]. Chapel Hill, University of North Carolina Press, 2000.

ROEDIGER, David (org.). *Joseph Weydemeyer*: Articles on the Eight Hour Movement. Chicago, Greenleaf Press, 1978.

_____. *Towards the Abolition of Whiteness*: Essays on Race, Politics, and Working Class History. Londres/Nova York, Verso, 1994.

ROJAHN, Jürgen. Parlamentarismus-Kritik und demokratisches Ideal: Wies Rosa Luxemburg einen 'dritten Weg'? In: BERGMANN, Theodor; ROJAHN, Jürgen; WEBER, Fritz. *Die Freiheit der Andersdenkenden*: Rosa Luxemburg und das Problem der Demokratie. Hamburgo, VSA, 1995. p. 11-27.

_____. Publishing Marx and Engels after 1989: The Fate of the MEGA. *Critique*, 1998. p. 30-1, 196-207.

ROSDOLSKY, Roman. *The Making of Marx's* Capital [1968]. Trad. Pete Burgess. Londres, Pluto, 1977.

_____. *Engels and the "Nonhistoric" Peoples*: The National Question in the Revolution of 1848. Glasgow, Critique Books, 1986.

ROSEMONT, Franklin (org.). Karl Marx and the Iroquois. In: _____. *Arsenal*: Surrealist Subversion. Chicago, Black Swan, 1989. p. 201-13.

RUBEL, Maximilien. *Bibliographie des Œuvres de Karl Marx*. Paris, Marcel Rivière, 1956.

_____. *Supplément à la Bibliographie des Œuvres de Karl Marx*. Paris, Marcel Rivière, 1960.

_____. Marx et la Première Internationale. Une Chronologie. *Études de Marxologie*, v. 8, ago. 1964. p. 9-82.

_____. Marx et la Première Internationale. Une Chronologie. Deuxième Partie. *Études de Marxologie*, v. 9, jan. 1965. p. 5-70.

_____. The Plan and Method of the 'Economics' [1973]. In: O'MALLEY, Joseph; ALGOZIN, Keith (orgs.). *Rubel on Karl Marx*: Five Essays. Nova York, Cambridge University Press, 1981. p. 190-229.

_____. L'Émancipation des femmes dans l'oeuvre de Marx et d'Engels. In: FAURE, Christine (org.). *Encyclopédie politique et historique des femmes*. Paris, Presses Universitaires de France, 1997. p. 381-403.

RUBEL, Maximilien; BRACKE-DESROUSSEAUX, Alexandre. L'Occident doit à Marx et à Engels une édition monumentale de leurs oeuvres. *La Revue socialiste*, v. 59, jul. 1952. p. 113-4.

RUBEL, Maximilien; MANALE, Margaret. *Marx without Myth*: A Chronological Study of His Life and Work. Nova York, Harper & Row, 1975.

RUNKLE, Gerald. Karl Marx and the American Civil War. *Comparative Studies in Society and History*, v. 6, n. 2, jan. 1964. p. 117-41.

SAID, Edward. *Orientalism*. Nova York, Vintage, 1978 [ed. bras.: *Orientalismo*: o Oriente como invenção do Ocidente. Trad. Rosaura Eichenberg. São Paulo, Companhia das Letras, 2007].

SAN JUAN, E. Jr. The Poverty of Postcolonialism. *Pretexts*: Literary and Cultural Studies, v. 11, n. 1, 2002. p. 57-73.

SARTRE, Jean-Paul. Materialism and Revolution [1949]. In: _____. *Literary and Philosophical Essays*. Trad. Annette Michelson. Nova York, Collier, 1962. p. 198-256.

SAYER, Derek; CORRIGAN, Philip. Late Marx: Continuity, Contradiction, and Learning. In: SHANIN, Teodor (org.). *Late Marx and the Russian Road*: Marx and the "Peripheries" of Capitalism. Nova York, Montly Review Press, 1983. p. 77-93.

SCHLÜTER, Hermann. *Lincoln, Labor and Slavery*: A Chapter in the Social History of America [1913]. Nova York, Russell and Russell, 1965.

SCHUMPETER, Joseph A. The Communist Manifesto in Sociology and Economics. *Journal of Political Economy*, v. 47, n. 3, 1949. p. 199-212.

SEIGEL, Jerrold. *Marx's Fate*: The Shape of a Life. Princeton, Princeton University Press, 1978.

SEWELL, Robert. *Analytical History of India*: From the Earliest Times to the Abolition of the Honourable East India Company in 1858. Londres, W. H. Allen & Co., 1870.

SHANIN, Teodor (org.). *Late Marx and the Russian Road*: Marx and the 'Peripheries' of Capitalism. Nova York, Monthly Review Press, 1983a.

_____. Late Marx: Gods and Craftsmen. In: _____ (org.). *Late Marx and the Russian Road*: Marx and the 'Peripheries' of Capitalism. Nova York, Monthly Review Press, 1983b. p. 3-39.

SLATER, Eamonn; MCDONOUGH, Terrence. Marx on Nineteenth-Century Colonial Ireland: Analysing Colonialism as a Dynamic Social Process. *Irish Historical Studies*, v. 23, n. 142, 2008. p. 53-71.

SMITH, David Norman. The Ethnological Imagination. In: SCHORKOWITZ, Dittmar (org.). *Ethnohistorische Wege und Lehrjahre eines Philosophen. Festschrift für Lawrence Krader zum 75. Geburtstag*. Nova York, Peter Lang, 1995. p. 102-19.

_____ (org.). *Patriarchy and Property*: The Ethnological Notebooks of Karl Marx. New Haven, Yale University Press (no prelo).

SPENCE, Jonathan. *God's Chinese Son*: The Taiping Heavenly Kingdom of Hong Xiuquan. Nova York, Norton, 1996.

STEKLOFF, G. M. *History of the First International*. Trad. Eden e Cedar Paul. Londres, Martin Lawrence, 1928.

SUNY, Ronald Grigor. Reading Russia and the Soviet Union in the Twentieth Century. In: _____ (org.). *The Cambridge History of Russia*, v. 3: *The Twentieth Century*. Nova York, Cambridge University Press, 2006. p. 8-64.

SYLVERS, Malcolm. Marx, Engels und die USA: ein forschungsprojekt über ein wenig beachtetes Thema. *Marx-Engels-Jahrbuch 2004*, 2004. p. 31-53.

SZPORLUK, Roman. Review of *Really Existing Nationalisms*, by Erica Benner. *American Journal of Sociology*, v. 102, n. 4, 1997. p. 1.236-8.

TAYLOR, Miles. The English Face of Karl Marx. *Journal of Victorian Culture*, v. 1, n. 2, 1996. p. 227-53.

THORNER, Daniel. Marx on India and the Asiatic Mode of Production [1966]. In: JESSOP, Bob; MALCOLM-BROWN, Charlie (orgs.). *Karl Marx's Social and Political Thought*: Critical Assessments. v. 3, Nova York, Routledge, 1990. p. 436-65.

TICHELMAN, Fritjof. Marx and Indonesia. Preliminary Notes. In: _____. *Marx on Indonesia and India*. Trier, Schriften aus dem Karl-Marx-Haus, 1983. p. 9-28.

TRAVERSO, Enzo. *The Marxists and the Jewish Question*: History of a Debate, 1843–1943. Trad. Bernard Gibbons. Atlantic Highlands, Humanities Press, 1994.

TRÓTSKI, Leon. Appendix II: Socialism in a Separate Country? In: _____. *The History of the Russian Revolution* [1933], v. 3. Londres, Sphere Books, 1967. p. 349-86 [ed. bras.: *A história da revolução russa*. Rio de Janeiro, Paz e Terra, 1977].

_____. Presenting Karl Marx [1939]. In: _____ (org.). *The Essential Marx*. Nova York, Dover (originalmente publicado como *The Living Thoughts of Karl Marx*, 1939), 2006. p. 1-43.

TUCKER, Robert (org.). *The Marx-Engels Reader*. 2. ed. Nova York, Norton, 1978.

TURNER, Lou; ALAN, John. *Frantz Fanon, Soweto & American Black Thought*. 2. ed. Chicago, News & Letters, 1986.

VILEISIS, Danga. Engels Rolle im 'unglücklichen Verhältnis' zwischen Marxismus und Feminismus. In: *Beiträge zur Marx-Engels Forschung*. Neue Folge, 1996. p. 149-79.

VOGT, Annette. Emil Julius Gumbel (1891-1966): der erste Herausgeber der mathematischen Manuscripte von Karl Marx. *MEGA-Studien 2* (1995). p. 26-41.

WADA, Haruki. Marx and Revolutionary Russia. In: SHANIN, Teodor (org.). *Late Marx and the Russian Road*: Marx and the 'Peripheries' of Capitalism. Nova York, Monthly Review Press, 1983. p. 40-75.

WALICKI, Andrzej. Marx, Engels, and the Polish Question. In: _____. *Philosophy and Romantic Nationalism*: The Case of Poland. Oxford, Oxford University Press, 1982. p. 359-91.

WEILL, Nicolas. Un penseur du XXe siècle et non du XIXe. Un entretien avec Maximilien Rubel. *Le Monde des Livres*, set. 1995. p. viii.

WELSH, John. Reconstructing *Capital*: The American Roots and Humanist Vision of Marx's Thought. *Midwest Quarterly*, v. 43, n. 3, 2002. p. 274-87.

WENDLING, Amy E. Comparing Two Editions of Marx-Engels Collected Works. *Socialism and Democracy*, v. 19, n. 1, 2005. p. 181-9.

WHEEN, Francis. *Karl Marx*: A Life. Nova York, Norton, 2000.

WHITE, James D. *Karl Marx and the Intellectual Origins of Dialectical Materialism*. Nova York, St. Martin's, 1996.

WIELENGA, Bastiaan. Indische Frage. *Historisch-kritisches Wörterbuch des Marxismus*, v. 6:2. Hamburgo, Argument, 2004. p. 904-17.

WIGGERSHAUS, Rolf. *The Frankfurt School*: Its History, Theories, and Political Significance [1986]. Trad. Michael Robertson. Cambridge, MIT Press, 1994.

WITTFOGEL, Karl A. *Oriental Despotism*. New Haven, Yale University Press, 1957.

WOLFE, Bertram D. *Marx and America*. Nova York, John Day, 1934.

WOOD, Ellen Meiksins. Historical Materialism in 'Forms which Precede Capitalist Production'. In: MUSTO, Marcello (org.). *Karl Marx's Grundrisse*: Foundations of the Critique of Political Economy 150 Years Later. Nova York, Routledge, 2008. p. 79-92.

Índice remissivo

abolicionismo 144-45, 220-21
aborígenes australianos, 303-4
Abramsky, Chaim, 173n138
acumulação primitiva
   colonialismo, globalização e, 279-82
   desenvolvimento unilinear *versus* multilinear e, 266-69, 330-36
   em várias edições de *O capital*, Livro I, 279-82, 351-52, 269n110, 280n152, 282n158
   escopo geográfico da, 339-40
   evitar, 291-92
   progresso social e, 283-84
Adams, Charles Francis, 157-58, 171-72, 178, 179n163
Adler, Viktor, 109-10
Afeganistão, 319-20
afro-americanos, 145-46, 162-64, 351-52
agente secreto, O (Conrad), 91-92, 91n4
"agitação na Irlanda, A" ["The Excitement in Ireland"] (Marx, 1859), 195
agricultura de arrendamento, 198-201
Ahmad, Aijaz, 61-62
Akbar (imperador mongol), 318-19
Alemanha
   filosofia revolucionária e, 90-91
   Inglaterra e, 265-66
   manuscritos conservados na, 359n3
   Polônia e, 113-15, 119-21
   potencial para a revolução, 105n64
   revolução de 1848 na, 131-33
   Ver também Alemanha Oriental
"Alemanha e o pan-eslavismo, A" (Engels, 1855), 98-99
Alemanha Oriental, 360-62
   Ver também Alemanha
alemão (língua), 49-51, 49n19
Alexandre I (tsar), 104-5
Alexandre II (tsar), 103-4, 104-9, 131-32
Ali, Muhammad (oficial mongol), 319-20
Aliança Internacional da Democracia Socialista, 224-25
Allen, William, 198-99, 200-1
Althusser, Louis, 35n2, 263-64n91, 331--32n133
América Latina, 291-92, 324-25, 339-40
American Civilization on Trial (Dunaiévskaia), 141n13
Analytical History of India [História analítica da Índia] (Sewell), 308-9, 311-14, 314-18
Ancient Society [A sociedade antiga] (Morgan), 296-97, 309-10, 352-53
Anderson, Kevin B., 294n9
Anderson, Perry, 273n122
Ánnienkov, Pável V, 142-43
anticolonialismo, 82-88, 348-49, 352-53, 85-86n168
   Ver também colonialismo
Antígona (Sófocles), 78-80

Antípatro (poeta grego), 279n150
antissemitismo, 101-4
Anti-Union: Ireland as She Ought to Be
    [Anti-União: a Irlanda como ela deve ser]
    (Ensor), 220-21
Antonio, Robert, 83-84n158
"Ao povo dos Estados Unidos da América"
    (Primeira Internacional, 1865), 181-84,
    182-83n178, 183n180
Arbeiterbund [Liga dos Trabalhadores], 144-45
Argélia
    conquista francesa da, 85-86n168
    Engels sobre a, 44n4
    legiões de exilados poloneses e, 126-27
    nos escritos tardios de Marx, 291-92, 294-
        -96, 321-24, 339-40
    resistência anticolonial na, 252-53
"Argélia" (Engels, 1857), 85-86n168
Aristóteles, 279n150
Arthur, Christopher, 260-61n81
arianismo, 305n48
Aryan Village in India and Ceylon, The [A
    aldeia ariana na Índia e no Ceilão] (Phear),
    308-10, 314-15
Ásia, 246-51, 348-49, 352-53, 237n5, 248-
    -49n43
    Ver também modo de produção asiático
    países específicos
Associação Democrática Polonesa, 117-18
Associação Internacional dos Trabalhadores
    Ver Primeira Internacional
Associação Literária de Amigos da Polônia,
    117-18
"Assuntos americanos" (Marx, 1862), 159-60
Aurangzeb (imperador mongol), 317-18
Austin, John, 307-8
Austrália, 303-4
Áustria
    A Santa Aliança de Metternich e, 89
    levante de Milão e, 93n8
    pan-eslavismo e, 98-101
    Polônia e, 109-13, 122-25, 130-31
    Rússia e, 104-5
autarquia, 292-94, 336-37
autodeterminação nacional
    Ver emancipação nacional e revolução

Aveling, Edward, 90-91
Avineri, Shlomo, 46-47, 55-57, 61-62, 362-
    -63, 44n4
astecas, 303-4, 324-25

Babbage, Charles, 363-64
Bagaturia, Georgi, 363-64, 294n9
Bakan, Abigail, 229n162
Bakunin, Mikhail
    Irlanda e, 224-28
    Polônia e, 225n148
    Rússia e, 91-93, 98-99, 92n7
Bali, 67-69, 71-72
Barbier, Maurice, 126-27, 230n164
Barrett, Michael, 207-8
Bastin, John, 66-67
Baylen, Joseph, 96n25
Beauvoir, Simone de, 297-99
Beesly, Edward Spencer, 123n131, 179n164
Bem, Jozef, 118-19, 118n119
Benjamin, Walter, 103n59
Benner, Erica, 61-62, 230-1, 111-12n91
Bentham, Jeremy, 307-8
Berlin-Brandenburg Academy of Sciences
    [Academia de Ciências de Berlim-
    -Brandemburgo], 360-62, 362-63
Bernier, François, 49-51, 253-54
Black Reconstruction in America (Du Bois),
    138-40, 182-84
Blackstock, Paul, 95-97, 96n25
Blanqui, Auguste, 126-27
Bloom, Solomon, 111-12n91
Bochinski, Hans-Jürgen, 102-3n54
Bolívia, 355-56
Bonaparte, Luís Napoleão, 146-47
Bonaparte, Napoleão, 124-26, 179-80
Bourgeois Emancipation Society [Sociedade
    Burguesa pela Emancipação], 179-80,
    179n164
Bowring, John, 85n167
Breckinridge, John, 162-63, 162-63n97
Bright, John, 155-56, 172-73
British National League for the Independence
    of Poland [Liga Nacional Britânica pela
    Independência da Polônia], 123n131

Brown, John, 145-46, 201-3, 159-60n83
Broxup, Marie Bennigsen, 100-1
Bücher, Karl, 294-96
burguesia, 44-46, 206-7
Burns, Elizabeth, 209-10, 231-32, 210n91
Burns, Mary, 186-87, 193-94, 172n133

cadernos de citações de 1853, 66-72
   Ver também escritos tardios de Marx
Cadernos etnológicos de Karl Marx (Krader), 292-96, 297-99, 358-59, 294n9
Cairnes, John, 255-57
Callesen, Gerd, 49n19
Cameron, Simon, 159-60
camponeses
   desprezo de Marx pelos, 292n3
   emancipação dos, 129-30n154
   exploração dos, 62-63, 279-80
   expulsão dos, 283-84, 331-32
   feudalismo e, 334-36
   formas comunais e, 339-42, 355-56
   Guerra Civil Americana e, 161-62
   interesse de Marx pelos, 291n1
   na China, 71-72
   na Índia, 86-87, 250-51, 252-53, 65n95
   na Indonésia, 67-69
   na Inglaterra, 157-58, 225-56, 266-69
   na Irlanda, 170-71, 188-89, 191-92, 196-98, 205-7, 214-15, 218-20
   na Jamaica, 243-44
   na Polônia, 112-15
   na Rússia, 91-92, 105-9, 132-33, 247-48, 308-9, 334-36, 339-43, 344n178
   potencial revolucionário dos, 34-36, 105n64, 344n178
   relações sociais e, 272-73
   ryots e, 313-14, 319-20
   Cândido (Voltaire), 273-75
capital
   a obra de Marx e o, 354-55
   centralização do, 283-85 284n163
   poder abstrato do, 257-58
   resistência progressista ao, 68-69
capital, O (Marx)
   a estrutura narrativa de, 257-70, 288-89
   a evolução da visão do capitalismo por Marx e, 247-48

   acumulação primitiva em, 330-32
   cronologia das edições de, 258-70
   desenvolvimento multilinear *versus* unilinear em, 334-36
   determinismo em, 265-70, 267n105
   em *Oeuvres* (Marx editadas por Rubel), 360-2
   escrita de, 33, 247-48, 348-50, 236n4
   Guerra Civil Americana e Reconstrução em, 182-84, 285-88, 142n17
   Índia em, 273-5, 351-2
   Marx-Engels Gesamtausgabe (MEGA) e, 358-59, 362-63
   em MECW, 359-62
   reserva de força de trabalho e, 188n11
   temas subjacentes de, 269-90
   traduções de, 259-65, 263-64n91
   Ver também os volumes e edições específicos
capital, O, Livro I (Marx, 1867, edição original)
   cronologia de edições, 259-61, 272-73
   determinismo em, 265-68
   Guerra Civil Americana em, 137-38, 141-42
   Irlanda em, 196-97
   manuscritos de, 149-50
   "Manuscritos econômicos de 1861-1863" e, 247-48
   materialismo histórico em, 260n79
   publicação de, 137-38, 198-99
capital, O, Livro I (Marx, 1872-1875, edição francesa)
   acumulação primitiva em, 268-70, 334-36, 269n110, 280n152, 282n158
   centralização do capital em, 284n163
   como versão simplificada, 263-65, 280-81
   cronologia de edições, 259-66, 273-75, 260-61n81
   determinismo em, 266-70
   Engels e, 38-39, 260-1, 280-82, 360-2
   estrutura narrativa de, 257-270
   idioma, 49-51, 49n19
   Marx-Engels Gesamtausgabe (MEGA) e, 362-63
   em MECW, 360-62
   "negação da negação em", 331-32n133
   organização de, 236-38
   outras edições francesas e, 263-64n91

perspectiva multilinear em, 330-31, 334-36, 353-54
possibilidades para a revolução em, 285-86
preferência de Marx por, 260-65
revisões de, 232-233, 351-52
sociedades não ocidentais em, 235
sociedades pré-capitalistas em, 236-38
capital, O, Livro I (Marx, 1873, edição alemã), 260-63, 329-30, 263-64n91
capital, O, Livro I (Marx, 1883, edição alemã), 259-60, 262-63, 263-64n91, 269n110
capital, O, Livro I (Marx, 1886, edição alemã), 259-60
capital, O, Livro I (Marx, 1890, edição alemã e padrão)
   centralização do capital em, 284n163
   cronologia de edições, 259-61, 263-66, 260-61n81
   edição de Engels, 38-39
   finalização de, 131-32
   idioma e, 49-51
   Marx-Engels Gesamtausgabe (MEGA) e, 362-63
   tradução francesa de, 263-64n91
   Wolff, Wilhelm, e, 113-14
capital, O, Livro I (Marx, 1939, edição de Torr), 263-65, 260-61n81
capital, O, Livro I (Marx, 1976, edição de Fowkes), 282n158
capital, O, Livro I (Marx, 2008, edição persa), 263-65
capital, O, Livro I (Marx, edições russas), 260-65, 291-92, 329-30, 352-53
capital, O, Livro II (Marx, 1885), 36-37, 137-38, 236-38
capital, O, Livro III (Marx, 1894)
   colonialismo em, 250-52
   edição de Engels de, 36-37, 59-60n75
   escravidão em, 236-38
   manuscritos de, 212-15
   manuscritos econômicos de Marx e, 357-59
   modo de produção asiático em, 358-63, 329-30
   organização de, 236-38
capitalismo
   autoritarismo do, 273-76
   colonialismo e, 250-52, 319-20, 334-36
   como objetificação universal, 242-43
   composição orgânica do, 283-84
   escravidão e, 255-57
   evolução das visões de Marx sobre o, 246-48
   experiência dos trabalhadores sob o, 279-80
   globalizado, 354-56
   inversão sujeito-objeto sob o, 257-58
   leis naturais do, 247-49
   maximização do valor sob o, 279n150
   mercantilismo e, 251-52, 280-81
   modo de produção asiático e, 252-55
   nascimento do, 251-52
   origens históricas do, 258-59
   periferia e centro, 230-31, 222n140
   progressismo do, 59-62, 79-81, 60n76
   relação puramente monetária no, 248-49
   relações humanas sob o, 271, 273-76
   resistência ao, 327-28
   singularidade da forma moderna do, 248-49
Carey, Henry Charles, 54n50
Caribe, 324-25
cartismo e cartistas
   caracterização de Marx do, 133-34
   Irlanda, 188-89, 195
   Jones, Ernest, 87-8, 49-50n20
   Polônia, 109-10, 117-18
"cartistas, Os" (Marx, 1852), 49-50n20
Carver, Terrell, 43n2
Chandra, Bipan, 53-4
Chattopadhyay, Paresh, 60n76, 295n13, 334n141, 343n177
China
   anticolonialismo na, 353-54
   barreiras ao comércio na, 251-53
   condição marginal da, 34-35
   misticismo, 80-82
   no *Manifesto Comunista*, 347
   perspectivas da revolução e a, 344-5
   publicação dos escritos de Marx na, 72n116
   Rebelião Taiping e, 71-75, 77-78, 80-82, 273-5, 274n129
   Ver também guerras do ópio

Christman, Henry, 47-48n15
Ciência da lógica (excertos) (Hegel, 1831), 246n39
Civil War in The United States, The [A Guerra Civil nos Estados Unidos] (Marx, 1861), 151-52
Civil War in the United States, The [A Guerra Civil nos Estados Unidos] (Marx e Engels, 1937), 139-40, 162-63
classe trabalhadora
 e governo a Grã-Bretanha, 157-60
 perspectivas para a revolução, 342-45, 353-55
Cluss, Adolph, 47-48
Cobbett, William, 220-21
Cobden, Richard, 155-156, 94n13
Código de Manu, 310-11
Collet, David, 117-18
Collins, Henry, 173n137
colonialismo
 acumulação primitiva e, 279-82
 ausência de benefícios do, 283-84
 brutalidade do, 84-87, 320-21, 86n169
 como revolução, 59-62, 54n50
 desenvolvimento capitalista e, 250-52, 334-36
 domínio holandês *versus* britânico, 321-22
 espanhol, 313n75
 no *Manifesto Comunista*, 43-47
 nos escritos de Marx sobre a Índia, 46-57, 58-67, 83-84, 49-50n20
 nos escritos de Marx sobre a Rebelião Taiping, 72-73
 nos escritos tardios de Marx, 291-92, 313-15
 progressismo do, 347-49, 352-53
 voracidade, 319-20
 Ver também anticolonialismo
"comércio britânico de algodão, O" ["The British Cotton Trade"] (Marx, 1861), 154
comércio internacional, 72-77
Commonwealth (publicação da Primeira Internacional), 130-32
"Commune, Empire, and Class" (Marx, no prelo), 363-64
"Companhia das Índias Orientais: sua história e seus resultados, A" ["The East India Company – Its History and Results"] (Marx, 1853), 61-63
Companhia Holandesa das Índias Orientais, 70-71
comunismo
 "grosseiro," 353-54
 ponto de partida para o, 327-45
 relações humanas sob o, 272-75, 273--74n125
Comte, Auguste, 123n131
Coningham, William, 156-57
conquista mongol, 95-98, 206-7
Conrad, Joseph, 91-92, 91n4
Conselho dos Sindicatos de Londres, 172-73, 173n137, 179n164
Contribuição à crítica da economia política (Marx, 1859)
 formas sociais comunais em, 245-47, 272-73
 Império Inca em, 246n38
 modo de produção asiático em, 236-8, 273n122
 perspectiva multilinear em, 180
cooperação, social, 273-76
Cornwallis, Charles (lorde), 62-63, 68-69, 311-14, 321-22, 319n99
Corrigan, Philip, 265-66, 334n141
Cremer, William, 172-73, 176-77, 178, 181-84
"crise na Inglaterra, A" (Marx, 1861), 155--56
"Crise sobre a questão da escravidão" (Marx, 1861), 159-60
cristianismo,
 na América Latina, 325-26
 Ver também as subdivisões específicas
Crítica ao Programa de Gotha (Marx, 1875), 292-94, 273-74n125
"Crítica da dialética hegeliana" (Marx, 1844), 362-63
Crítica da Economia Política
 Ver *Contribuição à crítica da economia política* (Marx, 1859)
"Crítica dos assuntos americanos" (Marx, 1862), 163-164
Cromwell, Oliver, 159-160
Cuba, 256-57

Cummins, Ian, 188-89, 51n28
Curbanov, Lev, 363-64
Curran, John, 218-20, 220-22
Czartoryski, Adam, 117-18

Dana, Charles, 47-48, 85-86n168
Danielson, Nikolai, 260-61, 262-63, 263-65, 309-10
dano ecológico, 202-3, 284-85
Darwin, Charles, 296n16
Deasy, Timothy, 198-99
Debs, Eugene, 46-7
democracia e movimentos democráticos
  a obra de Marx e, 34-35, 35-36
  ameaças a, 349-50, 95n21
  Ásia e, 72-73
  crítica de Marx a, 103-4
  formas comunais e, 240, 340-342, 348-49
  Guerra Civil Americana e, 139-42, 145--46, 152-56, 167-72, 137-38n1
  o envolvimento de Marx e Engels, 94-95n18
  potencial, 344-45
  revolução e, 89-95, 107-18, 120-21, 127--28, 133-34
  sociedades clânicas e, 303-4
Dennehy, Anne, 186-87n6
Derby, Edward, 203n66
Derrida, Jacques, 33
desenvolvimento multilinear *versus* unilinear
  acumulação primitiva e, 265-66, 330-36
  em *Contribuição à crítica da Economia Política* (Marx, 1859), 269-70
  dialética e, 327-28
  em *O capital*, Livro I (Marx, 1872-1875, edição francesa), 330-31, 334-36, 351-52, 353-54
  etnocentrismo e, 43-46
  evolução da visão de Marx sobre, 330-31, 334n141
  feudalismo e, 258-59
  formas comunais e, 327-58
  Manifesto Comunista e, 327-28, 353-54, 342n173
  modo de produção asiático e, 237n5
  na obra de Marx, 347-49, 354-55

  nos escritos tardios de Marx, 327-31, 332--36, 337-38
  nos *Grundrisse* (Marx, 1857), 235-48, 269--70, 332-34, 348-49
desenvolvimento, quatro estágios universais de, 45n10
  Ver também desenvolvimento multilinear *versus* unilinear
"despotismo oriental"
  formas comunais e, 214-46, 348-49
  modo de produção asiático e, 236-38, 253-54
  nos escritos de 1853 de Marx sobre a Índia, 53-56, 277-79
  nos *Grundrisse*, 238-40
  Rússia e o, 91-92
determinismo
  em *O capital*, 265-70, 267n105, 334n141
  Friedrich Engels e, 296-99
  negação de Marx do, 332-34
Dialectical Investigations (Ollman), 35n2
dialética
  capitalismo e feudalismo e, 351-52
  consistência no pensamento de Marx e, 35n2, 61n78
  da negatividade, 362-63
  de classe e liberação nacional, 230-31
  desenvolvimento multilinear *versus* unilinear e, 354-55
  em Hegel, 66n99
  escritos de Marx sobre a Índia e, 64-65, 83-84, 86-87, 348-49
  estrutura dos escritos de Marx e, 64-67
  formas comunais e, 245-46
  gênero e, 300-1, 353-34, 298-99n25
  guerras do ópio e, 74-75
  O capital e, 260-63, 280-81, 331-32
  "pesada influência" da, 330-31
  raça, etnia e classe e, 139-42, 351-52, 141n13
  relação Marx-Engels e, 36-39
  relações Inglaterra-Irlanda e, 223-25
  Rússia e, 329-31
  teoria da sociedade de Marx e, 354-56
"Die Mitarbeit von Marx und Engels an der *New York Tribune*" (Bochinski et al.), 102-3n54
Die Presse (jornal de Viena), 80-81, 146-49, 171-72

direitos do arrendatário, 187-88, 191-93, 196-201, 207-8, 211-12
"Discurso inaugural" na fundação da Primeira Internacional (Marx, 1864) *Ver* Guerra Civil Americana
"Discurso no aniversário do *The People's Paper*" ["Speech at the Anniversary of *The People's Paper*"] (Marx, 1856), 79-81
Disraeli, Benjamin, 152-53, 155-56
Divã ocidental-oriental (Goethe, 1815), 56-59
"domínio britânico na Índia, O" ["The British Rule in India"], (Marx, 1853), 53--57, 59-62, 70-71, 57n67
Draper, Hal, 95n21, 172n133, 196n38
Du Bois, W. E. B., 138-40, 141-42, 182-84, 140n8, 287n178
Dunaiévskaia, Raia
  dialética de raça e classe e, 139-42, 141n13
  sobre a jornada de trabalho, 288-89
  sobre castas, 302-3
  sobre igualdade de gênero, 38-39, 299-300
  sobre *O capital*, Livro I (Marx, 1872-1875 edição francesa), 260-61n81
  sobre os escritos tardios de Marx, 294-96, 293n5, 334n141
  sobre os *Grundrisse*, 235-38
Dupont, Eugène, 201-1
Dupré, Louis, 39-40

Early History of Institutions [A história antiga das instituições] (Maine), 304-05
Eccarius, Johann Georg, 127-28, 203-5, 206--7, 212-13
economia política, 190-91, 235-38, 363-64
escritos econômicos de 1861-1865, 58-60, 247-58, 59n73
Egito, 294-96
Einstein, Albert, 359-60
eleições. *Ver* sufrágio e eleições
"Eleições Nuvens financeiras A duquesa de Sutherland e a escravidão" ["Elections. – Financial Clouds. – The Duchess of Sutherland and Slavery"] (Marx, 1853), 91-92
Elements of Hindu Law [Elementos de direito hindu] (Strange), 305-6

Ellis, Peter Berresford, 195
emancipação nacional e revolução, 89-135
  concepção instrumental da, 230n164
  evolução da visão de Marx sobre, 235
  Guerra Civil Americana, 230-31
  na Irlanda, 191-92, 193-94, 221-28, 230-31, 230n164
  na obra de Marx, 89-91
  Polônia, 108-22, 132-35
  Primeira Internacional, 122-33, 224-28
  proudhonistas, 127-33
  Tchetchênia, 100-4
  Ver também nacionalismo revolução
"O empréstimo russo" ["The Russian Loan"], 102-3n54
"encontro sobre a Polônia, O" 117-18
Engels, Friedrich
  cadernos de Marx de 1879-1882 e, 294-96
  carreira de, 209-10, 50n22
  casa de, 231-32, 210n91
  colonialismo holandês e, 321-22
  como "General," 115-16
  como determinista, 296-97, 297-99
  escritos sobre a Índia de 1857-1858 de, 83-84, 86-87
  Jones, Ernest, e, 207-8
  Manifesto Comunista (1882, edição russa) e, 342-43
  Marx-Engels Gesamtausgabe (MEGA) e, 357-59
  New York Tribune e, 46-47, 49-51, 47n14
  O capital, Livro I (1872-1875 edição francesa) e, 38-39, 260-61, 280-82, 360-62
  perspectiva antieslava de, 91-92, 98-99, 100n41
  plano de *O capital* e, 236n4
  Primeira Internacional e, 128-32, 175-76
  sobre a Argélia, 44n4, 85-86n168
  sobre a Guerra da Crimeia, 92-93, 101-2
  sobre a Irlanda, 185-97, 198-202, 203-5, 206-10, 212-13, 215-17
  sobre a Polônia, 110-16, 118-20, 128-132, 172n134
  sobre a Reconstrução nos EUA, 179-181
  sobre a Rússia, 90-93, 344n178
  sobre a sexta potência na Europa, 94-97
  sobre Darwin, Charles, 296n16

sobre escravidão e a Guerra Civil Americana, 146-50, 155-56, 159-64, 166-77, 179-80, 161n88, 173n137
sobre igualdade de gênero, 296-99, 298--99n25
sobre povos históricos *versus* povos sem história, 130-31
sobre povos indígenas, 352-53
Ver também relação Marx-Engels
Enmale (pseudônimo de Richard Morais), 139-40
Ensor, George, 220-21
Escola de Frankfurt, 357, 358-59
escravidão
   acumulação primitiva e, 279-81
   ataque a Harpers Ferry e, 145-46
   capitalismo e, 255-57
   caso Dred Scott e, 150-51
   como causa da Guerra Civil Americana, 149-51
   contradição e, 143n19
   crueldade da, 255-57
   emancipação e, 151-52, 163-64, 351-52
   família e, 299-300
   formas comunais e, 242-43
   Igreja católica e, 325-26
   Lei do Escravo Fugitivo e, 144-46
   na Jamaica, 243-44
   na Nicarágua, 166n112
   Primeira Internacional sobre, 182-84
   Proudhon, Pierre Joseph, sobre, 143n19
   versus escravidão assalariada, 144-45
escravidão assalariada, 144-45
escritos de 1853 sobre a Índia
   apoio ao colonialismo nos, 16-57, 58-60
   casta nos, 315-16, 347-49
   colonialismo britânico e os, 246-48, 315--16, 247-49
   "despotismo oriental" nos, 53-56, 236-38
   escritos de 1857-1858 de Marx sobre a Índia *versus*, 83-84
   eurocentrismo de Marx e, 51-52, 56-62, 63-65, 51n28, 53n42, 64n89
   fontes para, 253-54
   forma comunal das aldeias nos, 91-92
   guerras do ópio e, 79-80
   influências sobre o pensamento de Marx nos, 53n42, 54n47

resistência e regeneração nos, 61-67, 318--19
termo "revolução" nos, 54n50
Ver também Índia
escritos tardios de Marx
   América Latina nos, 324-28
   amplitude temática, 291-94, 291-92n2
   Argélia nos, 321-24, 352-53
   declínio de Marx e os, 292-94
   desenvolvimento multilinear *versus* unilinear e, 334n141
   etnia e classe nos, 353-54
   gênero e classe nos, 292-94, 296-309, 298-99n25
   Índia e os, 308-21, 339-40, 352-53, 333n137
   Indonésia nos, 320-22
   Marx-Engels Gesamtausgabe (MEGA) e, 358-64
   nacionalismo nos, 353-54
   nas MECW, 360-62
   nas *Oeuvres*, 360-62
   publicação dos, 292-96
   sobre a Rússia, 327-45, 343n176, 343n177
   trabalhos relacionados aos, 295n13
Espanha, 251-52, 323-27
espiritualismo, 273-75
Estados
   autonomia dos, 203n66
   formação dos, 307-9
   socialismo de Estado e, 321-22
Estados Unidos
   colonialismo e globalização, 281-84
   como potência mundial, 176-77
   "excepcionalismo" estadunidense, 138-39
   Guerra de Independência nos, 286-88
   imigração irlandesa para os, 284-85, 285--86
   na *Marx-Engels Gesamtausgabe* (MEGA), 363-64
   na obra de Marx, 34-36
   no *Manifesto Comunista*, 342-43
   raça e classe nos, 355-56
   Roma antiga *versus*, 332-34
   Ver também Guerra Civil Americana
etnia e classe
   evolução das visões de Marx, 235

Irlanda,185-88, 221-25, 350-52, 353-54, 186-87n6
  na obra de Marx, 349-50, 353-55
  relevância atual, 355-56
  senso de superioridade, 229n162
  Ver também etnocentrismo
etnocentrismo
  "barbárie asiática" e, 132-33
  conquista britânica da Índia, 318-19
  dos acadêmicos ocidentais, 100n42, 237n5
  explorações multilinguísticas de Marx, 292-94
  na antropologia, 303-5
  na obra de Marx, 347
  no *Manifesto Comunista*, 43-47
  nos escritos de Engels, 113-14, 186-87, 85-86n168, 186n4
  nos escritos de Marx sobre a China, 74-75, 76-78
  nos escritos de Marx sobre a Índia, 51-52, 56-62, 63-65, 51n28, 53n42, 64n89, 275n135
  nos escritos de Marx sobre a Rússia, 98-99, 96n25
  Ver também etnia e classe racismo
eurocentrismo
  Ver etnocentrismo
Evening Post, 164n104
Exilados Poloneses Unidos, 131-32

família, 299-306, 338-39, 298-99n25
Fenomenologia do espírito (Hegel), 78-80, 82, 362-63, 66n99
fetichismo da mercadoria, 259-61, 263-65, 271-75, 273n122
Fetscher, Iring, 38-39, 58-60, 362-63
feudalismo, 297-312, 334-36
Feuerbach, Ludwig, 101-4, 362-63
Filosofia da história (Hegel), 51-52
Finlândia, 97-98
First Indian War of Independence [A primeira guerra de independência indiana] (Marx e Engels, 1959), 83n157
Flood, Henry, 218-19
Focke, Wolfgang, 269-70
Foner, Philip, 229n160

formas comunais
  admiração de Marx pelas, 311-12, 313-14
  alcance geográfico das, 272-73
  Alemanha e, 215-16
  América Latina e, 324-27
  Argélia e, 321-24
  atualmente, 355-56
  colonialismo e, 352-53
  como democráticas ou despóticas, 248-49
  como fulcro para a regeneração social, 336-37
  como obstáculo às relações de propriedade burguesas, 304-5
  como ponto de partida para o comunismo, 327-45
  comunismo primitivo e, 321-32, 353-54
  desenvolvimento espontâneo das, 243-47
  desenvolvimento multilinear *versus* unilinear e, 327-28
  "despotismo oriental" e, 214-16, 348-49
  evolução da visão de Marx sobre as, 214--16, 246-48
  família e, 304-5
  feudalismo *versus*, 353-54
  forma germânica das, 241-43
  forma greco-romana das, 240-43
  formas coletivistas de dominação e, 303-4
  Índia e, 91-92, 214-16, 243-44, 309-14, 352-53
  Irlanda e, 214-17, 304-5
  no Peru, 253n57
  nos escritos tardios de Marx, 294-96, 352-53
  persistência das, 337-38
  resistência ao capitalismo e, 313-15
  Rússia e, 91-92, 107, 214-46, 245-46, 291-94, 313-15, 321-22, 327-45, 353--54, 344n178
  tecnologia moderna e, 336-37
  tipologia das, 337-39, 339-340
  viés anticomunal e, 337-38
  Ver também modo de produção asiático
Fougeyrollas, Pierre, 263-64n91
Fox, Peter
  crítica de Engels por, 131-32
  formação, 123n131
  Primeira Internacional e, 121-24, 127-28
  sobre a Irlanda, 197-8, 201-2
França
  Argélia e, 321-24

Comuna de Paris e, 132-34, 141-42, 231--33, 291-92, 323-24, 291n1
golpe bonapartista e, 149-50
"Guerra Antijacobina" e, 122-25
Guerra Civil Americana e, 166-67
importância da, para a revolução marxiana, 104-5
Inglaterra e, 230-32
Irlanda e, 207-8
mercantilismo e, 253n58
México e, 152-53
Polônia e, 122-28, 132-34, 226-27
Primeira Internacional e, 122-28, 206-8
profundidade das revoltas na, 89-91
publicação de *O capital*, Livro I, 263--64n91
revolução de 1830 e, 124-27, 131-32
Rússia e, 122-27
Ver também Revolução FrancesaFrederico, o Grande (Prússia), 114-15
Freilgrath, Ferdinand, 87-88, 88n181
Frémont, John, 151-52, 159-60, 152n58
Friedländer, Ludwig, 294-96
"futuros resultados do domínio britânico na Índia, Os" ["The Future Results of British Rule in India"] (Marx, 1853), 62-64

Gailey, Christine Ward, 292n3
Galileu, 167n116
Genovese, Eugene, 141-42, 142n16
Gladstone, William
    Caso Trent e, 155-56
    Guerra Civil Americana e, 169-70, 171-72
    Irlanda e, 209-13, 225-26, 231-32
    plataforma de, 207-8, 210-12
globalização, 279-82, 351-52, 354-56
Godelier, Maurice, 215-16
Goethe, Johann Wolfgang von, 56-60, 58n71, 59-60n75
"governo inglês e os prisioneiros fenianos, O" (Marx, 1870), 230-32
Grandjonc, Jacques, 291-92n2
Grant, Ulysses S., 174-75, 176-7, 179-80
Grattan, Henry, 218-19, 219-20
Grã-Bretanha. *Ver* Inglaterra
Grécia, 291-92, 292-94, 300-1, 302-3

Greeley, Horace, 46-47
Gruenberg, Carl, 357, 359-59
Grundrisse. Manuscritos econômicos de 1857-1858: esboços da crítica da economia política (Marx, 1857)
    como obra inacabada, 235, 245-46, 245n33
    dialética hegeliana e os, 87-88, 88n183
    escrita dos, 246n39
    Marx-Engels Gesamtausgabe (MEGA) e os, 358-59
    perspectiva multilinear nos, 235-48, 269-70, 332-34, 348-49
    riqueza, 242-43
    sociedades pré-capitalistas nos, 236-38, 310-11, 311-12
guerra camponesa na Alemanha, A (Engels, 1850), 36-37
Guerra Civil Americana, 137-184
    a obra de Marx e a, 137-43, 247-48
    apoio europeu à União na, 155-56
    autodeterminação nacional e a, 230-31
    caráter bonapartista da 149
    Caso Trent e, 155-56, 157-60, 172-73
    como arauto da revolução socialista, 137--38
    como guerra de conquista, 151-52
    como "guerra popular", 176-77
    como ponto de virada, 142-52
    como segunda Revolução Americana, 161--62, 170-71, 176-78
    como última revolução capitalista, 137--38n1
    Comuna de Paris e a, 141-42
    concessões do Norte e a, 147-49
    condução da, 159-67
    Confederados e a, 149-50, 161-62
    conflito no Kansas e a, 150-51, 149n37, 159-60n83
    diferenciação de classe e a, 147-49, 349-50
    eleições dos EUA de 1862 e a, 169-71
    em *O capital*, 221-22, 285-88
    emancipação e a, 163-64, 170-72
    escritos econômicos de Marx de 1861--1865 e a, 255
    Guerra da Crimeia *versus*, 156-57, 175-76
    imigrantes no Norte dos EUA e a, 151-52
    indústria têxtil e a, 154, 155-56, 172-73

Inglaterra e a, 146-47, 149-51, 152-60, 166-67, 171-73, 349-50
  início da, 146-49
  Irlanda e a, 201-2
  Lei Kansas-Nebraska e a, 144-45
  mudança de direção na, 166-67
  Palmerston, Henry (lorde), e a, 118-19
  Polônia e a, 119-121, 201-2
  Primeira Internacional e a, 120-21, 172--184
  razões para a, 149-54
  secessão do Sul e a, 149-50
  soldados negros, 146-47, 162-64
  Sumner, Charles, e a, 159-60
"Guerra Civil Americana, A" (Marx and Engels, 1862), 159-62
"guerra civil na França, A" ["The Civil War in France"] (Marx, 1871), 49n19
"Guerra Civil norte-americana, A" (1861), 149-51
Guerra da Crimeia
  como farsa, 92-93, 105n66
  efeitos da, 105-6
  Guerra Civil Americana *versus*, 156-57, 175-76
  insurreição dos servos durante a, 107
  Palmerston, Henry (lorde), e a, 100-1, 117-18
  prejuízos da, 103-4
Guerra dos Sete Anos, 122-24
guerras do ópio, 74-81, 280-81, 348-49
Guilherme IV (rei da Inglaterra), 220-1
Gumbel, Julius, 359-60
Gützlaff, Karl, 72-3

Habib, Irfan, 51-54, 64-65, 348-49, 55n57
Haiti, 124-25, 126-27, 163-64
Harney, Julian, 109-10
Harpers Ferry, ataque, 145-46, 201-3
Harstick, Hans-Peter, 294-96, 311-12
Haxhausen, August, 245n35
Hecker, Rolf, 263-64n91, 269n110
Hegel, Georg Wilhelm Friedrich
  contradição e, 143n19, 246n39
  crítica de Marx a, 362-63
  dialética e, 87-88, 66n99, 88n183

eurocentrismo de Marx e, 51-52, 51n28, 53n42
filosofia chinesa e, 72-73
filosofia revolucionária alemã e, 90-91
gênero e, 297-99
"negação da negação" e, 257-58, 331-32
sobre *Antígona* (Sófocles), 78-80
Rubel, Maximilien, e, 360-62
sobre a Índia, 51-52, 51n29
sobre a razão na história, 166-67, 167n116
sobre a Revolução Francesa, 82
Ver também dialética
hegemonia, 257-59
Heine, Heinrich, 103-4
Herr Vogt (Marx, 1860), 47-48, 103-4, 108-9
Herzen, Alexander, 91-93, 104n61
History of Java, The [A história de Java] (Raffles, 1817), 66-68, 281-82
Hitler, Adolf, 109-10
Hobbes, Thomas, 307-8
Hobsbawm, Eric, 235, 238-9, 362-63, 293n6
Hodgson, Peter, 51n29
Holland, 251-52, 281-84, 321-22
Hoselitz, Bert, 95-97, 96n25
Howell, George, 172-73
Hudis, Peter, 310-11, 295n13
"Humanidade inglesa e a América" (Marx, 1862), 161-62
humanismo, 62-63, 59-60n75
Hungria, 89, 90-91, 98-101, 118-19

Idade Média europeia, 271-73, 275-79, 294--96, 275n135
ideologia alemã, A (Marx e Engels, 1846), 238-39, 358-59, 45n10, 298-99n25
Igreja anglicana, 207-10
Igreja católica, 205-6, 216-21, 305-6, 325-26
imigração, preço da força de trabalho e, 257-58
imperialismo, efeitos progressistas do, 73-74
Império Otomano, 92-93, 101-102, 118-19, 321-22
incas, 324-25, 246n38
Índia
  América Latina *versus*, 326-28

barreiras ao comércio na, 251-54
"Buraco Negro de Calcutá" e, 318-19
como feudal, 310-12
como forma primitiva da sociedade europeia, 54n47
como imutável, 309-10, 347, 352-53, 278n147
como melhor aliado, 87-88, 88n183
como tema subjacente em *O capital*, 273--75
condição marginal da, 34-35
conquista muçulmana e europeia da, 308--21, 339-40, 318n92, 318n94
determinismo e, 266-68
direito hindu na, 305-6, 310-11
epidemias na, 62-63, 63n84
estruturas políticas da, 71-72
estruturas sociais da, 53-56, 273-79, 55n57, 278n147
evolução das visões de Marx sobre a, 250--51, 277-79, 309-10, 317-19, 278n147
globalização e, 351-52
Hegel sobre a, 51-52
história da, 314-16
independência da, 348-49
Irlanda *versus*, 313-14, 222n140
movimento de libertação nacional na, 64--67, 65n95
nos escritos de 1857-1858 de Marx, 83-88, 83-84n158
nos escritos econômicos de Marx de 1861--1863, 247-58
nos escritos tardios de Marx, 291-92, 294--96, 339-340
nos manuscritos de 1853 de Marx sobre a Indonésia, 67-69
Peru *versus*, 253n57
propriedade comunal, 91-92, 214-16, 243--44, 309-11, 321-22, 332-36, 352-53
resistência ao colonialismo na, 317-21, 339-340, 352-53
Revolta dos Cipaios anticolonialismo na, 353-54
Rússia *versus*, 332-36, 338-40
sati na, 305-6
sistema de castas e, 315-16, 347-49
sociedades de classe primitivas na, 246-47
vida aldeã na, 314-15
Ver também escritos de 1853 sobre a Índia

Indonésia
condição marginal da 34-35
na *Marx-Engels Gesamtausgabe* (MEGA), 363-64
nos escritos tardios de Marx, 291-92, 294--96, 320-22
notas de Marx de 1853 sobre, 66-72
indústria
globalização e, 351-52
Guerra Civil Americana e, 154, 155-56, 172-73
máquinas *versus* ferramentas e, 277-80, 279n150
no modo de produção asiático, 253-54
tecidos na Índia, 252-53
Inglaterra
Alemanha e, 265-68
cercamento dos comuns na, 256-58
colonialismo, globalização e, 281-82
Europa Continental e, 265-68
fim da servidão na, 279-81
França e, 230-32
Guerra Civil Americana e, 146-47, 149--51, 152-60, 166-67, 171-73, 349-50
história da Irlanda e, 205-6, 216-22
imigração irlandesa para a, 187-88, 190--91, 193-97, 206-7, 257-58
Índia e, 250-54, 308-321
ingleses como "cabeças-dura", 318-19
irlandeses em comparação com os afro--americanos, 351-52
Lei das Dez Horas e, 157-58, 158n79
Lei de Conspiração e, 157-58, 158n79
Leis dos Cereais, 157-58, 158n79
líderes sindicais da, 198-99
mercantilismo e, 218-19, 253n58
nacionalismo irlandês e, 350-52
nos cadernos de 1879-1882 de Marx, 294-96
perspectivas da revolução e, 221-25, 230--31, 344-45
Primeira Internacional e, 224-28, 232-33
reminiscências feudais na, 89
revolução dos anos 1640 e, 224-25, 173n136
União Irlanda-Inglaterra e, 185-87, 205-6, 212-13, 219-21
Instituto Marx-Engels, 357
Instituto Marx-Engels-Lênin, 360-62

International Institute of Social History [Instituto Internacional de História Social] (Amsterdã), 360-62, 362-63, 359n3
International Marx-Engels Foundation [Fundação Internacional Marx-Engels], 362-3
Irlanda, 185-233
  agricultura de arrendatários, 187-88, 191-93
  antropologia da, 214-22
  ataque a Hapers Ferry e, 201-3
  bandeira tricolor da, 197-98, 198n42
  centralização de capital na, 283-85
  como alavanca da revolução, 221-27, 230--31, 232-233, 354-55
  Comuna de Paris e, 232-233
  cooperação inter-religiosa na, 207-8
  deslocamento dos agricultores, 202-3, 205--7, 283-86
  discurso de Marx à Primeira Internacional e, 121-22
  "Emancipação Católica" e, 157-58, 158n79
  emigração para a Inglaterra e, 187-88, 190-91, 193-97, 206-7, 257-58
  emigração para os EUA e, 284-86, 351-52
  escritos de 1843-1859 de Marx e Engels sobre a, 185-97
  etnia e classe e, 185-88, 221-25, 350-52, 353-54, 186-87n6
  evolução da visão de Marx sobre a, 198--201, 214-15, 221-27, 269-70, 196n38
  fenianos e, 195, 196-206, 206-15, 230-32, 285-86
  Grande Fome na, 187-91, 192-93, 203-4, 283-85
  Guerra Civil Americana e, 201-2
  história da, 205-6, 214-22
  igualdade de gênero na, 216-17, 304-8
  Índia versus, 313-14, 222n140
  irlandeses na Inglaterra e comparação com os afro-americanos, 351-52
  levantes de 1867 na, 196-15
  movimento Irlanda Jovem e, 188-91
  movimento pela Revogação na, 185-87, 188-89, 191-92, 195, 198-205
  mudanças populacionais na, 283-85
  na Marx-Engels Gesamtausgabe (MEGA), 363-64
  na obra de Marx, 34-36, 350-52
  nacionalismo na, 353-55
  nativos norte-americanos e, 205-6
  nos cadernos de 1879-1882 de Marx, 291--92, 294-96
  nos escritos de Marx sobre a Guerra Civil Americana, 154
  perspectivas da revolução, 344-45
  Polônia versus, 188-89, 201-2, 212-15
  Primeira Internacional e, 196-201, 206-8, 201-15, 221-22, 229-32, 350-1
  Prússia versus, 193-94
  revolução agrícola, 256-58
  revolução europeia, 227-33
  sistema jurídico, 304-5
  situação dos trabalhadores na, 186-88
  sociedade clânica na, 308-9
  teorização sobre a, 206-15
  união com a Inglaterra, 185-87, 205-6, 212-13, 219-21
  urbanização na, 284-86, 285n172
irlandeses americanos, 170-71
iroqueses, 299-301, 352-53
  Ver também nativos norte-americanos
islã, 94-95, 100-2, 310-21, 312n72
Itália, 93n8
Ivan, o Terrível, 308-9, 308n59

James, C. L. R., 139-42
Jani, Pranav, 114-15
Janiszewski, Jan, 114-15
Java
  Ver Indonésia
Java or, How to Manage a Colony, Showing a Practical Solution of the Questions Now Affecting British India [Java ou como administrar uma colônia mostrando uma solução prática das questões que afetam a Índia Britânica] (Money), 320-22
Jennison, Charles, 159-60n83
Jerusalém, relação entre credos em, 101-2
Jhering, Rudolf, 294-96
Johnson, Andrew, 179-84, 183n180
Jones, Ernest, 87-88, 109-10, 207-8, 49--50n20, 88n183
Jones, Richard, 252-54, 275-76
jornada de trabalho, 59-60, 286-90, 288n183

Josef, Franz, 89
judeus, 100-4, 130-31
Jukóvski, Iúli, 329-30
Jung, Hermann, 200-1, 210-11, 212-13
    Ver também antissemitismo

Kamenka, Eugene, 362-63
Karl Marx and World Literature (Prawer), 58-59
Kautsky, Karl, 109-10, 321-22
Kelly, Thomas, 198-99
Kiernan, Victor, 64-65
Koroleva, Olga, 363-4
Kosciuszko, Tadeusz, 117-18
Kostomárov, Nikolai, 327-28
Kovalévski, Maksim
    América Latina e, 323-27
    Argélia e, 321-24
    cartas de Marx para, 309n62
    feudalismo e, 308-12
    formas comunais e, 294-96, 337-39
    Índia e, 308-14, 315-16, 339-40, 333n137
    notas de Marx sobre, 309-10n63, 314n83, 319n99
    Rússia e, 330n125
Krader, Lawrence
    Marx-Engels Gesamtausgabe (MEGA) e, 294n9
    sobre a dominância cultural dos conquistadores, 64n89
    sobre a perspectiva de Hegel a respeito da Índia, 51-52
    sobre alternativas para as instituições coletivas, 334-36
    sobre os *Cadernos etnológicos* de Marx, 292--94, 294-96, 297-300
Kriege, Hermann, 144-45
Krings, Torben, 226-27
Kristeva, Julia, 97n28
Kugelmann, Ludwig, 207-8, 230-31

Lafargue, François, 182-84
Lafargue, Paul, 182-84, 198-99
Lange, Ludwig, 294-96, 302n34
Larkin, Michael, 198-99, 200-1
Lassalle, Ferdinand, 146-47, 162-63, 162--63n97

lazer, 243-44
Le Lubez, Victor, 127-28
Ledbetter, James, 74-75, 47-48n15, 83--84n158
Lee, Robert E., 174-75
Lefebvre, Jean-Pierre, 263-64n91
L'Égalité (jornal), 147
Lelewel, Joachim, 112-13, 119-20
Lênin, Vladímir Ilitch Uliánov, 109-10, 185, 357
Libéria, 163-64
Lichtheim, George, 246-48
Liga Comunista, 166-67, 166n114
Lim, Jie-Hyun, 222n140
Lincoln, Abraham
    assassinato de, 179-81
    carreira de, 167-68, 167n117
    como cauteloso, 137-38, 141-42, 146-47, 151-52, 163-64
    eleições e, 146-47, 174-75, 176-77
    Primeira Internacional e, 172-75, 176-80, 179n163
    Proclamação de Emancipação, 166-170
    tratamento pelos historiadores, 165n106
Lincoln, Labor, and Slavery (Schlüter), 138-39
Lipset, Seymour Martin, 138-39
Lituânia, 97-98
Londres, Marx em, 33, 36-37, 44-46
London Times, 154, 159-60
"*London Times* e lorde Palmerston, O" ["The *London Times* and Lord Palmerston"] (Marx, 1861), 154
"Lorde Palmerston" (Marx, 1853), 94-95, 100-1, 115-18
Löwy, Michael, 51-52
Luís Filipe (rei da França), 125-27
Lubasz, Heinz, 237n5
Lubbock, John, 294-96, 303-5, 311-12
Lucraft, Benjamin, 200-1, 210-11
lucro, queda do, 252-54
Ludwig Feuerbach e o fim da filosofia clássica alemã (Engels, 1886), 38-39
Lukács, György, 38-9, 78-80, 260n79
luta de classes
    Ver etnia e classe, raça e classe
"luta magiar, A" (Engels, 1849), 98-99

Luxemburgo, Rosa, 109-10, 342n173

Magna Carta, 286-88
Maine, Henry Sumner, 292-96, 304-14, 323--24, 337-38, 305n48, 307n58
mais-valor relativo, 273-80, 279n150
Manale, Margaret, 119-20, 96n25, 196n38
"manifestação de trabalhadores de Londres, Uma" (Marx, 1862), 156-58
"manifestação pró-Estados Unidos, Uma" ["A Pro-America Meeting"] (Marx, 1862), 156-57
Manifesto Comunista (Marx e Engels, 1848)
autoria do, 43n1
colonialismo no, 43-47, 73-74
comércio da China, 72-73
desenvolvimento unilinear e, 44-46, 266--69, 327-28
escravidão no, 142-43
estrutura dialética do, 64-67, 86-87
evolução da visão de Marx, 247-48, 258--59, 265-66
guerras do ópio no, 74-75, 76-77, 79-80
igualdade de gênero no, 298-99n25
lançamento do, 110-11
"necessidade férrea" no, 266-68
poder descritivo do, 347
Polônia e, 109-113
progressismo do capitalismo no, 59-62, 80-81, 246-48, 283-84
Ver também outras edições
Manifesto Comunista (Marx e Engels, 1882
edição russa), 292-94, 327-28, 340-43, 353-54, 342n173
Manifesto Comunista (Marx e Engels, tradução de Carver), 43n2
Manuscritos econômico-filosóficos (Marx, 1844) 358-59, 362-63, 298-99n25
"Manuscritos econômicos de 1861-1863"
Ver escritos econômicos de 1861-1865
Manuscritos matemáticos (Marx, 1968), 359--60, 363-64
Marcus, Steven, 186-87n6
Marx, Eleanor, 47-48, 90-91, 95-97, 209-10, 210n91
Marx, Jenny (filha de Karl Marx), 209-11, 231-32

Marx, Jenny (esposa de Karl Marx), 147n28
Marx, Karl
autocrítica de, 47-48, 71-72
biografias de, 38-39n9
como leitor, 294-96
como não marxista, 141-42
como pensador europeu ocidental *versus* alemão, 49n19
consistência no pensamento de, 35n2
declínio de, 292-94, 358-60, 293n6
dificuldades de publicação, 147n28
família de, 182-84, 231-32
fim da carreira de jornalista de, 171-72
morte de 342-43, 296n16
obra de, 33-41, 247-48
origens judaicas de, 103-4
principais conceitos e preocupações de, 138-39
stalinismo e, 142n16
Ver também relação Marx-Engels
Marx, Laura, 182-84
Marx and America (Wolfe), 138-39
Marx and Modernity (Antonio), 83-84n158
Marx-Engels Collected Works (MECW) (Marx e Engels, 1975-2004), 38-39, 46-48, 247--48, 359-62, 38-39n9
Marx-Engels Gesamtausgabe (MEGA)
cadernos de Marx de 1879-1882 e, 292--94, 291-92n2, 293n5
história de publicação da, 357-64
obra de Marx e, 34-35, 38-39
trabalho futuro na, 294n9
Marxism and Freedom (Dunaiévskaia), 141--42, 260-61n81
marxismo, noções reducionistas do, 141-42
"Materialismo e revolução" (Sartre, 1949), 36-37
Maurer, Georg, 215-16
Maximilien (príncipe austríaco), 152-53
Mazzini, Giuseppe, 93n8
McClellan, George, 159-63, 165-66, 170-72, 174-75, 176-77
McDonough, Terrence, 202-3
MEGA
Ver Marx-Engels Gesamtausgabe (MEGA)
Mehring, Franz, 196n38
Menschen tradução não sexista, 44-45n6

mercantilismo, 218-19, 280-81, 253n58
Metternich (príncipe austríaco), 89
mexicanos (nos EUA), 152n58
México, 152-53, 324-25, 355-556, 313n75
Meyer, Sigfrid, 227-28
Mierosławski, Ludwik, 118-20
Mikhailóvski, Nikolai, 329-31, 332-34, 334n141
Mill, John Stuart, 172-73, 179n164, 262n87
Milner, George, 212-13
  escopo geográfico da, 339-40
  guerras do ópio e, 78-80
  incapacidade de se modernizar e, 251-52
  miséria da filosofia, A (Marx, 1847), 49n19
  modernidade e modernização
  modo de produção asiático e, 252-53
  na Rússia, 89, 97-98, 336-38, 342-43
  rejeição por Marx da, 196-97
  revolução e, 340-45
  modo de produção asiático
  capitalismo e, 252-55
  "despotismo oriental" e, 236-38
  fetichismo da mercadoria e, 272-73, 273n122
  feudalismo e, 236-243, 334-36, 45n10
  nos cadernos de Marx de 1879-82, 294-96
  produção: bastião da resistência contra a desintegração social, 246-49
  stalinismo e, 237n5, 248-49n43
  "trabalho social" e, 253-54
  usura no, 248-51
  Ver também Ásia
Money, J. W. B., 294-96, 320-22
Monografias históricas (Kostomárov), 327-28
monopólio, desemprego e, 283-84
Moore, Barrington, 137-38n1
Morais, Richard, 139-40, 141-42
Morgan, Lewis Henry, 292-304, 309-10, 337-38, 352-53, 313n75, 314n83
Mortazavi, Hassan, 263-65
Mottershead, Thomas, 212-13, 214-15
mulher
  Ver relações de gênero
muçulmanos
  Ver islã

Napoleão
  Ver Bonaparte, Napoleão

Napoleão III (França), 152-53, 161-62, 162-63
nacionalismo
  luta de classes e, 127-28, 130-31
  na obra de Marx, 349-51, 353-55
  no *Manifesto Comunista*, 110-13
  relevância atual, 355-56
  Revolta dos Cepaios e, 83-84
  Ver também emancipação nacional e revolução
nativos norte-americanos
  igualdade de gênero e, 299-301
  irlandeses em comparação com, 205-6
  nos cadernos de Marx de 1879-1882, 291--94, 352-53
  repressão dos, 152n58
  sociedades clânicas e, 303-4
  Ver também países específicos
nazismo, 103n59, 359n3
Neue Rheinische Zeitung [*Nova Gazeta Renana*], 90-1, 113-15
"Neutralidade inglesa: a situação nos estados sulistas" (Marx, 1863), 171-72
New York Evening Post, 163-64
New York Tribune
  a obra de Marx e, 347-49
  artigos de Marx sobre as guerras do ópio no, 74-80
  cobertura da Guerra Civil Americana e o, 144-47, 159-60
  colaboração Marx-Engels no, 49-51
  Engels e, 77-78, 47n14
  escritos de Marx sobre a Índia no, 320-21
  igualdade de gênero no, 298-99n25
  papel de Marx no, 33-35
  para de publicar Marx, 80-81
  progressivismo do, 46-47
  protecionismo e, 54n50
  relevância dos escritos de Marx para o, 38--39, 46-51, 47-48n15
Newman, Francis, 171-72
Nicarágua, 74-75, 166n112
Nicolau I (tsar), 89-91, 98-99, 104-5, 107, 131-32
Nietzsche, Friedrich, 97n28
Nimni, Ephraim, 74-75, 99n36
Nimtz, August, 221-22
Northern Star (jornal cartista), 44n4

"Notas sobre Adolph Wagner" (Marx), 363-64
"Notas sobre *Estatismo e anarquia* de Bakunin" (Marx), 363-64

O'Brien, Bronterre, 188-89, 195
O'Brien, Michael, 198-99, 200-1
O'Cornell, Daniel, 185-87, 188-89, 192-93, 195
O'Cornor, Feargus, 188-89, 192-94, 195
O'Donovan Rossa, Jeremiah, 198-99, 212-13, 231-32, 232-33
O'Donovan Rossa, Mary, 198-99
Odger George, 121-22, 198-99, 207-8, 211-15
Oeuvres (Marx editadas por Rubel), 360-62, 260-61n81
Ollman, Bertell, 362-63, 35n2
Opdyke, George, 171-72
"opinião dos jornais e a opinião do povo, A" (Marx, 1861), 156-57
"opinião pública inglesa, A" (Marx, 1862), 156-57
"O que as classes trabalhadoras têm a ver com a Polônia?" ["What Have the Working Classes to Do with Poland?"] (Engels, 1866), 130-131
ordem burguesa, moderna, 241-43
orientalismo, 56-62
Orientalismo: o Oriente como invenção do Ocidente (Said), 56-57, 57n68
Origin of Civilization and the Primitive Condition of Man, The [A origem da civilização e a condição primitiva do homem] (Lubbock), 303-5
origem da família, da propriedade e do Estado, A (Engels, 1884), 38-39, 294-96, 296--300, 352-54
ortodoxos orientais, 101-2
Otechestvennye Zapiski [Notas da Pátria] (revista russa), 329-31, 331-32, 334-36

Padover, Saul K., 141-43, 152-53, 102-3n54, 163n100
Palmerston, Henry (lorde)
  Estados Unidos e, 118-19, 152-57, 171-72
  Free Press e, 95-97
  guerras do ópio, 76-77, 79-80
  Irlanda e, 190-91, 196-97
  Lei de Conspiração, 157-58, 158n79
  Polônia e, 94-95, 115-19
  princípios de, 94n17
  Rússia e, 92-93, 100-1
pan-eslavismo, 98-101, 130-31, 131-32, 99n36
Partido Comunista, 138-39
patriarcado
  Ver relações de gênero
Patterson, Thomas, 343n177
Pedro, o Grande (tsar), 89, 95-99, 108-109
Peel, Robert, 188-89
Pélissier, Aimable, 85-86n168
People's Paper (jornal), 47-48, 94-95
Peru, 253n57
Phear, John Budd, 294-96, 308-10, 314-15, 314n83
Philips, Lion, 121-22, 146-47, 176-77
Phillips, Wendell, 163-67
Philosophy and Revolution (Dunaiévskaia), 141n13
Pigott, Richard, 207-8, 214-15
Pitt, William, 62-63, 219-20, 319-20
Plekhanov, Georgi, 342-43, 342n173
Plutarco, 302-3
Polônia
  anexações prussianas na, 113-14
  apoio britânico à, 123n131
  apoio de Bakunin à, 225n148
  apoio de Marx e Engels à, 108-10, 118-19, 116n110
  asilo para judeus na, 130-31
  censura dos escritos de Marx na, 109-10
  como chave para a revolução europeia, 132-34
  como termômetro da revolução, 108-19
  Comuna de Paris e a, 132-34
  comunidade de exilados da, 117-18
  confederação polonesa e a, 124-25
  discurso de 1847 de Marx sobre a, 109-11
  divisões da, 89, 108-10, 113-14, 124-25
  Engels sobre a história da, 130-31
  estudo de Marx sobre a, 117-19
  França e a, 122-28, 131-34, 226-27
  Guerra Civil Americana e a, 201-2
  Irlanda *versus*, 188-89, 201-2, 212-15

"jacobinos" na, 112-13
levantes na, 94-95, 112-14, 118-25, 131-
    -32, 133-35, 188-89, 349-51, 123n131,
    129-30n154
marxistas pós-Marx sobre a, 109-10
na obra de Marx, 34-35, 349-51
nacionalismo na, 353-55
no *Manifesto Comunista*, 110-13
Palmerston, Henry (lorde), e, 115-18
pan-eslavismo e a, 98-99
perspectiva de Marx sobre a política
    europeia e, 120-22
Primeira Internacional e, 121-33
propriedade comunal na, 253n57
proudhonistas e a, 127-33
revolução agrária na, 114-15
Rússia e, 19-98, 109-18, 119-20, 130-31,
    134-35, 206-7, 349-50, 359-60, 129-
    -30n154
servidão na, 128-29
últimos escritos de Marx sobre a, 132-35
Portugal, 166
Prawer, S. S., 58-59, 157n74
Price, John, 144-46
Primeira Internacional
    Bakunin, Mikhail, e a, 224-28
    Comuna de Paris e a, 232-33
    cooperação britânico-irlandesa, 214-15
    debates sobre Polônia e França na, 122-33
    discurso inaugural de Marx à, 121-22,
        171-72, 176-77, 196-97
    formação da, 121-22, 175-84, 350-1
    Guerra Civil Americana, Reconstrução e a,
        141-42, 172-84, 349-50
    heterogeneidade da, 123n131
    Irlanda e a, 196-201, 206-8, 210-15, 221-
        -22, 229-32, 350-51
    jornada de trabalho, 288-90, 287n178
    Lafargue, Paul, e a, 182-84
    Lincoln, Abraham, e a, 172-75, 176-80,
        179n163
    oposição a Marx na, 128-29
    política externa, 176-77
    proudhonismo e , 128-29
    racha na, 232-33
    relevância dos escritos de Marx para a,
        38-39
    Proclamação de Emancipação, 166-70,
        170-72

produção
    de valor de uso, 241-42, 243-44
    leis naturais e, 247-49
    relações humanas e, 271-75
    Ver também modo de produção
        asiáticoprogresso
    na Revolução Francesa *versus* Rebelião
        Taiping, 82
    visão contraditória de Marx sobre, 78-80
proletariado, nacionalismo e, 110-11
*propriedade comunal da terra: as causas, o
    curso e as consequências de seu declínio, A*
    (Kovalévski), 308-9, 324-26
propriedade da terra, 62-63, 68-71, 247-48
    Ver também formas comunais
"Protestos abolicionistas na América" (Marx,
    1862), 163-66
Proudhon, Pierre Joseph, e proudhonistas
    direitos das mulheres e, 296-97
    escravidão e, 143n19
    Polônia e, 127-29, 224-25, 225n148
Prússia
    abolição da servidão na, 104-5
    Irlanda *versus*, 192-93
    monarquia da, 114-15
    Polônia e, 109-15, 119-20, 122-25, 130-
        -31
    Rússia e, 131-33
    Santa Aliança de Metternich e, 89
"punição nas fileiras, A" ["The Punishment
    in the Ranks"] (Marx e Engels, 1855),
    86n169
puritanos, 173n136

"questão americana na Inglaterra, A" ["The
    American Question in England"] (Marx,
    1861), 152-53
"questão da emancipação, A" ["The
    Emancipation Question"] (Marx, 1859),
    105-9
"questão indiana – Direitos dos arrendatários
    irlandeses, A" ["The Indian Question –
    Irish Tenant Right"] (Marx, 1853), 191-92
Questão Oriental, 49-51
    Ver também sociedades não ocidentais
"Questões americanas" (Marx, 1861), 159-60

Quinto relatório [*Fifth Report*] (Câmara dos
   Comuns do Parlamento inglês, 1812),
   71-72

raça e classe
   a família de Marx e, 182-84
   dialética entre, 139-43
   evolução da visão de Marx sobre, 235
   Irlanda e, 226-30
   jornada de trabalho e, 286-90
   na obra de Marx, 349-52, 354-55,
      229n160
   nos Estados Unidos, 147-52, 181-84,
      289-90, 351-52, 147-48n31, 183n180,
      183n181
   Primeira Internacional e, 176-80
   relevância atual, 355-56
   senso de superioridade e, 229n162
   Ver também racismo
racismo
   antiescravo, 91-92, 99n36
   contra muçulmanos e turcos, 94-95
   nos escritos de Marx sobre a Guerra Civil
      Americana, 162-63, 170-71, 162-
      -63n97, 163n100, 166n112, 229n160
   nos *Grundrisse*, 244n29
   Primeira Internacional sobre, 182-84
   Ver também raça e classe
Raffles, Thomas Stamford, 49-51, 53-56, 66-
   -68, 70-72, 281-82
Rázin, Stienka, 327-28
Reconstrução (EUA), 179-84, 349-50
Reino Unido
   Ver Inglaterra
Reitz, Charles, 159-60n83
relação Marx-Engels
   antissemitismo e a, 103-4
   apoio financeiro de Engels, 33
   ataques de Engels ao pan-eslavismo, 99n36
   correspondência Marx-Engels, 103-4, 358-
      -59, 362-63
   Engels como editor, 36-39, 258-65, 59-
      -60n75, 263-64n91, 343n176
   Engels como *ghost writer*, 49-51, 50n22,
      99n36
   Guerra Civil Americana, 162-73, 161n88,
      172n133
   insensibilidade na, 172n133

Manifesto Comunista e, 43n1
   natureza da, 36-39
relações de gênero
   a relação Marx-Engels e, 38-39, 352-54
   direitos de herança, 305-6
   em Bali, 67-69
   na África, 303-4
   na Grécia, 300-3
   na Irlanda, 216-17, 304-8
   na obra de Marx, 298-99n25
   nos escritos tardios de Marx, 292-309,
      352-53, 295n13, 302n34
   notas de 1852 de Marx, 363-64
   religião e, 304-8
   sexismo e, 292-4
   silenciamento das mulheres e, 161-62
   sistema clânico *versus* familiar e, 299-304,
      305-8
Relações sociais na Rússia (Engels, 1875),
   344n178
religião
   Comuna de Paris, 232-33
   condenação da, por Marx, 103-4
   direito hindu e, 305-6, 310-11
   edições de Marx, 165-66
   etnia e classe e, 226-28
   igualdade de gênero e, 304-8
   "jacobinos irlandeses" e, 219-20
   na Irlanda, 207-8, 219-20, 351-2
   perseguição e, 205-6
"remoção de McClellan, A" (Marx, 1863),
   170-72
renda, teoria da, 253-54
*Relatório parlamentar sobre os direitos dos
   arrendatários irlandeses de 1867*, 207-8
*Revelações da história diplomática secreta
   do século XVIII* [*Revelations of the Secret
   Diplomatic History of the Eighteenth
   Century*] (Marx, 1856-1867), 95-99, 107,
   96n23
Revolta dos Cipaios
   hostilidade de Marx ao colonialismo, 238-
      -39, 247-48
   Índia como melhor aliado, 82-88
   nos escritos tardios de Marx, 311-14,
      319-21
   perspectivas da revolução, 344-45

Rebelião Taiping *versus*, 77-79
significado de cipaios , 83n156
simpatia de Marx pela, 320-21, 348-49
"revolta indiana, A" ["The Indian Revolt"] (Marx, 1857), 84-87, 85n167, 85-86n168
"revolta na Índia, A" ["The Revolt in India"] (Marx, 1857), 83-86
"revolta no exército indiano, A" ["The Revolt in the Indian Army"] (Marx, 1857), 83-84
revolução
   classe trabalhadora e, 327-28, 340-42
   como sexta potência na Europa, 94-97
   domínio colonial como, 54n50
   Guerra Civil Americana e, 155-56, 159-67, 169-71, 176-78
   Irlanda como alavanca da, 221-27, 230-31, 232-33, 354-55
   na obra de Marx, 354-55
   "negação da negação" e, 257-58, 272-73
   perspectivas da, 285-86, 339-45, 353-55
   primeira revolução na Europa e, 133-34
   Rússia e, 353-55, 344n178
   Ver também emancipação nacional e revolução movimentos específicos
Revolução e contrarrevolução na Alemanha (Engels, 1852), 114-15, 99n36
Revolução Francesa, 58-59, 82, 89, 161-62, 218-21
"Revolução na China e na Europa" ["Revolution in China and Europe"] (Marx, 1853), 72-73
Riazanov, David, 127-29, 292-94, 357-62, 38-39n9, 94n17, 293n5
Ricardo, David, 190-91, 192-93
Rich, Adrienne, 294-96
Roberts, William, 197-98, 201-2
Robinson, Cedric, 142-43
Roediger, David, 142n16, 147-48n31
Rojahn, Jürgen, 110-11, 231-32, 291-92n2, 294n9
Roma antiga
   expropriação da terra na, 331-34
   família na, 299-300
   "forcas caudinas", 340n167
   igualdade de gênero na, 300-3
   nos cadernos de Marx de 1879-1882, 291-96

propriedade comunal na, 240-42
sociedades de classe primitivas, 246-47
versus Sul dos EUA, 332-34
Romênia e romenos, 130-31, 253n57
Römische Alterthümer (Lange), 302n34
Rosa Luxemburg, Women's Liberation, and Marx's Philosophy of Revolution (Dunaiévskaia), 260-61n81
Rosdolsky, Roman, 238-39
Rosemont, Franklin, 295n13
Rousseau, Jean-Jacques, 114-15, 296-99
Roy, Joseph, 259-60, 260-61, 351-52, 263-64n91
Rubel, Maximilien
   Marx-Engels Gesamtausgabe (MEGA) e, 362-63
   O capital e, 236n4, 260-61n81, 263-64n91
   Oeuvres de Marx e, 360-62
   sobre Engels como editor, 38-39
   sobre o militarismo de Engels, 115-16
   sobre os escritos de Marx a respeito da Irlanda, 196n38
   sobre os escritos de Marx a respeito da Polônia, 119-20
   sobre os escritos de Marx a respeito da Rússia, 96n25
Ruge, Arnold, 113-14
Runkle, Gerald, 142n17
Russell, John (lorde), 152-53, 155-56, 171-72
Rússia
   cartas de Marx queimadas na, 309n62
   censura dos trabalhos de Marx na, 38-39n9
   como ameaça contrarrevolucionária, 90-101
   como imune à revolução, 89-91, 107
   como ponto de partida para o comunismo, 342-43
   conquista mongol da, 95-98, 97n28
   desenvolvimento multilinear e, 353-54
   "despotismo oriental" e, 91-92
   determinismo e, 266-70
   escritos anti-Rússia de Marx e Engels, 95-101
   excepcionalismo e, 343n177

expansão da, 97-99, 131-32
formas comunais na, 91-92, 107, 214--46, 245-46, 291-94, 313-15, 321-22, 327-45
França e, 122-27
Índia *versus*, 332-36, 338-40
intelligentsia da, 341n170
manuscritos conservados na, 359n3
Marx-Engels Gesamtausgabe (MEGA) e, 357, 363-6
modo de produção asiático na, 252-53
mudança da visão de Marx sobre, 134-35, 247-48
na obra de Marx, 34-36, 349-51, 352-53
em MECW, 359-60
nascimento da Primeira Internacional e, 121-22
no *Manifesto Comunista*, 342-43
nos escritos tardios de Marx, 294-96
Palmerston, Henry (lorde) e, 92-93, 100-1
pan-eslavismo e, 98-99, 130-31
persistência da autocracia na, 132-33
perspectivas para a revolução na, 339-45, 343n177, 343n178
polícia secreta na, 90-92, 91n4
política europeia e, 120-22
Polônia e, 97-98, 109-118, 119-20, 130--31, 134-35, 206-7, 349-50, 359-60, 129-30n154
ponto de virada em 1858-1860 e, 103-9
proudhonistas e, 128-29
Prússia e, 131-33
Questão Judaica e, 100-4
Revolta Cossaca, 327-28
revoltas camponesas na, 107
Santa Aliança de Metternich, 89
servidão na, 128-29, 131-32
Ver também Tchechênia Guerra da Crimeia União Soviética Stálin, Josef, e stalinismo
Russian Menace to Europe, The (Blackstock e Hoselitz), 95-97

sagrada família, A (Marx e Engels, 1845), 298-99n25
Sahib, Nana, 320-21
Said, Edward, 56-62, 348-49, 57n68

San Juan, E., Jr., 241-42
Sartre, Jean-Paul, 36-37
Say, Jean-Baptiste, 363-64
Sayer, Derek, 265-66, 334n141
Schlegel, Friedrich, 51n29
Schlüter, Hermann, 138-39, 182-84, 138n3, 183n180
Schumpeter, Joseph, 44-46
Segunda Internacional, 357, 358-59
Senior, Nassau, 363-64
servidão
emancipação e, 103-7, 128-32, 131-32, 129-30n154
escravidão e, 255
família e, 299-300
fim da, na Inglaterra, 279-81
formas comunais e, 242-43
"guerra servil" e, 104-5
sistema de *encomiendas* e, 325-17
Seward, William, 159-60
Sewell, Robert, 294-96, 308-9, 311-21, 339--40, 319n99, 333n137
Shamil (líder tchetcheno), 100-2, 101n44
Shanin, Teodor, 265-66, 334n141
Sherman, William T., 161-62, 174-75, 175--76, 159-60n83
sindicatos, 198-99
Sismondi, Charles-Leonard, 363-64
situação da classe trabalhadora na Inglaterra segundo as observações do autor e fontes autênticas, A (Engels, 1844), 36-37, 186--87, 186-87n6
"Situação chinesa" (Marx, 1862), 80-81
Skambraks, Hannes, 269-70
Slater, Eamonn, 202-3
Slave Power, The (Cairnes), 255-57
Smith, David Norman, 304-5, 334-36, 294n9, 295n13, 307n58
"Sobre a Questão Judaica" (Marx, 1843), 103-4
"Sobre os eventos na América do Norte" (Marx, 1863), 166-67
Social Statics (Spencer), 192-93
Sociedade Educacional dos Trabalhadores Alemães, 119-20

sociedade pós-capitalista, 258-59
sociedades clânicas
   América Latina e, 325-27
   Argélia e, 323-34
   Índia e, 308-14, 317-18
   relações de gênero nas, 299-304, 305-9
   resistência ao colonialismo e, 352-53
sociedades não ocidentais
   como atrasadas, 304-5
   como tema subjacente em *O capital*, 269-71
   definição de, 45n9
   desenvolvimento unilinear e, 43-46
   em *O capital*, 330-31
   estruturas sociais das, 71-72, 50n21
   etnocentrismo de Marx e Engels, 43-47
   evolução da visão de Marx sobre, 235, 246-48, 258-59
   hostilidade de Marx a, 74-75
   modernidade capitalista nas, 339-40
   modo de produção asiático e, 45n10
   na obra de Marx, 38-41, 292-94, 47--48n15
   nos escritos econômicos de 1861-1863 de Marx, 247-58
   nos escritos tardios de Marx, 291-96, 329-30
   regeneração das, 66-67
   Ver também Questão Oriental sociedades específicas
sociedades pré-capitalistas
   como feudais, 308-9
   forma asiática de, 236-43, 247-48, 251-54
   forma germânica de, 241-43
   forma greco-romana de, 240-43
   leis naturais do capitalismo e, 247-49
   nos cadernos de Marx de 1879-1882, 292n3
   ordem burguesa moderna *versus*, 241-43
   relações humanas nas, 271-75
   sociedades pré-letradas, 296-309, 294n8
   trabalho nas, 238-40
Sohm, Rudolf, 294-96
Souls of Black Folk (Du Bois), 140n8
Spencer, Herbert, 192-93
Stálin, Josef, e stalinismo, 109-10, 359-62, 142n16, 237n5, 248-49n43
Stammgemeinschaft, 238-40

Stephens, James, 197-98, 201-2
Strange, Thomas, 305-6
sufrágio e eleições
   durante a Guerra Civil e a Reconstrução nos EUA, 169-71, 174-75, 176-77, 349-50
   na Grã-Bretanha, 157-58, 288n181
   na Irlanda, 207-8
   sufrágio feminino, 288n181
   sufrágio masculino branco nos EUA, 155--56, 288n181
suicídio, ensaio de Marx sobre, 298-99n25
Sumner, Charles, 159-60
Suny, Ronald, 100n42
Swinton, John, 263-65
Sylvers, Malcolm, 137-38n1
Szporluk, Roman, 111-12n91

Tchernichévski, Nikolai, 330-31
Tchetchênia, 100-2, 120-21, 359-60
teoria do comando, 307-8
Teorias do mais-valor (Marx)
   disputas teóricas e, 288-89
   manuscritos das, 137-38, 149-50
   manuscritos econômicos de 1861-1883 (Marx) e, 59n73
   Marx-Engels Gesamtausgabe (MEGA) e, 358-59
   O capital e, 247-48
   plano de *O capital* e, 236n4
Ter-Akopian, Norair, 163n100, 294n9
terror jacobino, 82, 117-18
Teses sobre Feuerbach (Marx, 1845), 101-4
Teseu (governante ateniense), 302-3
Thackeray, William Makepeace, 157n74
Thorner, Daniel, 53n42, 54n47
Tichelman, Fritjof, 66-68, 68-71
Timur (conquistador turco), 56-62, 58n70
Tone, Wolf, 216-17
Torr, Dona, 263-65
tortura, 86-87
"trabalhadores da Europa em 1877, Os" ["The Workingmen of Europe in 1877"] (Engels), 100n41
trabalho

alienação do, 277-80
como capital variável, 283-84
cooperação social e, 273-79
desumanização do, 58-60, 257-58
em sistemas de propriedade comunal, 238--42, 245-46
emancipação nacional e, 226-27
fetichismo da mercadoria e, 271-75
imigração e, 187-88, 195-97, 226-27, 257--58, 268n4
relação puramente monetária, 248-49
social, 253-54
"Trabalho assalariado e capital" (Marx, 1849), 142-43
Trabalho assalariado e capital (Marx, 1849), 190-91
Traverso, Enzo, 103n59
Tribune. Ver *New York Tribune*
Trótski, Leon, 266-68, 103n59, 267n105
Turquia, 94-95
União Soviética, 360-62
  Ver também Rússia
urbanização, 209-10
Ure, Andrew, 363-64
Urquhart, David, 95-97, 155-56, 92n7
urquhartistas, 117-18
usura, 248-51

valor
  Ver mais-valor relativo
valor, teoria do trabalho, 329n122
Vasina, Ljudmilla, 363-64
"vingança da Irlanda, A" (Marx, 1855), 192-93

violência, fenianos e, 200-1, 203-5, 212-13
Vitória (rainha da Inglaterra), 198-99
Vogt, August, 227-28
Voltaire, 273-75
Volunteer Journal, 161n88

Wada, Haruki, 334n141, 343n176
Wade, Benjamin, 286-88, 287n178
Walicki, Andrzej, 111-12n91
Walker, William, 74-75
Wallerstein, Immanuel, 362-63
Weitling, Wilhelm, 144-45
Weston, John, 200-1, 212-13
Weydemeyer, Joseph, 144-45, 169-70, 175--77, 147n28, 147-48n31, 166n114
Weydemeyer, Louise, 147n28
White, James, 156-57, 334n141
Wielenga, Bastiaan, 291n1
Willich, August, 166-67, 166n114
Wittfogel, Karl A., 237n5
Wolfe, Bertram, 138-39, 141-42
Wolff, Wilhelm, 113-14
Wood, Ellen Meiksins, 238-39
Wood, Fernando, 171-72
World of Nations, The (Bloom), 111-12n91

Yeh Ming-Chu, 74-75
"Yellowplush Papers, The" (Thackeray), 157n74

Zasulitch, Vera, correspondência, 134-35, 291-92, 334-38, 339-45, 49n19, 96n25, 343n176

Charge de Laerte Coutinho sobre a circunstância do assassinato da menina Ágatha, originalmente publicada na *Folha de S.Paulo* em 25 de setembro de 2019.

Publicado em outubro de 2019, este livro entrou em gráfica uma semana após o assassinato de Ágatha Vitória Sales Félix, de apenas 8 anos, durante ação da Polícia Militar no Complexo do Alemão, no Rio de Janeiro, em 20 de setembro de 2019 – mais uma vítima da política de extermínio, promovida pelo Estado, da população pobre e negra. Composto em Adobe Garamond Pro, corpo 11/14,3, foi impresso em papel Avena 70 g/m², pela gráfica Lis, para a Boitempo, com tiragem de 3 mil exemplares.